RUDOLF H. STRAHM | KRITIK AUS LIEBE ZUR SCHWEIZ

RUDOLF H. STRAHM

KRITIK AUS LIEBE ZUR SCHWEIZ

KOLUMNEN UND ANALYSEN ZU POLITIK UND WIRTSCHAFT

HERAUSGEGEBEN VON
PETER HABLÜTZEL

ZYTGLOGGE

Homepage von Rudolf H. Strahm
(hier werden auch die künftigen
Kolumnen zugänglich sein):
www.rudolfstrahm.ch

Rückmeldungen zu diesem Buch
und zu den hier angesprochenen
Themen sind erbeten an:
rudolf.strahm@bluewin.ch

Korrektorat: Monika Künzi, Jakob Salzmann
Coverfoto: Keystone
Gestaltung/Satz: Zytglogge Verlag
Druck: fgb · freiburger graphische betriebe
ISBN 978-3-7296-0853-5

Zytglogge Verlag · Schoren 7 · CH-3653 Oberhofen am Thunersee
info@zytglogge.ch · www.zytglogge.ch

Inhalt

Vorwort des Herausgebers

Wer kennt und schätzt sie nicht, die kritischen Kolumnen in «Tages-Anzeiger», «Bund» und anderen Publikationen? Offen und ehrlich nimmt Rudolf H. Strahm zu aktuellen Fragen Stellung. Kein anderer Ökonom der Schweiz geniesst in der Öffentlichkeit so breite Beachtung. Die Mächtigen fürchten seine unabhängigen Analysen und seine messerscharfe Beurteilung der Wirtschaftspolitik. Die Sonntags-Liberalen zittern davor, als Profiteure von Kartellen, von mangelndem Wettbewerb und überhöhten Preisen entlarvt zu werden. Die NormalbürgerInnen sind froh, dass endlich einer auch ihre Ängste und Interessen als Betroffene, als Arbeitskräfte, als KonsumentInnen und SteuerzahlerInnen ernst nimmt. Und dass er die Probleme in einer verständlichen Sprache beim Namen nennt. Keine Kolumne ohne ein Aha-Erlebnis. Wir begreifen endlich, was sich in Politik und Wirtschaft abspielt, weil uns Strahm die wichtigsten Akteure und die Entscheidungsprozesse zum Greifen nah vor Augen führt. Das ist echte Aufklärung, nicht abgestandenes Lehrbuchwissen.

Strahm kennt die reale Wirtschaftspolitik in unserem Land aus langer eigener und praktischer Erfahrung. Weder als Nationalrat noch als Preisüberwacher oder heute als Kolumnist hat er sich je von Ideologien oder vom Interessenfilz gängeln lassen. Unerschrocken kämpft er gegen Abzocker und Selbstbedienungsmentalität in der Wirtschaftselite, gegen Kameraderie, Blendertum und Imponiergehabe in Politik, Medien und Wissenschaft. Unermüdlich ist sein Einsatz für den Werkplatz Schweiz, für die Berufsbildung, für die (Arbeits)Integration von Jungen und Migranten, für eine faire Wirtschaft, die ethische Verantwortung wahrnimmt, auch bezüglich sozialer und ökologischer Folgen ihres Tuns, und für eine Politik, die ihre Versprechen einhält und sich an den Wirkungen ihrer Entscheide messen lässt. Strahm führt uns vor, was linker, kritischer Patriotismus heissen kann. Sein tiefes Engagement gilt der Schweiz und ihrer Zukunftsfähigkeit. Das spüren die Leute und es macht ihn zu einem glaubwürdigen Zeugen unserer Zeit.

Es ist nicht einfach, aus den zahlreichen Publikationen Strahms eine repräsentative Auswahl zu treffen. Wir haben uns konzentriert auf die Kolumnen der letzten vier Jahre, seit der Autor offiziell pensioniert ist und das Kolumnen-Schreiben zu seinen Hauptbeschäftigungen zählt. Ergänzend dazu sind ein paar wichtige, zum Teil etwas längere und eher schwer zugängliche Analysen aufgenommen worden. Der älteste Text, «Die sieben Realitäten des Kapitals», stammt aus dem Jahr 2004; ich halte ihn für etwas vom Besten, was man zur jüngsten Entwicklung der Schweiz lesen kann. Mit der getroffenen Auswahl sind nun in zwölf Kapiteln zu zentralen Themen der Gegenwart gut siebzig Texte versammelt. Sie bilden eine Art alternatives Lesebuch, ja, ein kritisches Lehrbuch zwar nicht primär zur Wirtschaftstheorie, wohl aber zur Wirtschaftswirklichkeit der Schweiz.

Die Texte sind möglichst in ihrer ursprünglichen Form belassen. Kleine Korrekturen und Kürzungen habe ich stillschweigend vorgenommen; grössere Kürzungen, etwa um Wiederholungen zu vermeiden, sind mit (...) gekennzeichnet. Ein paar Texte werden hier zum ersten Mal veröffentlicht; zum Teil sind sie von renommierten Publikationsorganen bestellt, aber dann wohl als zu kritisch doch nicht abgedruckt worden («Warum lässt man sich die politische Agenda von Herrliberg diktieren?» und «Eine einäugige Wirtschaftsgeschichte der Schweiz», beide 2012).

Abgerundet wird die Textsammlung durch ein Nachwort des Herausgebers. Ich gehe der Frage nach, weshalb mich die Texte Strahms so unmittelbar ansprechen und warum sie mich auch nach wiederholter Lektüre immer noch faszinieren. Welche persönlichen, welche gesellschaftlichen, auch historisch relevanten Erfahrungen finden in diesen Texten Ausdruck? Und was könnten, was müssten die praktisch-politischen Schlussfolgerungen sein? Ich ziehe diese Schlussfolgerungen als politischer Weggefährte seit 35 Jahren und als Freund, der Ruedi Strahm sehr bewundert und viel von ihm gelernt hat, der aber in manchen Fragen nicht immer gleicher Meinung ist.

Ein grosses Dankeschön gebührt Rudolf H. Strahm, dass er nach einigem Zögern doch seine Einwilligung für diese Publikation erteilt hat, nachdem er von mancher Seite dazu ermuntert worden ist. Er hat die Auswahl der Texte mitbestimmt und das ganze Projekt begleitet. Mein Dank geht auch an all jene, die als Erstveröffentlicher einem Wiederabdruck von Texten zugestimmt haben, namentlich dem «Tages-Anzeiger», dem die meisten Kolumnen entstammen. Dankbar bin ich natürlich auch Hugo Ramseyer und dem Team des Zytglogge Verlags; ohne ihr Verständnis und ihre tatkräftige Unterstützung hätten wir dieses Projekt nicht realisieren können.

Es bleibt der Wunsch, dass viele Leserinnen und Leser mit diesem Lehr- und Lesebuch ein Instrument erhalten, das sie befähigt, die Welt (oder wenigstens die kleine Schweiz) eigenständig zu beobachten und kritisch zu beurteilen, was in unserem Umfeld passiert. Ohne Druck seitens der Zivilgesellschaft – und das sind letztlich wir alle – ändert sich in Politik und Wirtschaft kaum etwas zum Bessern. Wir müssen uns in die relevanten Diskussionen einschalten, damit wir unsere Sicht einbringen und unsere Interessen wahrnehmen können. Dieses Buch soll helfen, die Betroffenen zu aktivieren, sie zu vernetzen und zu kompetenten Beteiligten zu machen. Diese Absicht hat den Herausgeber motiviert, ganz im Sinne von Rudolf H. Strahm.

Peter Hablützel, September 2012

Globalisierung als politische Herausforderung

Schluss mit der Schweizer Realitätsverweigerung

Jahresprognosen sind nicht viel wert. Wer hätte vor einem Jahr vorausgesagt, dass fast ganz Nordafrika eine demokratische Revolte erleben würde und dass alle südeuropäischen Regierungen von den vom Ausland verordneten Sparprogrammen brutal weggefegt würden? Oder dass bei uns eine politische Atomwende stattfinden und dass die SVP in Bundesbern einbrechen würde? Wer vor Jahresfrist den Bankern mit ihren optimistischen Börsenprognosen geglaubt hat, ist einmal mehr schwer geschädigt worden.

Welche Ereignisse 2012 auf uns zukommen, lässt sich nicht voraussagen. Mit Sicherheit jedoch wird ein Fundamentalthema die Schweiz beschäftigen, ja geradezu umtreiben: das Thema der Internationalisierung. Wir Schweizer gehören zu den Globalisierungsgewinnern, auch wenn es im Inland Globalisierungsverlierer gibt. Aber wir haben in unserer politischen Kultur noch nicht integriert, dass Globalisierung auch die Übernahme globaler Spielregeln und globaler Wertesysteme erfordert. Wir leiden unter einem Souveränitäts-Syndrom – und das in einer denkbar heiklen Phase:

- Die EU fordert von der Schweiz ultimativ die Anpassung der Besteuerungsregeln für die europäischen Holdinggesellschaften mit Sitz in der Schweiz im

Sinne einer steuerlichen Gleichbehandlung ihrer Gewinne im Inland und Ausland.

- Die EU will von der Schweiz auch eine Revision des bisherigen Zinsbesteuerungs-Abkommens von 2003, das zulässt, dass mit Bankenhilfe bis zu 90 Prozent der Vermögensanlagen von privaten EU-Bürgern zur Steuerumgehung ausgenützt werden – auch dies eine Schlaumeierkonstruktion zum Schaden der andern.
- Deutschland fordert seinerseits die Bekämpfung der Steuerflucht in die Schweiz und akzeptiert das ausgehandelte Abgeltungssteuerabkommen vorläufig nicht – verständlicherweise, weil auch dieses Abkommen Steuerausweichmanöver leicht zulässt.
- Die USA fahren eine noch härtere Tour gegen elf Schweizer Banken und verlangen von ihnen ultimativ Datenmaterial rückwirkend für ein Jahrzehnt. Sie müssen der US-Justiz lückenlos alle Korrespondenz und Schriftwechsel zwischen der Bank und amerikanischen Kunden sowie sämtliche Angaben über ihre Geschäftsmodelle auf den Tisch legen.

Trotz der rechtsstaatlich zum Teil bedenklichen Drohmanöver der USA werden alle Banken zu ihrem Selbstschutz auch diese Daten liefern und das jahrzehntelang verteidigte Bankgeheimnis locker preisgeben. Die Konzessionen in Sachen Bankgeheimnis, welche die Staaten unter dem Eindruck ihrer Verschuldung von der Schweiz nun einfordern, gehen viel, viel weiter, als es die von den Banken massiv bekämpfte und 1984 abgelehnte Banken-Initiative gefordert hatte. Diese verlangte bloss ein reguläres einzelfallbezogenes Rechtshilfeverfahren bei Steuerdelikten.

Die Internationalisierung erfordert von der Schweiz auch eine Mit-Solidarität bei der künftigen Stabilisierung des internationalen Finanzsystems. Demnächst kommt eine neue Forderung für eine milliardenschwere Beteiligung an den Stabilisierungsmitteln des Internationalen Währungsfonds IWF auf uns zu. Die OECD wiederum droht Sanktionen an, wenn die Schweiz ihre Regeln gegen Geldwäscherei nicht verschärft.

Für Schweizer Patrioten gelten diese Forderungen aus dem Ausland als reine Erpressung. Die «Weltwoche» beklagt mit Kriegsrhetorik einen Souveränitätsverlust der Schweiz: «Die Finanzministerin macht sich öffentlich zur Komplizin der amerikanischen Aggressoren.» – «Der Widerstand wird zur Pflicht.» – «Einst beherrschte Bundesbern die Kunst der Langsamkeit. Und heute lässt man sich vom Ausland das Tempo diktieren.»

Dabei muss einmal offengelegt werden, dass dieses Tempo nicht vom Bundesrat, sondern stets von den Banken diktiert worden ist, die selber auf die rasche Datenauslieferung nach den USA unter Aufhebung des Bankgeheimnisses drängten. 2010 pilgerten die UBS-Spitzenleute und 2011 der CS-Verwaltungsratspräsident zu den Bundesräten und forderten die Lockerung des Bankgeheimnisses, damit sie die Kundendaten rasch an die amerikanische Justiz ausliefern konnten. Es bleibt eine Ironie der Geschichte, dass die NZZ unter dem Einfluss ihres VR-Präsidenten, Privatbankiers und vehementen Bankgeheimnisverteidigers Konrad Hummler den Bundesrat der Nachgiebigkeit gegenüber den USA und der EU bezichtigte – und wie nun Hummlers Wegelin-Bank zu ihrem Selbstschutz selber den USA die Daten ihrer amerikanischen Kunden ausliefert. Andernfalls könnte Hummler bei der nächsten US-Reise verhaftet werden.

Ein Teil der politischen Elite der Schweiz hat immer noch den Schrebergarten im Kopf und stilisiert realitätsfern die nationale Souveränität zum Dogma. Ihr fehlt das Unrechtsbewusstsein bei der Steuerfluchtproblematik. Sie ignoriert den Image-Schaden, den sich die Schweiz bei ausländischen Regierungen einhandelt.

Die Schweizer Politik bewegt sich 2012 zwischen Hammer und Amboss: Einerseits fordert die EU von der Schweiz Anpassungen ans EU-Recht, was bei der Steuerflucht moralisch gerechtfertigt ist, aber bei der Personenfreizügigkeit nicht infrage kommen kann. Auf der andern Seite kommt die Initiative «Für eine Stärkung der Volksrechte: Staatsverträge vors Volk» zur Abstimmung, die eine weitere Einschränkung des Spielraums von Parlament und Bundesrat brächte. Die Regierung soll nun ein Arrangement mit der EU finden, während die Aversion gegen die EU im Inland wächst. Dabei besteht heute über die Hälfte des schweizerischen Bundesrechts aus internationalen Verträgen, von denen fast alle auf Begehren der Privatwirtschaft ausgehandelt worden sind – weil diese nämlich auf die Übernahme globaler Normen und Spielregeln angewiesen ist.

Die zunehmend zivilisierte globale Wirtschaftspolitik erfordert, dass auch die Schweiz die entsprechenden Spielregeln akzeptiert. Viele wollen diese Realität bisher nicht wahrhaben. Diese Realitätsverweigerung zu korrigieren, ist die grösste pädagogisch-politische Aufgabe im Jahr 2012, ja im ganzen Jahrzehnt.

(Tages-Anzeiger vom 3.1.2012)

Globale Sachzwänge überrollen die Politik

«Können Sie mir erklären, warum der Doktor Blocher seine Meinung zur Nationalbank komplett geändert hat? Der war doch gegen den Hildebrand, jetzt plötzlich unterstützt er ihn», fragte mich ein älterer Herr, der sich als SVP-Wähler zu erkennen gab. Er meinte damit die 180-Grad-Kehrtwende des SVP-Chefs in der Beurteilung der Geldpolitik der Schweizerischen Nationalbank. Mit diesem Meinungswechsel hat er Mitte August 2011 seine Basis irritiert und verständnislos stehen lassen.

Währungspolitisches Rechtsumkehrt der helvetischen TeaParty

Zuvor hatten Christoph Blocher und sein Sprachrohr, die Weltwoche, monatelang auf der SNB herumgedroschen, sie der «Falschmünzerei», der Verscherbelung von «Volksvermögen» bezichtigt und den Rücktritt von SNB-Direktoriumspräsident Philipp Hildebrand gefordert. Monatelang hat die helvetische Tea Party die Nationalbank zu demontieren versucht. Doch wie auf ein Kommando wurde die SNB in ihrem Kampf gegen die Frankenaufwertung plötzlich von allen Kritikern unterstützt. Gleichentags benützten SVP-Vize Christoph Blocher, Weltwoche-Chefredaktor Roger Köppel und SVP-Generalsekretär Martin Baltisser die gleiche Rhetorik: Sie sprachen von einem «Krieg gegen den Euro», bei dem es nun zusammenzustehen gelte. Die SVP-Parlamentarier und die SVP-Wählerbasis standen wie eine vom Hagelschlag überraschte Herde belämmert in der Politlandschaft.

«Man» sagt in Bundesbern, dass gewisse Leute von economiesuisse den SVP-Chef unter den Arm genommen hätten und dass selbst die Blocher-Tochter Magdalena Martullo-Blocher wegen des dramatischen Margeneinbruchs bei der Ems-Chemie die Kehrtwende befördert habe.

Schneider-Ammanns Flankenschutz für die Nationalbank

In aller Stille hatte Bundesrat Johann Schneider-Ammann am 2. August 2011 ein Dutzend Industrieführer und Topmanager zu einer Konferenz zur Währungsfrage versammelt. An dieser informellen Runde wurde beschlossen, der Schweizerischen Nationalbank politischen Flankenschutz bei der massiven Bekämpfung der Frankenaufwertung zu gewähren. Das SNB-Direktorium ist zwar rechtlich völlig unabhängig, aber für dieses gewagte Manöver zur Frankenkursschwächung brauchte es einen politischen Flankenschutz, schon nur um den Spekulanten in der Wallstreet, in London und in den Schweizer Grossbanken ein glaubwürdiges Signal der einhelligen Unterstützung der Nationalbank-Politik auszusenden. Die Lockerung der Geldpolitik durch die SNB mittels Überschwemmung der Märkte mit Schweizer Franken im Laufe des Augusts 2011 führte dann dazu, dass die überraschende Festlegung einer neuen Kursuntergrenze von 1 € = nicht unter 1.20 Franken recht locker durchgesetzt werden konnte. Die Politik konnte dabei nur zuschauen und mehr oder weniger Beifall klatschen.

Brüske Wende beim US-Abkommen

Diese brüske Kehrtwende vom August 2011 in Blochers nationalkonservativem Lager war nicht die erste. Schon zuvor, im Sommer 2010, wurden die ganze SVP-Parlamentstruppe und ihre Wählerbasis durch ein brüskes Wendemanöver verunsichert: Als die Linke das Amtshilfeabkommen mit den USA betreffend Steuerflucht mit der (weit hergeholten) Begründung einer fehlenden Bonisteuer abzulehnen drohte, wandelte sich Blocher über Nacht vom Gegner zum Befürworter des USA-Abkommens. Die Begründung, er wolle mit einem Ja eine Konzession an die Linken in Sachen Boni-Steuer verhindern, hat zwar in der eignen Truppe viel Unsicherheit ausgelöst, aber die SVP vollzog damit nur den Wunsch der UBS.

«Man» erzählt sich in Bundesbern, dass Christoph Blocher damals von Kaspar Villiger, dem UBS-Präsidenten, unter den Arm genommen wurde. Die UBS war nämlich vital interessiert, die 4500 Kundendaten an den amerikanischen Fiskus auszuliefern – auch unter Verletzung des Bankgeheimnisses.

Die Tragik der politischen Überforderung

Man ist geneigt, diese abrupten Kurswechsel der SVP-Strategen mit Häme als Wendehals-Manöver zu karikieren. Man kann füglich auch die mangelnde Wirtschaftskompetenz dahinter suchen. Aber im Hintergrund manifestiert sich eine tiefere Tragik: Die Politik ist überfordert mit den externen Kräften, die von der Weltwirtschaft auf die Schweiz einwirken. Die Entscheidanforderungen kommen so schnell, so unberechenbar und unvorhersehbar, die Politik kann eigentlich den Ereignissen in den Finanzmärkten und in der internationalen Gemeinschaft nur hinterherrennen. Man nennt dieses Nachrennen dann stolz den «autonomen Nachvollzug». De facto ist aber diese angebliche «Autonomie» nur noch Pflichtübung und der «Nachvollzug» ist bloss Sachzwang. Man lügt sich mit der Souveränitätsdoktrin in die eigene Tasche.

Machen wir einen Rückblick auf die vier vergangenen Parlamentsjahre: Die wichtigsten und schwierigsten Entscheide sind praktisch durchwegs nicht vorhersehbar gewesen. Es waren Muss-Reaktionen auf weltwirtschaftliche Ereignisse: die Rettung der UBS 2008, die Lieferung von Steuerdaten von UBS-Kunden 2010, die energiepolitischen Weichenstellungen nach Fukushima 2011, die ausländerpolitischen Probleme und asylpolitischen Massnahmen nach dem Umschwung im Maghreb 2011, die Too big to fail-Vorlage 2010/11, die Sanierungsprobleme bei den Pensionskassen 2009, die währungspolitischen Feuerwehrübungen 2010 und 2011.

Bei Parlamentariern aller politischen Couleurs hört man ein Jammern um den ständigen Entscheiddruck. Ständig kommen Vorlagen ans Parlament, bei denen man nur noch Ja sagen kann; Vorlagen, die schon längst mit dem Ausland ausgehandelt worden sind; Vorlagen, die unter dem Zeitdruck nur noch durchgepeitscht werden können; Vorlagen, die wegen der Komplexität und Formelhaftigkeit nur zehn von zweihundert fachlich verstehen. Roger Köppel jammert in der Weltwoche stellvertretend für die SVP: «Die Regierung sendet komplizierte Geschäfte an die Räte und möchte sie innert kurzer Frist behandelt wissen.»

Technokraten und Spitzenbeamte stellen die Weichen

Auch die Bundesräte sind in solchen extern ausgelösten Entscheidzwängen am Limit. Das Volkswirtschaftsdepartement erlebte seit 1995 fünf Bundesräte als Chef oder Chefin, das Polizei- und Justizdepartement erlebte ebenfalls fünf Vorsteher, das Finanzdepartement deren vier. Die eigentlichen konzeptionellen Führungsfiguren im Staatswesen sind die Verwaltungsspitzen: das Direktorium der SNB, der Chef der Finanzverwaltung, der Staatssekretär im Seco, der Staatssekretär für internationale Finanzfragen SIF, der Chefunterhändler des Bundesamts für Migration. Praktisch alle Arten von bilateralen Verträgen werden heute von Spitzendiplomaten von Bern aus verhandelt, und die örtlichen schweizerischen Botschafter haben noch die Rolle des blossen Türöffners und Grüss-Augusts. In Fachfragen sind Letztere bei bilateralen Verhandlungen überfordert und bei multilateralen schon gar nicht mehr gefragt. Hätten wir nicht die hochprofessionellen Spitzenbeamten und das SNB-Direktorium gehabt, wäre das unter Zeitdruck entstandene Rettungspaket für die UBS nie möglich gewesen. Das Parlament hat einen Teil seiner Entscheidungsmacht in aller Stille abgegeben.

Die bürgerliche Elite ist in einem schmerzhaften Prozess: Sie muss den Mythos der Souveränität korrigieren und sich dem Druck von Sachzwängen und globalen Ereignissen anpassen. Sie muss den Mythos Bankgeheimnis, den sie stets gepredigt hat, über Bord werfen. Das bringt oft Aggressionen und Frustrationen. Sie muss jetzt plötzlich die fachliche Überlegenheit von Spitzenbeamten akzeptieren, die man eigentlich kontrollieren sollte.

Frustration erzeugt Trotzreaktionen

Als Konsequenz daraus zeigt sich das hohe Frustrationspotenzial, das sich bei Überdruck durch absurde Ventilreaktionen entlädt. Zum Beispiel dadurch, dass eine Kommission zur Too-big-to-fail-Vorlage im Sommer 2011 unvermittelt auch die vom Bundesrat dereinst zu beschliessende Ausführungsverordnung vorgelegt haben wollte, obschon die allermeisten diese Verordnung schlicht nicht verstanden. Eine solche Reaktion war nur dazu da, sich selber zu bestätigen und den Bankern die Möglichkeit zum erneuten Lobbyieren zu verschaffen. Oder als eine Kommission aus Frust ob ihrer rüstungspolitischen Ohnmacht im September 2011 vom Bundesrat subito fünf Milliarden für neue Kampfjets verlangte. Oder auch, als das Parlament dem Bundesrat völlig unerwartet in einer Trotzreaktion die Zustimmung zur Erweiterung der Amtshilfepraxis mit den USA zunächst verweigerte – um dann drei Monate später den entsprechenden Zusatzbericht des Bundesrats dennoch zu schlucken.

Globalisierung erzwingt globale Spielregeln

Es ist nicht leicht, diese politische Frustration zu beseitigen. Ich bin nicht sicher, ob ein Berufsparlament geeigneter und dagegen immuner wäre. Aber eine stärkere Kommunikation des Bundesrats und der Ämter sollte den Lernprozess beschleunigen. Die ganze Schweiz muss ins eigene Bewusstsein einbauen: Diese Globalisierung erfordert halt auch die Übernahme globaler Spielregeln. Ein solcher Lernprozess ist zwar für viele schmerzhaft, aber er ist unausweichlich!

(Website Kontrapunkt, November 2011, www.kontrapunkt.ch)

Die Schweiz braucht eine Migrations-Aussenpolitik

Dem Geschäftsbericht der Bundesverwaltung zur Asylpolitik ist folgende Textpassage zu entnehmen: «Erfolgreich konnten die vielen Tausend Asylbewerber aus Nordafrika in ihre Herkunftsländer zurückgeführt werden: Die meisten verzichteten nach dem negativen Asylentscheid auf ein Rekursverfahren und reisten fristgemäss und freiwillig zurück, weil ihnen neben den Rückreisekosten auch das Anrecht angeboten worden ist, in ihrem Herkunftsland entweder eine zweijährige Berufsausbildung in einer schweizerisch betriebenen Lehrwerkstätte zu absolvieren oder einen Mikrokredit als Starthilfe für eine Kleinbetriebsgründung vor Ort in Anspruch zu nehmen. Über 90 Prozent der Migrationspersonen reisten aufgrund dieser arbeitsmarktlichen Einstiegshilfen und wegen angedrohter Rückschaffungsfristen freiwillig zurück.»

Diplomiert und ohne Arbeit

Im Bericht der Bundesverwaltung heisst es weiter: «Der schweizerische Sonder-Unterhändler hat den Regierungen Tunesiens und Algeriens die Errichtung und den Betrieb von je sechs Berufsbildungszentren durch die Schweiz angeboten. Im Gegenzug ist das Rückübernahmeabkommen für Asylbewerber rasch zustande gekommen und in Funktion getreten. Der tunesischen Regierung wurde überdies eine rasche Rückführung von Fluchtgeldern des gestürzten Herrschers angeboten. Der algerischen Regierung wurde eine Strafverfolgung der ultraislamistischen Agitatoren in der Schweiz in Aussicht gestellt. Die neue Migrations-Aussenpolitik des Bundesrats hat sich bewährt: Sie besteht in einer konsequenten Koppelung von Leistung des Asylherkunftslands (Rückübernahme von Asylpersonen) und Gegenleistung der Schweiz (Wirtschafts- und Ausbildungshilfe zur Arbeitsmarktbefähigung der Asylpersonen).»

So weit die Textausschnitte aus dem Verwaltungsbericht. Leider, leider sind sie erfunden! Sie beschreiben einen Traum, nämlich die Vision einer effizienten, wirksamen und humanen Migrations-Aussenpolitik gegenüber Migrations-Herkunftsländern. Die Tausenden von tunesischen jungen Männern, die bei uns aus Italien einreisen, sagen bei der Erstbefragung unisono: Wir kommen in die Schweiz, weil wir Arbeit und Verdienst suchen. Kein einziger tunesischer Asylbewerber ist heute noch an Leib und Leben bedroht. Das sagen nicht nur die Befragungsexperten der Empfangszentren; das sagt auch Jean Ziegler, der seit der Jasminrevolution Tunesien mehrmals im Auftrag der UNO besucht hat und glaubwürdig die Menschenrechte hochhält. Allenfalls gibt es Vereinzelte, die als Folterer in der Leibgarde von Ben Ali gearbeitet hatten und sich durch ein Asylgesuch dem Strafverfahren entziehen. Das Hauptproblem der Maghrebstaaten ist die Jugendarbeitslosigkeit. Die Jasminrevolution war eben auch eine Jobrevolution, eine Revolte gegen die fehlende Perspektive des Heers von Universitätsabgängern, die nirgends gebraucht werden. Sie gelten als «Chômeurs diplômés», als diplomierte Arbeitslose. Ihre Zahl geht heute in die Hunderttausende. Hingegen gibt es in Tunesien kaum Elektriker, Automechaniker oder Spengler, die diesen Namen verdienen. Pfusch und Bricolage sind Standard. Tunesien und Algerien hatten das marode französische Schulsystem geerbt, das heute selbst das Mutterland Frankreich im internationalen Wettbewerb unfähig macht. Handwerker sind hoch begehrt: Wer nur schon ein oder zwei Jahre eine handwerkliche oder gewerblich-industrielle Berufsbildung absolviert hat, findet in Nordafrika rasch eine Stelle. Oder er eröffnet selber einen Kleinbetrieb, der nach ein paar Jahren bereits mehrere Arbeiter beschäftigt.

Jeder pflegt sein Gärtchen

Warum spielt die Schweiz bei ihrer Wirtschaftshilfe und bei der Migrations-Rückführungspolitik nicht ihren international anerkannten Trumpf mit ihrer Berufsbildung aus? Warum bieten wir Tunesien und Algerien nicht den Betrieb von zum Beispiel je fünf bis sechs Berufsausbildungszentren an? Es wäre gescheiter, unsere öffentlichen Gelder für Asylbewerber zu deren Ausbildung in ihren Herkunftsländern einzusetzen, statt für teure Unterkünfte, Grenzwächter und Sicherheitsdienste bei uns!

Konkret kommen Lehrwerkstätten infrage, die operativ durch die Swisscontact (die einzige Entwicklungsorganisation, die noch etwas von Berufsbildung versteht) oder zum Beispiel durch die Berufsbildungsabteilungen der Swissmechanic, des Autogewerbeverbands, des Haustechnikgewerbes, der Maler-, Plattenleger- und anderer Berufsverbände betrieben werden – während fünf bis zehn Jahren mit Bundesfinanzierung.

So wie heute die «Stratégie de la Suisse en Afrique du Nord» in der Bundesverwaltung verzettelt aufgegleist ist, wird es bestimmt nie zu einer wirksamen Migrations-Aussenpolitik kommen: Vier verschiedene Bundesämter werkeln an je eigenen konzeptlosen Progrämmchen für Tunesien. Deza und Seco konkurrieren sich mit eher zufälligen Projekten. Das Seco verhandelt mit Algerien ein Freihandelsabkommen – ohne Rückkoppelung mit der drängenden Asylfrage. Die zuständige Abteilung im Aussendepartement verhandelt separat die Fluchtgeldrückführung mit Tunesien. Das Bundesamt für Migration seinerseits möchte Rückübernahmeabkommen. Die Ämter treffen sich zwar sporadisch, aber jedes pflegt sein Gärtchen und sucht sein eigenes Profil.

Klotzen, nicht Kleckern

Kurz: Die Nordafrika-Planung ist dilettantisch, ineffizient, und es mangelt an strategischer Führung und Schwerpunktbildung. Die wichtigste Verhandlungsinstanz wäre eigentlich der beauftragte erfahrene Sonderbotschafter für internationale Migrations-Zusammenarbeit, Eduard Gnesa; aber dieser hat weder Weisungsbefugnis noch Budgetkompetenz.

Eine effiziente Migrations-Aussenpolitik würde heissen: Es braucht eine Schwerpunktbildung mit Priorität auf Berufsbildung für die Asylbewerber und ihre Rückführung. Es braucht die Zusammenlegung der verlustreich aufgesplitterten Tunesien-Budgets. Die Budgethoheit für den Gesamtbetrag muss beim Sonderbotschafter für Migrations-Zusammenarbeit gebündelt werden. Und er muss die Verhandlungskompetenz für alle Bereiche erhalten, damit er genügend Verhandlungsgewicht für ein Rückübernahmeabkommen hat.

In der Migrations-Aussenpolitik gilt: Klotzen, nicht Kleckern! Dazu braucht es einen strategischen Führungsentscheid auf höchster Ebene.

(Tages-Anzeiger vom 24.1.2012)

Dominanz der Finanzwirtschaft

Die Bankenmacht im Schweizer Staat

Am schwarzen Freitag, dem 13. März 2009, hat Bundespräsident Hans-Rudolf Merz dem Schweizer Volk und der Welt die Übernahme der OECD-Steuerrichtlinie und die Lockerung des Bankgeheimnisses im Falle von Steuervergehen in Aussicht gestellt. Die Demontage des jahrzehntealten Bankgeheimnis-Mythos wurde quasi regierungsamtlich eingeleitet. Nicht etwa freiwillig, sondern verspätet und in letzter Sekunde, als der ausländische Druck kein Ausweichen mehr erlaubte. Und auch nicht gegen den Willen der Banken, vielmehr auf deren Wunsch. Den Schweizer Grossbanken stand das Wasser bis zum Hals.

Nach der Entstehung der OECD-Steuerempfehlungen im April 1999 hatte der Bundesrat auf eine von mir im Nationalrat lancierte Interpellation noch trotzig geantwortet: «Der Bundesrat beabsichtigt nicht, auf seine Ablehnung des Berichtes der OECD zurückzukommen. Damit kann auch eine nachträgliche Annahme der darin enthaltenen Empfehlungen nicht zur Diskussion stehen.» Jahrzehntelang war eine ideologische Hegemonie aufgebaut worden nach dem Prinzip: Was gut ist für die Banken, ist gut für die Schweiz. Kritik am Bankgeheimnis, Thematisierung der Steuerflucht wurde stigmatisiert. Jean Ziegler wurde zum Nestbeschmutzer der Nation, als er die damals fast routinemässige Verwaltung von Potentatengeldern und die Steuerflucht als Hehlerei brandmarkte. Die Initianten der Bankeninitiative, die 1978 nach dem Chiasso-

Skandal der Schweizerischen Kreditanstalt lanciert worden war, wurden vom Establishment gewissermassen exkommuniziert. Mit der für damalige Verhältnisse teuersten politischen PR-Kampagne der Schweizer Geschichte (Kosten 20 Millionen Franken) «erklärte» die Schweizerische Bankgesellschaft (SBG, heute UBS) dem Volk während Jahren in ganzseitigen Zeitungsinseraten die Vorzüge des Bankgeheimnisses. Robert Holzach von der SBG warf Helmut Hubacher vor, er «schüre die Missgunst» im Volk. Und Rainer Gut von der Schweizerischen Kreditanstalt (SKA, heute CS) sprach von «schleichendem Sozialismus».

Die Bankeninitiative geriet in die Falle der geschürten Angst vor dem Schnüffelstaat und der beschworenen Furcht, der Steuervogt würde die Schweizer drangsalieren. Sie scheiterte 1984 kläglich mit 73 Prozent Nein-Stimmen. Nach diesem Volksverdikt gingen die Bankiers machtbewusst in die Offensive. Jahre später rechtfertigte der Bankier Hans-Dieter Vontobel den Schutz der Steuerflüchtlinge so: «Es ist nachgerade unsere moralische Pflicht, mit dem Bankgeheimnis vor dem unersättlichen Steuerhunger der Politiker zu schützen.» In den Neunzigerjahren, der Zeit der Deregulierung und der Staatsfeindlichkeit, triumphierten dieselben Stimmen. Mit Angriffen gegen den «Räuberstaat Deutschland» setzte sich etwa der St. Galler Privatbankier Konrad Hummler in Szene: «Wer bei so einer Konstellation nicht Steuern hinterzieht, ist dumm.» Er machte sich zum bekennenden Asylgewährer für unversteuertes deutsches Fluchtkapital: «Selbstverständlich haben wir das. Das wollen wir ja genau.»

Konrad Hummler ist nicht nur Teilhaber einer Privatbank, er ist auch Präsident der Privatbankiers in der Schweiz und sitzt im Verwaltungsrat der «Neuen Zürcher Zeitung», wo er beim letzten Chefredaktorenwechsel den Wirtschaftsteilchef Gerhard Schwarz zum neuen Chefredaktor der Zeitung befördern wollte. Letzterer hatte in seinen Leitartikeln jahrelang den Steuerstaat demontiert, die «Neidökonomie» der sozialen Marktwirtschaft angeprangert und lange Zeit auch die Grossbanken durchs Band verteidigt. Erst als die Rive-Reine-Konferenz, eine jährliche Zusammenkunft der freisinnigen Wirtschaftselite, UBS-Chef Marcel Ospel im Januar 2008 zum Abschuss freigab, forderte Gerhard Schwarz am darauffolgenden Wochenende den Rücktritt Ospels. Während der ganzen Finanzkrise schlingerte die «Neue Zürcher Zeitung» im Wirtschaftsteil zwischen Verteidigung und Beschwichtigung und verlor so ihre Meinungsführerschaft im Lande.

Freilich hat es auch in der Wirtschaftselite immer abweichende, kritische Stimmen gegeben. In seinen Memoiren kritisierte Hans J. Bär, der ehemalige

Firmenchef der Privatbankgruppe Bär Holding, das Bankgeheimnis in einem Ansatz von Altersweisheit. Es mache «fett, aber impotent», meinte Bär. Die Unterscheidung zwischen straffreier Steuerhinterziehung und Steuerbetrug sei «unethisch». Während Tagen verschlug es darauf der Meinungselite die Sprache, dann wurde dem nestbeschmutzenden Bankier quasi die Zurechnungsfähigkeit abgesprochen. Seine Äusserungen wurden aufs Abstellgleis der rein privaten, philosophischen Weltsicht geschoben.

Der Mythos «Bankgeheimnis» hat bei den Schweizerinnen und Schweizern nicht seit jeher in den Genen existiert. Er ist mit einer wirksamen Mischung von finanzkräftiger Werbung und Diskreditierung von Kritikern bei der bürgerlichen Elite verankert und dem Volk geradezu eingeimpft worden. Nicht zuletzt wurde die Bedeutung des Bankgeheimnisses und des Bankensektors für unsern Wohlstand masslos und mythologisch überzeichnet.

Privatbankiers als Speerspitze

Von den 330 Banken in der Schweiz sind nur dreissig bis vierzig schwergewichtig in der Akquisition ausländischer Privatvermögen tätig, bei denen die Steuerflucht dank Bankgeheimnis potenziell eine Rolle spielt. Es sind dies die zwei Grossbanken UBS und CS, die vierzehn Privatbanken und dazu eine Handvoll von Filialen ausländischer Banken in der Schweiz. Für die grosse Zahl von Bankhäusern, die Kantonalbanken und Regionalkassen, die Raiffeisen-, Coop- und Migros-Bank und für viele Geschäftsbanken spielt das Geschäft mit ausländischen Privatkunden keine oder eine unbedeutende Rolle. Rund sechzig Prozent der Depotbestände aller Banken in der Schweiz stammen von Ausländern. Von diesen sind wiederum rund sechzig Prozent Kapitalien von ausländischen institutionellen Anlegern, also von fremden Banken, Versicherungen, Pensionskassen, Anlagefonds, die das Bankgeheimnis nicht brauchen, weil sie ihre Bilanzen ja öffnen müssen. Es verbleiben etwa ein Viertel aller Vermögensbestände, die von ausländischen Privatkunden stammen, und auch von diesem Viertel sind längst nicht alles Fluchtgelder, die das Bankgeheimnis ausnützen.

Der Bankensenktor ist immer masslos überschätzt worden. Nur drei Prozent aller Beschäftigten sind im Bankensektor tätig. Und in den Spitzenzeiten vor der Krise erwirtschaftete der ganze Bankensektor rund acht Prozent des Bruttoinlandsprodukts. Dieser Wertschöpfungsanteil an der Wirtschaft dürfte in diesem Jahr auf sechs Prozent fallen.

Die Akquisition von privaten ausländischen Vermögen ist im Bankensektor also recht einseitig verteilt. Für die vierzehn Privatbanken spielt dieser Teil der Vermögensverwaltung aber eine erhebliche Rolle. Deshalb bilden die Privatbankiers seit jeher die Speerspitze bei der Verteidigung des Bankgeheimnisses. Die gehässigsten Sprüche gegen den Bundesrat und gegen jede Konzession kommen stets von den Privatbankiers, etwa vom bereits zitierten Konrad Hummler aus St. Gallen, vom Genfer Ivan Pictet oder vom Genfer Pierre Mirabeaud. Doch der grösste Einfluss auf den Staat geht von den Grossbanken aus. Denn eine erhebliche Finanzierungsquelle der bürgerlichen Parteien bilden die Grossbanken UBS und Credit Suisse sowie, im Falle der CVP, die Raiffeisenbank. Die politische Auswirkung auf den Staat dieser nie offengelegten Parteienfinanzierung ist beträchtlich.

Der Bund tut, was die Bahnhofstrasse will

Seit jeher war der Bund Vollzugsgehilfe der Bankeninteressen. Was die Banken vom Bund wünschen, wird auch erfüllt. Selbst wenn dabei das Bankgeheimnis tangiert wird.

Im Jahr 1997 wurde ein neues Doppelbesteuerungsabkommen zwischen der Schweiz und den USA zur Staatsvertragsratifikation ins Parlament gebracht. Das Abkommen war während über zehn Jahren mit den USA ausgehandelt worden, wobei in der schweizerischen Verhandlungsdelegation stets auch ein Vertreter der Banken mitreiste und mit verhandelte. Der damalige Zuger Nationalrat Georg Stucky war zunächst als Vertreter der Finanzdirektorenkonferenz und dann als informeller Vertreter der Bahnhofstrasse dabei. In diesem neuen Abkommen war zwar die später mit den Banken ausgehandelte Ablieferung von Quellensteuern an den amerikanischen Fiskus (sogenanntes QI-Abkommen) nicht erwähnt, doch in den Erläuterungen der Steuerverwaltung wurde bereits auf die Absichten der Amerikaner hingewiesen. Der einzige Parlamentarier, der sich wortreich gegen diesen «Souveränitätsverlust der Schweiz» und gegen den «Imperialismus» der Amerikaner verwahrte, war Christoph Blocher. Darauf belehrte ihn Georg Stucky im Berner Café Vallotton, dass die «Bahnhofstrasse» dieses Doppelbesteuerungsabkommen mit den USA tatsächlich wolle, weil sonst den grossen Banken Retorsionsmassnahmen in den USA drohten. Bundesbern hat nachvollzogen, was von der Bahnhofstrasse gewünscht wurde. Vier Jahre später unterzeichneten dann die Banken das Abkommen mit den USA über die «Qualified Intermediary», das sie zur direkten Ablieferung von zweiunddreissig Prozent des Zinsertrags aus Vermögen amerikanischer Bürger an den US-Fiskus zwang.

Nach der Wahl von George W. Bush zum neuen US-Präsidenten glaubten die Schweizer Bankiers nicht mehr so recht an die fiskalische Strenge der neuen US-Administration. Als ich in meiner damaligen Funktion als Präsident der nationalrätlichen Kommission für Wirtschaft und Abgaben (WAK) den amerikanischen Finanzattaché in der Schweiz an einem Mittagessen mit dieser Einschätzung konfrontierte, beteuerte er vehement, die amerikanische Steuerbehörde (IRS) verfolge unabhängig von der Parteifarbe der Regierung das Ziel, die Steuerflucht zu bekämpfen. Ich glaubte ihm dies nur halbwegs, da bald danach die Regierung Bush nichts mehr von Steuerflucht verlauten liess und sich auch in der OECD passiv verhielt. Erst heute, Jahre danach, stellen wir aus den US-Gerichtsdokumenten fest, dass die US-Steuerfahnder die UBS seit Beginn des QI-Abkommens beschattet und diese, als eine Art V-Männer getarnt, mit Testanfragen auf die Probe gestellt haben.

Einige Monate nach dem Terroranschlag vom 11. September 2001 wurden vier Parlamentarier aus den vier Bundesratsparteien – darunter auch ich selber als SP-Vertreter – in die Residenz des amerikanischen Botschafters zum Mittagessen eingeladen. Man sprach über Gott und die Welt, und erst vor dem Dessert kam der Botschafter zur Sache: Die Schweiz kooperiere zu wenig bei der Bekämpfung des weltweiten Terrorismus. Sie müsse das Bankgeheimnis zur Verfolgung von Terrorgeldern aufheben. Die Kollegen reagierten konsterniert. Der damalige FDP-Nationalrat Gerold Bührer berief sich auf den «Firewall» unter den Bankabteilungen. SVP-Nationalrat Hans Kaufmann erklärte dem Botschafter die Details des Bankgeheimnisses. Doch der Diplomat ging mit keinem Wort auf diese Argumente ein. Trocken beendete er das Gespräch mit den Worten: «Our Minister of Justice will come to Berne to explain it to your government.» Einige Augenblicke später standen wir Parlamentarier vor der Residenz des Botschafters und waren uns einig: So funktioniert halt der amerikanische Imperialismus. Da wird gar nicht diskutiert, sondern durchgesetzt. Monate später präsentierte der Bundesrat dem Parlament tatsächlich eine Botschaft zur Verstärkung der Rechtshilfe im Bereich von Terrorismus. Genau so, wie der Botschafter uns darauf vorbereitet hatte.

Der amerikanische Druck hat allerdings Tradition. 1972 lüftete die Schweiz erstmals das Bankgeheimnis in einem Rechtshilfeabkommen. Den USA wurde Rechtshilfe unter Aufhebung des Bankgeheimnisses im Falle des Organized

Crime (Mafia-Gelder) gewährt, nachdem die Nixon-Regierung mit handelspolitischen Retorsionsmassnahmen gegen Schweizer Uhren und Käse gedroht hatte.

Die Schweiz reagiert nur auf Druck

In den Achtzigerjahren musste die Schweiz eine Strafnorm für Insidervergehen einführen, damit sie gegenüber den USA rechtshilfefähig wurde. Auch dies war auf Wunsch der Banken von Bundes-Bern vollzogen worden, weil die damalige Schweizerische Volksbank in den USA unter Sanktionsdrohung stand. Ebenso wurden die Geldwäscherei-Strafnorm und das spätere Geldwäscherei-Gesetz eingeführt, nachdem die USA dies von der Schweiz verlangt hatten und die Schweizer Banken unter Druck standen. Schliesslich ist auch die Bereinigung der Jahrzehnte verdrängten Problematik um die nachrichtenlosen Vermögen auf Schweizer Banken in den Jahren 1997/1999 nur auf amerikanischen Druck zustande gekommen. Sowohl amerikanische Anlegerkreise wie auch das State Department hatten den beiden Schweizer Grossbanken das Messer an den Hals gesetzt, bis die hiesigen Banken zusammen rund 1,8 Milliarden Franken Nachzahlung leisteten.

Bis zum heutigen Tag hat die Schweiz nie die Kraft gehabt, von sich aus das Haus des helvetischen Finanzplatzes in Ordnung zu bringen. Es war immer der Druck von aussen, der Bern in Bewegung gesetzt hat. Und diese Bewegung ist meist erst in letzter Minute zustande gekommen, nachdem das Aussitzen der Krise nicht mehr möglich war. Man behalf sich immer mit dem spitzfindigen Konstruieren von neuen Ausweichmöglichkeiten und Schlupflöchern.

Bei einem politischen Vorgang allerdings mussten die Banken sich der Politik beugen: als es um den zunehmenden Druck der EU ging. Nachdem die Union mit dem Euro eine einheitliche Währung eingeführt hatte, gehörte die Angleichung der Steuererfassungspraxis im Euroland zur inneren Logik der Entwicklung. Aus Wettbewerbsgründen waren Luxemburg und Österreich nur dann zu einer gemeinsamen Bekämpfung der Steuerflucht bereit, wenn auch die Schweiz eingebunden würde. In der Schweiz wiederum drängten kriminalistisch tätige Kreise auf eine Mitwirkung bei den EU-Abkommen von Schengen und Dublin. Sie fanden bei der damaligen Justizministerin Ruth Metzler Gehör und Unterstützung.

Schliesslich resultierte aus den bilateralen Verhandlungen II zwischen Bern und Brüssel ein Paket, das einerseits den Beitritt der Schweiz zu Schengen und

Dublin und anderseits das Zinsbesteuerungsabkommen sowie die Bekämpfung des Zollbetrugs vorsah. Die Zinsbesteuerung wurde von der Bankenseite zunächst massiv bekämpft. Besonders der SVP-nahe Marcel Ospel mobilisierte gegen die Bilateralen II. Die Wirtschaft wurde durch diese aussenpolitische Strategie gegenüber der EU tief gespalten. In Einklang mit dem Bundesrat und den Strafverfolgungsbehörden war die Exportwirtschaft für, die Bankenszene jedoch mehrheitlich gegen die Bilateralen II.

2004 gab es einen in der Wirtschaftsgeschichte fast einmaligen, starken Auftritt der Bundesräte Pascal Couchepin und Micheline Calmy-Rey vor economiesuisse-Kreisen. Den beiden gelang es, die Wirtschaftselite mit einer Mischung aus Charme und Drohung für die Bilateralen II und für deren Abstimmungsfinanzierung zu gewinnen. Die Bilateralen II sind denn 2005 auch mithilfe von economiesuisse-Geldern vom Volk gegen die SVP angenommen worden.

Immer schlauer sein wollen

Allerdings wurden im Zinsbesteuerungsabkommen Schlupflöcher eingebaut. Zum Beispiel die Ausnahmeregelung für juristische Personen und Dividendeneinkommen. Die Zürcher Kantonalbank proklamierte unverhohlen die Umgehung des Zinsbesteuerungsabkommens dadurch, «dass die ZKB und andere Banken alternative Produkte anbieten werden, sobald das System mit dem EU-Steuerrückbehalt zu greifen beginnt». Gerold Bührer frohlockte öffentlich: «Das Abkommen ist löchrig wie ein Emmentaler Käse.» Mit System und Methode wurden Schlupflöcher geschaffen und das Abkommen umgangen, wo es nur ging. Und jetzt beklagen sich die gleichen politischen Kreise, dass den Deutschen der Geduldsfaden gerissen ist und sie nun die Schweiz mit ihrer Verbalkraftmeierei unter erheblichen Druck setzen.

Dem Schweizer Volk wurde im Abstimmungskampf 2005 zu den Bilateralen II die Botschaft vermittelt, das Bankgeheimnis sei nun gerettet. Das war eine krasse Irreführung, denn den Fachleuten war immer klar, dass im Abkommen eine Renegoziationsklausel eingebaut war, die besagt, dass diese Regelung zur Bekämpfung der Steuerflucht erneut zu verhandeln sei. Der bloss provisorische Charakter der Zinsbesteuerung wurde verschwiegen. Einmal mehr versuchte man es mit dem Aussitzen eines Problems. Doch auch dieses Abkommen gehört heute zur Revisionsmasse.

Sich selbst kontrollieren

Der politische Beobachter muss konstatieren, dass heute die stärkste und wirksamste Gegnerschaft gegen weitere Verhandlungen und Annäherungen an die EU nicht (mehr) von Christoph Blochers SVP kommt, sondern aus der Bankenszene. Die früher weltoffenen, polyglotten Genfer Privatbankiers sind zu den gehässigsten Kritikern der Europäischen Union geworden.

Der Einfluss der Banken war immer dort vorherrschend, wo es um die regulatorischen Eingriffe des Bundes in das Finanzmarktgeschehen geht. Die Eidgenössische Bankenkommission EBK als Aufsichtsbehörde über den Bankensektor bestand aus sieben Mitgliedern, wobei der Präsident Eugen Haltiner von der UBS stammte und vier weitere Mitglieder in Banken oder Finanzgesellschaften mitwirkten. Die seit Anfang 2009 als Finma auf neuer gesetzlicher Grundlage operierende Regulatorbehörde für den Banken- und Versicherungsbereich ist genauso auf den Bankenschutz und nicht auf den Kundenschutz ausgerichtet. In ihrem Miliz-Verwaltungsrat sitzen Banken- und Versicherungsvertreter, aber keine Vertreter der Konsumenten, der Anleger und der KMU. Bei der Bankenaufsicht galt und gilt immer noch das Prinzip: Die Kontrollierten kontrollieren ihre Kontrolleure. Liebevoll preist man dies dann als die Praxisnähe des «Milizsystems». Dieses «Regulatory Capture», also die Gefangennahme der staatlichen Aufsichtsbehörde durch jene, die beaufsichtigt werden müssten, ist ein enormes staatspolitisches Problem. Ich betone dies als einer, der selber eine regulatorische Funktion ausgeübt hat.

Die UBS-Krise ist auch eine Krise der Regulatorbehörde: Im Jahr 2004 segnete die EBK das neue Risikomodell der UBS ab, jenes Geschäftsmodell, das zur Expansion im Investment Banking führte und das 2007 vor dem Absturz nur noch 1.60 Franken Eigenmittel auf 100 Franken Bilanzsumme (Leverage Ratio von 1,6 Prozent) aufwies. Die UBS-Spekulationswirtschaft wurde also mit amtlichem Segen der Regulatorbehörde aufgebaut, wobei bei der EBK beides, sowohl die ökonomische Inkompetenz in der Abschätzung von Systemrisiken als auch die Willfährigkeit gegenüber den Grossbanken, eine Rolle spielte. Aus diesem Grund muss die Festlegung der Eigenmittelvorschriften zur Stabilisierung des Finanzsystems in Zukunft an die Nationalbank übertragen werden, die unabhängiger und kompetenter ist.

Eugen Haltiners Rolle

Die historisch eingeschliffene Schonkultur der Bankenaufsicht über die Banken setzt sich in der Nachfolgebehörde Finma ungebrochen fort. Im Januar 2009 hat die Finma mit ihrem ersten Rundschreiben über die Vermögensvermittlungs-Dienstleistungen in Sachen Kickbacks die grösste wettbewerbspolitische Schandtat begangen: Sie hat Provisionen und Retrozessionen der Banken und Anlageberater auf die denkbar katastrophalste Art und Weise zugelassen. Während die EU mit der Mifid-Richtlinie strenge Massstäbe für die Offenlegung und Überweisung von Retrozessionen gegenüber den Anlegern vorschreibt, konstruierte die Finma gleich fünf Schlupflöcher und Ausweichmanöver, damit diese unrühmlichen Kickbacks in der Schweiz (sie werden auf jährlich 5 Milliarden Franken beziffert!) statt an die zahlenden Anleger weiter an die Banken und an geköderte Anlageberater fliessen. Kickbacks im Vermögensanlagegeschäft wirken wie Schmiergelder. Sie verzerren den Wettbewerb.

Für die Rekrutierung der Finma wurde die Personalberatungsfirma Egon Zehnder beigezogen, die sonst für die Banken arbeitet und sich auch als Konstrukteurin der Boni-Kultur in der Bankenwelt profiliert hat. Der neue Direktor der Finma, Patrick Raaflaub, wird denn auch ein Jahresgehalt von 450 000 Franken plus einen Bonus von 100 000 Franken beziehen – mehr als ein Bundesrat –, der Präsident des Verwaltungsrats, Eugen Haltiner, eines von 320 000 Franken.

Eugen Haltiner war 2005 von Bundesrat Hans-Rudolf Merz als Präsident in die EBK geholt worden, nachdem er zuvor sein Amt als Business Group Vice Chairman der UBS aufgegeben hatte. Umgekehrt hatte Haltiner dem damaligen Wirtschaftsberater Hans-Rudolf Merz 1995 aus der Patsche geholfen, indem er dafür sorgte, dass die UBS die konkursreife Ausserrhoder Kantonalbank ARKB übernahm, bei der Merz als Verwaltungsratspräsident wirkte. So zahlen sich freisinnige Seilschaften aus.

Die politischen Beobachter waren erstaunt, mit welcher Vehemenz und Unverfrorenheit der Finma-Präsident und Ex-UBS-Mann Haltiner im Januar 2009 das Boni-Modell der UBS öffentlich verteidigte und im Februar 2009 den amerikanischen Zugriff auf die UBS-Kundendaten zum Schutz der UBS inszenierte. Manche fragten nach den in helvetischen Behörden üblichen Ausstandsregeln. Denn Haltiner war zuvor bei der UBS Mitglied des Group Managing Board und des Executive Board der Division Global Wealth Management and Business Banking (WM&BB), in der das Amerika-Geschäft betreut wurde. Er musste also voll im Bild über die Geschäftspraktiken der UBS beim Qualified Intermediary gewesen sein und auch den kritischen internen Bericht über die UBS-Vorgehensweise in den USA gekannt haben. Kurz, Haltiner war voll involviert in der UBS, und trotz mahnender Stimmen einzelner Finma-Mitglieder begab er sich als Präsident der Behörde nicht in den Ausstand bei ebenjenem Dossier, an dem er zuvor selber aktiv beteiligt gewesen war. In Kenntnis dieses Sachverhalts reagierte der Präsident des US-Senatsausschusses für Bankfragen, Senator Carl Levin, mit dem vernichtenden Urteil zur Bankenaufsicht: «Wir können uns auf die Schweizer nicht verlassen.» Es ist kaum vorstellbar, dass die Schweizer Bankenaufsicht mit Eugen Haltiner als Chef je wieder internationales Vertrauen gewinnen kann.

Wie weiter?

Die historische Ankündigung von Bundespräsident Hans-Rudolf Merz, die Schweiz werde die OECD-Richtlinien gegen Steuerflucht jetzt einhalten, wurde im gleichen Atemzug verbunden mit dem Vorbehalt, dass zuerst jedes einzelne Doppelbesteuerungsabkommen neu ausgehandelt werden müsse. Nach Angaben aus der Steuerverwaltung wird dies beim ersten der siebzig Abkommen frühestens in zwei, drei Jahren der Fall sein. Zudem wird mit dem Erfordernis eines begründeten Verdachts auf Steuerhinterziehung die Hürde für die Bankenauskunft so hoch gelegt, dass ein ausländischer Staat quasi die Computer-Verbindungen knacken oder einen Schweizer Bankier verhaften muss, um an eine Begründung heranzukommen. Ausserdem wird mit der Rekursmöglichkeit in jedem Einzelfall ein mehrjähriges Sperrmanöver gegen die Aufhebung des Bankgeheimnisses eingebaut. Und letztlich soll erst noch eine Amnestie alle bisher zugeflossenen Auslandgelder schützen.

Reformen ankünden und den Status quo aussitzen, auch diesmal wieder. Doch die Globalisierung wird auch bei uns globale Spielregeln durchsetzen. Diese Erkenntnis wird uns in ein paar Jahren wieder schmerzlich einholen, nämlich dann, wenn uns das Wasser wieder am Halse steht.

(Das Magazin, 13/2009, 12–17)

Der Machtkampf um Sulzer

In diesen Tagen läuft ein Machtkampf um die Kontrolle des Sulzer-Konzerns. Dabei geht es nicht bloss um die Auswechslung des Verwaltungsrats, vielmehr steht ein industriepolitisches Desaster mit einer neuen Industriedemontage bevor.

Die Absicht des russischen Finanzoligarchen Viktor Vekselberg ist offensichtlich: Er will die Kontrolle über Sulzer erringen, um den reichen, mit grossen Kapitalreserven ausgestatteten Sulzer-Konzern mit seiner defizitären und hoch verschuldeten OC Oerlikon zu verschmelzen. Mit dieser Zwangsheirat kann er Sulzer als finanzielle Sanierungsquelle für die Oerlikon ausplündern. Der Sulzer-Konzern ist gut geführt und hat trotz Rezession einen Auftragsbestand von über 2 Milliarden Franken und dazu finanzielle Reserven von einer Milliarde.

Anders der Industriekonzern Oerlikon (früher Unaxis). Obschon er technologisch ebenso auf der Höhe ist und hochqualifiziertes Personal hat, arbeitet er mit Verlusten und ist hoch verschuldet, weil er bei der von Grossaktionären erzwungenen Übernahme von Saurer zu viel bezahlt hat und durch mehrere Aktientransaktionen, Umstrukturierungen und Aufspaltungen geschwächt worden ist. Bevor der Konzern zum Spielball der Grossaktionäre Vekselberg (Renova Holding) und Ronny Pecik/Georg Stumpf (Victory Wien) sowie der gemeinsamen Everest-Finanzgesellschaft geworden ist, hatte Oerlikon Ende 2002 noch 726 Millionen Franken Cash und bloss 40 Millionen Bankschulden. Doch bis letztes Jahr waren die flüssigen Mittel der OC Oerlikon auf 350 Millionen halbiert und die Schulden auf 2 Milliarden aufgestockt worden, von denen ein grosser Teil demnächst zur Rückzahlung fällig wird.

Fast lehrbuchmässig hatten sich diese Private-Equity-Gesellschaften («Heuschrecken») in den letzten Jahren an die Schweizer Traditionsfirmen Oerlikon und Sulzer herangemacht. Erster Schritt: Verdeckt und mit Strohmännern (von denen sogar einer in der Zürcher Kantonalbank mitwirkte) erwarben sie günstig Aktien bis unterhalb der Meldeschwelle von damals je 5 Prozent. Zweiter Schritt: Zum vereinbarten Zeitpunkt vereinigten sie die Stimmkraft und outeten sich dem Management als beherrschende Minderheitsaktionäre. Weil nur etwa 40 Prozent der Stimmen aktiv sind, genügten dabei 20 Prozent Aktienanteil. Dritter Schritt: Sie machten die OC Oerlikon zum Spielball, wechselten das Management nach ihrem Gusto aus, integrierten den Saurer-Konzern und bewirkten eine finanzielle Aushöhlung des Konzerns. Bei Sulzer jedoch, wo Vekselberg jetzt zwischen 25 und 30 Prozent der Aktien besitzt, widersetzten sich der Verwaltungsrat und das Management, worauf ein vorläufiges Stillhalteabkommen zustande kam. Vierter Schritt: Nun läuft dieses Stillhalteabkommen aus, und der Sulzer-Verwaltungsratspräsident und mindestens ein weiteres VR-Mitglied stehen auf Vekselbergs Abschussliste, weil sie sich der Demontage und Umstrukturierung aus industriepolitischen Gründen widersetzen. Wenn Vekselberg nun den verdienten und erfahrenen Jürgen Dormann vorläufig als neuen Chef bei Sulzer einsetzen will, kann dies bloss eine Übergangslösung sein. Denn Dormann ist 69-jährig und gewährleistet keine langjährige industrielle Perspektive. Kapitaltransfers von Sulzer zu Oerlikon via Umgruppierungen wird er nicht verhindern können.

Im Blick auf den Countdown und die bevorstehende Demontage um Sulzer und Oerlikon ist auch ein Blick auf die regulatorischen Aspekte wichtig. Das Hauptproblem ist das verspätete Urteil der Finanzmarktaufsicht (Finma), welche die Verletzung der Meldepflichten an der Börse durch Pecik, Stumpf und Vekselberg zu untersuchen hatte. Ganze zwei Jahre und zwei Monate liess sich die Eidgenössische Bankenkommission (heute Finma) Zeit, bis sie die beiden Österreicher Pecik und Stumpf sowie deren Finanzgesellschaft Everest der Verletzung des Börsengesetzes überführen konnte. Der dritte im Bunde bei Everest war Vekselberg, doch konnte man ihm die direkte Mitwirkung am Übernahmekomplott gegen Sulzer deshalb nicht nachweisen, weil das Amtshilfeverfahren mit Österreich nicht oder nicht rechtzeitig funktionierte. Laut Finma-Bericht will sich Vekselberg nicht (mehr) erinnern, wann Everest gegründet worden und wie Everest strukturiert gewesen ist. Doch laut Finma gibt es Indizien, dass Vekselberg am Beteiligungskomplott gegen Sulzer ebenso beteiligt war wie Pecik und Stumpf, doch gibt es mangels Amtshilfe keine hinreichende Dokumentation für eine Anklage. Würde die Amtshilfe funktionieren, könnte man ihn jetzt am Aktieneintrag und an der Abwahl der Sulzer-Verwaltungsräte hindern.

Die mangelnde Durchsetzung der Börsenregeln ist ein Schwachpunkt der Börsenaufsicht: In den letzten zehn Jahren (1998 bis 2007) hatte die Eidgenössische Bankenkommission beim Eidgenössischen Finanzdepartement nämlich in 30 Fällen Strafantrag wegen Verletzung der Börsenregeln und Meldepflichten gestellt. Doch in 29 von 30 Fällen hat das Departement unter den Bundesräten Villiger und Merz den Strafantrag fallen lassen und bloss in einem kleinen Fall eine Busse verhängt.

Es herrscht eine Schonkultur in Bern, die ganz oben gepflegt wird. Eigentlich müssten Verstösse gegen das Börsengesetz von einer Staatsanwaltschaft und von einem Gericht geklärt werden. Solange aber solche Fälle von einer politischen Amtsperson, dem Chef des Finanzdepartements, niedergeschlagen werden können, ist es nicht vordringlich, das bereits hoch dotierte Personal der Finma aufzustocken. Vielmehr braucht es vorher eine andere Entscheidungskultur an der Spitze. *(Tages-Anzeiger vom 24.3.2009)*

Ablasshandel bei Wirtschaftskriminalität

Von der Öffentlichkeit kaum bemerkt hat Hans Rudolf Merz in seinen letzten Tagen im Bundes-Bern noch eine juristische und industriepolitische Bombe gelegt. Mit einer dürren Pressemitteilung des Eidgenössischen Finanzdepartements wurde mitgeteilt: «Sulzer-Untersuchung eingestellt».

Das dreijährige Ermittlungsverfahren wegen Börsenvergehen mit Sulzer-Aktien der Investoren Victor Vekselberg, Ronny Pecik und Georg Stumpf wurde Mitte Oktober vom Finanzdepartement eingestellt. Die drei Börsenraider zahlen zusammen eine «Wiedergutmachungszahlung» von 10 Millionen Franken, die zum Teil an zwei wohltätige Organisationen geht. Damit haben sich die drei von einem aufwendigen Strafverfahren mit einer potenziellen Busse von bis zu 800 Millionen Franken freigekauft. Die wohltätige Ablassgebühr zahlen sie aus ihrer Portokasse.

Schon zuvor hatte das Finanzdepartement unter Hans Rudolf Merz im Strafverfahren wegen Börsenvergehens um die OC Oerlikon (früher Unaxis) forfait gegeben, indem es seine Klageschrift gegen Vekselberg und Konsorten vor dem Bundesstrafgericht schon gar nicht mehr verteidigte. Das Departement ist vor dem vorausgehenden Lobbying der russischen Regierung zugunsten Vekselbergs und vor dessen Anwälten, die auch mit Diffamierung und Einschüchterung der Finanzverwaltung operierten, in die Knie gegangen.

Der Fall Sulzer, der nun nicht mehr in einem Prozess geklärt werden kann, war klarer und eindeutiger in der Beweislage als der vorgängige Fall Oerlikon. Die Fakten, die zum Teil auf Amtshilfedokumenten der österreichischen Behörden basierten, konnten deutlicher als im Fall Oerlikon eine Gruppenbildung und verdeckte Übernahme des Sulzer-Konzerns durch die drei Investoren und danach durch Vekselberg belegen.

Vekselberg hat bald nach der Übernahme den langjährigen erfolgreichen CEO von Sulzer, Ulf Berg, weggeputscht und die Sulzer unter seine Kontrolle gebracht. Innert weniger Jahre hat der Finanzoligarch gleich drei Flaggschiffe der helvetischen Maschinenindustrie, nämlich Oerlikon, Sulzer und Saurer, mit russischen Methoden unter seine Kontrolle gebracht – und, nebenbei bemerkt, auch deren Börsenwert dramatisch liquidiert.

Traditionelle Industriegesellschaften sind zum Spielball von Börsenraidern und Private-Equity-Gesellschaften geworden. Das Börsenrecht wollte dies eigentlich mit saftigen, präventiv wirkenden Bussen verhindern. Doch nun schlägt das Finanzdepartement unter Hans Rudolf Merz vor, die Höchststrafe bei Börsenvergehen auf die Maximalbusse von 500 000 Franken zu senken. Das ist eine Einladung zur Börsenmanipulation und Börsenkriminalität. Der neue Bundesrat Johann Schneider-Ammann hat jetzt die (letzte) Chance, das Steuer zum Schutze der Realwirtschaft noch herumzureissen.

(UnternehmerZeitung vom 24.10.2010)

Ein schwacher Staat zieht Heuschrecken an

Eigentlich hätte Anton Affentranger den Swiss Award für Wirtschaft verdient. Doch das Nominationskomitee zog seinen Namen nicht einmal in Betracht. In industriellen Kreisen und bei Wirtschaftskennern wird Affentranger aber als Winkelried betrachtet, der im jahrelangen Wirtschaftskrieg mit dem englischen Hedge-Fund Laxey standgehalten hat. Am Schluss hat er Implenia, die grösste Baufirma der Schweiz, vor der Zerschlagung und vor dem Verscherbeln bewahrt.

Die Vorgeschichte: In aller Stille und verdeckt hatte die Londoner Investmentgesellschaft Laxey, die vom Schweizer Roger Bühler vertreten wird, tief bewertete Aktien des Baukonzerns Implenia an der Börse aufgekauft. Dies allerdings, wie nachträglich von der Finanzmarktaufsicht (Finma) amtlich festgestellt, illegal unter Missachtung von gesetzlichen Börsenregeln, die vorschreiben, dass der Aktienanteil beim Überschreiten von gesetzlichen Meldeschwellen gemeldet werden muss. Mit andern Worten: Die Börsenraider von Laxey hatten sich durch verdeckte Wertpapierkäufe und illegale Manipulationen an die gesunde Baufirma herangeschlichen, bis sie 51 Prozent der Aktien in ihren Besitz gebracht hatten.

Gerüchte und Verdächtigungen

Doch Implenia-Präsident Anton Affentranger und mit ihm echte Industrielle wie Johann Schneider-Ammann widersetzten sich wegen der Manipulation dem Aktieneintrag und damit vorläufig der Stimmrechtsausübung durch Laxey. Diese wollte als Angreiferin den Verwaltungsratspräsidenten und andere Verwaltungsräte auswechseln und dann die Baufirma mit ihren Strohmännern besetzen. Affentranger und drei nicht gefügige Verwaltungsratsmitglieder wurden von einem Heer von Laxey-Rechtsanwälten bedrängt, mit Klagen eingedeckt, auch mit einer persönlichen Schadenersatzklage von 21 Millionen Franken.

Zur Kriegstaktik des Hedge-Fund-Angriffs gehörte auch das Streuen von Gerüchten und Verdächtigungen gegen Implenia und Implenia-Exponenten, die auch von Schweizer Journalisten kolportiert wurden. Das ganze Kriegsinstrumentarium der Private-Equity- und Hedge-Fund-Szene wurde in Gang gesetzt: mittels Gerüchten, Klagen, Zermürbungstaktik gegen Einzelpersonen.

Es war nie die Absicht von Laxey, Implenia als Langzeitinvestition zu besitzen. Vielmehr wollte sie einen gefügigen Verwaltungsrat einsetzen und dann die Baufirma mit Gewinn wieder abstossen oder filetieren und einzeln verkaufen oder an die Börse bringen. So fressen die Heuschrecken! Diese naturwissenschaftliche Nomenklatur wählte hochoffiziell der damalige deutsche SPD-Vorsitzende Franz Müntefering für ebenjene Private-Equity-Gesellschaften, die wie Heuschreckenschwärme übers Land hereinbrechen, dieses über Nacht kahl fressen und sich dann wieder davonmachen.

Börsenaufsicht hat geschlafen

Die Geschichte um den Implenia-Konzern, der übrigens mit 3,4 Milliarden Franken Auftragsbestand per Ende 2009 gut dasteht und gut geführt wird, ist noch nicht zu Ende. Die Finanzmarktaufsicht Finma/EBK brauchte ein Jahr, um den Sachverhalt der Börsenrechtsverletzung durch Laxey klar festzustellen. Im Mai 2008 stellte sie Strafantrag an das Eidgenössische Finanzdepartement. Doch bis Dezember 2009, also innert 20 Monaten, hat das Finanzdepartement noch keinen Bussenentscheid gefällt.

Das Departement unter Hans-Rudolf Merz hat auch in der Börsenaufsicht geschlafen. Innert zehn Jahren hat das Finanzdepartement 30 Strafanträge der EBK/Finma auf Bussen versanden lassen; in einem einzigen Fall hat es eine Busse verhängt. Diese Nachlässigkeit im Hause von Hans-Rudolf Merz beschert der Schweiz die nachlässigste Börsengesetzgebung Europas. Was natürlich die Heuschrecken aus London und Wien oder Oligarchen aus Moskau anzieht. Ein prominenter Industrieller hat aufgrund seiner eigenen Erfahrung die Schweiz in Anwesenheit von Hans-Rudolf Merz als börsenrechtliche Bananenrepublik bezeichnet.

Der Fall Laxey/Implenia ist nur ein Fall von vielen. Wir hatten in den letzten Jahren Übernahmekämpfe um SIG, Sulzer, Saurer, OC Oerlikon/Unaxis, Ascom, Valora, Swiss Metall erlebt, in den Neunzigerjahren auch um die ABB. Grosse traditionelle Flaggschiffe der schweizerischen Industrie sind zu Angriffsobjekten von Börsenraidern geworden. Jeder Fall ist eine Geschichte für sich. Derzeit erleben wir das Desaster um die überschuldete OC Oerlikon und Saurer, die zuvor in die Fänge der vermutlich kooperierenden Renova von Viktor Vekselberg und der Wiener Heuschrecke Victory geraten waren. Keine industrielle Fehlleistung hat in den letzten Jahren in der Schweiz so viel industrielle Substanz destabilisiert und zerstört wie diese Börsenraider- und Private-Equity-Gesellschaften, die meist mit fremdem Geld – auch mit institutionellen Anlagen von Pensionskassen – operieren. Jetzt ist gesetzgeberische Arbeit gefragt, um weiteren Heuschreckenfrass zu verhindern.

Handlungsbedarf für Gesetzgeber

Erstens müssen Börsendelikte in Zukunft nach der Verfolgung durch die Finma respektive die Bundesanwaltschaft sofort vom Bundesverwaltungsgericht respektive Bundesstrafgericht bestraft werden. Eine diesbezügliche Vorlage hat der Bundesrat nun in die Vernehmlassung gegeben. Das lobbyanfällige und unter der Diktatur der Chef-Inkompetenz leidende Finanzdepartement soll nicht mehr Bussen aussprechen müssen.

Zweitens ist gesetzlich zu vermeiden, dass Aktionärsversammlungen die Verwaltungsratsmitglieder jedes Jahr und einzeln wählen und abwählen können. Solches wurde von Bundesrat Christoph Blocher und vom Mundwasserproduzenten Thomas Minder in seiner – im Übrigen sympathischen, aber wenig wirksamen – Abzockerinitiative vorgeschlagen. Die Möglichkeit zur jährlichen Abwahl von Verwaltungsratsmitgliedern macht diese zum Spielball von Raidern und fördert die Diktatur des Kurzfristigen in den Industrieunternehmen.

Momentan sind die Heuschrecken wegen der Finanzkrise abgetaucht. Doch sie warten nur auf den Aufschwung. Man sollte ihnen jetzt den Riegel vorschieben. Die nächsten Attacken werden bald stattfinden.

(Tages-Anzeiger vom 19.1.2010)

Wieso die Schweiz kein Paradies für Hedgefonds werden darf

Jetzt müssen wir aufpassen, dass die Schweiz nach der Korrektur beim Bankgeheimnis nicht zum Paradies für neue finanzielle Nachtschattengewächse wird. Denn die Schweiz droht jetzt zu einer Umgehungsinsel für Hedgefonds und spekulative Geschäfte zu werden, nachdem die EU und die USA die Casino-Spekulation dieser Fonds limitieren und den Handel mit Derivaten und anderen strukturierten Wertpapieren strenger regulieren.

Es würde zu viel Platz beanspruchen, alle diese Arten von Finanzmarktprodukten zu definieren und deren Funktionsweise zu erklären. Allen diesen Anlagetechniken gemeinsam ist aber, dass sie auf spekulative Gewinne ausgerichtet sind. Mit Termingeschäften, die einem zum Beispiel das Recht geben, auf bestimmte Termine hin Wertpapiere zu kaufen oder zu verkaufen, wollen Investoren mit möglichst kleinem Einsatz eine möglichst hohe Rendite erwirtschaften. Die Risiken sind enorm, es kann bis hin zum Totalverlust führen. Zudem sind diese Produkte, liebevoll «Strukis» genannt, extrem komplex. Sie zielen stets darauf ab, die Risiken auf den Anleger zu überwälzen, und sie haben stets ein Täuschungspotenzial gegenüber dem Kunden. Sie sind so konstruiert, dass die Anlageberater oft selber ihre Mechanik nicht voll verstehen – was ihnen nicht wehtut, weil sie trotzdem daran verdienen und der Kunde ja das volle Risiko trägt.

Eben hat das EU-Parlament eine strenge Kontrolle der Hedgefonds für den ganzen EU-Raum verabschiedet, die europaweit ab 2012 wirksam wird. Ebenso unterstehen in den USA die Hedgefonds der US-Börsenaufsicht SEC. Tausende von Hedgefonds wurden dadurch in exotische Offshore-Finanzplätze der Karibik abgedrängt. Nun verlagern sie ihre Geschäfte auch in die Schweiz.

Die Hedgefonds und Dach-Hedgefonds sind in der Schweiz so wenig kontrolliert und reguliert wie einst im Wilden Westen. Dies müssen einfach alle Anleger und Pensionskassenverantwortlichen wissen: Erstens sind Hedgefonds in der Schweiz nicht der Finanzmarktaufsicht (Finma) unterstellt – im Gegensatz zu allen zivilisierten Industrieländern. Zweitens gibt es für Hedgefonds-Manager nicht, was für alle Bankenkader laut Bankengesetz gilt: die Prüfung der «Gewähr für eine einwandfreie Geschäftsführung». Gewiss ist nicht jeder Hedgefonds-Manager ein Ganove, aber es gibt keine gesetzliche Grundlage, gestrauchelte Investmentbanker am Führen eines Hedgefonds zu hindern oder dessen negative Gewährsprüfung dem Anlegerpublikum bekannt zu machen.

Drittens gibt es in der Schweiz für Hedgefonds keine Vorschriften über das notwendige Eigenkapital, das er als Puffer halten muss. Dies im Gegensatz zu allen Banken und zu den neuen EU-Leverage-Vorschriften für europäische Hedgefonds. Und viertens fehlt die Transparenz bei Hedgefonds. So sind etwa bei Handelsgeschäften ihre Gegenpartei-Risiken unbekannt. Kurz, Hedgefonds und Dach-Hedgefonds sind in der Schweiz ein wucherndes Gewächs im Schattenbanking. Wegen deren Intransparenz raten seriöse Anlageberater ihren Kunden: «Hände weg von Hedgefonds-Anlagen.»

Die Expertenkommission Siegenthaler, die strengere Aufsichtsregeln für die Finanzindustrie vorgeschlagen hat, klammerte die Hedgefonds von der Regulierung aus. Dabei können diese zur nächsten Finanzblasen-Zeitbombe werden. Derivatgeschäfte – so der amerikanische Grossinvestor Warren Buffett – können die «finanziellen Massenvernichtungswaffen» der Zukunft darstellen. Weltweit sind derzeit rund 1800 Milliarden Dollar in Hedgefonds investiert, etwa 220 Milliarden davon betreffen die strukturierten Produkte auf Schweizer

Banken. Sie sind ein Systemrisiko. Niklaus Blatter, früher Nationalbank-Vizepräsident, warnt mit vielen anderen zu Recht, dass nun die bisherigen Bankgeschäfte in Zukunft ins Schattenbanking verlagert werden und damit das Finanzsystem aufs Neue gefährden: «Schattenbanking und reguliertes Banking sind ein Teil ein und desselben international vernetzten Finanzsystems. Krisen im einen Teil wirken sich auf den anderen aus», schrieb Blatter im letzten Monat.

Die Revision der Finanzmarktaufsicht muss zwingend auch das Schattenbanking der Hedgefonds, Private-Equity-Fonds und der sogenannt «alternativen Anlagen» einer Aufsicht unterstellen. Sonst ist die Schweiz bald ein neues Schlupfloch für Schattenbanker und Spekulanten, die eine regulatorische Schwachstelle ausnützen.

(...)

Hedgefonds-Anlagen eignen sich nicht für eine solide Langfriststrategie von Pensionskassen. Solche Anlagen können kurzfristige Gewinne bescheren, aber auch Totalverluste. Sie sind volkswirtschaftlich auch nicht produktiv oder nützlich. Und sie wirken, wie die Krise gezeigt hat, auch nicht antizyklisch, sondern krisenverstärkend.

(...) *(Tages-Anzeiger vom 16.11.2010)*

Finanzwirtschaft und Realwirtschaft

Tag für Tag werden wir überschwemmt mit News und Fakten aus der Wirtschaftswelt. Tag für Tag verwirren uns Börsenkennziffern, frisierte Firmenverlautbarungen und – besonders aufs Jahresende hin – unkritisch zitierte Prognosen irgendwelcher Wirtschafts- oder Börsengurus. Und kaum jemand ist in der Lage, diese Informationsflut einzuordnen.

Zum Jahreswechsel sollten wir die langfristigen Trends in einem breiten Blickwinkel betrachten. Ins Auge fällt dabei die Auseinanderentwicklung der Wirtschaft in zwei Kulturen: eine Garantiekultur in der Realwirtschaft und eine Täuschungs- und Spekulationskultur im Finanzsektor von Banken, Versicherungen, Vermögensberatung. Die Realwirtschaft, also Gewerbe und Industrie, der Detailhandel und die Anbieter realer Dienstleistungen, verfolgt immer mehr eine Garantiekultur: mehr Garantiepflichten, mehr Haftung, mehr Qualitätssicherung und Deklarationspflicht, neu sogar eine Rückverfolgung bis zum Hersteller. Wenn eine neue Autoserie einen Fehler aufweist, werden Hunderttausende von Neuwagen zurückgerufen. Wenn bei einem Grossverteiler ein schadhaftes Produkt im Regal auftaucht, nimmt er dieses anstandslos zurück. Und wenn ein Exporteur eine Maschine mit Defekt nach Asien geliefert hat, schickt er einen Monteur dorthin zum Reparieren.

Die Geschäftskultur der Realwirtschaft unterliegt strengen gesetzlichen Rahmenbedingungen. Warentests und die europäische Produktehaftpflicht zwingen die Hersteller zu Qualitäts- und Sicherheitsdenken. Reputationsrisiko und Rückverfolgungspflicht haben diese Garantiekultur zugunsten der Konsumenten extrem gefördert.

Spekulative Riesengeschäfte

In entgegengesetzter Richtung entwickelt sich die Finanzwirtschaft. Nicht mehr die traditionelle, solide Bankenpraxis – Entgegennahme und Ausleihe von Kundengeldern – ist vorherrschend, sondern eine Täuschungskultur: mit neuen Finanzmarktinstrumenten, die niemand richtig versteht, mit spekulativen Derivatgeschäften und vor allem mit ausgeklügelten Disclaiming-Regeln bei Banken und Versicherungen. Disclaiming heisst Ausschlagen der Haftung. Dies zeigt sich in den seitenlangen, klein gedruckten allgemeinen Geschäftsbedingungen (AGB), die nur zum Ziel haben, den Anleger oder Versicherten bei einem Prozess ins Leere laufen zu lassen.

Immer stärker werden Bank- und Devisengeschäfte von der realen Wirtschaft abgekoppelt. Die internationale Finanzwelt entwickelt immer mehr Casino-Geschäfte, ohne realen Produktionswert und ohne Realwertschöpfung. Die Bank für Internationalen Zahlungsausgleich (BIZ) hat errechnet, dass sich die Devisenhandelsgeschäfte weltweit auf rund 4000 Milliarden Dollar belaufen – pro Werktag! Allein die Wechselgeschäfte zwischen dem Franken und anderen Währungen machen 250 Milliarden Dollar täglich aus. Dieser Tagesumsatz ist höher als der schweizerische Warenexport eines Jahres. Die Devisentransaktionen allein zwischen Franken und Euro haben der BIZ zufolge ein Tagesvolumen von 72 Milliarden Dollar. Diese spekulativen Wechselkursgeschäfte haben eine entscheidende Rolle bei der jüngsten überschiessenden Aufwertung des Frankens und der Abwertung des Euro gespielt. In der Casino-Kultur liegt also ein erhebliches wirtschaftliches Zerstörungspotenzial für die Realwirtschaft.

Die global zweitgrösste Akteurin im Währungsgeschäft mit Devisenhedging und anderen spekulativen Transaktionen ist Eigenangaben zufolge die UBS. Sie wirkt massgebend bei der Spekulation gegen den Euro mit und schadet der Schweizer Exportwirtschaft.

Warum erleben wir diese Entwicklung weg vom klassischen, unentbehrlichen Spar- und Darlehensgeschäft hin zur Täuschungs- und Spekulationskultur? Mit «Gier» und «Boni» allein lässt sich das nicht erklären, denn Gier ist historisch kein neues Phänomen. Es ist vielmehr die schwache Regulierung, die dem Finanzsektor diese Entwicklung ermöglichte und die Täuschungs- und Spekulationskultur weiterhin zulässt. Entgegen ihrer Selbstdarstellung ist die schweizerische Finanzmarktregulierung im Bankkundengeschäft besonders large. Für dubiose Anlagegeschäfte (zum Beispiel mit Lehman- und Madoff-Papieren), für die unsere Grossbanken in den USA und anderen Staaten angeklagt sind und massiv zur Kasse gebeten werden, reicht es im Inland nicht einmal für eine Anklage.

Für Provisionen und Kickbacks (im Bankenjargon: Retrozessionen), die in der EU und in den USA deklarationspflichtig und zum Teil verboten sind, hat unsere Finanzmarktaufsicht (Finma) gleich fünf legale Schlupflöcher konstruiert, die weidlich genutzt werden. Der Kunde weiss darum nicht, ob der Anlageberater der Bank Kickbacks für seine Anlageempfehlung erhält – eine Wettbewerbsverzerrung mit amtlich bewilligter Kundentäuschung. Die Finma steckt deshalb in einer Glaubwürdigkeitskrise. Aber auch die 800 Milliarden Franken an zwangsersparten Pensionskassengeldern sind ein amtlich bewilligter Selbstbedienungsladen für das Anlageberatungs- und Vermögensmanagement-Business.

Zwei Jahre nach der Finanzmarktkrise wird im internationalen Banking wieder durchgestartet. Die Währungstransaktionen und die Hedgefonds-Geschäfte haben heute ein grösseres Volumen als 2007. Der UBS-Chef erklärt, dass seine Grossbank, eben erst vom Staat gerettet, wieder verstärkt Risikogeschäfte machen will. Die Strategie kann er nur verfolgen, weil die Aktionäre darauf bauen können, dass die systemrelevante Bank auch beim nächsten Crash vom Staat gestützt wird.

Immenser Nachholbedarf

Gleichzeitig wird über obskure PR-Kanäle aus der Bankenbranche bereits Stimmung gegen die geplante «Too big to fail»-Gesetzgebung gemacht, werden die Nationalbank und deren Präsident Philipp Hildebrand miesgemacht. Und es ist nur eine Frage der Zeit, bis die neue Finma-Präsidentin, sollte sie Wirksamkeit entfalten, mit Verdächtigungen aus der Branche zugedeckt wird. Eine Regulatorbehörde aber, die sich nicht Kritik einhandelt, macht ihren Job nicht gut!

Die Finanzwirtschaft sollte eigentlich der Realwirtschaft dienen. Doch heute hat sie die Beziehung zur realen Wirtschaft verloren. Die Schweiz hat, mehr als andere Staaten, immensen Nachholbedarf bei der Finanzmarktregulierung, in der Bekämpfung von Steuerflucht und in der Wiedergewinnung des Vertrauens. Das muss das wirtschaftspolitische Programm Nummer eins des nächsten Jahres sein: Der Täuschungskultur der Finanzwelt müssen Grenzen gesetzt werden. Vor deren Übermacht darf der Staat nicht resignieren.

(Tages-Anzeiger vom 28.12.2010. Ursprünglicher Titel: «Die wirtschaftspolitische Aufgabe Nummer eins»)

Finanzmarktregulierung

Eigenmittel sind der Knackpunkt der Bankensicherheit

Kurz vor ihrem Absturz in die grösste Krise ihrer Geschichte, im Jahr 2008, verfügte die UBS über Eigenmittel von bloss 1,6 Prozent ihrer Bilanzsumme. Oder anders gesagt: Mit einem eigenen Kapital von 1.60 Franken hatte der Konzern 98.40 Franken an Geldern entgegengenommen und wieder ausgeliehen. Kein Wunder, dass die Grossbank mit ihren notleidenden Krediten bald an die Grenze der Zahlungsunfähigkeit gelangte und Staatskrücken zu ihrer Rettung in Anspruch nehmen musste.

Die Eigenmittelfrage war vor und ist nach der Krise der entscheidende Knackpunkt der Bankensicherheit und der Stabilität des Finanzsystems. Das Parlament kann in der Schweiz in Anspruch nehmen, dass es diese Schlüsselproblematik früh erfasst hatte; nur besass die Bankenaufsicht nicht die Kraft, diese in die Praxis umzusetzen.

Nach der Asienkrise 1997/98, die den international tätigen Banken Milliardenverluste in Südostasien und Russland und der UBS zusätzlich Verluste beim Hedge Fonds LTCM gebracht hatte, war die Frage der Stabilität der Grossbanken bereits ein Thema in der Kommission für Wirtschaft und Abgaben (WAK) des Nationalrats gewesen. Mit der Motion «Eigenmittelvorschriften zur Abdeckung von Systemrisiken bei global tätigen Banken» verlangten wir im Parlament vom Bundesrat 1998 mit Blick auf die Gefahr des «too big to fail» mehr Eigenkapital bei den Grossbanken (Motion Strahm 98.3480, vom Nationalrat am 6. März 2000 als Postulat angenommen). Im Jahr 2000 forderte das Parlament zudem den Einsatz der Schweiz für eine internationale Behörden-Koordination, um den privaten Sektor in die Krisenprävention einzubeziehen. Bereits in diesem Vorstoss, der vom Nationalrat ebenfalls angenommen wurde, war vom *«moral hazard»*-Problem die Rede (Postulat 00.3102, vom Nationalrat am 23. Juni 2000 gutgeheissen).

Mit diesen Vorstössen hätte die Eidgenössische Bankenkommission (EBK) den parlamentarischen Support (wenn auch nicht den verbindlichen Auftrag) gehabt, von sich aus bei den grossen Banken höhere Eigenmittel zu verlangen. Die EBK-Verantwortlichen sprachen gegenüber den Parlamentariern von der Notwendigkeit eines «Swiss Finish»; gemeint war eine spezifische Regelung, bei der angesichts der bilanzmächtigen Grossbanken im Verhältnis zur kleinen schweizerischen Volkswirtschaft ein grösseres Reservepolster nötig wäre. Allerdings setzte sich diese Idee einer zusätzlichen Reserve nicht durch. In der EBK war die Bankenlobby so stark, dass das Sekretariat bald einmal auf solche Sonderregelungen verzichtete. Damit ist schon ein Teilproblem der Bankenaufsicht offenkundig, nämlich die Capture-Problematik: Die Mitglieder der EBK waren mit Ausnahme des Präsidenten im Milizsystem engagiert, und sie waren beruflich mehrheitlich im Bankenmilieu angestellt oder mit ihm geschäftlich verbunden. Die Befangenheit der Aufsichtsbehörde (Institutional Capturing) ist ein seit langem erkanntes Problem: Die Kontrollierten kontrollieren ihre Kontrolleure.

Im dritten Quartal 2004 genehmigte die EBK das neue Risikomodell der UBS, jenes neue Bewertungssystem, das einen Aufbau zusätzlicher Risikopapiere erlaubte und später direkt in die UBS-Krise führte. Im Verwaltungsrat der UBS wurde dies als quasi-offizielles Gütezeichen der neuen Risikostrategie verkauft. Vor Journalisten rechtfertigte sich der damalige UBS-Präsident Marcel Ospel damit, die EBK hätte ja die Eigenmittel- und Risikostrategie der UBS abgesegnet. In den folgenden Jahren konnte die UBS Aktienrückkäufe tätigen – immer von der EBK toleriert – und damit die Eigenkapitaldecke schmälern.

Die UBS-Krise ist also *auch* (aber nicht nur) auf das Versagen der staatlichen Aufsichtsbehörde EBK zurückzuführen. Öffentlich warnte die EBK erst im Jahr des Ausbruchs der amerikanischen Subprime-Krise, also 2007, vor Risiken. Anders die Nationalbank: Deren damaliges Direktoriumsmitglied Niklaus

Blattner macht geltend, dass die UBS von seiner Seite schon 2004 vor überdimensionierten Kreditrisiken gewarnt worden war. Diese Frühwarnung wird im Nachhinein vom Eidgenössischen Finanzdepartement bestätigt. Es war auch die Nationalbank, die im Frühjahr 2008 – vor dem Absturz der UBS – die Einführung einer Leverage Ratio von 5 Prozent für die Banken mit systemrelevanten Risiken forderte, diesmal durch Philipp Hildebrand, Vizepräsident des Direktoriums.

Es ist aufschlussreich, wie die verschiedenen Akteure bei der historischen Aufarbeitung im Jahre 2009 ihre aufsichtsrechtliche Praxis im Nachhinein beurteilten: Die Nationalbank rapportierte in ihrem «*Bericht zur Finanzstabilität*» vom August 2009 sehr ausführlich über die Eigenmittelpolitik der Grossbanken. Die Finanzmarktaufsicht (Finma) beschrieb in ihrer Rückschau unter dem Titel «Finanzmarktkrise und Finanzmarktaufsicht» das Ganze als globales Phänomen: «Sowohl Ursachen dieser Krise als auch das Nichterkennen der wachsenden systemweiten Risiken sind von globaler Natur.» Und schönfärberisch schob sie die Verantwortung von sich: «In dieser Hinsicht kann kein spezifisches Fehlverhalten schweizerischer Aufsichtsbehörden festgestellt werden.» Noch schöner färbte das Eidgenössische Finanzdepartement, das in seiner Retrospektive «Situation und Perspektiven des Finanzplatzes Schweiz» an die WAK im September 2009 nicht einmal die Eigenmittelstrategie analysierte; auch das regulatorische Fehlverhalten in der Eigenmittelfrage war da kein Thema.

Woher kam der Hauptantrieb der Grossbanken, ihre Eigenmittel derart zu senken? – Treibendes Moment waren nicht die Kosten der (allenfalls höheren) Eigenmittel, sondern der in der Börsencommunity gepflegte Shareholder-Value-Massstab der Eigenkapitalrendite oder Return on Equity. Diese ist definiert als Gewinn in Prozent des Eigenkapitals. Sinken die Eigenmittel, erhöht sich rechnerisch die Eigenkapitalrendite. Der Mainstream ging bei den Grossbanken dahin, Eigenkapitalrenditen von weit über 20 Prozent auszuweisen – und für diese «Leistung» die Manager mit hohen Boni zu entschädigen. In der Realität aber wurde diese zur Schau gestellte Erhöhung der Eigenkapitalrendite durch die relativ verkleinerte Eigenmittelunterlegung mit einer immer tieferen Sicherheit erkauft.

Ich halte die Bereitstellung von Eigenmitteln für den wichtigsten, alles entscheidenden Puffer bei Finanzkrisen. Wenn in einer Verschuldungskette allen Akteuren eine bestimmte Eigenmittelquote oder Eigenfinanzierung vorgegeben ist, wirkt dies wie ein Stossdämpfer bei Verlusten. Hätte zum Beispiel der amerikanische Hauskäufer schon 10 Prozent Eigenmittel bereitstellen müssen, und hätten auch die amerikanischen Hypothekarinstitutionen 5 bis 10 Prozent Eigenmittel aufbringen und dann die Investmentbanken wiederum 5 bis 10 Prozent Eigenkapitel bereitstellen müssen, so wäre eine derartige Finanzblase gar nicht erst entstanden. Oder hätte sie existiert, dann hätten die vorhandenen Eigenmittelreserven in der ganzen Verschuldungskette die Wertzerstörung abgefedert.

Eigenmittel sind von allen diskutierten Regulierungsmassnahmen im Finanzmarktsektor – wie Boni-Regelungen, Kreditbeschränkungen, Begrenzung der Bankgrössen, Sollbruchstellen im Konkursfall – die liberalste Form der Sicherung der Stabilität. Zugleich sind sie die wirksamste Methode. Eigenmittel erhöhen die Haftung der Bank, und zwar durch ihr eigenes Vermögen. Unter den unabhängigen Ökonomen (gleich welcher Weltanschauung) und den Regulierungsbehörden besteht in der Forderung nach mehr Eigenmitteln der grösste Konsens. Diese Grundposition hat sich auch in den Konferenzen der Staats- und Regierungschefs im Rahmen der G-20 durchgesetzt, allerdings wurden bislang keine numerischen Kennziffern beschlossen. Hingegen ist bei den Grossbanken ein latenter Widerstand auszumachen, weil höhere Eigenmittelanforderungen die Anhebung des Return on Equity respektive der Kreditvolumina begrenzen.

Den wirtschaftspolitischen Exponenten, die nach der Krise eine Maximalgrösse für Grossbanken oder gar deren Aufspaltung forderten, lässt sich entgegnen: Es kommt nicht so sehr auf die absolute Grösse einer Bank an – die gesetzgeberisch kaum festzulegen wäre –, sondern auf die Relation zwischen Kapital und Risiko oder eben zwischen Eigenmitteln und Ausleihungen.

Regulatorisches Hauptproblem der zukünftigen Finanzmarktaufsicht ist die Frage: Wie soll die Eigenmittelquote gemessen werden? Meine Antwort, die ich auch aus meiner früheren Tätigkeit in einem anderen regulatorischen Marktfeld (Preisüberwachung) ableite, lautet: Die Eigenmittelanforderung des Regulators muss simpel sein, sie muss rechtssicher und justiziabel sein, sonst ist sie nicht durchsetzbar. Sobald Ermessenselemente (wie eine Risikogewichtung) hinzukommen, ist sie nicht mehr justiziabel. Schliesslich muss die Aufsichtsbehörde auch unabhängig und unbefangen sein, sonst verlieren die Marktteilnehmer den Respekt vor ihr.

Diese Anforderungen erfüllt nur die Eigenmittelbemessung mit der Leverage Ratio, also der Festlegung der Eigenmittel in Prozenten der Bilanzsumme. Die

Bilanzsumme ist transparent, öffentlich und nicht manipulierbar. Dies im Gegensatz zu den risikogewichteten Aktiven.

Die bisherigen regulatorischen Eigenmittelbestimmungen der «Basler Empfehlungen» (Basel II), die im Rahmen der Bank für Internationalen Zahlungsausgleich (BIZ) erarbeitet und als Standard empfohlen wurden, benützten als Kenngrösse die sogenannte Kernkapitalquote «*Tier-1-Ratio*». Sie rechnet die Eigenmittel in Prozent der *risikogewichteten* Aktiven. Diese Kenngrösse hat sich in der Finanzmarktkrise jedoch als völlig wirkungslos erwiesen. Sie ist von ihrer Definition her manipulierbar. Denn die Risikoeinschätzung ist immer eine Ermessensgrösse.

Ich habe rückblickend die Darstellung der Basel-II-Empfehlungen durch die EBK aus dem Jahre 2003 – also aus der Zeit des Beginns des Subprime-Booms – herangezogen. Darin sagt die EBK im damaligen Geist der Deregulierungseuphorie: «Die Bank schätzt selber ihre Kreditrisiken.» Als Risikoparameter wurden unter anderem in die Formel einbezogen: die Ausfallwahrscheinlichkeit (Probability of Default); die Verlustquote bei Ausfall (Loss Given Default), die Ausfallverletzlichkeit (Exposure at Default). Alle diese Bewertungen sind Ermessensgrössen, teilweise ermittelt durch bezahlte Rating-Agenturen, und sie wurden von allen mit den gleichen Risikoformeln nachvollzogen. All diese Bewertungen sind extrem manipulationsanfällig. So hat sich die ganze Value-at-risk-Bewertung der Risikopapiere als gewaltiges Täuschungsmanöver herausgestellt, dem Anleger, Pensionskassen, Vermögensverwalter und Aufsichtsbehörden wie eine Herde gefolgt sind.

Ich halte es angesichts der Erfahrungen mit den alten Basel-II-Eigenmittelkriterien geradezu für unredlich, wenn heute Grossbanken wieder mit der Eigenmittelquote «*Tier-1*» nach «*Basel II*» Selbstdarstellung betreiben. Wer etwas auf sich hält, muss einfach wissen, dass hinter dieser Selbsteinschätzung ein enormes Manipulationspotenzial steckt. Denn bei der Risikogewichtung der Bankaktiven geht es um die Einschätzung von Tausenden von Finanzmarkttiteln und sogenannt innovativen Finanzmarktprodukten mit Millionen von Wertpapieren und Milliarden an Anlagesummen. Die Aufsichtsbehörde kann diese Risikogewichtung gar nicht selber überprüfen.

Der Bericht der Nationalbank zur Finanzstabilität vom August 2009 zeigt deutlich, wie die Entwicklung der Eigenmittelquoten gegenläufig verlief, weil die Kernkapitalquote «*Tier-1*» nach «*Basel II*» manipuliert wurde: Von 1995 bis Mitte 2008 stieg die risikogewichtete (manipulierte) Eigenmittelquote (analog

Tier-1-Quote) der schweizerischen Grossbanken von 9,5 auf über 12 Prozent, während die effektiven Eigenmittel aufgrund der (ungewichteten) Capital-to-Asset Ratio (etwa analog der Leverage Ratio) im gleichen Zeitraum für UBS und CS von 7 auf unter 3 Prozent sanken. Die UBS hatte vor der Krise 2008 im internationalen Vergleich die tiefste Leverage Ratio überhaupt. Zum Vergleich mit inländischen Banken: Bei den Raiffeisen- und Regionalbanken stieg diese Kenngrösse auf 8 Prozent im Jahre 2008.

Die Kernkapitalquote «*Tier-1*» war regulatorisch nie wirklich durchsetzbar. Würde die Bankenaufsicht eine rekursfähige Verfügung zu deren Durchsetzung erlassen, würde die Risikobemessung zu einem endlosen Bewertungsstreit führen. Mit andern Worten: Die Tier-1-Ratio ist nicht justiziabel. Darum musste sich die EBK und muss sich heute die Finma auf Verhandlungen mit den beaufsichtigten Banken stützen – sie muss sich, wie sie es selber nennt, mit dem «Austarieren» von Anforderungen begnügen.

Akut ist zudem die Frage, welche Institution die Aufsicht über die Banken im Interesse der Finanzmarktstabilität innehaben soll. Laut Bankengesetz untersteht die Eigenmittelfrage der Finma (mikroprudentielle Aufsicht), während die Nationalbank zwar für die Stabilität der Finanzmärkte zuständig ist (also für die makroprudentielle Aufsicht), aber keine Eigenmittel vorschreiben kann. Diese rechtliche Situation ist ein Anachronismus. Die Kompetenzverteilung zwischen den beiden Aufsichtsbehörden muss neu geregelt werden. Im Mai 2007 vereinbarten die beiden Institutionen ein «Memorandum of Understanding», welches die Kompetenzaufteilung in dieser gesetzlichen Grauzone regelt. Gesetzgeberisch ist diese Absichtserklärung ein Unding: Denn auf Dauer ist es unhaltbar, dass zwei Regulatorbehörden ihre Kompetenzen mit einer Art Kuhhandel unter sich regeln.

Die Finma räumt selber in ihrem (ansonsten reichlich schönfärberischen) Bericht «Finanzmarktkrise und Finanzmarktaufsicht» vom 14. September 2009 ein: «Die Aufsicht und die Banken waren zu sehr auf die Risiken der *einzelnen* Institute fokussiert und erkannten die sich systemweit aggregierenden Risiken nicht rechtzeitig.»

Aufgrund der bisherigen Erfarungen sollte die Aufsicht über die Finanzmarktstabilität in Zukunft von der Nationalbank wahrgenommen werden. Die Finma wäre dann für die mikroprudentielle Aufsicht zuständig, also für die Aufsicht der *einzelnen* Bank, für deren Kundenbeziehung und Marktverhalten. Die erweiterte Zuständigkeit der Notenbanken über die Finanzmarktaufsicht entspricht übrigens dem internationalen Trend, wie er in der G-20, dem Klub der grössten Wirtschaftsmächte, vorgezeichnet worden ist.

Eine regulatorische Kompetenzverschiebung zeichnet sich auch in der EU ab: Für die Makroaufsicht über die grossen Banken ist die Schaffung eines Europäischen Ausschusses für Systemrisiken (ESRB) vorgesehen. Ich halte es für ratsam, dass sich die Schweiz gleich von Anbeginn diesem neuen europäischen System der Risikobeurteilung und -warnung anschliesst. Angesichts der Tatsache, dass unser Land in der G-20 nicht mitwirken kann und vermutlich auch seinen Sitz im Exekutivdirektorium des IWF verlieren wird, wäre die Beteiligung am ESRB neben dem Financial Stability Board, welches im Rahmen der BIZ geführt wird, vertrauensbildend und sinnvoll. Ich bin sicher, dass eine Mitwirkung der Schweiz im ESRB zu einem spätern Zeitpunkt unausweichlich ist und gleichzeitig teurer zu stehen käme.

Zusammenfassend ziehe ich folgende regulatorischen Folgerungen in der Eigenmittelfrage aus der Finanzmarktkrise 2007–2010:

Erstens besteht ein Regelungsbedarf für erhöhte Eigenmittel der Banken, zumindest für die international tätigen Institute mit einer systemrelevanten Grösse und Verflechtung. Auch für Hedge-Fonds ist eine Eigenmittelquote vorzusehen.

Zweitens muss die wichtigste regulatorische Kenngrösse in der Leverage Ratio bestehen, also in einer gesetzlichen oder regulatorischen Festsetzung der Eigenmittel in Prozent der Bilanzsumme, welche justiziabel und durchsetzbar ist. Weitere Eckwerte wie Liquiditätsmasse und risikogewichtete Aktiven (analog *Tiers-1-Ratio* sollen von der Bankenaufsicht durchaus flankierend und zur Plausibilisierung angewandt werden, aber sie bleiben stets manipulierbar.

Drittens stellt sich die Frage nach der Höhe der Leverage Ratio. Die 3,5 Prozent, welche die Finma heute der UBS auferlegt hat, ist gewiss ungenügend. Die Nationalbank fordert 5 Prozent, und die britische Wirtschaftszeitung *Financial Times* empfiehlt wegen der zunehmenden globalen Risiken eine Leverage Ratio von 10 Prozent. Angesichts des krassen Verhältnisses zwischen der kleinen Schweiz und ihren Grossbanken halte ich eine Leverage Ratio von 7 bis 10 Prozent für unabdingbar – sie wäre allenfalls nach Konjunkturlage in dieser Bandbreite zu staffeln. Die Grossbanken sollten keine Boni und keine Dividenden ausschütten dürfen, solange das Eigenkapital nicht auf ein Mindestlimit von 5 Prozent angehoben worden ist. Solch ein Swiss Finish ist volkswirtschaftlich und risikopolitisch gerechtfertigt: Das Verhältnis der Bankengrösse zum Bruttoinlandprodukt (BIP) ist in keinem Land so gross wie in der Schweiz. Die UBS hat eine Bilanzsumme, die das Vierfache des schweizerischen Bruttoinlandprodukts ausmacht, die Credit Suisse hat eine dreifache Bilanzsumme, während das grösste amerikanische Finanzinstitut, die Bank of America, mit ihrer Bilanzsumme nur gerade ein Fünftel des amerikanischen BIP erreicht.

Viertens muss die gesetzliche Kompetenz zur Festlegung von Eigenmittelvorschriften bei systemrelevanten Banken auf die Nationalbank übertragen werden. Dazu ist eine Kompetenzregel im Nationalbankgesetz zu verankern. Es gibt indes auch gute staatspolitische Gründe, dass der Gesetzgeber die Höhe oder die Bandbreite der Eigenmittel in Prozent der Bilanzsumme selber festlegt und im Gesetz verankert. Wir haben wegen der Grösse der Banken nun mal ein *«moral-hazard»*-Problem. Dieses kann man nicht mit Rhetorik aus der Welt schaffen, sondern nur mit einer simplen, rechtssicheren Prävention mittels Eigenmittelvorschriften.

Wir haben bislang erlebt, wie die Feuerwehren den Brand der Finanzkrise gelöscht haben. Die politischen Behörden und Parlamente konnten die Massnahmen nur noch mit Murren nachträglich genehmigen. Nun kommt die Zeit der Brandverhütung und des präventiven Katastrophenschutzes. Dafür sind die Regierungen und Gesetzgeber zuständig und verantwortlich. Schon ein knappes Jahr nach dem Höhepunkt der Krise lebte der Widerstand der Banken gegen jede staatliche Aufsicht wieder auf – und dieser Widerstand wird mit fortschreitendem zeitlichem Abstand zur vergangenen Krise wachsen. So besteht nur ein begrenztes zeitliches *«window of opportunity»*, um gesetzgeberische und regulatorische Massnahmen zur Katastrophenprävention zu ergreifen. Wenn es zu lange dauert, werden alle noch so vernünftigen Absichten von der Lawine des Lobbying erneut überflutet werden. Das Zeitfenster zu vernünftigem Handeln ist eng.

(Gekürzte Fassung der Stellungnahme von Rudolf H. Strahm gegenüber den Geschäftsprüfungskommissionen des Nationalrats und des Ständerats in den Anhörungen zur GPK-Inspektion «Behördenverhalten bei der Finanzmarktkrise», Bern, Bundeshaus, 10. September 2009, auch abgedruckt in: Baumann, Claude und Ralph Pöhner Hg. (2010): Neustart. 50 Ideen für einen starken Finanzplatz Schweiz, Zürich: NZZ, 55–62)

Befangenheit der Aufsicht – ein verdrängtes Problem

Nach dem Vertrauensverlust der Finanzmarktaufsicht (Finma) und der Demissionsankündigung von Finma-Chef Eugen Haltiner letzte Woche drängen sich grundsätzliche Überlegungen zu Befangenheit und Unabhängigkeit von staatlichen Aufsichtsbehörden auf. «Befangenheit von Aufsichtsbehörden» ist bei uns schon fast ein Fremdwort. Doch wer den englischen Begriff «Regulatory Capture» googelt, findet weltweit 6,1 Millionen Literatureinträge.

«Regulatory Capture» bedeutet «aufsichtsbehördliche Befangenheit», spricht also die Problematik an, wenn staatliche Kontrolleure von den Kontrollierten abhängig sind und nicht das Allgemeinwohl, sondern Sonderinteressen irgendwelcher Firmen verfolgen.

Abhängigkeit tabuisiert

Die Internetsuche zeigt: In der internationalen Wirtschaftsdebatte ist die Beeinflussung der staatlichen Aufsichtsbehörden ein heiss diskutiertes Problem – bei uns gilt sie als Unthema. Niemand spricht darüber. Niemand forscht dazu. Und manche Stimmen wollen sogar glauben machen, die übliche Kameraderie und Schonkultur zwischen der staatlichen Aufsicht und den Verbänden respektive Privatfirmen gehöre zur helvetischen «Sozialpartnerschaft».

Nach der Rücktrittsankündigung von Finma-Präsident Haltiner rief die Bankiervereinigung postwendend nach einem Banker als Nachfolger. Man wünscht sich bei den Finanzinstituten offenkundig eine Aufsicht nach dem geliebten helvetischen Grundsatz, dass die Kontrollierten ihre Kontrolleure kontrollieren sollen. Auch die meisten der befragten Politiker sagten reflexartig und denkfaul, der neue Finma-Chef müsse ein Banker sein. Niemand zieht die personalpolitischen Konsequenzen aus dem Bericht der Geschäftsprüfungskommissionen zur Finanzkrise, in welchem es heisst: «Die vorliegende Inspektion der GPK hat gezeigt, dass die teilweise bestehende Abhängigkeit der schweizerischen Bankenaufsicht von den Banken verringert werden muss.» Das ist eine vorsichtig-diplomatische Umschreibung der Tatsache, dass die Anfang 2009 ins Leben gerufene Finma und ihre Vorgängerbehörde, die Eidgenössische Bankenkommission (EBK), durch ihre Toleranz gegenüber der UBS wesentlich am Finanzdebakel mitverantwortlich waren.

Eugen Haltiner hatte kurz nach seinem Amtsantritt am 1. Februar 2006 als EBK-Chef bereits öffentlich den Sinn der Bankenregulierung angezweifelt. In der Folge diente der ehemalige UBS-Topmanager durchs Band den Banken zu, ignorierte die Konsumenten- und Anlegerinteressen bei den Retrozessionen (der Kickback-Regelung), missachtete in UBS-Fragen die Ausstandsregeln und fuhr in der US-Affäre durch seine doppelte Willfährigkeit gegenüber der UBS und dem Finanzminister letztlich die Reputation der Finma in den Boden. Der nötige Rollenwechsel, den er im letzten Amtsjahr in der Aufsichtsbehörde noch vollzog, kam viel zu spät.

Was haben wir von den Bankern selbst nicht alles an Fehlurteilen im Bankwesen erfahren! Ich konnte bei direkten Kontakten schon 2002 feststellen, dass unsere obersten Finanzmarkthüter zum Beispiel die komplexen Risk-Assessment-Modelle und die Wahrscheinlichkeitsanalysen gemäss den Basel-II-Richtlinien selber nie wirklich verstanden. Diese beteten sie den Risikomanagern der Banken vielmehr ungeprüft nach und verkauften sie mit Imponiergehabe den Journalisten. Braucht es jetzt wieder einen Banker als obersten Verwaltungsratspräsidenten der Finma? Ich meine, oberstes Kriterium sollten die Unabhängigkeit und Entscheidungsfähigkeit sein. Der oberste Chef muss natürlich ökonomische und wirtschaftsrechtliche Kenntnisse mitbringen, aber er muss nicht direkt aus der Branche geholt werden. Schliesslich gibt es im Finma-Sekretariat einen Direktor mit 350 Spezialisten. Der ehemalige UBS-Investment-Banker Mark Branson leitet dort den ganzen Geschäftsbereich Banken – auch das ist nicht unproblematisch.

Der oberste Chef hat eine andere Aufgabe: Er muss den Verwaltungsrat führen, kritisch-unabhängig entscheiden und dies nach aussen kommunizieren können. Eine entscheidungsgewohnte, unabhängige und integre Persönlichkeit aus einem Wirtschaftsgericht, aus der Nationalbank oder aus der Verwaltung wäre hinsichtlich Vertrauensbildung geeigneter. Es wäre eine riesige Hypothek für den neuen Finma-Chef, wenn er von Noch-Bundesrat Hans-Rudolf Merz ausgewählt würde. Denn Vertrauen ist das höchste Gut der Aufsichtsbehörde.

Ein schmaler Grat

Die Finma ist beileibe nicht das einzige Sorgenkind, was die Befangenheit anbelangt. Alle wichtigen Marktüberwachungsbehörden bewegen sich auf einem schmalen Grat zwischen öffentlichen Interessen und Partikularinteressen. Es geht dabei neben der Finanzmarktaufsicht (Finma) auch um die Telecommarktsteuerung (Comcom), die Elektrizitätsmarktregulierung (Elcom), die Medikamentenzulassung (Swissmedic), die Patentzulassung (IGE), die Postaufsicht (Postreg), aber auch um allgemeine Marktregulatorbehörden wie die Wettbewerbskommission (Weko) oder die Preisüberwachung (Pü).

Meiner Erfahrung nach operiert auch die Medikamentenzulassungsbehörde in einer gefährlichen Abhängigkeit von der Pharmalobby: Der frühere Swissmedic-Chef, der aus der Pharmabranche kam, musste nach zwei Jahren den Hut nehmen. Man sollte sich bewusst sein: Bei praktisch allen regulatorischen Aufgaben entstehen Interessenkonflikte. Eine Aufsichtsbehörde kann sich nie rundum beliebt machen. Wir brauchen eine öffentliche Debatte um die Befangenheitsproblematik und die Besetzung der Aufsichtsbehörden.

Die meisten der häufig gesponserten Wissenschaftler drücken sich um die Thematik. Aber es braucht einen Verhaltenskodex für die Regulatorbehörden. Es braucht klare Ausstandsregeln und Befragungsrichtlinien. Die Unbefangenheit muss wie bei jeder richterlichen Funktion das oberste Kriterium bei der Personenauswahl sein. Denn: Eine Befangenheit von Aufsichtsbehörden kommt stets teuer zu stehen. Die Finanzkrise ist Beleg dafür.

(Tages-Anzeiger vom 24.8.2010)

Grossbanken: Täuschung bei den Eigenmitteln

Nach dem Medienspektakel der UBS-Generalversammlung wird sich bei der Grossbank trotz der Decharge-Verweigerung kaum etwas ändern. Trotz dieses Denkzettels in der Dampfablass-Übung werden die Boni nächstes Jahr noch höher ausfallen. Die Boni-Kultur der Banker verletzt die schweizerischen Grundwerte von Solidität, Leistung und sozialer Achtung. Doch aus volkswirtschaftlicher Sicht sind nicht die Boni das Hauptproblem. Vielmehr lautet die für unsere Volkswirtschaft viel entscheidendere Schicksalsfrage: Wie geht es weiter mit der Eigenmittelunterlegung bei den Grossbanken? In dieser wahrhaft zentralen Frage sind sich von rechts bis links alle unabhängigen Ökonomen einig: Den international tätigen Grossbanken müssten mehr Eigenmittel verordnet werden. Dies entscheidet, ob die Banken ihre Verluste selber auffangen können oder ob sie auf Staatskrücken angewiesen sind.

Wenn mehr Eigenmittel vorgeschrieben sind, verhindert das zudem automatisch ein spekulatives Aufblähen der Bilanzen. Strengere Eigenmittelvorschriften würden viele andere Detailvorschriften überflüssig machen.

Geschönte Zahlen

Die UBS hatte vor der Krise nur gerade 1.60 Franken Eigenkapital pro 100 Franken Bilanzsumme (man spricht von einer Leverage Ratio von 1,6 %): Mit nur 1.60 Franken eigenen Mitteln hatte sie also 98.40 Franken entgegengenommen und wieder ausgeliehen. Kein Wunder, dass Finanzhilfen der Steuerzahler nötig wurden. Die Credit Suisse hatte vor der Krise nicht viel mehr, nämlich 2.90 Franken Eigenmittel auf 100 Bilanzfranken. Die Chefs der Grossbanken bauten bei ihrem Risikoverhalten darauf, dass sie «too big to fail» sind – und in jedem Fall vom Staat gerettet werden. Und damit rechnen sie noch heute.

An der UBS-Generalversammlung behauptete Konzernchef Oswald Grübel, die Bank sei nun mit 15,4 % Eigenkapitalquote «eine der bestkapitalisierten Banken der Welt». Auch ein Direktor der Credit Suisse prahlte kürzlich mit 16,3 % Eigenmitteln seiner Bank. Stimmen diese Zahlen? Achtung, die Banker operieren mit einer anderen Eigenmittelkennziffer! Die Grossbanken führen die Täuschungskultur auch bei den Eigenmitteln mit der gleichen Unverfrorenheit weiter, wie sie auch die Boni allen Protesten zum Trotz ausreizen.

Es ist nötig, auch wenn es etwas komplizierter erscheint, das Täuschungsmanöver transparent zu machen, das hinter den Eigenmittelziffern steht. Die Banken weisen ihre Eigenmittel nicht in Prozent der Bilanzsumme aus, sondern in Prozent der sogenannt risikogewichteten Aktiven (im Jargon heisst sie Kapitalquote Tiers-1). Sie gewichten ihre Ausleihungen (Aktiven) also mit einer angenommenen Risikobeurteilung. Ein Darlehen von 100 Millionen mit geschätztem Risiko null wird nach diesem Prinzip in der Rechnung mit dem Betrag null eingesetzt. In ihrem letzten Geschäftsbericht 2009 hat die UBS ihre ausgeliehenen Kredite mithilfe des Risikofaktors von 637 auf 225 Milliarden Franken Aktiven herunter gerechnet.

Die Risikoeinschätzung ist eine reine Ermessensfrage, die fast jede Manipulation zulässt. Wenn der Nenner tief angesetzt ist, wird der Quotient der Kapitalquote automatisch höher. Mit diesem Trick ist es möglich, dass die UBS, die eine Eigenmittelquote von 3,9 % in Prozent der Bilanzsumme hat, selber eine

Eigenmittelquote von 15,4 % ausweist (nach der Tiers-1-Ratio). Und die CS macht aus ihrer Leverage Ratio von rund 4,5 % eine Eigenmittelquote nach Tiers-1 von 16,3 %. Und beide Banken verkünden, sie seien die «bestkapitalisierten der Welt».

Die Finma leistet Beihilfe

Diese Täuschungsmanöver sind nur möglich dank Helfershelfern in der Bankenaufsicht. Die frühere Eidgenössische Bankenkommission und heutige Finanzmarktaufsicht (Finma) erlaubt es den Grossbanken, mit der Kennziffer der Eigenkapitalquote Tiers-1 nach den alten Basler Empfehlungen (Basel II) zu operieren, obschon in der Fachwelt jedermann weiss, dass dies eine stark geschönte Kennziffer ist. Die Basler Empfehlungen mit 600 Seiten Vorschriften sind so kompliziert, dass sie sich rechtlich kaum durchsetzen lassen. Heute noch mit der Tiers-1-Eigenmittelquote zu operieren, ist geradezu unredlich. Das gilt für die Banken, die Finanzmarktaufsicht und die Medien.

Strengere Vorschriften zwingend

Meines Erachtens müssten die Schweizer Grossbanken 7 bis 10 % der Bilanzsumme in Eigenmitteln halten, ansteigend mit zunehmender Grösse. Höhere Eigenmittelunterlegung heisst mehr Banksicherheit – und dies könnte ja auch ein Werbeargument gegenüber verunsicherten Anlegern werden.

Vorstellbar ist, dass ein Teil der nötigen Eigenmittel in Form von Obligationen gehalten wird, die im Krisenfall auf Verfügung der Nationalbank automatisch in Aktienkapital, also in Eigenmittel, pflichtumgewandelt werden müssten. Die Aufsicht über die Stabilität der Grossbanken (die sogenannte makroprudentielle Aufsicht) sollte in Zukunft von der Nationalbank und nicht von der Finma wahrgenommen werden.

Dennoch wehren sich die Banker vehement gegen strengere Eigenmittelvorschriften. Denn sie wollen die Eigenkapitalrendite, wie Oswald Grübel in Aussicht stellte, in den nächsten Jahren auf 20 % hochfahren. Die Eigenkapitalrendite rechnet sich als Quotient, Gewinn in Prozent des Eigenkapitals. So hohe Renditen sind nur möglich, wenn die Banken wenig eigenes Kapital halten – und unsicherer werden.

Die nächste Gelegenheit, die Eigenmittelvorschriften gesetzlich im Interesse der Schweiz und der Finanzstabilität zu verbessern, wird sich demnächst beim Amtshilfeabkommen Schweiz–USA ergeben. Die UBS will dieses Abkommen partout. Das Parlament und wahrscheinlich auch das Volk werden darüber befinden. Diese erneute Goodwill-Aktion zugunsten der UBS ist nur gerechtfertigt, wenn auch die gesetzlichen Eigenmittelvorschriften verschärft werden – und zwar gleichzeitig! Ohne dieses Druckmittel geht nichts.

(Tages-Anzeiger vom 20.4.2010)

Die Grossbanken haben nicht so viel Eigenkapital, wie sie behaupten

Politiker und Bürger zeigen sich «schockiert» und «enttäuscht» über die UBS, die erneut über 2 Milliarden Franken im Investmentbanking verspekuliert hat. In den letzten fünf Jahren hat die Bank mit ihrer weltweit operierenden Casino-Abteilung rund 55 Milliarden Franken verloren. So steht es in ihren Geschäftsberichten. Wie der jüngste Verlustfall in London passieren konnte, ist noch nicht bekannt. Schon heute weiss man aber, dass die Verluste im Eigenhandel angefallen sind. Die UBS hatte also mit eigenen Werttiteln an den Börsen mit sich und gegen sich spekuliert. Ein besonders riskantes Geschäft.

Nur eine Woche ist es her, dass UBS-Chef Oswald Grübel erneut einen Angriff auf die «Too big to fail»-Vorlage des Bundesrats lanciert hatte. Diese Gesetzesänderung will die Banken mit höheren Eigenmittelvorschriften stabilisieren. Der ehemalige Obligationenhändler Grübel bleibt treibende Kraft beim Widerstand der Banken gegen höhere Eigenmittelvorschriften. Grübel stand auch aktiv hinter dem anhaltenden Versuch, die Leitung der Schweizerischen Nationalbank (SNB) zu desavouieren. Und das deshalb, weil sie sich um höhere Eigenmittel bemüht. Noch am 11. September hatte der UBS-Chef die SNB erneut schlechtgeredet.

Ausgerechnet Oswald Grübel, der als CEO die UBS zu noch mehr Spekulation angetrieben hat. Von seinem Personal forderte er im November 2010 unverhohlen: «Das Investmentbanking muss rentabler werden.» Und den Aktionären versprach er 15 Milliarden Franken Jahresgewinn. Nur: Mehr Gewinn im Investmentbanking bedeutet automatisch grössere Risiken mit grösseren Verlusten.

Oswald Grübel wird sich trotz dieser Fehlleistungen und dem jüngsten Londoner Verlustdebakel an der UBS-Spitze halten können. Denn sein freundlicher, willfähriger Verwaltungsratspräsident ist weiter von seiner Stützung abhängig.

Dies ist kein Heilmittel

Ständerat und Nationalrat haben nun die «Too big to fail»-Gesetzesvorlage, die zu mehr Sicherheit der Banken führen sollte, beraten und gutgeheissen. Doch die Öffentlichkeit darf sich nicht täuschen lassen; die beiden Grossbanken UBS und Credit Suisse sind noch lange nicht stabil. Die per Vorlage geforderten sogenannten «19 Prozent Eigenmittel» sind nämlich eine gewaltige Manipulationsgrösse; sie vermitteln bloss den Schein von Sicherheit. Wer als Journalist weiter von 19 Prozent Eigenmitteln schreibt, ohne diese Zahl einzuordnen, hat keinen Schimmer, wovon er redet. Dasselbe gilt für all die Unbedarften, welche die PR-Sprachregelung der Grossbanken übernehmen, diese seien die «bestkapitalisierten Banken der Welt». Beides ist völliger Unsinn.

Auf die Gefahr hin, den Leser wegen allzu grosser Komplexität vorübergehend abzuschrecken, möchte ich dennoch erklären, was es mit den 19 Prozent Eigenmitteln für eine Bewandtnis hat. Diese werden nämlich als Eigenkapital in Prozent der risikogewichteten Aktiven definiert. Risikogewichtung heisst: Jedes einzelne Wertpapier und jede einzelne Anlage der Bank wird mit einem fiktiven, angenommenen Risiko (sog. Value at Risk VaR) gewichtet. So werden zum Beispiel Hypothekardarlehen im Standard-Ansatz nur mit 35 Prozent ihres Werts eingesetzt, bei der UBS sogar nur mit 8 Prozent. Die Geschäftsabteilung, die der UBS jetzt über 2 Milliarden Franken Verluste bescherte, wurde im Geschäftsbericht mit bloss 75 Millionen Franken Risikopotenzial (VaR) bewertet. Diese Risikobewertung ist weitgehend manipulierbar. Und die Aufsichtsbehörde Finma ist mit ihren 35 Stellen für die Kontrolle der Grossbanken kaum in der Lage, die Tausenden von Werttiteln einzeln nachzuprüfen. Diese Manipulation der risikogewichteten Eigenmittelquote führt dazu, dass beide Grossbanken von rund 1300 Milliarden Franken Bilanzsumme nur je etwa 400 Milliarden Franken Kapitalausleihungen mit Eigenmitteln unterlegen. Auch die Definition von Eigenmitteln ist eine Manipuliermasse: Die 19 Prozent Eigenmittel müssen erst auf Anfang 2019 bereitgestellt werden. Bis dann wird die nächste Finanzkrise längst über die Welt hereingebrochen sein. Von den 19 Prozent sind überdies nur 10 Prozent heute effektiv vorhandenes Kapital (sog. Kernkapital CET1). Der Rest besteht aus Wandelanleihen, die im Krisenfall erst noch in einem komplizierten Verfahren in Eigenkapital umgewandelt werden müssten.

Und jetzt kommts: Wenn man die vom Basler Ausschuss vorgeschlagene (noch nicht definitiv verabschiedete) neue, ungewichtete Kapitaldefinition zugrunde legt, haben die beiden Grossbanken UBS und CS derzeit nur gerade 2 bis 3 Prozent Eigenmittel in Prozent des absoluten Kapitals. Gemessen an der Bilanzsumme sind UBS und CS sogar weniger kapitalisiert als die USA-Banken. Mit dieser Messgrösse gehören sie heute im internationalen Vergleich zu den schwächst kapitalisierten Geschäftsbanken der Welt.

Lesen Sie die Packungsbeilage

Sie können das nicht glauben? Die Finanzmärkte haben die Schwäche erkannt: Für die UBS sind seit Anfang Jahr die Kreditrisikokosten, also die Versicherungsprämien für ihre Kredite, von 1,0 auf 2,2 Prozent mehr als verdoppelt worden. Ein Zeichen dafür, dass man der UBS nicht traut. Also muss der Bundesrat in der nächsten Legislaturperiode gleich wieder ans Werk gehen. Erstens muss er eine Aufspaltung der Grossbanken seriös prüfen: in eine solidere Vermögensverwaltungs- und Kreditbank – und in eine Investmentbank mit Casino-Charakter. Seriös heisst: frei von jenem Parteipopulismus, der bisher nur die Erhöhung der Eigenmittel verhinderte. Anleger und Bezüger von Bankkrediten, vor allem auch KMU, wären froh darüber. Und zweitens gilt es, wie in der EU und den USA, den spekulativen Handel der Grossbanken mit eigenen Kapitalien (Eigenhandel) einzuschränken. Eigenhandel ist volkswirtschaftlich schädlich und dient nur dazu, die Boni der Investmentbanker aufzufetten. Und drittens muss das Schattenbanking ausserhalb der Banken mit Hedgefonds und anderen hochspekulativen Finanz-Massenvernichtungswaffen auch bei uns der Finanzmarktaufsicht unterstellt werden. Denn sie stellen heute das global grösste Systemrisiko dar. Bedingung ist dazu viertens: eine unabhängige, also unbestechliche Regierung, die der Bankenoligarchie widersteht.

(Tages-Anzeiger vom 20.9.2011)

Bankgeheimnis und Steuerhinterziehung

Hummlers Rückzugsgefechte

Seit Anfang Jahr hat es kaum eine Bundesratssitzung gegeben, an der nicht über den Fall UBS diskutiert worden wäre. Gestern hat die Landesregierung sogar die Ferien für eine Sondersitzung unterbrochen. Wichtige Traktanden mussten immer wieder zurückgestellt werden, weil einigen die schützende Hand des Staates über die fehlbare UBS wichtiger und dringender erschien als andere Departementsgeschäfte.

Am Wochenende hat der St. Galler Privatbankier Konrad Hummler dem Bundesrat wegen des Deals mit den USA erneut die Leviten gelesen: «Das Problem ist, dass man sich im Schlachtgetümmel befindet und niemand sichtbar auf dem Feldherrenhügel steht und die Lage neu beurteilt.» Besserwisserisch fordert er vom Bundesrat Härte gegenüber den Amerikanern und Deutschen und «einen geordneten Rückzug auf eine Auffanglinie, die halten würde».

Hummler ist Teilhaber einer Privatbank, die sich auch auf ausländische Vermögende konzentriert. Er ist Präsident der Vereinigung Schweizerischer Privatbankiers, die der Schweizerischen Bankiervereinigung eine zu nachgiebige Haltung der EU gegenüber vorwirft. Hummler ist im Bankrat der Nationalbank und im Verwaltungsrat der NZZ. Jahrelang hat Hummler die Steuerflucht gerechtfertigt: «Die Kapitalflucht geschieht in Notwehr. Das Bankgeheimnis ist ein Asylrecht», behauptete er im März 2008. Deutschland denunzierte er als Prellerstaat: «Angela Merkel ist eine machtorientierte Verwalterin eines sozialstaatlichen und finanzpolitischen Desasters.» Daraus folgerte er: «Wer bei so einer Konstellation nicht Steuern hinterzieht, ist dumm.»

Selbstbewusst rechtfertigte er die Steuerhinterziehung. Am letzten Wochenende sagte er im NZZ-Interview: «Ein Glaubensbekenntnis von mir ist, dass jeder Franken, der am Staat vorbeigeht, ein gut eingesetzter Franken ist, weil er weniger Schaden anrichtet.» Im März 2008 bekannte er im «Sonntag»: «Es braucht die uneingeschränkte Überzeugung, dass der eigene Standpunkt moralisch überlegen ist.»

Nun fordert der St. Galler Bankier vom Bundesrat eine «Auffanglinie», hinter die er vor den Amerikanern, den Deutschen und der OECD nicht zurückweichen dürfe. Seine Verteidigungsstrategie: Er will eine anonyme Abgeltungssteuer für ausländische Vermögen in der Schweiz, damit das Bankgeheimnis gerettet werden kann. Er will, dass eine Art pauschale Quellensteuer auf den Vermögenserträgen von Ausländern erhoben und dieser Steuerertrag anonym an den Herkunftsstaat überwiesen wird. Vom System her also eine ähnliche Quellensteuer wie unsere Verrechnungssteuer. Dank dieser «Auffanglinie» solle die Schweiz das Bankgeheimnis bewahren und die «Privatsphäre» des Kunden schützen.

Warum diese Strategie nicht aufgeht, soll das Beispiel eines deutschen Rechtsanwalts zeigen, der 1 Million Euro zusätzlich verdient hat und diese unversteuert zur Bank in die Schweiz bringt. In Deutschland «spart» er bei einem maximalen Grenzsteuersatz von 42 Prozent eine Einkommenssteuer von 420 000 Euro. Wäre er ein Amerikaner, würde er in den USA 300 000 bis 400 000 Dollar Einkommenssteuer bezahlen. Wird die Million in der Schweiz, gestützt auf Hummlers «Abgeltungssteuer», mit, sagen wir, 20 Prozent auf 5 Prozent Vermögensertrag belastet, würden anonym jährlich rund 10 000 Euro respektive Dollar Ertragssteuern abgeliefert – statt 300 000 bis 420 000 Einkommensteuern.

Eine Abgeltungssteuer – oder wie auch immer eine Quellenbesteuerung auf Vermögenserträgen aussehen mag – kann keine Alternative sein, weil sie den Durchgriff auf die Einkommenssteuer im Ausland nicht zulässt. Das Ausland fordert die Bankkundendaten bei der Hinterziehung von Einkommenssteuern. Die Abgeltungssteuer oder Quellensteuer widerspricht dem deutschen und dem US-Steuersystem. Sie liegt völlig quer zum Abkommen der OECD-Staaten. Der Chef der Schweizerisch-amerikanischen Handelskammer, Martin Naville, hat die Systemunverträglichkeit mit dem US-Steuerrecht kürzlich bestätigt.

Hummlers Wunschdenken heisst: Die Welt soll sich der Schweiz anpassen, nicht die Schweiz der Welt. Deshalb propagiert er zusammen mit andern Privatbankiers und dem Chef der Auslandsbanken diese Abgeltungssteuer als Alternative. Es wird nicht lange dauern, bis ihm einige verunsicherte Parlamentarier hinterherrennen. Eine Ausweitung der bisherigen Quellensteuer auf Erträge aller Anlageformen, wie Hummler auch fordert, ist zu begrüssen. Sie wird auf Begehren der EU auch kommen. Doch eine Alternative zur Auskunftspflicht über ausländische Bankkundendaten ist sie nicht.

Jahrelang hat Konrad Hummler in der Schweiz das Bankgeheimnis als Sonderfall propagiert und die Kultur der Steuerhinterziehung gerechtfertigt. Als Privatbankier hat er davon profitiert; doch für den Schaden, der damit für das Land angerichtet wurde, trägt er keine Haftung. Das Ausland wird auf Dauer nicht tolerieren, dass mitten auf dem europäischen Kontinent ein Steuerfluchthafen besteht. *(Tages-Anzeiger vom 11.8.2009)*

Das Steuerabkommen mit Deutschland hat Schlupflöcher

Die Schweiz konnte nicht mehr anders. Sie musste mit Deutschland eine Lösung zum Steuerflucht- und Schwarzgeldproblem finden. Der Druck aus dem Ausland war unverkennbar. Jahrelang hatten Schweizer Banken deutschen Kunden systematisch zur Steuerflucht verholfen und das Schweizer Bankgeheimnis als «unverhandelbar» angepriesen. Sicher, von den 330 Schweizer Banken hatten sich nur etwa 30 bis 40 aktiv an der Steuerfluchthilfe beteiligt, namentlich die beiden Grossbanken, die 13 Privatbanken und einige weitere ausländische Bankfilialen in der Schweiz. Die übrigen Inlandbanken waren kaum beteiligt. Doch laut der Finanzmarktanalyse-Firma Helvea lagen 2010 280 Milliarden Franken Vermögen aus Deutschland auf Schweizer Banken, davon 193 Milliarden Schwarzgeld und 87 Milliarden deklarierte Vermögen. Die Aufteilung ist natürlich nur schätzbar.

Wer abhaut, muss nicht zahlen

Das Abgeltungssteuerabkommen ist während fast zweier Jahre von schweizerischen und deutschen Unterhändlern ausgehandelt worden. Nun liegt der 44-seitige Text den Parlamenten vor. Er umfasst grob gesagt zwei Teile: eine Regelung für bisherige Fluchtvermögen und eine Zukunftsregelung über Steuererfassung und Amtshilfe zwischen den Steuerbehörden.

Der rückwirkende Teil des Abkommens will eine «Regularisierung» der bisherigen deutschen Fluchtvermögen. Dies mit einer Art Amnestie-Abgabe: Die Banken müssen für jeden deutschen Kunden die Vermögensbestände für die letzten zehn Jahre aufrechnen und darauf eine pauschale Abgabe von 19 bis 34 Prozent des Kapitalstocks abliefern, die an den deutschen Staat als Entgelt für die seit 2003 aufgelaufenen Steuerverluste überwiesen wird. Im Durchschnitt rechnet man mit einer Amnestieabgabe von 20 bis 25 Prozent des Kapitals. Dies sollte Deutschland und seinen Bundesländern aufgrund der erwähnten Helvea-Zahlen 20 bis 30 Milliarden Franken Nachsteuern einbringen.

Nun aber kommt der Haken im Abkommen: Die Amnestieabgabe soll nur dann erhoben werden, wenn das deutsche Vermögen fünf Monate nach Inkrafttreten des Abkommens am 1. Januar 2013 noch auf den Schweizer Banken liegt. Wer vorher abhaut und das Vermögen nach Singapur oder in die Karibik verschiebt, oder wer es von der Bank zu einem kleinen privaten Vermögensverwalter transferiert, zahlt nichts! Der deutsche Steuerflüchtling kann also durch Vermögensabzug 20 bis 25 Prozent Regularisierungsabgabe sparen. Er hat anderthalb Jahre Zeit, sein Geld unbehelligt abzuziehen.

Es ist nicht so, dass die deutschen Unterhändler dies nicht gemerkt hätten. Sie verlangten eine Meldung für jeden einzelnen Kunden, der sein Vermögen aus Europa schafft. Doch die Schweizer Unterhändler und ihre Beaufsichtiger in der Privatbankierszene wehrten sich verbissen für die Steuerflüchtlinge. Über sechs Monate lang wurde über diese Frage gestritten. Der Kompromiss war die geringe Kautionssumme für alle Banken von 2 Milliarden Franken (anrechenbar bei 4 Milliarden Regularisierungs-Gesamtbetrag) und eine bloss anonymisierte Mitteilung an Deutschland über die Kapitalabflüsse nach Drittstaaten. Jeder Bankier kann dem deutschen Kunden die Schliessung seines Kontos in der Schweiz und die Verschiebung des Vermögens auf ein Konto derselben Bank in Asien oder in ein geschlossenes Schrankfach empfehlen. Völlig legal und unkontrollierbar. Einige werden es auch tun – ich wäre froh, diese Voraussage würde sich als falsch erweisen.

Aus der Bankenwelt tönt es: Gut gemacht, Schweiz! Doch dieses Schlupfloch ist ein politisches Risiko für unser Land. Deutschland rechnet mit mindestens 15 Milliarden Franken Regularisierungsertrag aus diesem Abkommen. Wenn es nur vier Milliarden sind, wird uns der Schlaumeiertrick einholen. Die hoch qualifizierten Unterhändler der Schweiz wussten das, sie wurden mehrmals darauf aufmerksam gemacht. Doch sie standen unter Erfolgsdruck und unter Aufsicht der Bankiers.

Solche Tricks in internationalen Abkommen zahlen sich auf längere Sicht nicht aus. Bereits im Jahr 2001 (ich war damals Präsident der nationalrätlichen Wirtschafts- und Abgabekommission WAK) hatte man im Zinsbesteuerungsabkommen mit der EU einen Schlupflochtrick eingebaut: Man unterstellte damals nur die festverzinslichen Anlagen unter die Zinsbesteuerung, die Kapitalanlagen mit variablen Zinsen (Aktien- und Fondsdividenden) liess man aus. Darauf empfahlen die Bankiers den EU-Kunden das Schlupfloch systematisch, boten sogar neue Schlupfloch-Anlageformen an. Nach ein paar Jahren stellte sich heraus: Die europäischen Länder erhielten nur einen Zehntel der erwarteten Quellensteuern aus der Schweiz. Diese Trickserei – bei uns als grosser Erfolg gefeiert – hat unserem Land bei den EU-Finanzministern den Ruf der Unredlichkeit und Unzuverlässigkeit eingetragen. Ein Reputationsschaden, der die Schweiz bis heute in Misskredit bringt.

Der Widerstand gegen das damalige Zinsbesteuerungsabkommen kam 2001 von Marcel Ospel, damals CEO der UBS, und von Konrad Hummler von der Privatbank Wegelin, der aus Protest sogar aus dem Vorstand der Schweizerischen Bankiervereinigung austrat. Er wirkt jetzt auch als Verwaltungsratspräsident der NZZ und beeinflusst unverkennbar die bankenpolitische Berichterstattung des NZZ-Wirtschaftsressorts.

Von der Realität eingeholt

Der zweite, zukunftsorientierte Teil des Steuerabkommens Schweiz – Deutschland führt eine Abgeltungssteuer ein. Dies ist eine Art Quellensteuer – ähnlich wie unsere Verrechnungssteuer – auf die Zinsen und andern Kapitalerträge deutscher Kunden in der Schweiz. Diese Quellensteuer von rund 26 Prozent der Kapitalerträge wird von der Schweiz an Deutschland abgeliefert, ohne den Kunden zu nennen. Sie dient also der Anonymisierung der deutschen Kundenvermögen.

Diese Abgeltungssteuer ist ein Fortschritt. Sie ermöglicht in Zukunft die lückenlose Besteuerung der Zins- und Kapitalerträge deutscher Kunden in der Schweiz. Aber nur der Erträge! In Deutschland hinterzogene Einkommenssteuern werden mit der Abgeltungssteuer nicht erfasst. Das Steuerabkommen bedeutet einen Schritt nach vorn. Doch die Realität der Schlupflöcher wird uns in einigen Jahren wieder einholen. *(Tages-Anzeiger vom 11.10.2011)*

Sackgasse Abgeltungssteuer

«Das war der dritte Streich.» Gemeint ist der überraschende «Streich» gegen die EU, gegen deren Finanzminister und gegen die ungeliebten Deutschen. Geäussert wurde dieser Triumph von der NZZ-Redaktion, die sich immer noch als Sprachrohr eines gestrauchelten Privatbankiers versteht und regelmässig auf den Bundesrat wegen seiner Nachgiebigkeit eindrischt. Anlass für das Frohlocken war das innert weniger Verhandlungswochen herbeigeschluderte Abkommen über eine Abgeltungssteuer mit Österreich.

Die Abgeltungssteuer soll mit einer anonymisierten Abschöpfung auf den Zins- und Kapitalerträgen ausländischer Steuerflüchtlinge das Bankgeheimnis in die Zukunft retten. In der EU wollen 25 von 27 Staaten einen irgendwie automatisierten Informationsaustausch unter den Steuerämtern, bei dem die Banken gegenüber den Steuerbehörden – und nur gegenüber diesen – zur Auskunft verpflichtet sind. Auch die USA, Kanada und die OECD streben dieses System an. Nur zwei von 27 EU-Ländern legen sich quer: England, dessen konservative Regierung in Sachen Finanzmarktregulierung seit langem einen Kleinkrieg gegen die andern EU-Staaten führt, und Österreich, in welchem die Banken wie bei uns die Illusion der Kundenanonymität hochhalten wollen. Ausgerechnet mit diesen zwei fiskalpolitischen Aussenseitern schliesst die Schweiz jetzt ein Abgeltungssteuer-Abkommen, das darauf abzielt, den Informationsaustausch zu unterlaufen. Das Abkommen mit Deutschland ist gerade deswegen heute in der Schwebe.

Lobbyisten im Einsatz

Ziel der Abgeltungssteuer war stets, die EU-Steuerharmonisierungsstrategie zu unterlaufen. Man versprach den abkommenswilligen Ländern eine Entschädigung als Köder. Als Gegenleistung erhoffte man von ihnen die Respektierung des schweizerischen Bankgeheimnisses. Schweizer Bankiers haben in Deutschland, England und anderswo sogar professionelle Lobbyisten auf dortige rechtsbürgerliche Kreise angesetzt, um die Abgeltungssteuer zu verkaufen. Es waren die Finanzminister Frankreichs und Italiens sowie die EU-Kommission, die dem einen Riegel schoben.

Die von Konrad Hummler (Bank Wegelin) und den Privat- und Auslandbankiers initiierte Abgeltungssteuer wird als Schlaumeierlösung gewertet. Sie ist eine verhandlungspolitische Sackgasse. Nicht alle Banken sind glücklich über diese Lösung. Von den 330 Banken in der Schweiz sind nämlich nur etwa 30 bis 40 aktiv in der Werbung für ausländische Privatvermögen engagiert. Die Mehrzahl der Banken betreibt Inlandgeschäfte, und die beiden Grossbanken UBS und CS haben heute ohnehin mehrheitlich institutionelle Anleger wie Banken, Versicherungen und Pensionskassen als Kunden. Diese brauchen kein Bankgeheimnis.

Bei uns hat kaum jemand den Mut, offen auszusprechen, welchen nachhaltigen politischen Schaden die Verfechter von Abgeltungssteuer und Bankgeheimnis für den Ruf der Schweiz in aller Welt anrichten. Wenn das Abgeltungssteuer-Abkommen in Deutschland innenpolitisch aufläuft, dann hat sichs die Schweiz selber eingebrockt. Denn an über 10 Milliarden Euro Steuerertrag aus der rückwirkenden Regularisierungsabgabe, wie dies der deutsche Bundesfinanzminister den Bundesländern in Aussicht gestellt hat, glaubt heute in Deutschland niemand mehr.

Hauptgrund für die Desillusionierung ist die von den Schweizer Unterhändlern erzwungene «Abschleichfrist» für deutsche Vermögen: Wenn ein deutscher Vermögensbesitzer vor dem 31. Dezember 2012 sein Kapital von der Bank in der Schweiz zu einer (Schweizer) Bank in Ostasien oder zu einem Vermögensverwalter abzieht und sein Schweizer Bankkonto schliesst, spart er sich die Regularisierungsentschädigung von 21 bis 41 Prozent auf dem Kapitalbestand der letzten zehn Jahre. Die in der Nachverhandlung erzielte Erhöhung des Maximalsatzes von 34 auf 41 Prozent hat die Wahrscheinlichkeit des Abschleichens noch erhöht. Nach dem 1. Januar 2013 kann er dann ohne rückwirkende Entschädigungspflicht zurückkommen.

Der frühere CEO von CS und UBS, Oswald Grübel, erklärte jüngst unmissverständlich, zahlreiche deutsche Kunden seien daran, ihr Vermögen (vorübergehend) nach Singapur oder anderswohin zu verlegen, um sich die saftige Regularisierungsentschädigung zu ersparen. Die Deutschen nennen sie «Abschleicher», die Schweizer Unterhändler neutraler «Verschwinder». Diese Abschleichfrist bis zur Inkraftsetzung des Abkommens entpuppt sich jetzt als grösste Schwäche des Abkommens. Hätte man als Stichdatum den Zeitpunkt seiner Unterzeichnung und Veröffentlichung gewählt (September 2011), wäre das Abkommen in Deutschland heute wohl ungefährdet. Die nachträgliche, anonymisierte Mitteilung an die deutschen Behörden über die Summe der Verschwinder ist natürlich kein Ersatz.

Die Abgeltungssteuer mag eine Übergangslösung sein. Ein Ersatz für einen automatisierten Informationsaustausch über Kundensteuerdaten ist sie nicht. Die Banken würden mit Letzterem sogar besser fahren als mit jeder Art von «Weissgeldstrategie», die die Bankangestellten zu mitverantwortlichen Ministeuerexperten macht. Das hat der clevere Raiffeisen-Chef als Erster erkannt. Das weiss auch der Bundesrat, und das wissen viele in Bundesbern. Nur spricht es niemand offen aus.

Bloss Übergangsregelung

Redlicherweise müsste der Bundesrat gegenüber Parlament und Öffentlichkeit offen deklarieren, dass die Abgeltungssteuer-Abkommen nur eine Übergangsregelung darstellen. Denn das Steuererfassungssystem der EU und der USA wird sich OECD-weit durchsetzen. Das Steuerhinterziehungsgeheimnis der Banken hat schlicht keine Zukunft. Vorausschauend müsste der Bundesrat jetzt mit Brüssel Verhandlungen über ein Banken- und Steuerabkommen aufnehmen. Er müsste eine geregelte, moderate Beteiligung der Schweiz am Informationsaustausch anbieten. Sonst wird er wieder unter Druck geraten. Gewiss werden ihm die paar Ewiggestrigen unter den Bankern und Bürgerlichen und die Chefredaktoren von «Weltwoche» und NZZ erneut Willfährigkeit gegenüber dem Ausland unterstellen. Aber diese tragen ja keine Verantwortung – weder für die Moral noch für den Ruf unseres Landes.

(Tages-Anzeiger vom 17.4.2012)

Was uns der Denkmalschutz für das Bankgeheimnis kostet

Nach dem Zusammenbruch der Bank Wegelin ist es in nationalkonservativen Kreisen klar, wo der Schuldige sitzt: in Bundesbern. «Das Ende von Wegelin ist die jüngste Quittung für die leisetreterische Politik des Bundesrats gegenüber den USA», behauptet die «Weltwoche». «Die Regierung schützt die schweizerische Rechtsordnung nicht mehr. Der Bundesrat muss dafür sorgen, dass Amerika den Rechtsweg befolgt», sagt Alt-Bundesrat Christoph Blocher feldherrenmässig. Amerika soll sich gefälligst an unsere Gesetze halten – das ist die alte Reduit-Weltsicht, die jedes Unrechtsbewusstsein bezüglich Steuerflucht vermissen lässt.

Dabei sind es die Banken selber, die vom Bundesrat und vom Parlament dringend grünes Licht für die Lieferung unverschlüsselter Bankdaten an die USA verlangen. Als das Justizdepartement wegen fehlender Rechtsgrundlage und möglicher Klagen vor dem Bundesverwaltungsgericht nur die Lieferung vorläufig verschlüsselter Bankdaten an die US-Behörden zuliess, erhielt es Schelte – ausgerechnet von den betroffenen Banken. Zehn von elf Instituten im Würgegriff der US-Justiz sind an der sofortigen Aufhebung des Bankgeheimnisses interessiert, damit sie sich aus der Zwangslage befreien können.

Die Schuld Bern zugeschoben

Der Bundesrat steht vor der seltsamen Wahl, von welcher Seite er sich Kritik einhandeln will: Wenn er die Daten der amerikanischen Bankkunden im Interesse der bedrohten Banken an die USA ausliefert, wird er der Willfährigkeit und Verletzung des schweizerischen Bankgeheimnisses bezichtigt. Wenn er die Daten nicht liefert oder wenn der Nationalrat Ende dieses Monats nicht grünes Licht für weitere Gruppenanfragen durch die US-Justiz erteilt, wird sicher Bundesbern die Schuld für eine nächste Klage gegen eine schweizerische Bank und möglicherweise deren Stilllegung zugeschoben.

Der Staat soll am Debakel schuld sein! Und nun soll er jenen aus der Patsche helfen, die den Staat lange verunglimpft haben. Das ist die Ironie dieser vertrackten Geschichte. Einer, wenn auch nicht der einzige dieser Maulhelden, war Konrad Hummler, geschäftsführender Teilhaber der Bank Wegelin. Seine Sprüche: «Wer nicht Steuern hinterzieht, ist dumm», Deutschland ist ein «Räuberstaat», «die Kapitalflucht geschieht in Notwehr», «das Bankgeheimnis ist ein Asylrecht». Auf dieser Haltung gründeten das Geschäftsmodell und die verbreitete Täuschungskultur in der Bankenbranche. Eine Fehleinschätzung und besserwisserische Arroganz, welche die Wegelin-Bank die Existenz kostete. Die Verantwortlichen liefern der US-Justiz jetzt noch ein Katz-und-Maus-Spiel – der ersten gerichtlichen Anhörung blieben sie fern –, wohl zum Schaden der anderen betroffenen Schweizer Banken.

Besserwisserische Lektionen

Seit 44 Jahren bin ich Abonnent der «Neuen Zürcher Zeitung». Und seit den Pogromaufrufen des NZZ-Redaktors und späteren Bankiers Ernst Bieri im Kalten Krieg war nie mehr eine solch journalistische Fehlleistung in dieser Zeitung zu lesen wie die Lobhudelei von NZZ-Chefredaktor Markus Spillmann Ende Januar auf Konrad Hummler, der den NZZ-Verwaltungsrat präsidiert. Ganz im hummlerschen Interesse verteidigt auch der Chef der NZZ-Wirtschaftsredaktion die Steuerfluchtkultur und erteilt dem Bundesrat besserwisserisch Lektionen. Konrad Hummler hat jetzt zwar das VR-Präsidium abgegeben, aber nur vorübergehend, wie er betont. Aller Welt zeigt er damit, dass er seinen interessenorientierten Einfluss in dieser Zeitung nicht abgeben will.

Nichts hat die Schweiz bei Regierungen befreundeter Länder derart in Verruf gebracht, wie diese Ignorierung der neuen globalen Spielregeln. Jetzt steht die Schweiz mit dem Rücken zur Wand, weil die Weichen falsch gestellt wurden: 2001 verhandelte Bern mit Brüssel über ein Zinsbesteuerungsabkommen. Chefunterhändler war Michael Ambühl, der Schreibende war Präsident der Wirtschaftskommission (WAK) des Nationalrats. Die lauteste Opposition gegen das Abkommen kam von Konrad Hummler und Marcel Ospel. Der Bankiervereinigung warf Hummler Nachgiebigkeit vor. Aus Protest trat er aus ihrem Verwaltungsrat aus und reaktivierte die Vereinigung der Privatbankiers, die fortan die Steuerkooperation mit dem Ausland entschieden bekämpfte.

Das Zinsbesteuerungsabkommen kam doch noch zustande, allerdings mit vielen Schlupflöchern. 2009 prahlte Konrad Hummer mit deren Ausnützung: «Wir sagten, die Quellensteuer (im Zinsbesteuerungsabkommen) sei eine Massnahme gegen Steuerhinterziehung. Das war (...) gelogen, weil man die Anlagen so strukturieren konnte, dass man die Steuer nicht zahlen musste.» Diese Schlaumeierei blieb den EU-Finanzministern nicht verborgen. Schliesslich überwiesen die Schweizer Banken nur ein Zehntel jener Zinssteuererträge an die Nachbarländer, die man aufgrund der Vermögensschätzungen erwarten konnte. Der deutsche Ex-Finanzminister Hans Eichel konstatierte aufgrund dieser Erfahrungen 2010 bedauernd, man könne der Schweiz nicht mehr trauen. Und heute haben die europäischen Finanzminister so wenig Vertrauen in die ehrliche Kooperationsbereitschaft der Schweiz im Kampf gegen Steuerflucht wie in die Sparanstrengungen der griechischen Regierung.

Der Bundesrat steht vor der Wahl, ob er weiterhin einen mühsamen, defensiven Zermürbungskampf mit jedem Land einzeln und gegen die Organisation für wirtschaftliche Zusammenarbeit und Entwicklung, die G-20 und die EU-Behörden führen will oder ob er die Steuerflucht und Geldwäscherei mittels Kontrollen im Inland und erleichterter Amtshilfe mit zivilisierten Staaten generell und glaubwürdig bekämpft. Seit zwei Jahren verkündet der Bundesrat eine «Weissgeldstrategie» für die Banken. Doch Bundesrätin Eveline Widmer-Schlumpf hat diese Zeit nicht genutzt, um eine gesetzliche Verankerung zu konkretisieren. Die «Weissgeldstrategie» ist Beruhigungsvokabel geblieben. Auch die von den Bankern propagierte Abgeltungssteuer wird, wenn sie ohne gleichzeitig beschleunigte Amtshilfe jemals in Kraft tritt, die Hinterziehung von Einkommenssteuern im Ausland weiter zulassen und sich bald einmal als Schlaumeierlösung entpuppen. Und unser Land weiteres Vertrauen kosten.

(Tages-Anzeiger vom 14.2.2012)

Nationalbank und Geldpolitik

Nationalbank im Kreuzfeuer

«21 Milliarden Verlust der Nationalbank!» – «Nationalbank verbrennt Milliarden!» – Skandal, Skandal! So oder ähnlich skandieren die Kommentatoren. Mit Hiobsbotschaften beunruhigen sie Bürgerinnen und Bürger. Die «Weltwoche» zieht seit Wochen mit unbeschreiblicher Polemik und wirtschaftlicher Inkompetenz die Leitung der Schweizerischen Nationalbank (SNB) durch den Dreck. Sie versteigt sich sogar zur Behauptung, der Hildebrand von der Nationalbank habe mehr Bankvermögen verjubelt als der Ospel von der UBS. Schreiber anderer Blätter versuchen ihre Profilierung mit Attacken auf die SNB, den Internationalen Währungsfonds (IWF) und die Europäische Zentralbank, weil diese gemeinsam den Brand der globalen Währungsspekulation nicht zu löschen vermochten und vorübergehend kapitulieren mussten. In keinem Gebiet der Nationalökonomie wird so viel geschwurbelt und spielt so viel Ideologie und Sektierertum mit wie in der Geld- und Währungspolitik. Das ist meine Erfahrung aus vierzig Jahren Wirtschaftspolitik.

Wie sind die 21 Milliarden Franken Nationalbank-Verluste entstanden? Zum besseren Verständnis muss man den Mechanismus dieses Noteninstituts erläutern: Als Europas Einheitswährung schwächer wurde, kaufte die SNB Euro, um zu verhindern, dass sich der Franken rasch aufwertet. Sie wollte eine Deflation (eine Wirtschaftsschwäche mit negativer Teuerung) und Schäden für unsere Exportindustrie und Tourismusbranche abwenden.

Wie zahlte die Nationalbank diese Käufe? Mit Schweizer Franken. Woher hatte sie ihre Franken? Sie hatte sie weder ausgelehnt noch durch irgendwelche Geschäfte verdient, sondern gedruckt. Als einzige Institution kann die Nationalbank die Franken, die sie für den Kauf anderer Währungen benötigt, selber schöpfen. Das ist laut Verfassung und Gesetz ihr Privileg.

Die SNB kann ihre Vermögensbilanz ohne Verschuldung aufblähen. Die einzige Grenze bilden Inflationsgefahren. Doch solche sind heute mit den geöffneten Landesgrenzen kaum vorhanden. Über hundert Milliarden Franken für Euro-Käufe hat die SNB 2010 auf diese Weise geschaffen. Zuvor hatte sie in der Finanzkrise bereits Dutzende von Milliarden Franken neu geschöpft, um unsere Grossbanken zu stützen. Nun hat sich der Kurswert der eingekauften Euro bis Ende Jahr von vielleicht 1.45 auf 1.25 Franken vermindert. Diese Wertverminderung der gesamten Euro- und ebenso der Dollarbestände der Nationalbank führte zu diesem ominösen «Verlust» von 21 Milliarden Franken. Das ist kein echter Verlust erwirtschafteter Vermögen, sondern bloss eine Wertverminderung in der Buchhaltung, sprich ein «Buchverlust». Vielleicht wird er später aufgefangen, wenn der Euro-Kurs wieder steigt, vielleicht auch nicht. Doch selbst wenn der Verlust bleibt, ist er kein Verlust im unternehmerischen Sinn. Denn die Franken, welche die Nationalbank verloren hat, hatte sie ja – bildlich gesprochen – selber «gedruckt». Aus diesem Grund zeugt es immer von grandioser Inkompetenz, wenn Journalisten Währungs- als Unternehmensverlust darstellen.

Unser Problem ist der Franken

Die Nationalbank hat, nebenbei erwähnt, auf ihren Goldbeständen einen «Gewinn» von 5 Milliarden Franken erzielt. Aber diesen «Buchgewinn» wird sie bei der nächsten Korrektur der Goldpreisblase wieder «verlieren». Bei der Revision des Nationalbank-Gesetzes schlugen wir seinerzeit vor, dass die SNB zwei getrennte Buchhaltungen führen solle: eine separate Rechnung für die Währungsgewinne und Währungsverluste sowie eine Rechnung für die effektiven Kapitalerträge aus den Anlagen ihres Vermögens auf den internationalen Märkten, beim IWF und aus den sogenannten Repogeschäften mit den Banken. Und nur aus diesem zweiten Topf dürfte sie Bund und Kantonen Gewinne abliefern. Dieser Vorschlag wurde nicht weiterverfolgt. Doch genau eine solche Trennung würde die Nationalbank heute vor Angriffen und Desinformation bewahren. Vielleicht besinnt sich die SNB-Leitung aufgrund der heftigen Kritik auf eine verständlichere und besser kommunizierbare Rechnungslegung.

Mit Häme wird seit Wochen die hierzulande so bezeichnete «Euro-Schwäche» beschrieben. EU-Kritiker und Besserwisser wiederholen, was sie schon immer wussten: dass die europäische Einheit eine Fehlkonstruktion sei. Aus der Optik der Finanzmärkte und der Finanzjournalisten wird der Euro schlechtgeredet. Jedoch der Realwirtschaft, der europäischen Industrie, konnte nichts Besseres widerfahren als diese Abwertung. Ich vermute, sie ist sogar gewollt oder aktiv toleriert. Denn die Exportunternehmen Europas, vor allem Deutschlands, sind weltweit konkurrenzfähiger geworden und erleben derzeit einen Aufschwung ihrer Ausfuhren.

Unser Problem ist der starke Franken, nicht der schwache Euro! Die Schweizer Währung hat sich nicht nur gegenüber der europäischen aufgewertet, sondern auch gegenüber der US-amerikanischen. Die Wechselkursparität zwischen dem Euro und dem Dollar ist heute nach einigen Schwankungen wieder etwa gleich wie 2005.

Am Anfang der Euro-Schwäche standen sicher die Überschuldung und Zahlungsunfähigkeit von Randstaaten Europas. Doch längst hat sich eine eigene Spekulationsdynamik entwickelt. Sie führte dazu, dass der Frankenkurs über einen fairen Wert hinaus überschiesst. Die Bank für Internationalen Zahlungsausgleich rechnet vor, dass weltweit täglich Wechselkursgeschäfte zwischen dem Franken und allen andern Währungen von 250 Milliarden Dollar abgewickelt werden, davon allein zwischen Franken und Euro täglich 72 Milliarden Franken. Das ist 100-mal mehr als die autonomen Kapitalzuflüsse in den sicheren Hafen Schweiz. Diese Währungsspekulation läuft heute automatisiert auf Computern. Programme gestatten den internationalen Banken vermehrt ein elektronisches Sekunden-Trading, welches sogar den Notenbanken verborgen bleibt.

Diese Intransparenz in der kurzfristigen Währungsspekulation ermöglicht es, alle Spekulationsvorwürfe zu dementieren. Zuvor hatte sich die UBS noch gerühmt, weltweit die Nummer zwei in Wechselkursgeschäften zu sein, jetzt dementiert sie ihre Beteiligung. Das ist Täuschungskultur in Reinkultur. Im Kampf gegen die spekulative Frankenaufwertung hat die Nationalbank ihr Bestes getan, um Schäden von der Schweizer Wirtschaft abzuwenden. Vorläufig musste sie jedoch vor den globalen Spekulationskräften kapitulieren.

Man sollte nicht auf die Feuerwehr eindreschen, weil sie des Grossfeuers momentan nicht Herr wird. Man sollte vor allem die Brandstifter in die Pflicht nehmen. *(Tages-Anzeiger vom 18.1.2011)*

Kurpfuscher mischen sich in die Währungspolitik ein

Der Anstieg des Frankens gegenüber fast allen Währungen der Welt ist für Exporteure und Tourismuswirtschaft schmerzlich. Einen derart extremen und raschen Kursanstieg hat die Schweiz noch nie erlebt. Wenn die jetzige Kurssituation länger anhält, wird sie uns in eine Rezession stürzen. Denn der starke Franken würgt die Exporte ab und zwingt die Firmen dazu, ihre Produktion ins Ausland zu verlegen. Und was einmal abgewandert ist, kommt nie mehr zurück.

Wo Krisen auftreten, sind Weltretter, Heiler und Kurpfuscher nicht weit. Kein Bereich der Nationalökonomie ist so stark mit ideologischen Glaubensdoktrinen und historischen Fehlentscheiden besetzt wie die Geld- und Währungspolitik. Auffallend viele Ökonomen und Wirtschaftsjournalisten haben in den letzten Tagen und Wochen mit kurzsichtigen und wohlfeilen Urteilen im Nebel gestochert. Besser hätten sie hie und da geschwiegen oder gesagt: Ich weiss auch keine Lösung.

Etliche Besserwisser haben der Nationalbankleitung stark am Zeug geflickt. Die «Weltwoche» als Sprachrohr der helvetischen Tea-Party-Bewegung denunzierte in unbeschreiblicher Inkompetenz den Nationalbankpräsidenten als «Falschmünzer». Andere Besserwisser haben für das Aussitzen der Krise plädiert. In unerschütterlichem Glauben an Lehrbuch-Marktmodelle und mit beängstigender Faktenresistenz glauben sie auch nach der jüngsten Finanzmarktkrise noch an die Selbstheilungskräfte der Wirtschaft. Arbeitslosigkeit bezeichnen sie als natürlichen «Anpassungsprozess».

Rezepte aus der Mottenkiste

Nochmals andere Besserwisser wollen der Exportindustrie mit Steuergeschenken und sogenanntem Bürokratieabbau unter die Arme greifen. Sind das nicht die gleichen ideologischen Forderungen aus der Mottenkiste des Antietatismus, die sie auch in der Hochkonjunktur gestellt haben? Im Grunde sind dies Hilflosigkeitserklärungen; sie sind – wie die Amerikaner sagen – Voodoo-Ökonomie, obskure Hexerei.

Eine Verirrung ist auch die Forderung nach Einführung von Negativzinsen für ausländische Depositen: Diese Massnahme führte schon vor über dreissig Jahren nicht zum Erfolg. Realitätsfremd ist ferner die aus unerschütterlichem Euro-Glauben entstandene Vorstellung einer dauernden Anbindung des Frankenkurses an die Eurowährung, ohne jedes Wissen, was uns das kostet.

Es ist Zeit, zu bekennen: Wir haben angesichts dieser globalen Währungslawine keine kurzfristige Lösung. Es bleibt nichts anderes übrig, als die Schäden der Lawine zu mindern und zu lindern. Der Spielraum ist jedenfalls sehr begrenzt, die öffentlich proklamierten Krisensitzungen sind eher psychologische Beruhigungsübungen.

Um die begrenzte Wirkung der Geldpolitik und die begrenzten Möglichkeiten der Nationalbank zu begreifen, muss man den Mechanismus der extremen Frankenaufwertung in Erinnerung rufen, der in der Wirtschaftspresse leider verdrängt oder als bekannt vorausgesetzt wird: Die jüngste Frankenkurserhöhung kommt nicht primär von Kapitalflüchtlingen, nicht von Griechen und Deutschen, die ihr Geld auf Schweizer Banken transferieren, um sich Aufwertungsgewinne zu ergattern. Nein, treibende Kraft der Frankenkurssteigerung sind spekulative Währungsgeschäfte.

Diese kurzfristigen Transaktionen von Hedgefonds und global operierenden Währungstradern sind zehnmal, zeitweilig bis hundertmal grösser als die zufliessenden Depositengelder. Allein über den Franken laufen Devisengeschäfte von über hundert Milliarden Franken pro Tag! Depositengelder machen nur wenige Prozent aller Währungstransaktionen aus. Das sagen die Nationalbank und die Bank für Internationalen Zahlungsausgleich (BIZ). Die Wirtschaftspresse redet häufig von «den Märkten», die so und so reagieren würden. Hinter diesem Begriff steht Verschleierung oder Unkenntnis. Wer sind sie, diese sogenannten Märkte? Hinter diesen Währungstransaktionen stehen sich untereinander absprechende Hedgefonds, globale Casinobanker, Sekundentrader und Finanzjongleure, die den Mangel an Überwachung und ethischen Grundsätzen in der globalen Finanzwelt bis aufs Äusserste ausreizen – und von New York, Singapur oder Wollerau (Schwyz) aus operieren. Mit einem Negativzins auf Depositenzuflüssen bei Schweizer Banken ist diesen kurzfristigen Währungstransaktionen nicht beizukommen, denn diese sind nicht von den Depotzinsen abhängig. Negativzinsen hätten höchstens eine symbolische, aber keine reale Wirkung.

Was bleibt der Politik noch? Denkbar wäre eine zeitlich befristete Wechselkursgarantie für Schweizer Exporteure: Diese könnten gegen Vorlage eines Exportdokuments (z. B. mit dem Mehrwertsteuer-Rückforderungsbeleg) die im Ausland eingenommenen Euro- oder Dollarerträge bei der Nationalbank zu einem volkswirtschaftlich erträglichen Wechselkurs eintauschen. Marktwirtschaftliche Ökonomen halten diese Massnahme aber für Blasphemie. Manche bezweifeln, ob die Rechtsgrundlage der Nationalbank dafür genügt. Sicher ist, dass die Abwicklung bürokratisch ist und befristet werden müsste.

Eine Variante wäre allenfalls, die Währungsabsicherung mit der Exportrisikoversicherung des Bundes zu kombinieren, die sich ihrerseits mit einem erträglichen Wechselkurs bei der Nationalbank refinanziert. Ohne eine solche Währungsabsicherung würde der Steuerzahler mit Riesenbeträgen zur Kasse gebeten, wie wir dies Mitte der Neunzigerjahre erlebten.

Politisch blockierte Lösung

Denkbar ist auch eine Wechselkursgrenze für den Franken gegenüber dem Euro. Diese Massnahme ist zwar realisierbar, aber ist es nicht schon zu spät dafür? Wenn die Nationalbank die Untergrenze bei 1.10 Franken pro Euro ansetzte, würden die Exporteure weiter bluten. Und wenn sie den Kurs bei 1.30 Franken für 1 Euro festlegte, müsste sie Hunderte von Milliarden aufwenden, um den Kurs durch Eurokäufe zu verteidigen. Ökonomisch und technisch ist das machbar – doch die destabilisierenden Attacken der Nationalkonservativen auf die Nationalbank wegen der technisch problemlosen Buchverluste haben die wirksame Massnahme zugunsten der Exportindustrie politisch fast verunmöglicht.

Kleine Währungsräume wie die Schweiz haben in ruhigen Zeiten ihre Vorteile. Aber in stürmischen Zeiten sind sie extrem viel stärkeren Kursbewegungen ausgesetzt. Die (vermeintliche) Unabhängigkeit hat im Zeitalter der Globalisierung eben ihren Preis; im Moment wird der Schweiz und anderen Alleingängern in der Währungswelt die Rechnung dafür präsentiert.

(Tages-Anzeiger vom 9.8.2011)

Die SVP-Goldinitiative – Sektierer in der Währungspolitik

«Der Eurokollaps wird immer wahrscheinlicher», schreibt «The Economist» in einem Leitartikel, abgedruckt in mehreren europäischen Zeitungen. «Geniessen wir also die Ferienzeit. Der Herbst droht hässlich zu werden», schrieb das Euro-feindliche Wirtschaftsblatt aus London abermals.

Untergangspropheten und Weltretter, Kurpfuscher und Quacksalber haben in Zeiten der währungspolitischen Verunsicherung Hochkonjunktur. Auch in diesen Wochen und Monaten bewirtschaften gewisse Medien, Kolumnisten und selbsternannte Gurus die sogenannte Euro-Krise, die in ihrem Ursprung eine Bankenkrise ist.

Eine solche Verunsicherung mit unzähligen Weltrettungsplänen gab es auch in den 1930er Jahren nach dem Kollaps des Finanzsystems 1929. Das ist nicht zufällig. Denn unter allen Disziplinen der Wirtschaftswissenschaften ist die Geld- und Währungspolitik die schwierigste. Sie ist stets ideologisch belastet. Denn in der Währungspolitik handelt es sich um hoch aggregierte, abstrakte volkswirtschaftliche Grössen, deren Zusammenwirken stets nur mit Annahmen und Verhaltenshypothesen erklärbar ist. Die Nationalökonomie ist eben keine exakte Wissenschaft, auch wenn sie mit noch so viel scheinexakten Modellen imponiert. Wirtschaftswissenschaft ist Weltanschauung, angereichert mit Mathematik und Interessen!

In den USA will ein Teil der Tea-Party-Bewegung das Fed, die US-Notenbank, gleich abschaffen und die Geldschöpfung ans private Bankensystem dezentralisieren. In der Schweiz sammelt die SVP derzeit für eine «Goldinitiative» Unterschriften, die wir nachstehend erklären. Von Aussenseitern der Alternativszene wird eine «Monetative», eine kaum verständliche Initiative für eine «Vollgeld-Reform», diskutiert, die den Banken die Kreditschöpfung verbieten will. Wieder andere schwärmen von einem «Staatsfonds» nach chinesischem oder norwegischem Muster als stabilisierendem Goldesel für den Staat. Und in unbelehrbaren akademischen Kreisen grassieren heute noch monetaristische Lehrbuch-Dogmen der Geldpolitik aus den 1980er Jahren. Allen diesen Weltanschauungen ist gemein, dass sie einen Kern Teilwahrheit verabsolutieren und alle andern Teilwahrheiten verdrängen: Genau das ist Sektierertum.

SVP-Goldinitiative bewirtschaftet den Gold-Mythos

Die eidgenössische Volksinitiative «Rettet unser Schweizer Gold» (Gold-Initiative) der SVP will die Goldreserven der Schweizerischen Nationalbank SNB als unverkäuflich in der Bundesverfassung verankern und die SNB verpflichten, diese nur noch in der Schweiz zu halten, also allfällige SNB-Golddepots aus den USA zurückzuholen. Damit bewirtschaftet die Partei den nationalen Goldmythos und richtet wohl keinen Schaden an.

Doch in einem Forderungspunkt ist die SVP-Goldinitiative hochgefährlich: Sie schreibt vor, dass der Goldanteil nach einer Übergangsfrist zwanzig Prozent der SNB-Aktiven nie unterschreiten darf. Im Klartext bedeutet dies: Sie verbietet damit der SNB die Intervention auf den Devisenmärkten und die Verteidigung einer bestimmten fixen Franken-Fremdwährungs-Relation, wie zum Beispiel die 1.20 Franken pro Euro. Die Nationalbank würde ihres wichtigsten geld- und währungspolitischen Instruments beraubt!

Am Jahresende 2011 hatte die SNB 346 Milliarden Franken Aktiven, wovon etwa 50 Milliarden oder 14 % in Gold. Im zweiten Quartal 2012 musste sie zur Verteidigung des Fixkurses von 1.20 Franken pro Euro vorübergehend weitere 167 Milliarden Devisen (Aktiven) aufstocken. Wäre die SVP-Initiative wirksam und in Kraft, würde unsere Nationalbank ohne jede Handlungsfähigkeit zusehen müssen, wie internationale Hedgefonds, andere Spekulanten und Kapitalflüchtlinge den Frankenkurs in die Höhe jagen, unsere Exportwirtschaft schädigen und die Industriesubstanz samt Arbeitsplätzen aus dem Lande treiben. Kurzfristig wäre ein massiver Golderwerb unmöglich und durch internationale Vereinbarungen unterbunden.

Die SVP bewirtschaftet mit ihrer Gold-Initiative den irrationalen Goldmythos und legt unsere wichtigste wirtschaftspolitische Behörde lahm. Eine unheimlichere, wirtschaftsschädlichere Kurpfuscherei kann man sich in der Exportwirtschaft nicht vorstellen. Die drei Co-Präsidenten des Initiativkomitees, die SVP-Nationalräte Lukas Reimann und Luzi Stamm und alt-Nationalrat Ulrich Schlüer, gehören in der Partei gewiss nicht zur ersten Garnitur in Sachen Wirtschaftspolitik, ebenso wenig wie die weiteren 13 SVP-Politiker im Initiativkomitee. Die Industriellen fehlen bei diesem Kurpfuscherprojekt. Allerdings passt diese Stossrichtung exakt zum zermürbenden Kleinkrieg, den der Herrliberger SVP-Protagonist und dessen Kampfblätter seit zwei Jahren gegen die Schweizerische Nationalbank fahren, mit Vorwürfen von «Verscherbelung des Volksvermögens» und «Falschmünzerei».

Besserwisser auch in der Schulökonomie

Die starke Aufblähung der Nationalbank-Bilanz ist auch für die Schulökonomie eine intellektuelle Herausforderung. Zwar betonen alle Geldpolitiker jeglicher Couleurs, dass die Schweizerische Nationalbank quasi unlimitiert Franken schöpfen darf, mit denen sie dann auf den internationalen Devisenmärkten intervenieren kann. Und man ist sich auch einig, dass die allfälligen Buchverluste auf fremden Währungen für ein Noteninstitut technisch kein Problem darstellen.

Doch in einem Punkt streiten sich die Ökonomen, nämlich in der Frage der Risiken und Folgeeffekte für die Geldwertstabilität. Seit fünf Jahren warnen die NZZ-Wirtschaftsredaktion und die monetaristisch inspirierten Lehrbuchökonomen wegen der Geldmengenexpansion vor einer Inflationswelle. Doch diese ist nicht eingetreten. Die Schweiz ist heute gar am Rande einer Deflation mit sinkenden Preisen. Diese Untergangspropheten übersehen in ihrer «Inflationsparanoia», der krankhaften Angst vor Inflation (Paul Krugman), zwei moderne Elemente: Erstens verhindern China und andere Schwellenländer mit ihren Billigexporten eine preistreibende Wirkung der Geldpolitik auf den hiesigen Gütermärkten. Und zweitens ignorieren sie die geldpolitischen Instrumente, die die Nationalbank wie andere europäische Notenbanken zur Hand hat, um die expandierte Geldmenge bei Bedarf wieder abzuschöpfen. Gewiss, es gibt Risiken bei der Anlagepolitik und Geldmengenexpansion der SNB. Aber die Risiken des Nichtstuns sind hundertmal grösser!

(UnternehmerZeitung, Juli/August 2012)

Politisches System der Schweiz

Ein Nostalgieprogramm für die nächste Generation

Die Parteileitung der SP Schweiz hat zur öffentlichen Debatte über den Entwurf eines neuen Parteiprogramms aufgerufen. Ich leiste für einmal diesem Aufruf Folge, obwohl sich meist nur Leute mit hohem Ideologiebedarf für Programmdebatten interessieren. Parteiprogramme sind nicht entscheidend für das Image einer Partei und gewiss nicht ausschlaggebend für die Wahlen. Entscheidend sind viel mehr die Ausstrahlung und Glaubwürdigkeit der Exponenten und deren Fähigkeit, auf anstehende Probleme konkrete und einleuchtende Antworten zu geben.

Kommt die Programmdebatte der SP Schweiz zum richtigen Zeitpunkt? Ein Parteiprogramm sollte als Richtungsdokument eigentlich am Ende einer Konsolidierungsphase stehen. Bei den historischen SP-Programmen von 1935, 1959 und 1982 traf dies zu. Doch heute ist die SP-Führung in ihrer Ausrichtung alles andere als konsolidiert.

Kopflastig und abgehoben

Kommt der Programmentwurf aus der richtigen Ecke? Unter dem Präsidium von Hans-Jürg Fehr, der den Programmentwurf redigiert hat, hatte die schweizerische Sozialdemokratie einen Wählerverlust wie nie zuvor erlitten. In seiner Präsidialzeit wurden das parteiinterne Bildungswesen liquidiert und ein schwacher Wahlkampf vorgeführt. Und die Konzeptionsschwäche wurde mit stets wohlformulierten, aber abgehobenen programmatischen Aussagen übertüncht, welche meist keine Antworten auf die konkreten Fragen und Bedürfnisse enthielten. Als 68er und Historiker der schweizerischen Arbeiterbewegung kommen Hans-Jürg Fehr grosse Verdienste zu (auch ich lernte in den 70er Jahren viel vom Schrifttum zur Geschichte der Arbeiterbewegung). Doch man wird den Verdacht nicht los, dass er in diesem Programmentwurf viel Nostalgie und manches Steckenpferd des Historikers eingebracht hat, etwa den Bezug auf Ota Sik, den tschechischen Reformsozialisten des Prager Frühlings 1968, oder die nostalgische Hervorhebung des Genossenschaftssozialismus, der in der realen Sozialdemokratie seit Ende der 40er Jahre kaum mehr Thema ist. Man stelle sich vor, ein junger Neuzuzüger oder eine Zuzügerin einer Gemeinde interessiere sich für die SP; und die Parteiverantwortlichen bedienten deren Neugier mit der Zusendung dieses Parteiprogramms. Kaum vorstellbar, dass sie sich an diesen kopflastigen, abgehobenen Texten erwärmen können.

Die Eingangsteile des Programmentwurfs sind sprachlich eloquent und überzeugend formuliert. Die Beschreibung der Grundwerte und die programmatischen Texte zu Demokratie, Staatsverständnis, Freiheit, Gleichheit, Solidarität und Menschenrechten in ihrem historischen Kontext sind literarisch elegant. Mit diesen Grundsätzen kann man sich identifizieren. Sie könnten auch als gemeinsamer Nenner von Sozialdemokraten, Grünen, Sozialliberalen bis in die politische Mitte gelten. Vierzig, fünfzig Prozent der helvetischen Wählerschaft – jedenfalls weit über die SP-Stammwählerschaft hinaus – könnten sich mit diesen Grundwerten identifizieren.

Doch wenn es um die konkreten Antworten auf politische Fragen geht, hat das Programm keine alte Forderung aus dem Traditionssozialismus ausgelassen. Ganz schwach ist der Teil zur Wirtschaftspolitik, der beinahe historiografisch alle Forderungen aufzählt, welche die Linke in den letzten fünfzig Jahren in den Raum gestellt hatte. Allein schon der aufgewärmte Grundwiderspruch zwischen Kapital und Arbeit aus dem marxschen Theoriebuch müsste heute relativiert werden, wenn wir die Dominanz des Finanzkapitals über das Industriekapital realitätsbezogen interpretieren.

Im Programmentwurf gibt es immerhin einen grundlegend neuen Ansatz, nämlich die Option einer «vorsorgenden Sozialpolitik». Dieser kurze Abschnitt kam nicht vom Programmautor, sondern wurde von der Geschäftsleitung gewissermassen ins Programm eingepflanzt. Allerdings wird nicht konkretisiert, was vorsorgende Sozialpolitik heisst. Die SP tat sich bislang darin auch nicht hervor. Sie böte eine Perspektive, vermehrt Armutsverhinderung statt Armutsverminderung durch Umverteilung anzustreben. Dies würde heissen: mehr berufliche Integration, mehr Berufsbildung, mehr Integration nach dem Motto «Fordern und Fördern», mehr aktivierende Sozialpolitik und mehr Integrationsvereinbarungen als Bedingung für Verbleib und Einbürgerung von Ausländern. Doch damit kommt man natürlich der bisher geübten «Political Correctness » in die Quere.

68er sollten zurückstehen

Soll die SP sich nun in die Mitte oder nach rechts bewegen, wie ihr das viele Medienleute nahelegen? Um Gottes willen, nein! Die Sozialdemokratie soll weiter das soziale Gewissen im Lande verkörpern. Und wenn sie den linken Flügel aufgibt, entsteht in der Romandie eine Abspaltung in Richtung Traditionssozialismus.

Nein, die SP sollte nicht einfach zur Mittepartei werden; aber sie sollte pragmatischere, linke Antworten auf konkrete Fragen anbieten, die die Mittelschichten seit Jahren bewegen, und so bis hin zur politischen Mitte glaubwürdiger werden. Etwa realistische Antworten zur zukünftigen Finanzierung des Sozialstaats und der Alterung, zum Missbrauch des Sozialsystems, zur staatlichen Bürokratie, zum Wettbewerb oder zur Sicherheit im öffentlichen Raum; Antworten zu ganz banalen, aber meinungsbildenden Alltagserfahrungen, etwa mit der Kriminalität durch Ausländer oder mit der neuen Konkurrenzerfahrung am Arbeitsplatz aufgrund der Personenfreizügigkeit. In der Ära von Hans-Jürg Fehr sind solche konkreten Probleme eloquent und wortreich verdrängt worden – wie sie jetzt auch im Programmentwurf ausgeblendet sind.

Wie soll es mit dem Programmentwurf weitergehen? Ich würde anregen, den ersten, allgemeinen Teil des Entwurfs mit den Grundwerten und sozialdemokratischen Grundpositionen – ein wenig ausgedünnt von den Steckenpferden des Historikers – dem Parteitag vorzulegen und zu verabschieden. Den zweiten Teil mit dem Sammelsurium von Forderungen («Unser Weg») sollte man zurückstellen und diesen durch die jüngere Generation von SP-Verantwortungsträger/innen später nach und nach ausarbeiten lassen. Wir, die Generation der 68er, sollten jetzt zurückstehen und nicht krampfhaft die Vergangenheit in einem nostalgischen Programm für die nächste Generation zu zementieren versuchen. *(Tages-Anzeiger vom 13.4.2010)*

Nachdenken vor dem Nationalfeiertag

Mit dem Vertrauen des Volkes in unsere Landesregierung sieht es im Vorfeld des Nationalfeiertags 2010 nicht gut aus. In einer Umfrage zur Vertrauenswürdigkeit von Berufen lag die Kategorie «Politiker» mit 1,4 Prozent an letzter Stelle, weit hinter den ebenfalls schlecht platzierten Bankern, Journalisten und Immobilienhändlern. Und im Sicherheitsbericht 2010 des Sicherheitszentrums und der Militärakademie der ETH heisst es, basierend auf einer Publikumsbefragung: «Markant an Vertrauen verloren hat der Bundesrat. Auch dem Parlament wird signifikant weniger zugetraut.»

Das Vertrauen in den Bundesrat ist wohl seit 1940 – nach der Anpassungsrede von Bundesrat Pilet-Golaz – nie mehr so tief gewesen, jedenfalls nicht in den vergangenen vier Jahrzehnten meiner Erinnerung. Nachdenkliche Bürgerinnen und Bürger von links bis rechts, aber auch ehemalige Bundesräte und Bundespolitiker sind besorgt über die Führungsschwäche, die fortlaufenden Kommunikationspannen und den Vertrauensverlust unserer Regierung. Die Sommersession der Eidgenössischen Räte hat beim Volk zudem den Eindruck verstärkt, alle Parteichefs machten nur noch Ränkespiele, die Sachpolitik komme unter die Räder. Über diesen Vertrauensverlust können sich nur jene staatsfeindlichen Kräfte freuen, die schon immer einen schwachen Staat wollten.

Nun rufen alle nach einer Regierungsreform. Doch, Reformen in welche Richtung? Wohl nur wenige haben den 370-seitigen Bericht der Geschäftsprüfungskommissionen (GPK) des National- und Ständerats über die Bewältigung der UBS-Doppelkrise (Insolvenzkrise und Steuerdatenkrise mit den USA) durchgearbeitet. Aus dieser detaillierten Analyse der Vorgänge in der Regierung lassen sich Ansätze zu einer Führungsreform ableiten, mit zwei gegensätzlichen Schlussfolgerungen: einer deprimierenden und einer hoffnungsvollen.

Zunächst die deprimierende Seite: Sie zeigt eine besorgniserregende Führungsschwäche und Entscheidunfähigkeit des Bundesrats in Krisenlagen. Nicht das Regierungssystem als solches hat versagt, sondern einzelne Personen. Hans-Rudolf Merz als federführender und hauptverantwortlicher Bundesrat versagte von Etappe zu Etappe. Der GPK-Bericht zeigt – man muss es leider aussprechen – einen Finanzminister, der nicht nur geltungssüchtig, sondern schlicht überfordert ist. Von der GPK nach seinen Versäumnissen befragt, redete sich Bundesrat Merz aus der Verantwortung mit einer diffusen, aber ungeheuerlichen Bezichtigung seiner Bundesratskollegen: Wegen Indiskretionsgefahr bei «börsenrelevanten» Informationen habe er sie während Monaten nicht über die aufziehende Krise informieren können. Das ist eine intrigantische Unterstellung, gegen die sich nach aussen natürlich kein Bundesratsmitglied zur Wehr setzen konnte.

Der GPK-Bericht zeigt aber auch eine positive, hoffungsvolle Seite im Staatswesen. Er zeigt die hohe Qualität und vorausschauende Professionalität der obersten Kader auf der Ebene der Bundesverwaltung und der Nationalbank. Monate vor dem Einbruch der UBS gingen die obersten Chefs der Verwaltung an die Vorbereitung einer (möglichen) Rettungsaktion, und zwar mit Wissen, aber ohne klaren, schriftlichen Auftrag von Merz, der die voraussehbaren Probleme aussitzen wollte. Nationalbank-Direktoriumsmitglied Philipp Hildebrand, Finanzverwaltungsdirektor Peter Siegenthaler und, im Falle der US-Steuerdaten, auch Staatssekretär Michael Ambühl arbeiteten mit ihren Teams fieberhaft an Lösungsmöglichkeiten. Sie sprachen sich mit den ausländischen Behörden ab und erarbeiteten Worst-Case-Szenarien, bevor die Krisen manifest wurden. Auch die anfänglich wegen Befangenheit und früherer Fehlentscheide gehemmte Finanzmarktaufsicht (Finma) wurde ins Boot geholt und arbeitete danach professionell an den Lösungen mit. Zeitweise waren mehrere Dutzend Personen am vorbereitenden Krisenmanagement involviert, ohne dass je eine Indiskretion nach aussen gedrungen wäre. Die GPK beider Räte attestieren den Chefbeamten höchste Zuverlässigkeit und Professionalität im Krisenmanagement. Dabei half auch die glückliche Fügung, dass Bundesrätin Eveline Widmer-Schlumpf in der ersten Krisenphase (UBS-Insolvenz-Management) die Federführung im Bundesrat übernehmen konnte, als Bundesrat Merz aus gesundheitlichen Gründen ausfiel.

Entlastende Staatssekretäre

Die bevorstehende Regierungsreform muss aus diesen Erfahrungen die Konsequenzen ziehen. Die obersten Staatsdiener in der Verwaltung müssen in die Funktion von Staatssekretären gehoben werden. Sie sollten vom Bundesrat gewählt und vom Parlament bestätigt werden. Zwei bis drei Staatssekretäre in jedem Departement könnten die Bundesräte entlasten, die interdepartementalen Arbeitsgruppen und die Ad-hoc-Krisenstäbe leiten sowie vor dem Parlament ihre Vorlagen vertreten. Damit könnte sich der Bundesrat stärker mit strategischen Fragen befassen.

Was wichtig ist: Diese Staatssekretäre sollten nicht nach Parteienproporz und nicht nach den staatspolitisch verständlichen, aber qualitätsmindernden Paritätsregeln der Bundesbehörden (Ausgewogenheit von links-rechts, deutsch-welsch, männlich-weiblich) ausgewählt werden, sondern nach Erfahrung in der Verwaltung, Professionalität und Führungskompetenz. Sie dürften auch nicht nach der Praxis von Ex-Bundesrat Pascal Couchepin erkoren werden, der in beiden Departementen, die er leitete, seine freisinnigen Freunde aus dem Wallis als Quereinsteiger inthronisierte und die Funktionäre aus dem freisinnigen Parteisekretariat in Spitzenposten der Bundesverwaltung versorgte – und damit seinen Nachfolgern schwierige personelle Altlasten hinterliess.

Bereits Mitte der 90er Jahre wollte man mit einer kleinen Regierungsreform die Bundesratstätigkeit durch die Erweiterung der Anzahl Staatssekretäre entlasten. Zwei eingefleischte Staatsgegner, die damaligen Nationalräte Christoph Blocher (SVP) und Georg Stucky (FDP), waren 1996 zusammen mit dem Gewerbeverband die Anführer einer Referendumskampagne gegen diese Staatssekretäre. Sie wollten keinen starken Staat und keine starke Regierung. Aus den Folgen der damaligen Unterlassung sollte man jetzt lernen und im Lichte der Erfahrungen mit den jüngsten Bankkrisen auf diese Reform zurückkommen.

(Tages-Anzeiger vom 27.7.2010)

Ein moderates Mittel gegen den absurden Steuerwettbewerb

Die Schere hat sich so stark geöffnet, wie es eigentlich niemand wollte. Gemeint ist das Auseinanderdriften der Steuerbelastungen innerhalb der Schweiz. Ein gut verdienender Verheirateter mit 300 000 Franken Arbeitseinkommen zahlte letztes Jahr in der Stadt Zürich rund 48 000 Franken an Kantons- und Gemeindesteuern, in der Stadt Bern etwas mehr, nämlich rund 60 000 Franken. In Wollerau am oberen Zürichsee jedoch entrichtete er nur gerade 18 600 und in

Freienbach und Feusisberg bloss rund 19 000 Franken. Wollerau, Freienbach und Feusisberg gehören zum Kanton Schwyz, liegen fünfzehn Autominuten von Zürich. Die Reichen in diesen Steueroasen arbeiten in Zürich, nutzen alle Dienstleistungen der Stadt, nutzen dort die hoch subventionierten Kultureinrichtungen und Infrastrukturen und zahlen dank dem Steuergefälle zwischen den Kantonen zweieinhalbmal weniger Steuern. Stadt und Kanton Zürich bezahlen ihnen die Zentrumslasten – die Reichen in den Steuerparadiesen der Umgebung nutzen sie.

Auch die Reichen in Zug, dreissig Autominuten von Zürich entfernt, zahlen mit rund 29 000 Franken Kantons- und Gemeindesteuern für die erwähnte Einkommensstufe viel weniger. Zug wäre ohne den zentralen Wirtschaftsstandort Zürich kein selbständiger Finanzplatz.

Finanzausgleich ausgehebelt

Noch krasser, ja absurd gestaltet sich das Steuerdumping in Obwalden mit einem Steuerbetrag von 22 000 Franken für die besagte Einkommensstufe. Damit wird Obwalden für reiche Steuerzahler nicht nur attraktiver als Zürich und Luzern. Die Zürcher finanzieren nach mehreren Steuersenkungen der Obwaldner auch noch deren Steuerausfälle über den interkantonalen Finanzausgleich.

Seit einem Jahrzehnt will man das Einkommens- und Steuergefälle mit dem neuen interkantonalen Finanzausgleich (NFA) ausgleichen. Doch die Steuerbelastungen zwischen den Steueroasen und den Kantonen und Städten mit Zentrumslasten sind seither stärker auseinandergedriftet. Das Steuernomadentum der Reichen hat den neuen Finanzausgleich längst ausgehebelt.

Der bestverdienende Schweizer Manager, Daniel Vasella von Novartis (geschätzter Verdienst mit Boni 40 Millionen Franken), verlegte seinen Wohnsitz von Binningen bei Basel nach Risch am Zugersee. In Risch zahlt er praktisch halb so viel Kantons- und Gemeindesteuern, als er in der Stadt Basel entrichten müsste, wo er alle Infrastrukturleistungen und Zentrumsdienstleistungen nutzt. Sein Umzug wurde selbst vom konservativen Basler Daig als stillos empfunden. Und Marcel Ospel, früher Chef der UBS, jetzt Golfspieler, zügelte sein Bett nach Wollerau SZ.

Es ist das alleinige Privileg der Reichsten und der ausländischen Finanzoligarchen, ihre Wohnsitze ins nächste Villenparadies zu verlegen, um die Steuern zu optimieren, während die Mittelschicht und die Gewerbetreibenden und

KMU-Chefs an ihren Wirtschaftsstandort gebunden bleiben. Die lokal ansässige Bevölkerung in den Villengegenden zahlt für diesen Millionärszuwachs durch exorbitante Preissteigerungen bei Wohnungen und Häusern. Sie fühlt sich in ihrer angestammten Gemeinde immer mehr fremd.

Die Steuergerechtigkeitsinitiative, die im kommenden Monat zur Abstimmung kommt, will auf moderate Weise wenigstens die Exzesse korrigieren, ohne die Steuerhoheit der Kantone und Gemeinden aufzuheben. Sie wird die Steuerdifferenzen im Land nicht einebnen. Nur die extremsten Auswüchse dieses Steuertourismus sollen verhindert werden, und zwar nur bei steuerbaren Einkommen über 250 000 Franken (was einem Bruttoeinkommen von 300 000 bis 350 000 Franken entspricht) und nur bei Vermögen von über 2 Millionen Franken. Und die Einführung einer Steueruntergrenze gilt nur für die Kantone und Gemeinden, in denen der Einkommenssteuersatz für natürliche Personen unter 22 Prozent liegt. Betroffen sind von dieser Einkommenssteuerharmonisierung nur die Reichen in den Steueroasen von sieben Kantonen, nämlich in Schwyz, Zug, Uri, Obwalden, Nidwalden und in den beiden Appenzell. Und auch in diesen Kantonen sind es nur die Reichen in jenen Gemeinden, in denen der Steuersatz von 22 Prozent bei Einkommen und 5 Promille bei Vermögen unterschritten wird.

Insgesamt sind allerhöchstens 40 000 Steuerzahler von dieser Steuerharmonisierung betroffen, 1 Prozent aller Steuerpflichtigen im Lande. 99 Prozent der Steuerzahlenden sind Nutzniesser dieser Harmonisierung oder werden nicht tangiert.

(...)

Ideologische economiesuisse

Für einmal kommt eine Volksinitiative moderat und realitätsbezogen daher (was nicht bei allen Volksbegehren von links und von rechts der Fall ist). Dass dieses Volksbegehren von den Reichsten und den Finanzdirektoren der Steueroasen nun heftig bekämpft wird, ist verständlich. Dass auch der Wirtschaftsverband economiesuisse dagegen ankämpft, ist rein ideologisch begründet, denn die Unternehmensbesteuerung wird mit der Initiative in keiner Weise tangiert.

Ökonomen, die ihr Lehrbuchwissen über den Wettbewerb etwas allzu dogmatisch anwenden, preisen jetzt den Steuerwettbewerb zwischen den Kantonen und lassen kein gutes Haar am Volksbegehren. Wettbewerb ist gut, wenn es um

Güter geht – und da haben wir oft zu wenig davon. Doch ein Steuerwettbewerb zwischen Zürich und Wollerau und ein innerschweizerisches Wettrennen um Steuergeschenke für ausländische Milliardäre ist unsinnig. Das verzerrt den echten Wettbewerb in der Wirtschaft und zerstört den nationalen Zusammenhalt. *(Tages-Anzeiger vom 26.10.2010)*

Demokratie ist nicht käuflich

Dieses Jahr greift das grosse Geld ins politische Räderwerk ein. Die kommenden Parlamentswahlen werden die teuersten der Schweiz bisher sein, schätzungsweise dreimal teurer als jene 2007. Die finanzielle Aufrüstung fordert die Parteien wie die Kandidaten. Während die FDP und die CVP nach eigenen Angaben je 2 bis 3 Millionen Franken einsetzen wollen, die SP 1,5 Millionen, wird die SVP über 10 Millionen in die Schlacht werfen. Die SVP kann mehr Mittel einsetzen als alle andern Parteien zusammen. Dazu kommen die Ausgaben der Kantonalparteien, die nochmals mindestens die gleiche Höhe erreichen werden. Wirtschaftsorientierte neue National- oder Ständeratskandidaten in den grossen Kantonen werden bis zu 300 000 Franken für ihre Kampagne aufwenden und bei Sponsoren eintreiben müssen.

Niemand weiss, woher diese Mittel stammen, wer die geheimen Sponsoren sind und welche Abhängigkeiten dadurch entstehen. Selbst für die Mitglieder der betreffenden Partei und für die bisherigen Parlamentarier sind die Finanzquellen intransparent. Sicher ist nur, dass so viel Geld nicht aus den Mitgliederbeiträgen stammen kann. Und das politische Sponsoring endet nicht bei den Wahlen. Bei eidgenössischen Abstimmungen hat wiederholt die eine oder andere Seite 10 bis sogar 20 Millionen Franken aufgewendet.

Anonyme Medien-Investoren

Nationalkonservative Kapitalgeber versuchen nachzuahmen, was sich in den USA seit zwei Jahrzehnten abspielt: Sie nutzen jede Gelegenheit, sich in die Medien einzukaufen. Dem Financier Tito Tettamanti gelang es im Verbund mit anderen anonymen Geldgebern um Christoph Blocher, «Die Weltwoche» von der Basler Verlegerfamilie Hagemann zu übernehmen und diese in ein Kampfblatt der SVP umzuwandeln. Fast wäre es den gleichen Kapitalgebern auch gelungen, die «Basler Zeitung» vom bisherigen Verleger zu übernehmen. Nach einem breiten Protest aus der Basler Politik und Bevölkerung wurde die Finanzkonstruktion angeblich zurückbuchstabiert. Kontrollieren lässt es sich nicht: Die Finanz- und Kontrollverhältnisse bei der «Basler Zeitung» sind intransparent.

In Opfikon will der Autoimporteur und SVP-Politiker Walter Frey den «Stadt-Anzeiger» erwerben. Und was die elektronischen Medien anbelangt, ist die finanzielle Konstruktion von «Tele-Blocher» so undurchsichtig wie die von Blocher angekündigte «Arena»-Sendung von Privatsendern. Mit Sicherheit sind es nicht kommerzielle Investoreninteressen, die ehemalige Liegenschaftenmakler, Polymerfabrikanten und Autohändler dazu bewegen, Kapital ins nicht sehr rentable Mediengeschäft zu stecken. Vielmehr wird jede Gelegenheit genutzt, durch die Übernahme von Medien langfristig und nachhaltig eine konservative, rechtsnationale Wende zu erkaufen. Für den Aufbau einer helvetischen Tea-Party-Bewegung braucht man diese Parallelkultur mit privaten Medien. Es passt in diese Strategie, dass nunmehr die SRG als unabhängige, pluralistische Medienproduzentin nach Strich und Faden destabilisiert und demontiert wird. Nur so lassen sich die jüngsten politischen Attacken auf die SRG erklären.

Trotzdem ist unsere direkte Demokratie immer noch funktionsfähig und nicht «Mittelmass», wie dies Politologen der Universitäten Zürich und Berlin unlängst aufgrund von realitätsfremden Lehrbuchmodellen in einem Demokratie-Ranking behauptet haben. Solche Ratings sind akademischer Unsinn. Aber in bestimmten Sachbereichen der eidgenössischen Politik ist der Einfluss der Geldgeber klar erkennbar.

In Bankenfragen hat die Schweiz trotz aller demokratischen Mechanismen die Züge einer Oligarchie. Oligarchie heisst: «Herrschaft von wenigen aus Eigennutz», mit einer Machtkonzentration ohne demokratische Legitimation. Die Grossbanken waren und sind verdeckte Sponsoren der bürgerlichen Bundesratsparteien. Auch Big Pharma und die Versicherungen üben mittels Parteien- und Kandidatenfinanzierung starken Einfluss auf die Gesetzgebung aus.

Bisher haben sich die Präsidenten von FDP und CVP gegen jede Offenlegung der Parteienfinanzierung gewehrt. Angesichts ihrer schwach dotierten Parteikassen ist es verständlich, wenn sie bei den Herren Vasella (Novartis),

Doerig (CS) oder Villiger (UBS) noch einige Hunderttausend Franken Parteispenden ergattern wollen. Aber sie werden gegenüber den fast unbegrenzten SVP-Millionen immer weniger Schritt halten können. Und sie werden, wenn diese Entwicklung weitergeht, durch angenommene Gelder aus der Wirtschaft ihre eigene Partei schwächen und spalten.

Die freisinnige Parteiführung bekämpfte mit Rücksicht auf die Pharma-Sponsorgelder die Einführung von Parallelimporten und opferte damit ihre eigenen Wettbewerbsgrundsätze. Sie stiess dabei jene Vertreter kleiner und mittlerer Unternehmen in den eigenen Reihen vor den Kopf, die auf Parallelimporte angewiesen sind.

In dieser Legislatur haben wir auch erlebt, wie bürgerliche Parteileitungen wegen ihrer sponsorbedingten Bankenhörigkeit einen Zickzackkurs in der Bankenpolitik verfolgten, wie sie ihre eigenen Prinzipien wegen dieser Rücksichtnahme über Bord warfen – und wie sie ihre Glaubwürdigkeit bei der eigenen Basis aufs Spiel setzten. Die Wirtschaftssponsoren ihrerseits kümmern sich nicht um die Glaubwürdigkeit der Gesponserten.

Wenige, aber griffige Regeln

Die Frage der Parteienfinanzierung ist nicht nur ein Thema der Linken und Kleinparteien. Es ist für alle Gesinnungsparteien eine staatspolitische Grundsatzfrage, wie weit sie zulassen wollen, dass sich das Krebsgeschwür des Lobbyings und Sponsorings in ihre eigenen Strukturen hineinfrisst. Die Zeit ist reif, dass auch die Schweiz wie praktisch alle westlichen Demokratien gewisse Spielregeln zur Parteien- und Politikerfinanzierung einführt. Dabei sollte man bescheiden bleiben und nur wenige, aber griffige Transparenzregeln anvisieren:

- Die Spenden an Parteien und Kandidaten sind ab einem bestimmten Betrag offenzulegen (zum Beispiel ab 5000 Franken).
- Die Parlamentarier müssen ihre Mandate, Aufträge und Bezüge klarer und spezifischer als mit dem heutigen, nichtssagenden Register der Interessenbindungen offenlegen.
- Die Globalbudgets für Abstimmungskämpfe bei Initiativen und Referenden sind ebenfalls offenzulegen und zu plafonieren (zum Beispiel für jedes Lager auf 5 Millionen Franken).
- Die Parteien sollten sich, auch wenn dies nicht überall populär ist, auf eine stärkere öffentliche Finanzierung der Fraktions- und Parteiarbeit einigen.

Mit solch realistischen Transparenzregeln kann man die Ungleichheiten, die es in jeder Demokratie gibt, gewiss nicht einebnen. Aber man kann die demokratischen Mechanismen pragmatisch stärken und den Bürgerinnen und Bürgern die Souveränität mittels Transparenz zurückgeben. Die Demokratie ist nicht käuflich – sonst ist sie keine Demokratie mehr.

(Tages-Anzeiger vom 8.2.2011)

Käufliche Parlamentarier sind teuer

Er ist Jurist und nach der Wahl in den Ständerat wurde er Präsident der Futtermittelfabrikanten. Bei der Beratung des Landwirtschaftsgesetzes machte er sich gegen den passiven Zollveredelungsverkehr stark und erwirkte eine Verschiebung der Marktöffnung. Der passive Zollveredelungsverkehr eröffnet die Möglichkeit, dass Schweizer Getreide in Mühlen im benachbarten Ausland verarbeitet und reimportiert wird, um die Futtermittelkosten und die Produktionskosten für Fleisch im Inland zu senken.

Er ist Jurist und Ständeratsmitglied. Als Rechtsanwalt hatte er ein Mandat im Zusammenhang mit der Fusion der Emmi mit der Aargauer Zentralmolkerei. Über seine Beziehungen zum zuständigen Bundesrat nahm er Einfluss auf die Wettbewerbskommission, die darauf auf sanften Druck hin mit einer zuvor noch nie angewandten Ausnahmeklausel (Failing Company Defense Clause) die Fusion genehmigte – dies, obschon bei einigen verarbeiteten Milchprodukten der Wettbewerb in der Schweiz praktisch ausgeschaltet wurde. Nur wenige Insider wussten von dieser Interessenbindung.

Jeder wirtschaftspolitisch versierte Parlamentarier kennt solche interessenbezogenen Einflussversuche. Mehr als ein Dutzend Parlamentarier sitzen in Leitungsgremien der Krankenkassen. Ein Dutzend sind mit der Elektrizitätswirtschaft verbunden. Zwei Dutzend vertreten bäuerliche Interessen und viele sitzen in Verwaltungsräten der zahlreichen parastaatlichen Agrarorganisationen.

Die allermeisten Parlamentarier haben ihre Mandate, Verwaltungsratssitze und Einsitze in Leitungsgremien von Firmen und Wirtschaftsorganisationen gewiss nicht wegen ihrer überschiessenden Wirtschaftskompetenz erhalten. Vielmehr sind sie erst zu ihren Mandaten gekommen, nachdem sie ins Parlament gewählt worden waren. Man hat sie gewiss nicht wegen ihrer unternehmerischen Kompetenzen geholt, sondern man wollte «Türöffner» und Lobbyisten im Bundesbern. Von Zeit zu Zeit muss sich dann jeder Mandatsträger in Bern irgendwie als nützlich erweisen.

Auch die Parteienfinanzierung schafft Abhängigkeiten. Die Grossbanken finanzieren traditionellerweise die bürgerlichen Parteien. Solch verdecktes Sponsoring wurde erst öffentlich, als die UBS nach der Rettungsaktion verkündete, sie würde die Zuschüsse an die bürgerlichen Parteien einstellen, und als die bisher gesponserte CVP wegen dieses Sponsoringstopps öffentlich protestierte. Belegt ist auch die politische Einflussnahme von Big Pharma bei gesponserten Parteileitungen gegen Parallelimporte.

Dieses verdeckte Politiker- und Parteiensponsoring durch Wirtschaftsinteressen führt zu Wettbewerbsverzerrungen, Protektionismus und Fehlorientierung im politischen Entscheidprozess: Der wirtschaftlich Starke und Skrupellose kann die gesetzlichen Rahmenbedingungen diktieren, der Kleine steht im Nachteil. Verdecktes Sponsoring frisst sich wie ein Krebsgeschwür in Parteien und Parlamente.

Das bisherige Register der Interessenbindungen der Parlamentarier taugt nichts. Mandate und spezielle Auftragsbindungen werden nicht offengelegt, ebenso wenig die finanziellen Sponsor- und Auftragsverhältnisse. Bundesrätin Sommaruga will nun die Transparenzregeln im internationalen Vergleich prüfen lassen. Politiker von rechts und links liebäugeln mit Volksinitiativen gegen die Käuflichkeit von Parteien und Politikern.

Der Bürger muss ein Recht haben, über Politiker und Parteien zu wissen, wer woher mit wie viel finanziert wird. Die Transparenz der Abhängigkeits- und Finanzierungsverhältnisse gehört zu den Minimalbedingungen in der Demokratie. Denn Demokratie ist nicht käuflich.

(UnternehmerZeitung Februar 2011)

Die Konkordanz im Bundesrat muss wiederhergestellt werden

Der Eiertanz um die Konkordanz und künftige Bundesratszusammensetzung hat begonnen. In den nächsten Wochen werden wir viele Taktikspiele, Geheimniskrämerei und Wichtigtuerei erleben. Doch die Würfel fallen erfahrungsgemäss erst in den letzten Tagen und Stunden vor den Bundesratswahlen.

Im Zentrum stehen die Fragen: Wollen wir eine Konkordanzregierung? Und was heisst Konkordanz eigentlich? Jeder definiert die Konkordanz nach seinen eigenen Interessen. Konkordanzregierung heisst, dass zwei Bedingungen erfüllt sein müssen: Erstens müssen die politischen Kräfte im Lande nicht aufs Prozent genau, aber einigermassen nach ihrer Wählerstärke im Bundesrat vertreten sein; so wünscht es auch die Bevölkerung. Und zweitens, ebenso wichtig, im Bundesrat braucht es konkordanzfähige Persönlichkeiten, die charakterlich in der Lage sind, eine Scharnierfunktion zwischen ihrer Partei und dem Regierungskollegium auszuüben. Nur so funktioniert eine Mehrparteienregierung.

Im Bundesrat läuft es besser und effizienter, seit die schwierigen Charaktere Blocher, Couchepin und Merz ausgeschieden sind – und Micheline Calmy-Rey nach anfänglichen Solotänzen das Kollegialprinzip ebenfalls verinnerlicht hat. In der kommenden Legislatur darf man der SVP mit ihren 26,6 Prozent Wähleranteil mit Rücksicht auf die Konkordanz den zweiten Bundesratssitz nicht vorenthalten. Dagegen hat der Freisinn mit 15,1 Prozent Stimmenanteil ganz klar keinen Anspruch auf zwei Bundesratssitze. Einer von zwei FDP-Bundesräten ist auch deshalb verzichtbar, weil die vier freisinnigen Bundesräte der letzten vier Jahre, die früheren und die jetzigen, kaum hervorragende Leistungen gezeigt haben. Ein Siebtel Wähleranteil entspricht rechnerisch rund 14 Prozent; es wäre eine klare Missachtung aller Regeln von Fairness und Konkordanz, der FDP mit ihren 15 Prozent zwei und der SVP mit 26 Prozent nur einen Sitz zu gewähren.

Notwendige Kompromisse

Viele haben eine verständliche Mühe, der SVP einen zweiten Sitz zuzugestehen. Hier müssen Demokraten halt Kompromissbereitschaft zeigen. Man kann nicht ein Viertel der Wählerschaft dauernd demütigen und halbwegs ausgrenzen, auch wenn der Führungsklüngel dieser Partei ständig auf Ausgrenzung der anderen spielt und ganz und gar unschweizerisch den «Riss in der helvetischen Seele» (Thomas Widmer) provozierte. Die Konkordanz erträgt diese Demütigung eines so grossen Wählersegments von einem Viertel nicht länger.

Bislang musste Bundesrätin Eveline Widmer-Schlumpf als SVP-Vertreterin gelten, sie wurde als solche in die Regierung gewählt. Heute, nach den Wahlen, ist sie eine Vertreterin der BDP. Diese Jungpartei mit 5,4 Prozent hat allein ganz klar keinen Anspruch auf einen Bundesratssitz, obschon wir mit Widmer-Schlumpf erstmals seit langer Zeit eine dossiersichere bürgerliche Finanzministerin haben, die nicht stets nach der Pfeife der Bankenoligarchie tanzt. Und noch etwas: Sie kann Vertrauen in die Regierungstätigkeit aufbauen, was die vier Freisinnigen in der letzten Legislatur nicht geschafft haben.

Doch wenn es gelingt, dass sich CVP, BDP, EVP und allenfalls GLP zu einer Fraktionsgemeinschaft oder einer festen parlamentarischen Mitte-Allianz zusammenraufen, kommt diese Koalition auf 18 bzw. 23 Prozent Wähleranteil. Zwei Sitze für diese immerhin stark gewachsene Mitte-Gruppierung sind gerechtfertigt, sofern sie sich zusammenfindet. Die Verantwortung zur «Rettung» von Widmer-Schlumpf liegt ganz klar bei den Parteileitungen von CVP und BDP.

Die SP hat als zweitgrösste Partei ebenfalls ein Anrecht auf zwei Bundesratssitze, knapper zwar als früher, da sie mit ihren nur noch 18,7 Wählerprozenten bedenklich nahe an den historischen Tiefstpunkt seit Einführung des Proporzes herangekommen ist (seit 1919 hatte sie nur einmal ein Tief von 18,4 Prozent erreicht). Aber sie repräsentiert immerhin das breite rot-grüne Lager mit rund 27 Prozent, in welchem der kleinere Partner, die Grüne Partei, eingebrochen ist.

Was die Konkordanzfähigkeit der Kandidaten anbelangt, darf sich das neue Parlament nicht mehr durch die SVP erpressen lassen. Der autoritäre Führungsklüngel der Partei wird alle ihm nicht passenden SVP-Kandidaten unter Druck setzen, ihnen eine schriftliche Verzichtserklärung aufnötigen und ihnen mit dem Ausschluss drohen. Die SVP hat nach der Blocher-Abwahl in ihren Statuten einen Paragrafen festgeschrieben, der verlangt, dass jedes SVP-Mitglied, das sich ohne offiziellen Vorschlag durch die SVP-Fraktion in den Bundesrat wählen lässt, sofort aus der Partei auszuschliessen sei. Dieser Racheparagraf lehnt sich eng an die langjährige Parteiausschlusspraxis der Kommunistischen Partei der Sowjetunion KPdSU an.

Unschweizerischer Zwang

Die andern Parteien dürfen diesen unschweizerischen Zwangsparagrafen nicht akzeptieren; die SVP-Führung muss darauf verzichten. Es geht nicht an, dass ein kleiner Führungsklüngel, der offensichtlich die ganze SVP-Fraktion instrumentalisiert, ein ihr höriges Mitglied als Befehlsempfänger in die Landesregierung abdelegieren kann. Drei Viertel des Parlaments werden durch diesen konkordanzwidrigen Racheparagrafen erpresst. Wahlbehörde ist allein die Bundesversammlung. Und jede Bundesratspartei hatte in ihrer Geschichte schon erleben müssen, wie die verfassungsmässige Wahlversammlung ihren offiziellen Wahlvorschlag nicht befolgte.

Die Wiederherstellung der Konkordanz im Bundesrat mit konkordanzfähigen Kollegiumsmitgliedern wird das Vertrauen im Volk erhöhen und die Regierung gegenüber dem unberechenbarer gewordenen Parlament stärken. Die Frage, ob zwei oder drei Welsche im Bundesrat sitzen, ist nebensächlich. Auch die Politologenforderung nach einer verbindlichen Koalitionsabsprache unter den Parteien vor den Bundesratswahlen ist ein Wunschtraum. Jetzt müssen der Konkordanz zuliebe halt alle in allen Lagern über ihren Schatten springen.

Denn Konkordanz und politische Stabilität sind nicht gratis zu haben.

(Tages-Anzeiger vom 1.11.2011)

Warum lässt man sich die politische Agenda von Herrliberg diktieren?

Jede zweite politische Affäre oder Auseinandersetzung im Staat wird von Christoph Blocher losgetreten. Die politische Agenda der Schweiz wird von Herrliberg diktiert. Die jüngste Affäre mit noch unabsehbaren Folgen war jene um Philipp Hildebrand. Man stelle sich vor, Informationen über Devisengeschäfte von SNB-Präsident Philipp Hildebrand wären vom «Blick» oder von der «Wochenzeitung» in die Welt gesetzt worden. Und anstelle von Christoph Blocher wäre ein Christian Levrat, ein Ueli Leuenberger oder ein Christophe Darbellay zur Bundespräsidentin gegangen: Hätte je ein anderes Medium dies aufgegriffen? Wäre der Datenklau bei der Sarasin-Bank ohne Verbindung zu Christoph Blocher und ohne verdeckte SVP-Operation aufgeflogen – der Devisenkauf des SNB-Präsidenten wäre ohne Mediengetöse viel sachlicher korrigiert und geregelt worden.

Vor dem «Fall Hildebrand» schlug die «Affäre Zuppiger» die Medien in Bann. Noch früher war es ein «Fall Roschacher/Holenweger», der die Medien und die Geschäftsprüfungskommission zu Höchstperformance antrieb. Es gab Aufregung um den SVP-Banker Thomas Matter, der sich «mangels Beweisen» aus der Schlinge ziehen konnte. Und die ökonomisch abstrusen Behauptungen, die Nationalbank betreibe eine «Vernichtung von Volksvermögen» und «Falschmünzerei», hätten kaum Kommentare in seriösen Blättern gefunden, wenn sie nicht aus Blochers Küche gekommen wären. Auch der Forderung, die UBS müsse in eine Holding aufgespalten werden, wurde ungebührlich viel Beachtung geschenkt, bis der Urheber seinen skurrilen Vorschlag selber in aller Stille versenkte.

Immer hiess der Urheber oder die zentrale Figur dieser Affären und der Stürme im helvetischen Wasserglas Christoph Blocher. Wenn er im Spiel ist, schnellt bei den Redaktionen der Blutdruck in die Höhe.

Was ist mit Helvetien los, dass Christoph Blocher so viele Schlagzeilen auszulösen vermag? Man könnte auch fragen: Was ist mit den Medien los, dass sie auf diesen Einen so elektrisiert reagieren? Oder direkter gefragt: Warum lassen Sie sich, geehrte Medienschaffende, derart auf die Palme bringen, wenn Blocher, Köppel oder andere Wasserträger rund um den Herrliberg auftreten? Und was sagen Sie, geehrte Verleger, dazu, dass sich Ihre Medien die Agenda derart diktieren lassen?

Seit vielen Jahren kenne ich Christoph Blocher, mit dem ich beinahe das Alter teile. Wir haben zusammen zwölf Jahre in der Wirtschaftskommission WAK des Nationalrats verbracht. Nach so langer Zeit kennt man sich wie in einer Schulklasse; man weiss, wie der andere funktioniert, und respektiert sich gegenseitig sogar in der Auseinandersetzung und im Streiten. Und man kennt intuitiv auch die Motive des anderen.

Hinter Christoph Blochers verbitterter Opposition und zunehmend verbissener Knorzhirnigkeit versteckt sich eine gewisse Tragik. Er hat in seinem Leben drei grosse Verletzungen erlitten, ohne die sein Verhalten nicht erklärbar ist. Die erste Demütigung geschah im Lichthof der Universität Zürich, mehr symbolisch verstanden, während der 68er Bewegung, von der er sich mit seinem konservativen Weltbild überfahren und verhöhnt fühlte. Deshalb ruft er noch heute nach einer «konservativen Revolution» (bei der ihm allerdings nur wenige folgen). Bereits 1985 wollte er mit seinem ersten Referendum das neue Eherecht, das die Gleichbehandlung von Mann und Frau brachte, zu Fall bringen und die Modernisierung aufhalten. Christoph Blocher ist in seiner politischen Kultur ein tragischer Achtundsechziger, aber einer mit umgekehrtem Vorzeichen.

Die zweite Demütigung erlitt er mit dem Rauswurf aus dem Verwaltungsrat der Schweizerischen Bankgesellschaft (heute UBS) 1992. Dieses Gremium galt damals als die erlauchteste Kurie der freisinnigen Zürcher Wirtschaftscrème. Die schnöde Hinauskomplimentierung wegen seines EWR-Neins war für Blocher eine Ausgrenzung aus dem etablierten Bürgertum. Denn er wollte als arrivierter Unternehmer dazugehören. Er zahlte seine Schmach den Freisinnigen und einigen Bankern mit einer langjährigen Verhöhnung und bittern Fehde heim.

Die dritte und tiefste Verletzung war Blochers Abwahl als Bundesrat 2007. Nach dieser Schmach galt Eveline Widmer-Schlumpf ungewollt als seine «Mörderin», denn mit ihrer «verräterischen» Wahlannahme vereitelte sie seine Wiederwahl. Seither wird sie von ihm, von seiner Prätorianergarde und von den Blocher-Medien gnadenlos als «Verräterin» und «Karrieresüchtige» bekämpft. Philipp Hildebrand, der ihr im Hintergrund dank seiner Fachkompetenz und Autorität als SNB-Vizepräsident und später als SNB-Präsident sowohl zur erfolgreichen Rettungsaktion der UBS (2008) als auch zur gelungenen Too-big-to-fail-Vorlage (2011) verhalf, machte sich damit ungewollt ebenfalls zum Feind des Verletzten vom Herrliberg. Hinzu kommt, dass Hildebrand mit seinem Vorprellen für mehr Banken-Eigenmittel den Blocher-Freunden Marcel Ospel, Oswald Grübel und Martin Ebner zu etatistisch war. Und nach Blochers «patriotischem Volksempfinden» operierte Hildebrand ohnehin viel zu internationalistisch und zu EU-freundlich.

Mit seinem tiefen Anti-Etatismus traf und trifft Christoph Blocher durchaus das quasireligiöse Sehnen der Neoliberalen und der Neokonservativen nach weniger Staat. Aber im Tiefsten ist Blocher von seinem narzisstischen Groll gesteuert: Je öfter er verliert, desto gehässiger wird er. Das war schon immer so. Darum musste er als 70-Jähriger auch nach Bern zurückkehren, um es «denen» nochmals zu zeigen. Manche werden mit dem Alter gelassener, andere gehässiger oder böser. Blocher gehört zur zweiten Kategorie. Und mit seiner Kampferfahrung führt er jede Kampagne intelligenter als seine Gegner.

Dem tragisch Verletzten ist es recht, wenn es nach ihm keinen zweiten SVP-Bundesrat gibt, ausser er sei sein ergebener Wasserträger. Deswegen konnte er weder Hannes Germann noch Hansjörg Walter anerkennen. Und darum gab er sogar Bruno Zuppiger zum Abschuss durch die Weltwoche frei, nachdem er zuvor dessen Nomination durch die SVP-Fraktion nicht mehr hatte verhindern können (die Nomination geschah zu einem Zeitpunkt, als er um die Zeitbombe der Erbschaftsaffäre bereits wissen musste).

Es gibt keinen Wirtschaftsführer in der Schweiz, der die traditionellen guten Regeln des geschäftlichen Anstands derart verschoben hat wie Christoph Blocher: Bereits sein zwielichtiger Erwerb der EMS-Chemie von der Besitzerfamilie (beschrieben in der Blocher-Biografie von Christoph Schilling) war gegen alle geschäftlichen Sitten. Spekulativ auch seine Rolle als Verwaltungsrat von Ebners Pharma-Vision, aus der er rechtzeitig vor dem Kollaps wieder ausstieg. Fast schon als Heuschrecke wirkte er mit bei der Verschacherung des Alusuisse-Konzerns. Die verdeckten Finanzierungs- und Übernahmeoperationen bei der Basler Zeitung und intermediär wohl auch der Weltwoche suchen Ihresgleichen in der schweizerischen Wirtschaftsgeschichte.

Hinzu kommt die offensichtliche Strategie, die Institutionen unseres Landes zu destabilisieren: Zielscheiben waren das Bundesgericht, der Bundesanwalt, die Nationalbank. Es mutet wie eine Ironie der Geschichte an, dass Blocher sich als moralischer Saubermann gegen Hildebrand aufspielt und der Nationalbank mehr Transparenz verordnet, obschon kein Zeitungserwerb derart klandestin erfolgt ist wie jener der «Weltwoche» und der «Basler Zeitung» mit seiner Beteiligung.

Wenn jemand oder etwas seinen Positionen oder Intentionen widerspricht, wird ein Brand gelegt. Darauf blasen die Medien ins Feuer. Dieses Vorgehen wird auch von den Blocher'schen Medien, konkret von der Weltwoche und etwas gesitteter von der Basler Zeitung, ausgiebig und repetitiv geübt. Und rund um Blocher wirkt eine ganze Prätorianergarde von SVP-Nationalräten und Redaktoren als Abwehr- oder Angriffstruppe.

Nach monatelangen gehässigen Angriffen Christoph Blochers und der Weltwoche gegen die Nationalbank wegen «Falschmünzerei» und «Verscherbelung von Volksvermögen» versuchte ich, Weltwoche-Chefredaktor Roger Köppel unter Aufbietung aller meiner wirtschaftspädagogischen Register (die manchmal in Schulmeisterei ausarten) zu überzeugen, die Vorwürfe gegen die SNB seien fachlich unhaltbar. Köppel widersprach nicht, offenbarte mir zu meinem Erstaunen aber sein wahres Motiv: Immerhin hätten alle andern auf die Vorwürfe der Weltwoche eingehen müssen.

Tatsächlich sind im Sommer 2011 ehemalige SNB-Direktoriumsmitglieder, Wirtschaftsprofessoren, Wirtschaftsjournalisten auf die abstrusen Vorwürfe eingegangen und haben der Weltwoche zu einer Themenführerschaft verholfen. Die Attacken gegen die SNB wurden erst eingestellt, als eine hochrangige Industriellenrunde am 2. August 2011 von Johann Schneider-Ammann zu einem vertraulichen «Franken-Rütli» einberufen worden war, um für die SNB Flankenschutz zu organisieren und Christoph Blocher unter den Arm zu nehmen. Diese bundesrätliche Aktion war vorübergehend erfolgreich: Blocher, Köppel und das SVP-Generalsekretariat machten simultan eine Kehrtwende zugunsten der Geldpolitik der Nationalbank. Zur gleichen Stunde und unisono benannten sie die neue Wechselkursstrategie der SNB mit einem populistischen Dreh als einen «Krieg gegen den Euro». Das will also der SVP-Kampagne-Journalismus: Beachtet werden! Ernst genommen werden! «Leg dich quer, so bist du wer!» Auch wenn die Kampagne ins Abseits führt, man wird ernst genommen und erreicht den Zweck: das Vertrauen in die staatlichen Institutionen zu erschüttern und dem politischen Gegner die Agenda zu diktieren.

Christoph Blocher ist nach seinem Comeback in den Nationalrat noch einer von zweihundert. Er ist von der jüngern Hälfte der eignen Fraktion verlassen. Doch er wird mit seinen Machtgelüsten umso mehr von sich reden machen, er wird unter Ausmanövrierung seines jungen, intellektuell schmalbrüstigen Parteipräsidenten das Szepter ständig an sich reissen, hochgespielte Skandale inszenieren und dem Medientross die Agenda aufzwingen. Er wird in dieser Legislatur noch manches Mal Bundesbern und die schlagzeilensüchtigen Medienleute mit Skandalen füttern und alles versengen, was um die «Mörderin» Eveline Widmer-Schlumpf herum brennbar ist.

Es wäre verfehlt, jetzt einfach die Forderung abzuleiten, ab sofort Christoph Blocher und die von ihm gesponserten Medien totzuschweigen. Denn ihre Stärke ist eben auch die Schwäche der anderen. Zu lange haben diese etwa die Ausländerproblematik, die Folgen der Personenfreizügigkeit, die Fehlentwicklungen bei der Sozialhilfe publizistisch verdrängt. Die SVP hat diese Leerstellen stets als Erste besetzt. Sie hat die Themenführerschaft wegen der Unterlassungen der anderen. An diesen anderen – an uns allen – ist es, die wirklichen Probleme und Missstände kühl und nüchtern zum Thema zu machen. Dann würden die Versuche, von Herrliberg aus die politische Agenda der Schweiz zu bestimmen, im Sande der Normalität verlaufen.

(Auf Anregung der NZZ im Januar 2012 verfasst, von dieser dann aber doch nicht publiziert)

Parteifarbe statt Kompetenz

Erstaunlich, wie wenig diese personelle Weichenstellung im schweizerischen Bildungswesen kommentiert worden ist, nachdem der Bundesrat den Tessiner Mauro Dell'Ambrogio letzte Woche zum Staatssekretär für Bildung, Forschung und Innovation ernannt hatte. Einzig der Schweizerische Gewerbeverband, der wichtigste Berufsbildungsträger im Lande, zeigte sich konsterniert über diesen «mehr als fragwürdigen Entscheid». Und die «Neue Zürcher Zeitung» stellte behutsam die Frage nach der Eignung des Ernannten für diese hochwichtige Bundesstelle: «In seiner bisherigen Tätigkeit als Staatssekretär ist er jedenfalls nicht durch Innovationskraft aufgefallen. Mehr Gestaltungswillen wird er aber als neuer Bildungs-Chefbeamter zeigen müssen», kommentierte die NZZ.

Im Tessin frohlockte man über diesen hohen Bundesposten für einen Tessiner. Doch für Kenner der schweizerischen Bildungslandschaft ist dies die Worst-Case-Wahl. Denn aus der Sicht der Berufsbildung, der Weiterbildung und der Bundeskoordination des Ausbildungswesens ist sie ganz klar eine Weichenstellung in Richtung Akademisierung und Lateinisierung der schweizerischen Bildungslandschaft, auch wenn der Gewählte seit letztem Mittwoch plötzlich auffallend häufig von Berufsbildung spricht.

Ein Wanderpreis

Dell'Ambrogio hat im Tessin und in Bundesbern die Berufsbildung stets als zweitrangig behandelt. Er fiel als vehementer Kämpfer gegen eine Bundesgesetzgebung für die Weiterbildung auf. Hätte das Bundesamt für Berufsbildung und Technologie (BBT) dieses Gesetzesprojekt mithilfe von Bundesrätin

Doris Leuthard nicht an sich gezogen, läge es heute noch in Dell'Ambrogios Schublade.

Es gibt kaum jemand in der schweizerischen Bildungslandschaft, der dem Juristen Dell'Ambrogio eine hohe Führungskompetenz in der Bildungspolitik zugestanden hat, weder unter den kantonalen Bildungs- und Erziehungsdirektoren noch in der KMU-Landschaft noch in der Bildungs- und Weiterbildungsszene. Die Universitäten, die sich vom Staat unter dem Siegel der «Hochschulautonomie» nicht dreinreden, sondern bloss finanzieren lassen wollen, haben jedoch die Wahl Dell'Ambrogios begrüsst.

Wer ist Mauro Dell'Ambrogio? Im Tessin kennen ihn alle. Er wird dort selbst von Freunden als «ultraliberal» etikettiert, als Mann vom «rechten Parteiflügel der FDP», der sich in der italienischen Schweiz für den Aufbau einer eigenen akademischen Hochschule stark gemacht hatte. In seiner Berufskarriere hatte der liberale Jurist kaum eine jener Staatspfründen ausgelassen, die der Kanton Tessin für Abkömmlinge alter Politikerdynastien anzubieten hat: Nacheinander war er Richter, Polizeikommandant im Kanton, Departements-Generalsekretär, Spitalverwaltungsdirektor, Fachhochschuldirektor, freisinniger Grossrat und Fraktionspräsident, dem dann der Sprung in die Tessiner Kantonsregierung allerdings parteiintern verwehrt wurde. Darauf wurde er von Pascal Couchepin, der in seinen Bundesämtern freisinnige Parteifreunde einzusetzen pflegte, nach Bern geholt. Jetzt erhält er die Führung des Super-Staatssekretariats in Bern quasi als Wanderpreis dafür, dass man ihn immer herumgereicht hat.

Anlass zur Staatssekretärenwahl ist die Fusion der beiden Ämter, nämlich des Staatssekretariats für Bildung und Forschung SBF, das die Universitäten betreut und finanziert, und des Bundesamts für Berufsbildung und Technologie BBT. Dieser Zusammenschluss ist nicht bloss ein organisatorischer Schritt, es ist vielmehr der zweifelhafte Versuch einer Verschmelzung zweier unterschiedlicher Bildungskulturen mit unterschiedlicher Tradition: Da ist einerseits die immer arbeitsmarktfernere Universitätskultur, die sich stärker nach dem europäischen Bologna-System orientiert und sich in die Richtung der akademischen Massenproduktion europäischer Hochschulen bewegt. Und da ist auf der anderen Seite die helvetisch gewachsene Berufsbildungskultur, die auch die praktische Intelligenz der jungen Menschen fördert und sich mit einer Kombination von Fachwissen, Praxis und Transferkompetenzen auf die Berufsqualifikation und höhere Berufsbildung ausrichtet. Diese Fusion der zwei Bildungskulturen, von der viele Fachleute abgeraten haben, wird jahrelange Energieverluste fordern, die Bildungspolitik des Bundes lahmlegen und das ganze Bildungssystem dem Akademisierungstrend unterwerfen.

Der Entscheid des freisinnigen Wirtschaftsministers Schneider-Ammann für den ehemaligen freisinnigen Politiker Mauro Dell'Ambrogio ist ein Entscheid zweiter Wahl, nachdem der erste Anlauf mit dem fähigen ETH-Vizepräsidenten Roman Boutellier verpatzt worden ist. Man hätte gewiss Verständnis für die Berufung einer aussenstehenden, neuen Führungsperson gehabt. Doch die Präsidentin der Bildungsdirektorenkonferenz, Isabelle Chassot, erhielt von Schneider-Ammann nie eine Anfrage. Schneider-Ammanns Entscheid für Dell'Ambrogio ist mithin auch ein Entscheid gegen die Berufsbildung und gegen BBT-Direktorin Ursula Renold, die sich während Jahren für die Berufslehre starkgemacht und in der Bildungsszene einen kompetenten Ruf genossen hatte. Sie wird das Amt verlassen.

Eine Schicksalsfrage

In den kommenden Jahren wäre auf Bundesebene eine starke Hand in der Bildungslandschaft nötig. Das neue Hochschulförderungs- und Koordinationsgesetz HFKG schafft ein kompliziertes bürokratisches Organisationsmonster und führt zu einer Rekantonalisierung der Fachhochschulen. Der 15-köpfige Hochschulrat wird aus einem Bundesvertreter und 14 kantonalen Regierungsräten zusammengesetzt sein, die naturgemäss und verständlicherweise zuerst immer an ihren Kanton denken. Eine koordinierende Hand des Bundes wäre nötig, um den kantonalen Wirrwarr und die regionalen Sonderinteressen zu zügeln.

Die grösste Baustelle im Berufsbildungsbereich betrifft indes die höhere Berufsbildung. Ihre Aufwertung durch eine bessere Titelanerkennung und Finanzierung wird im Zeichen der Personenfreizügigkeit und des Fachkräftemangels zur Schicksalsfrage für die Zukunft unseres Berufsbildungssystems. Auch hier wäre eine kompetente, praxisorientierte Führung des Bundes nötig. Gerade Bundesrat Johann Schneider-Ammann hätte es nötig gehabt, zur Kompensation seiner Defizite eine kompetente und allseits akzeptierte Führungsperson für die Integration der beiden Bildungskulturen und die zukünftige Bildungspolitik einzusetzen. Doch einmal mehr galt Parteicouleur mehr als Fachkompetenz. Diese parteipolitische Klientelwirtschaft muss ein Ende haben.

(Tages-Anzeiger vom 29.5.2012)

Konjunktur- und Wettbewerbspolitik

Die Sonntags-Liberalen

Nach Lehrbuch ist der Wettbewerb auf den Märkten die beste Sache der Welt. Am Sonntag predigen ihn alle, von Montag bis Samstag versuchen alle, den Wettbewerb auszuschalten. Als Einziger den Markt zu beherrschen, ist angenehmer, als der harten Konkurrenz standzuhalten. So ist der Sonntags-Liberalismus.

economiesuisse als Dachverband der grossen Unternehmen predigt wie niemand sonst das Hohe Lied des Wettbewerbs, etwa wenn es um öffentliche Unternehmen wie Bahn, Post oder Swisscom geht. Doch in der realen Wirtschaftspolitik war und ist economiesuisse der kräftigste und nachhaltigste Wettbewerbsverhinderer.

- Parallelimporte: economiesuisse bekämpfte bis zur Schlussabstimmung im Parlament im Dezember 2008 die Zulassung von Parallelimporten, weil Big Pharma den Importwettbewerb scheut.
- Bankenwettbewerb: economiesuisse bekämpft mit der Schweizerischen Bankiervereinigung die Zulassung von Postfinance als Postbank, obschon die Inanspruchnahme von Betriebskrediten bei einer schweizerischen Postbank für 100 000 KMU wettbewerblich vorteilhaft wäre. (Der Schweizerische Gewerbeverband spricht sich konsequenterweise heute für eine Postbank aus.)

- Cassis de Dijon: economiesuisse akzeptiert heute die Vorlage, doch bei der verwaltungsinternen Vorbereitung, die sage und schreibe vier Jahre gedauert hat, verlangte der Interessenverband viele Auflagen (z. B. in Sachen Inländerdiskriminierung), die nur das Ziel hatten, die Vorlage zu bremsen. Hätte sie der Bundesrat alle eingeführt, wäre das ganze Projekt gescheitert.
- Kartellgesetz: Bei der Totalrevision des Kartellgesetzes (KG) bekämpfte der Vorort bereits 1995 das ganze Fusionsrecht. Bei der Verschärfung des KG sprach sich economiesuisse im Vernehmlassungsverfahren 1999 gegen Sanktionen, gegen Bussen und sogar gegen die Kronzeugenregelung aus, die inzwischen zum wichtigsten Verfahrensinstrument gegen Kartellsünder geworden ist. Der Schreibende war bei diesen Revisionen dabei.
- Vertikalbindungen: Den konsumentenfeindlichsten Anschlag gegen den Wettbewerb hat economiesuisse im März lanciert, indem sie neu die Vertikalbindungen zulassen und den zentralen Artikel 5.4 aus dem Kartellgesetz entfernen will. Diese Regelung des Parlaments gegen Vertikalabsprachen war bei der letzten Kartellgesetzrevision 2003 der Schicksalsartikel.
  Die Vertikalbindung als häufigste Form der Wettbewerbsbehinderung funktioniert so: Ein Konzern liefert nur über einen bestimmten Alleinimporteur oder Alleinvertreiber an den Detailhandel. Letzterer kann so die Ware nicht über einen billigeren Bezugskanal beschaffen.
  Vertikale Preis- und Lieferbindungen sind nicht die Ausnahme, sondern bei Markenartikeln und Konzernprodukten die Regel. Die standardisierte Nivea-Handcreme (200 Gramm) kostet in der Schweiz bei Lidl 2.63 Franken, bei Denner 3.95 Fr. und bei Migros und Coop 5.40 resp. 5.20 Fr. Während die deutsche Firma Lidl die Nivea-Produkte direkt in Deutschland viel günstiger beziehen kann, sind die Schweizer Anbieter Denner, Migros und Coop auf den Alleinvertreiber Beiersdorf Schweiz angewiesen. Diese Verteuerung auf Detailhandelsstufe beträgt ohne Berücksichtigung der Mehrwertsteuerdifferenzen 50 bis 105 Prozent.

Nun will economiesuisse die gesetzliche Regelung gegen solche Vertikalbindungen aus dem Kartellgesetz entfernen – bevor die entscheidungsschwache Wettbewerbskommission (Weko) überhaupt einen Leitentscheid zu diesem zentralen Artikel gefällt hat. Mit Professorengutachten werden neuerdings Vertikalbindungen gerechtfertigt. Man nennt diesen Interessenansatz in der Wettbewerbsdebatte euphemistisch «more economic approach» und verschleiert damit die

Konzerninteressen. Auch bei diesem Professorengutachten gilt: jedem Interesse sein Professor.

Die laufende Kartellgesetz-Evaluation steht unter einem schlechten Stern. Von manchen Interessenkreisen wird das heutige Gesetz infrage gestellt. Im Ständerat brachte der Zuger FDP-Politiker Rolf Schweiger bereits eine Motion gegen den Willen des Bundesrats durch, mit der Konzerne ein neues Schlupfloch bei Sanktionen von Wettbewerbsverstössen erhalten sollen. Diese Regelung soll als schweizerische «Lex Schindler» den Grossunternehmen in Zukunft saftige Bussen ersparen, wie sie der Schindler-Konzern wegen Wettbewerbsverstössen derzeit im EU-Raum zahlen muss. Nun ist Ständerat Schweiger dieses Frühjahr Verwaltungsrat bei der Schindler-Holding geworden. Da wird immer noch die alte Schule praktiziert, wie sie vor 80 Jahren ein berühmter deutscher Industrieller empfohlen hatte: «Politiker ist man nicht – Politiker hält man sich». Eigentlich dachten wir, diese Zeiten seien vorbei.

(Tages-Anzeiger vom 8.4.2009)

Fenaco, die Bauernfängerin

Wenn man die Leute auf der Strasse fragt, was «Fenaco» heisse, weiss fast niemand etwas über diesen Namen. Dabei ist die Fenaco einer der dominierendsten und politisierendsten Konglomeratskonzerne der Schweiz. Sie hat die stets bedauerte Branche, nämlich die Landwirtschaft, fest im Griff. Im Hintergrund zieht sie die politischen Fäden, wenns um Marktabschottung, Hochpreispolitik und Verhinderung der Marktöffnung geht. Darum drängt sich ein wenig Aufklärung über das Agrobusiness auf.

Beim Publikum am ehesten bekannt sind die Fenaco-Töchter im Detailhandel: Landi, Volg, die Weinfirma Divino und die Agrola-Tankstellen. Es gehören noch weitere 27 Firmen zum mächtigen Mischkonzern, der letztes Jahr fast sechs Milliarden Franken Umsatz erzielt hat. Fenaco umfasst heute neun Agrarhandelsfirmen für Zulieferungen an die Landwirtschaft, unter anderem solche für Landtechnik, die grössten Futtermühlen des Landes und den Anlagebau, im

Weiteren acht Firmen für den Grosshandel mit einzelnen Agrarprodukten, vier Detailhandelsfirmen, zwei Brenn- und Treibstofflieferanten und fünf weitere Firmen, darunter eine eigene Werbeagentur. Das Firmenkonglomerat hat mit seinen Tentakeln nach und nach die der Landwirtschaft vor- und nachgelagerten Branchen in Besitz genommen und einverleibt. Der einzelne Landwirt hat in diesem geschlossenen Markt ohne grosse Einbussen keine Ausweichmöglichkeit. Er ist auf Gedeih und Verderb gefangener Kunde und Lieferant dieses Agro-Konzerns.

Der Chef der Fenaco sagt zwar bescheiden, er hätte «vierzigtausend Chefs», und meint damit die Landwirte, die über die Landi-Genossenschaften indirekt in die Trägerschaft des Konglomeratskonzerns eingebunden sind. Wenn man allerdings die Marktanteile aufgrund einer Weko-Untersuchung anschaut, dann sieht man die wahre Marktbeherrschung: Bei den Zulieferungen an die Landwirtschaft beherrscht die Fenaco zum Beispiel 50 bis 60 Prozent der Saatkartoffellieferungen, 70 bis 80 Prozent des Düngergrosshandels, 50 bis 60 Prozent der Pflanzenschutzmittel. Wenn Verkäufer von Agrochemikalien, etwa von Syngenta oder Bayer, im Winter zur Bestellungsaufnahme die Bauern besuchen, werden die Pflanzenschutzmittel nicht etwa direkt auf die günstigste Art an den Hof geliefert, sondern der Landwirt muss diese bei der örtlichen Landi abholen gehen. Auch das verhilft dem Konzern zur marktbeherrschenden Stellung.

Auch im nachgelagerten Bereich ist die Fenaco zur dominanten Abnehmerin der Bauern geworden: 50 Prozent Marktanteil bei Speisekartoffeln und beim Getreide, 65 Prozent bei den Ölsaaten, ein Drittel bei Obst und Gemüse und ein Viertel aller Schweine. Wer an den Fenaco-Konzern beziehungsweise die Landi liefern will, muss in der Regel die benötigten Zulieferungen und Hilfsmittel auch dort beziehen. Man spricht im landwirtschaftlichen Jargon von «Gegengeschäften». Die Bezugspflicht ist, weil Knebelverträge das Kartellrecht verletzen, nirgends schriftlich festgehalten, aber «man kennt sich im Dorf», «man erwartet diese Solidarität», wie es auch heute noch in bäuerlichen Kreisen hinter vorgehaltener Hand heisst. Wer bei einem Aussenseiter und Parallelimporteur Hilfsstoffe günstiger bezogen hat, weist bald den Makel eines Dorfaussenseiters auf.

Die Weko schaut einfach zu

Dieser Kaufhunger der Fenaco nach andern Firmen ist, das sei nebenbei bemerkt, von der durchsetzungsschwachen Weko nicht gebremst worden. In einem unverständlichen Verfahren hat sie der Fenaco sogar erlaubt, mit der Übernahme des grossen Kartoffelspezialisten Steffen-Ris ein in der Schweiz absolut dominierendes Kartoffelkönigreich mit Saat- und Speisekartoffeln, aber auch mit Pommes frites für die Gastwirtschaft zu werden. Nicht verwunderlich, dass unsere Gastronomie und die Konsumenten die teuersten Kartoffeln und Pommes frites Europas beziehen, obschon der Schweizer Bauer für seine Kartoffelernte nur gerade 40 Rappen pro Kilo oder weniger erhält. Das Agrobusiness profitiert dank der heutigen Zollstruktur im Windschatten des bäuerlichen Schutzes.

Obschon sich die Fenaco bauernfreundlich und protektionistisch gibt, ist sie in aller Stille eine der grössten Importeure von Wein, aber auch von Fleischwaren geworden. In den Landi-Läden kosten Shiraz-Weine, Cabernet, Chardonnay und Merlot weniger als fünf Franken die Flasche. Und woher stammen sie? Aus Argentinien, Chile, Australien und Südafrika! Diese Doppelbödigkeit setzt sie auch im politischen Verhalten fort. Die Fenaco ist nämlich treibende und finanzierende Kraft gegen jede Marktöffnung im Agrarbereich, gegen jeden Agrarfreihandel mit den EU-Staaten oder im Rahmen der WTO. Wenn es dereinst zu einer Agrarmarktöffnung mit der EU kommt, würde nicht nur der Import von EU-Agrarerzeugnissen erleichtert, sondern auch jener von landwirtschaftlichen Zulieferprodukten. Die Fenaco hätte somit neue Konkurrenz von ausländischen Lieferanten in Kauf zu nehmen. Heute kann sie dank Protektionismus die Landwirte im Vergleich zum benachbarten Ausland viel teurer mit Hilfsstoffen, Dünger und Saatgut beliefern.

Im Verwaltungsrat der Fenaco finden wir eine Reihe von aktiven SVP-Politikern: Nationalrat Caspar Baader, Präsident der SVP-Fraktion, oder Nationalrat Guy Parmelin von der SVP Waadt. Sie gebärden sich besonders aggressiv protektionistisch. Auch Ueli Maurer war als Nationalrat jahrelang im Fenaco-Leitungsgremium.

Wir haben es mit einer neuartigen politökonomischen Achse der Protektionisten zu tun. Sie reicht politisch von der SVP bis zu den Grünen, die sich zunehmend isolationistisch gebärden. Und im Hintergrund orchestriert der reiche Fenaco-Konzern mit seinen handfesten Interessen die Marktabschottungspolitik. Noch diese Woche will diese unheilige Allianz der Protektionisten eine neue politische Kampagnen-Organisation ins Leben rufen, welche die Marktöffnung bekämpfen soll. Zum Schaden der Konsumenten, der Gastronomie und der innovativen Bauern. *(Tages-Anzeiger vom 20.10.2009)*

Ideen und Schnapsideen

Jede Krise bringt ihre Heilsbringer hervor. Das erleben wir auch in der jetzigen Rezession. Seit jeher pflegen Ökonomen die Krankheit in der Wirtschaft so zu definieren, dass ihre Heilmittel, die sie schon immer wollten, auch zutreffen. Da ist viel Weltanschauung im Spiel.

Schauen wir uns die Ideen gegen die Rezession an, die mit Blick auf die Sondersession vorgeschlagen werden: Die SVP will fünf Milliarden aus dem Bundesüberschuss direkt an die Bevölkerung verteilen. Macht 500 Franken pro Person. Die Freisinnigen wollen stereotyp und reflexartig die Steuern senken. Die SP stellte im Dezember ihr ganzes Parteiprogramm als Konjunkturmassnahme vor: Fördermassnahmen, nach allen Azimuten gestreut, vom öffentlichen Verkehr über Gebäudesanierungen bis zum Lawinenschutz, von den Telekomnetzen über Prämienvergünstigungen für Familien bis hin zu Weiterbildungsgutscheinen.

Der Bundesrat, der erst nach mehrmonatigem Zeitverzug gemerkt hat, dass eine Rezession bevorsteht, hat noch nichts beschlossen, das den Namen Konjunkturprogramm verdient, will aber weiterhin «auf der Hut bleiben». Er hat die Ausschüttung der Arbeitsbeschaffungsreserven aus früheren Jahren angeordnet. Von den geplanten Bauvorhaben hat er bis anhin nur homöopathische Dosen vorgezogen.

Was sollen antizyklische Massnahmen gegen die Rezession bewirken? Umverteilung? Mehr Ökologie? Den Konsum ankurbeln, der ohnehin noch gut läuft? Ich meine, bei der Konjunkturankurbelung geht es nur um ein Ziel: um die Bekämpfung von Arbeitslosigkeit. So steht es auch in Artikel 100, dem wichtigsten Wirtschaftsartikel unserer Bundesverfassung. Nur der Staat kann in einer Rezession die Beschäftigung mit antizyklischen Massnahmen stützen.

Doch nicht jede Million des Staats schafft gleich viel Arbeitsplätze. Ein gezielter Investitionsanreiz ist in einer offenen Volkswirtschaft um ein Mehrfaches beschäftigungswirksamer als eine blosse Mittelverteilung an die Bevölkerung durch Steuersenkungen oder Einkommensstützen. Von den Haushaltausgaben der Schweizer fliessen, wenn man die von der Konjunktur unabhängigen Mietausgaben und Krankenkassenprämien abzieht, über 70 Prozent über die

Importe ins Ausland. Oder sie werden gespart. Wer also die Kaufkraft im Inland stützt, fördert primär Arbeitsplätze im Ausland.

Eine neue Erhebung der Credit Suisse zeigt: Wenn die Realeinkommen um ein Prozent steigen, nimmt der private Konsum nur um etwa 0,2 Prozent zu. Der Haushaltkonsum ist mit 60 Prozent Anteil am Bruttoinlandprodukt zwar die wichtigste Nachfragestütze, aber er ist über Steuersenkungen und Umverteilung in der Schweiz nur schwach inlandwirksam. (In grossen Ländern wie den USA ist dies anders.) Deshalb sind Steuersenkungs- und Geldverteilungsvorschläge in der heutigen konjunkturellen Situation Schnapsideen.

Investitionen oder Investitionsanreize des Staats haben demgegenüber einen Multiplikatoreffekt und eine vielfach grössere Beschäftigungswirkung. Investitionen lösen Zulieferungen aus und diese wiederum Beschäftigung. Angenommen, der Bund stellt eine Milliarde Franken als Investitionsanreiz bereit und zahle à fonds perdu 25 Prozent an die Kosten der energetischen Sanierung von Heizungsanlagen, so löst er damit vier Milliarden an Investitionen aus. Diese Investitionen wiederum haben eine Multiplikatorwirkung (von schätzungsweise 1,6 bis 2,0) durch Beschäftigung in der Haustechnikbranche und durch Zulieferungen von Heizungsanlagen, Regelungselektronik und Wärmekraftkopplungstechnik aus der schweizerischen Maschinen-, Elektro-, Elektronik- und Metallindustrie. Die Staatsmilliarde kann also 6,4 bis 8 Milliarden auslösen. Die vom Exporteinbruch stark betroffene Branche hätte teilweise einen Ersatz für verlorene Aufträge.

Aufgrund makroökonomischer Modelle kann man folgende Faustregel anwenden: Von einer zusätzlichen Milliarde Franken für den Konsum bleiben nur etwa 300 Millionen an Wertschöpfung im Inland. Eine zusätzliche Milliarde für Investitionen löst dagegen 1,6 bis 2 Milliarden an inländischer Wertschöpfung aus. Investitionen oder direkte Investitionsanreize des Staats sind also ein Mehrfaches beschäftigungswirksamer als staatliche Einkommenstransfers an die Haushalte. Warum zirkulieren trotzdem so viele Schnapsideen im Kampf gegen die Rezession? Die Forderungen nach Steuergeschenken sind entweder ideologisch bedingt, oder es steckt ein Mangel an ökonomischen Grundkenntnissen dahinter. Oder beides.

Das favorisierte Szenario zur Stützung der Beschäftigung hat einen Haken: Es darf nicht zu spät kommen, und seine Wirkung darf nicht in den Aufschwung fallen. Das ist eine Frage der Früherkennung, der rechtzeitigen Vorbereitung und der politischen Führung! Jetzt warnen uns die Schönwetterökonomen des Staatssekretariats für Wirtschaft (Seco) wieder vor dem Zu-spät-wirksam-Werden und den Mitnahmeeffekten solcher Investitionsprogramme. Anders als die Ökonomen der ETH-Konjunkturforschungsstelle KOF haben die Seco-Leute in der Vergangenheit mit ihren Prognosen jede konjunkturelle Trendwende zu spät bemerkt und jüngst auch ihre Departementschefin Doris Leuthard in einen Argumentationsnotstand gebracht. Dabei wäre gerade das Seco dafür zuständig, dass früh genug abrufbare, intelligente Investitionsprogramme vorbereitet werden. *(Tages-Anzeiger vom 8.4.2009)*

Warum die Postliberalisierung höhere Tarife bringt

Wenn Sie jemandem einen schlechten Streich spielen wollen, schicken Sie ihm das nächste Paket mit einem privaten Postdienstleister anstatt mit der Post, etwa mit DHL, UPS, DPD oder TNT. Sie werden Ihren Freund, wenn er das Paket nicht gerade zu Hause in Empfang nehmen kann, zwingen, die Sendung womöglich in der nächsten Stadt, an einem Bahnhof, bei einer Apotheke oder Autobahnraststätte selber abzuholen. Solcher Serviceverlust ist die unerfreuliche Seite der bisherigen Postpaketliberalisierung.

Auch die Paket-Schaltertarife für Einzelkunden haben mit der bisherigen Postliberalisierung zugenommen. Einzig die grossen Versandhäuser konnten für ihre schweren Versandkataloge und für die Warenversandpakete viel günstigere Pakettaxen erwirken, wenn sie diese vorsortiert und per Lieferwagen direkt zum Postversand bringen.

Keine Innovation in Sicht

Nun steht im Juni im Parlament eine weitergehende Postliberalisierung zur Debatte: Es wird darüber entschieden, ob das bisherige Briefmonopol der Post ganz aufgehoben wird und alle privaten Postdienstleistungsfirmen auch Briefe versenden dürfen. Ich hatte als Preisüberwacher lange über Unterlagen zur Kostenkalkulation der Post gebrütet, und ich sage voraus: Diese weitere Liberalisierung und Marktöffnung im Briefverkehr wird dem Publikum teurere Brieftaxen bescheren. Das hat nichts mit Marktfeindlichkeit zu tun, sondern basiert schlicht und einfach auf neutraler, betriebswirtschaftlicher Kostenkalkulation. Ich hoffe, auch die nicht in Kostenrechnung ausgebildeten Leserinnen und Leser können den folgenden betriebswirtschaftlichen Überlegungen folgen.

Der Briefverkehr ist ein schrumpfender Markt. Immer mehr Sendungen gehen über Internet oder Mobilnetz. Und wenn einmal die elektronische Unterschrift verbreitet sein wird, wird der Briefversand noch mehr schrumpfen. Brieftransporte von A nach B sind längst eine ausgereifte Technologie. Man kann zwar die Prozesse mit Kapitalinvestitionen automatisieren und beschleunigen, aber das Dienstleistungsprodukt bleibt dasselbe. Ganz anders im Telecom-Verkehr, der alle paar Jahre neue Produkte (SMS, MMS, News-Downloads) und um eine Zehnerpotenz höhere Datentransfers ermöglicht und deshalb in einem liberalisierten Markt ständig Innovationen hervorbringt.

Die Schweizerische Post hat in den letzten Jahren für die Rationalisierung der Betriebsabläufe im Briefverkehr, namentlich für die hochmodernen Briefverteilzentren in Härkingen, Mülligen und Eclépens, 1300 Millionen Franken investiert. Wenn der Briefmarkt aufgespalten wird, heisst dies: weniger Stückzahlen für die Post, damit höhere Stückkosten pro Brief und letztlich höhere Tarife. In einem schrumpfenden Markt mit enormen Kosten wirkt der Wettbewerb nicht kostensenkend, sondern preistreibend!

Die Privatanbieter im Postverkehr (DHL, UPS, DPD, TNT) müssten bei der Briefpostliberalisierung ebenfalls eine eigene kapitalintensive Verteilinfrastruktur aufbauen. Das hiesse, noch mehr Kapital-Stückkosten pro Brief, und dies in einem schrumpfenden Briefmarkt.

Unsinnig, absurd

Vor diesem Hintergrund fordern die privaten Postanbieter nun auch den Zugang zu den vorhandenen Verteilzentren der Post, ja sogar eine Mitbenützung der Poststellen und Briefkästen. Spätestens hier wird die Liberalisierung unsinnig. Es bräuchte einen neuen staatlichen Regulator, der die Kostenverrechnung regelt und überwacht. Das ist etwa gleich absurd, wie wenn Aldi vom Staat verlangen würde, er solle ihm für die Aldi-Produkte bei Migros und Coop die Benützung einiger Verkaufsregale und einiger Logistikfahrzeuge gesetzlich sicherstellen.

Mit einer unvoreingenommenen Kalkulation müsste man prüfen, ob es volkswirtschaftlich Sinn macht, dass gleichzeitig Postpac-Lastwagen und DHL-,

UPS-, DPD- und TNT-Lieferwagen in der gleichen Gegend täglich halb leer Pakete und Briefe herumkarren.

Kein Wettbewerb möglich

Freilich wird es, technologisch bedingt, im Postnetz einen weiteren Strukturwandel geben. In einem schrumpfenden Markt lässt sich nicht mehr in jeder Ortschaft eine Poststelle aufrechterhalten. Auch Postagenturen in einer Bäckerei oder einer Bankfiliale tun ihren Dienst zufriedenstellend. Und in zwanzig Jahren wird es wohl nicht mehr täglich eine Briefaustragung zu den Haushalten benötigen, der schnelle Internetverkehr wird ihr den Rang ablaufen. Diesen technologischen Trends können sich die Strukturerhalter nicht verschliessen.

Liberalisierung und Wettbewerb erhöhen Effizienz und Nutzen. Und vor allem fördern sie die Innovation und steigern die Produktivität. Doch in Märkten, in denen natürliche oder technische Monopole erforderlich sind, bei Netzen etwa, ist echter Wettbewerb gar nicht möglich, und Liberalisierung bringt meist höhere Preise: beim Elektrizitätsnetz (wie wir jetzt erfahren), beim Schienennetz, beim Postnetz oder auch bei den Neuinvestitionen in Glasfasernetze. In solchen Märkten braucht es nicht Wettbewerb, sondern eine starke, unabhängige Instanz zur Preisregulierung, die die Bürger vor Monopolrenten und hohen Preisen und Gebühren schützt. Die Marktdoktrin der 90er-Jahre, die alles privatisieren und wettbewerblich gestalten wollte, war dogmatisch und ideologisch. Heute ist man aus Erfahrung pragmatischer geworden.

Fern von diesen betriebswirtschaftlichen Kostenüberlegungen operiert der Wirtschaftsdachverband economiesuisse, der als Frontreiter verbissen für die vollständige Postliberalisierung kämpft. Ist dies überhaupt im Interesse der Wirtschaft, wenn doch die durchschnittlichen Stückkosten im Briefverkehr durch die Liberalisierung nur steigen? Die gleiche economiesuisse, die für den Wettbewerb im Brief- und Paketverkehr politische Husarenritte vollführt, ist umgekehrt nicht bereit, der Postfinance einen wettbewerbsorientierten Ausbau zu einer konkurrenzfähigen Postbank zuzugestehen. Da ist viel Ideologie und wenig Wirtschaftskompetenz im Spiel. *(Tages-Anzeiger vom 25.5.2010)*

Die Schweizer Wettbewerbspolitik steckt in der Sackgasse

Fast alle Schweizerinnen und Schweizer, Jugendliche inbegriffen, sind Handybenutzer. 60 Prozent von ihnen sind Swisscom-Kunden. Aber nicht nur sie, sondern fast alle sind indirekt vom Streit über eine Megabusse für die Swisscom betroffen, welche die Wettbewerbskommission (Weko) verhängt und das Bundesverwaltungsgericht Anfang des Monats aufgehoben hat, was die Weko nicht akzeptieren will: Sie wird den Entscheid, wie sie gestern bekanntgab, anfechten. Worum geht es da eigentlich? Gestritten wird um die höchste je in der Schweiz verhängte Busse. Das Bundesverwaltungsgericht hat formell eine Busse von 333 Millionen Franken aufgehoben und für nichtig erklärt, welche die Weko der Swisscom für ihren Preismissbrauch im Mobilfunkverkehr auferlegt hatte. Die oberste Wettbewerbsbehörde, welche die Busse selber zu einem Prestigefall hochstilisiert hatte, steht nun da wie ein Polizist, dem vor aller Augen der Bussenzettel-Block samt Schreibwerkzeug entrissen worden ist. Nach diesem Prestigeverlust wird die Weko in der heutigen Zusammensetzung und Funktionsweise von der Wirtschaft und den hungrigen Zürcher Wirtschaftsanwaltskanzleien kaum mehr ernst genommen.

Fragwürdige Geschäftspraktiken

An sich wäre die Millionenbusse für die Swisscom durchaus gerechtfertigt und im Sinne der Wettbewerbsgesetzgebung. Denn die Ex-Monopolistin verlangte von 2002 bis 2007 massiv überhöhte Durchschaltgebühren von 33 Rappen pro Minute im Handyverkehr (Durchschalt- oder Terminierungsgebühren werden vom einen Telecomanbieter dem andern Anbieter für das Durchschalten von Handyanrufen belastet, welcher sie darauf dem Kunden aufbürdet – dem dabei keine Wahl und Ausweichmöglichkeit gelassen wird). So lastete die mächtige Swisscom den Kunden eine Preisüberhöhung von insgesamt rund 500 Millionen Franken pro Jahr auf.

Die drei Handyanbieter Swisscom, Sunrise und Orange hatten 2002 eine Absprache getroffen: Alle drei zahlten und verrechneten sich gegenseitig in stillem Einverständnis und ohne gegenseitige Klage viel zu hohe Terminierungsgebühren – zum Schaden der Endkunden. Die Swisscom erwirtschaftet ihre grossen Gewinne eben nicht primär dank unternehmerischer Tüchtigkeit, sondern dank ihrer marktbeherrschenden Stellung und intensivem Lobbying in Bundesbern.

Dilettantische Aufarbeitung

Warum also gelangte das Bundesverwaltungsgericht zu seinem Entscheid? Der Grund ist – ungeachtet des Rekursausgangs beim Bundesgericht – meiner Einschätzung nach an zwei Orten zu suchen: bei der Weko selber und beim Fernmeldegesetz.

Der Fehler liegt deshalb bei der Weko selber, weil sie den Fall dilettantisch behandelte, verzögerte und schlecht begründete. Das Weko-Sekretariat brauchte beinahe drei Jahre, bis es überhaupt einen Antrag an die Kommission stellte. Die 15-köpfige Wettbewerbskommission ihrerseits wälzte den Fall 17 Monate lang, traktandierte ihn in diesem Zeitraum elfmal und änderte ihre Beurteilung der Marktbeherrschung dreimal. Praxisorientierte Kommissionsmitglieder und die Preisüberwachung meldeten während des Entscheidverfahrens mehrfach Dissens an. Bis zum Rekursentscheid war es jedoch geboten, darüber zu schweigen. Nun aber wäre es im Hinblick auf spätere Fälle verantwortungslos, diese Mängel in der Behandlung des Falls aus Kameraderie zu verdrängen: Die Kommissionsführung und das Milizsystem sind zu beanstanden – nicht das Kartellgesetz.

Das Verfahren gegen die Swisscom hat immerhin dazu geführt, dass sie unter Druck ihre Handy-Durchschaltgebühren ab 2007 von 33 schrittweise auf 14 Rappen pro Minute senkte – allerdings viel zu spät, weil das Weko-Verfahren sage und schreibe 4 Jahre und 4 Monate dauerte.

Das Bundesverwaltungsgericht hat nun in seiner Entscheidbegründung gegen die Weko-Busse die Preisüberwachung auf differenzierte Weise bestätigt und gestärkt: In Zukunft sollte die Weko ihrem eigentlichen gesetzlichen Auftrag gemäss nur entscheiden, ob eine Marktbeherrschung vorliegt – und die Berechnung einer allfälligen Busse dann sofort der Preisüberwachung oder, nach einer Änderung des Fernmeldegesetzes, der Kommunikationskommission Comcom übertragen. Diese beiden Behörden verfügen über die entsprechende Erfahrung und Fachkompetenz in der Kostenkalkulation. Im vorliegenden Fall hätte sie ein Jahr statt vier Jahre gedauert.

Die Verfahrensmängel weisen auf eine strukturelle Schwäche hin: Die Weko als Milizbehörde ist überfordert, ihre Zusammensetzung ist nicht auf speditive und effiziente Entscheidungsfindung ausgerichtet. Sie besteht mehrheitlich aus Professoren, Wissenschaftlern, die nicht gewohnt sind, weitreichende Entscheide zu treffen, und die mit der Wirtschaftswirklichkeit wenig vertraut sind. Ein verkleinertes Richtergremium wäre effizienter, rascher, professioneller und würde mehr Respekt erlangen. Pikanterweise sind die oft als parteiisch geschmähten Vertreter der Wirtschaftsverbände in der Weko meist entscheidungsfreudiger als die Professorenzunft.

Gesetzliche Fehlkonstruktion

Das zweite Problem des weittragenden Bussenverfahrens liegt in der Fehlkonstruktion des Fernmeldegesetzes: Die Kommunikationskommission Comcom darf nur einschreiten, wenn ein Telecomanbieter gegen einen andern klagt. Wenn diese sich, wie beim Handyverkehr, aus Eigeninteresse stillschweigend verständigen, kann sie nicht eingreifen.

Diese Fehlkonstruktion hätte durch die im Ständerat gutgeheissene Motion Forster korrigiert werden können. Diese fordert auch dann eine Ex-officio-Preisprüfung durch die Comcom, wenn keiner klagt. Doch das politische Lobbying von Swisscom-Chef Carsten Schloter hat diese benutzer- und wirtschaftsfreundliche Revision im Nationalrat vorläufig verhindert.

Das Eidgenössische Departement für Umwelt, Verkehr, Energie und Kommunikation (Uvek) und das Parlament haben es in der Hand, den Preisabsprachen doch noch einen Riegel zu schieben. Alle Konsumenten und die ganze schweizerische Wirtschaft wären die Nutzniesser davon.

(Tages-Anzeiger vom 23.3.2010)

Die Politik verschliesst die Augen vor Preis- und Lieferbindungen

Die Kaufkraft des Frankens steigt und steigt. Doch die Importpreise bewegen sich nicht. Die wirtschaftliche Wirklichkeit hält sich nicht an die ökonomischen Lehrbücher. Innert anderthalb Jahren hat der Franken gegenüber dem Euro und dem Dollar rund ein Fünftel an Wert gewonnen. Importgüter aus dem Euro- und dem Dollarraum müssten bei uns 20 % billiger geworden sein. Doch die Preise haben sich kaum bewegt, ja, der Index der Importpreise ist sogar um 2 % gestiegen. Wo versickern die Währungsgewinne?

Wenn der Frankenpreis importierter Produkte trotz stärkerem Franken nicht sinkt, heisst das meistens: Ausländische Lieferanten passen ihre Preise nicht der Währungsentwicklung an. So streichen sie für ihre Waren bei gleichen Frankenpreisen ein Fünftel mehr Dollars oder Euros als vor eineinhalb Jahren ein. Mit anderen Worten: Preisdiskriminierung gegen die Schweiz ermöglicht es ihnen, dicke Währungsgewinne abzuschöpfen.

Trick mit Generalimporteuren

Nivea-Produkte zum Beispiel sind in der Schweiz doppelt so teuer wie in Deutschland. Den Gewinn schöpft der Beiersdorf-Konzern ab, indem er seine Nivea-Produkte nur über seine Schweizer Filiale an Migros, Coop und Denner vertreibt. Ein Direkteinkauf der Produkte im Ausland wird dem Detailhandel praktisch verunmöglicht.

Ein anderes Beispiel: Ein VW Golf darf nur über den Generalimporteur Amag Schweiz an den Fachhändler gelangen – für 6800 Franken mehr, als das Modell in Deutschland kostet. Ein Opel Corsa wird 4500 Franken teurer verkauft. Und die Autoersatzteile sind bei uns doppelt so teuer. Garagisten, die direkt importieren wollen, werden von den Konzernen abgewimmelt: «Wenden Sie sich an den offiziellen Generalimporteur in der Schweiz.»

Hochgerechnet auf rund 150 Milliarden Franken Importvolumen – Erdöl und Nahrungsmittel nicht eingerechnet –, bezahlen wir in der Schweiz derzeit 20 bis 25 Milliarden Franken mehr als die Konsumenten im benachbarten Ausland für identische Produkte (Vertriebskosten im Landesinnern nicht mitgerechnet). Das ist ein «Geschenk» ans Ausland – und ein enormer Kaufkraftverlust für die Schweizer Konsumenten und kleinen und mittleren Unternehmen. Wer an der Grenze wohnt, kann sich leicht im Ausland eindecken. Das Volumen des Einkaufstourismus wird im laufenden Jahr drei Milliarden Franken übersteigen. Die Aussage von Wirtschaftsminister Johann Schneider-Ammann, er verstehe die Schweizer, die im Ausland einkaufen, ist gut gemeint, aber eine Hilflosigkeitserklärung.

Wirtschaftsjournalisten schreiben jetzt zwar endlich über die versickernden Währungsgewinne. Aber das Warum und Wo bleibt meist im Dunkeln. Zum

Kern der Hochpreisproblematik stösst nur vor, wer die Handelskanäle und die reellen Praktiken im Beschaffungshandel kennt. Meiner Einschätzung und Kenntnis zufolge sind die hohen Importpreise zu vier Fünfteln auf vertikale Lieferbindungen über die Grenzen hinweg zurückzuführen. Diese haben viele Facetten: Ausländische Konzerne beliefern den Schweizer Detailhandel nur über einen Alleinimporteur oder die eigene Vertriebsfiliale. Auch sind sie erfinderisch, was die Tricks anbelangt, um Direktbezüge und Parallelbeschaffungen im Ausland zu verhindern.

Markenartikel sind am stärksten betroffen, von Nivea bis Elmex, von Hugo Boss bis BMW, von Marktneuheiten bis zu Ersatzteillieferungen. Das geächtete horizontale Kartell – also Preisabsprachen auf der gleichen Handelsstufe – ist fast tot. Doch in der heutigen Konzernwelt sind Vertikalkartelle mit Preis- und Lieferbindungen, Exklusivlieferverträgen, Markenbindungen, Alleinimporteuren nicht die Ausnahme, sondern die Regel. Diese Preisdiskriminierung durch multinationale Konzerne ist auch ein Resultat davon, dass die eidgenössische Wettbewerbskommission (Weko) kaum gegen solche Vertikalkartelle durchgreift. (Der Schreibende weiss, wovon er spricht, er sass vier Jahre von Amtes wegen in diesem Gremium.)

Gemäss Kartellgesetz wären solche vertikale Lieferbindungen seit 2004 mit Bussen zu bekämpfen. Doch die Weko hat sich in Handelskreisen nie den nötigen Respekt verschafft: In sieben Jahren gab es nur gerade zwei Sanktionen, nämlich bei Gartenscheren und Elmex-Produkten, von einem Arzneimittel-Sonderfall abgesehen. Dabei gäbe es Dutzende von Meldungen und Hunderte von manifesten Preishochhaltepraktiken vor der Tür.

Jetzt führt das Staatssekretariat für Wirtschaft (Seco) eine Erhebung durch. Sein schriftlicher Fragebogen zu 150 Importprodukten wird kaum viel Erhellendes zutage fördern. Ein Händler hat mir erklärt, wenn ihm die Weko einen Fragebogen ins Haus schicke, konsultiere er jeweils seinen Rechtsanwalt, und der sage ihm dann schon, wie er seine ausweichende Antwort drechseln müsse. Und die praxisfernen Schreibtischleute im Seco und in der Weko nehmen diese dann für bare Münze. Dabei müsste die Weko nur Einsicht in die reellen Fakturen der Händler verlangen, die Lieferpreise vergleichen und Sanktionsverfahren einleiten. Rechtlich könnte auch das Eidgenössische Volkswirtschaftsdepartement eine Untersuchung beantragen – hat dies aber noch nie getan.

Billige Ausreden

Die Augen-zu-Politik hat System. Denn der Wirtschaftsdachverband economiesuisse und einige Konzerne lobbyieren gegen die Vertikalregelung im Kartellgesetz (Artikel 5.4). Um solche Absprachen entgegen dem Willen des Gesetzgebers zu rechtfertigen, führt das Weko-Sekretariat die Ausrede an, es gebe ja noch andere, gleichartige Artikel, was einen «Interbrand-Wettbewerb» sicherstelle. In Wahrheit können die Detailhändler auf starke Marken wie Nivea, Elmex und Gillette in ihrem Sortiment gar nicht verzichten. Die zweite Ausrede kommt von Konzernvertretern und Seco-Ökonomen unter dem schwülstigen Titel «New Economic Approach»: Diese interessengebundene Doktrin aus den USA behauptet, Exklusivlieferkanäle von Grossfirmen seien ökonomisch «effizient».

Die derzeitige selbst verschuldete Hochpreiskrise sollte allen die Augen geöffnet haben, dass Handlungsbedarf besteht. Es braucht bei der bevorstehenden Revision des Kartellgesetzes nicht eine Lockerung, sondern eine Verschärfung, was die vertikalen Bindungen anbelangt. Es braucht härtere Sanktionen, klarer definierte und kürzere Verfahren und eine professionell zusammengesetzte Wettbewerbsbehörde, die sich Respekt in der Wirtschaft zu verschaffen weiss.

Der Chef des Volkswirtschaftsdepartements hat es in der Hand.

(Tages-Anzeiger vom 19.7.2011)

Offener Brief an den Präsidenten von economiesuisse

Lieber Gerold Bührer

Man könnte meinen, economiesuisse stehe als Wirtschaftsdachverband der grossen Unternehmen für den Wettbewerb. Wettbewerbsfreundlich tönen stets die Sonntagspredigten aus dem wirtschaftsliberalen Lager. Aber in der täglichen Wirtschaftspolitik entpuppt sich economiesuisse als wettbewerbsfeindlich. Den neusten Beleg liefern ihre jüngsten Stellungnahmen zur Kartellgesetz-Revision.

Warum zum Teufel bekämpft economiesuisse das kartellrechtliche Vorgehen gegen die Hochpreisimporte? Hochpreisimporte sind doch völlig wirtschaftsfeindlich, schädlich für all jene KMU, die heute zum Bezug überteuerter Importgüter gezwungen sind.

Zu den überhöhten Importgüterpreisen sind seit Frühjahr/Sommer 2011 unzählige Artikel und Analysen geschrieben worden. Zwar sind die Preise der Importprodukte in den letzten Wochen leicht gesunken. Starke Preissenkungen erlebten aber nur jene langlebigen Konsumgüter, die in den letzten Jahren einen starken Technologieschub durchgemacht hatten, etwa PCs, Foto-, Fernseh- und Telekomgeräte. Aber die Senkung der Beschaffungspreise (auf Stufe der Importeure) und der Endverkaufspreise (im Landesindex der Konsumentenpreise) beträgt nur einen Sechstel der wechselkursbedingten Soll-Preissenkungen. Heute zahlen die Schweizer mindestens 20 Mrd. Franken pro Jahr mehr für ihre Importe, verglichen mit den Preisen identischer Markenprodukte im Ausland. Notabene sind bei diesen Beschaffungspreisen im Importpreisindex die (höheren) internen Vertriebskosten des Detailhandels in der Schweiz nicht eingerechnet. Rund vierzig Prozent der Importe gehen als Zulieferungen und Halbfabrikate zu den Unternehmen, sechzig Prozent sind Konsumgüter.

Die KMU sind neben den Konsumenten die Leidtragenden der Hochpreisproblematik, während die grossen Konzerne über ihre Filialen im Ausland direkt einkaufen und konzernintern importieren können. Der Hauptgrund der Hochpreisproblematik ist klar identifiziert: Der Importwettbewerb spielt nicht! Ausländische Lieferanten betreiben eine selektive Lieferpraxis durch Alleinvertriebsverträge, über Alleinimporteure oder über ihre Vertriebsfilialen in der Schweiz. Sie hindern schweizerische Unternehmen oder Detailhändler an der direkten Beschaffung im Ausland. Diese Preisdiskriminierung gegen die Schweiz ist ganz klar das Resultat selektiver Vertriebssysteme von Markenartikeln und von vertikalen Preisbindungen.

Typisches Beispiel ist der Vertrieb von Nivea-Produkten in der Schweiz: Migros, Coop und Drogerien können sie nur über die Beiersdorf-Filiale in der Schweiz beziehen, und zwar zu 40 bis 100 Prozent höheren Beschaffungspreisen als in Deutschland.

Die Importpreisproblematik ist auch Ausfluss einer bisher zahnlosen Durchsetzungspraxis der Wettbewerbskommission Weko, in der der geschwätzige economiesuisse-Vertreter seit Jahren die Sanktionierung von Vertikalbindungen bekämpft oder aufweicht. Heute sind die vertikalen Preis- und Lieferbindungen und selektiven Vertriebssysteme («Vertikalkartelle») im Markt vorherrschend, während das alte, von der Weko mit viel Tamtam verfolgte horizontale Kartell unbedeutender geworden ist.

Und jetzt kommt der dicke Hund: economiesuisse lobbyierte jüngst gar gegen die Bekämpfung der hohen Importpreise! Im Nationalrat stand in der vergangenen Dezember-Session eine Motion der Luzerner Nationalrätin Prisca Birrer-Heimo zum Entscheid, der eben diese Importpreis-Problematik direkt und gezielt angehen will. Die Motion (...) will mehr Importwettbewerb. Und zwar zum Vorteil der Schweizer KMU, der Schweizer Detailhändler und der Schweizer Konsumentinnen. Und economiesuisse bekämpft sie. Diese Motion wurde im Nationalrat trotz Lobbying mit 113 Ja-Stimmen gegen 74 Nein-Stimmen deutlich angenommen. Die 113 Ja-Stimmen zur «Lex Nivea» verteilten sich neben dem linksgrünen Lager über das ganze bürgerliche Spektrum von der CVP über die FDP bis zu einzelnen SVP-Stimmen. In der FDP-Fraktion fand eine intensive Diskussion zur Frage statt: Sind wir eine liberale, wettbewerbsorientierte Partei oder betreiben wir Klientelwirtschaft à la economiesuisse und tanzen nach den Partikularinteressen der (ausländischen) Markenartikel-Lieferanten?

Nach der verlorenen Abstimmung kritisierte economiesuisse das Parlament mit der abstrusen Killerphrase, es betreibe «Planwirtschaft». Was ist denn das für eine doppelbödige Haltung gegenüber dem Wettbewerb? economiesuisse bekämpft zudem in ihrer Vernehmlassung auch das von Bundesrat Johann Schneider-Ammann (dem ehemaligen economiesuisse-Vizepräsidenten!) vorgeschlagene Per-se-Verbot von Kartellen, indem sie den Ausnahmenkatalog bis zur totalen Verwässerung erweitern will. Und die Sanktionen gegen Kartellsünder will economiesuisse mit einem «Compliance-Programm», das in den Firmen im Sinne einer Selbstregulierung eingeführt werden soll, aufweichen. Hat ein solches Verhalten noch etwas mit Wettbewerb zu tun?

(...)

Die economiesuisse vertritt mit ihrem wettbewerbsfeindlichen Dogmatismus gewiss nicht die Interessen der Schweizer Unternehmen, vor allem nicht jene der KMU. Am Sonntag predigt man den Wettbewerb. Und von Montag bis Samstag tut man alles, um den Wettbewerb zu verhindern. So sind die Sonntagsliberalen. Wann wird economiesuisse ihren wettbewerbsfeindlichen Katechismus überprüfen? *(UnternehmerZeitung vom Januar 2012)*

Irrwege des Swissness-Glaubens

Gesunde, natürliche Nahrungsmittel von einem gesunden Bauernstand: Wer möchte das nicht? Wer möchte, wenn er vor dem Ladenregal steht, nicht die Herkunft und Produktionsmethode von Gemüse, Früchten, Fleisch und Fisch kennen?

Dabei tragen wir in uns unbewusst stets die gläubige Überzeugung, Schweizer Ware aus Schweizer Boden sei besser. Da wirkt tief aus dem Unterbewusstsein der Mythos von Swissness. So, wie auch die Japaner immer dem Glauben huldigen, Reis aus heiliger japanischer Erde sei kulturell besser und gesünder; und deshalb wird Japan von der WTO bis heute ein zusätzlicher Agrarschutz für teuren japanischen Reis zugestanden.

Seit zwei Jahren dürfen aufgrund des Cassis-de-Dijon-Prinzips Lebensmittel aus EU-Ländern auch unverändert in die Schweiz – natürlich immer mit hohen Schutzzöllen zugunsten unserer Landwirtschaft verteuert – eingeführt oder in der Schweiz nach EU-Normen hergestellt werden. Das ist insofern unbedenklich, als der Konsumentenschutz in der EU heute strenger ist als der unsrige.

Schlagrahm ist in der Schweiz bisher nur mit einem überhöhten Milchfettanteil von 35 % hergestellt und auf den Markt gebracht worden. In der EU gilt die Limite von 30 %. Mit diesem hohen Fettanteil will die Milch-Lobby das überschüssige Milchfett und die Butterberge aus der Intensivproduktion mit immer fetteren Kühen und immer mehr Kraftfutter in den Markt drücken. Demgegenüber drängen alle Gesundheitspolitiker auf eine Reduktion der tierischen Fette in der Nahrung. (Milchfett hat laut Nährwerttabellen der Schweizerischen Vereinigung für Ernährung einen höhern Anteil an problematischem Cholesterin als zum Beispiel Schweineschmalz.)

Die Firma Denner liess in der Schweiz Schlagrahm aus Schweizer Milch mit «nur» 30 % statt 35 % Milchfettanteil herstellen, was aufgrund des Cassis-de-Dijon-Prinzips möglich wurde und gewiss auch dem Konsumentenwohl dienlich ist. Darauf reagierte die Bauernlobby mit einem Trommelfeuer gegen das Cassis-de-Dijon-Prinzip. Man denunzierte die «schlechte Qualität» von Schlagrahm nach Euronorm, von «wässrigem Schinken», von verdünntem Süssmost («Schorle») oder Fruchtsaft und ganz generell von Nahrungsmitteln aus der EU-Produktion. Der freisinnige Bauernverbands-Direktor Jacques Bourgeois lancierte im Parlament eine Initiative zur sofortigen Aufhebung des erst eingeführten Cassis-de-Dijon-Prinzips bei Nahrungsmitteln. Es zeugt vom aktuellen Zeitgeist der Abschottung und von der Macht des Agrobusiness, dass die Wirtschaftskommissionen (WAK) von National- und Ständerat dieses protektionistische Zurückbuchstabieren mehrheitlich unterstützt haben – mit tätiger Hilfe der Bauernlobby, des Emmi-Verwaltungsratspräsidenten, der konsumentenfeindlichen Linken aus der Romandie und – ausgerechnet! – der Freisinnigen, die uns sonst immer den Wettbewerb predigen. Derzeit herrscht der protektionistische Geist der Swissness: Schweizerisch ist gut – ausländisch ist minderwertig, und die Konsumenten sollen gefälligst essen, was ihnen das hiesige Agrobusiness auf den Tisch setzt.

Schweizer Treibhaus-Gemüse wird als besser angepriesen, obschon ein Kilo Tomaten, Gurken oder Peperoni aus Schweizer Treibhäusern drei bis vier Mal mehr Energieaufwand benötigt als jene aus Südspanien und Marokko, selbst wenn die Transportenergie mitberechnet wird. Die hiesigen Treibhäuser müssen nämlich bis Mai/Juni intensiv beheizt werden, während die südeuropäischen ausschliesslich mit Sonnenenergie arbeiten. Beim saisongerechten Sommergemüse kippt die Energiebilanz zugunsten der Schweizer Produkte. Diese Energiebilanzen stammen von einem ETH-Institut. Die Swissness-Gläubigkeit wird, wenn sie ohne jede naturwissenschaftliche Prüfung daherkommt, zum Marketinginstrument und zum Selbstbetrug.

Und doch, etwas tut sich: Gegen diese Hochpreis-Situation rebellieren Hunderttausende in aller Stille, indem sie ins benachbarte Ausland zum Einkauf fahren. In Wohnblocks tun sich Familien zusammen, um gemeinsam ins Ausland zu fahren. Auf Dauer ist das keine Lösung. Aber man muss ihnen zugestehen, dass ihr Billigeinkauf im Ausland aus sozialen Gründen legitim ist. Letztes Jahr verdreifachte sich der Einkaufstourismus gegenüber 2008 auf geschätzte 5 Milliarden Franken. Allein eine Milliarde wird für Fleischeinkäufe ennet der Grenze ausgegeben. Beim Schweizerischen Bauernverband ruft man nach noch mehr Agrarschutz und mehr Produktionssubvention und schweigt in allen Landessprachen zum wachsenden Einkaufstourismus. Dabei hätten bei einer schrittweisen Marktöffnung auch die schweizerischen Qualitätsprodukte mit dem Bio-, Alpen- oder Natur-Label beim Export in die EU bei mindestens einem Zehntel der 500 Millionen europäischen Konsumenten durchaus eine Marktchance. Diese lukrative Marktnische bei den kaufkräftigen umweltbewussten Mittelschichten Europas besetzen jetzt die Österreicher mit ihren

Alpenprodukten. Doch statt mit schrittweiser Marktöffnung reagiert man hier ängstlich mit noch mehr Marktabschottung innerhalb der geschützten helvetischen Wagenburg.

Zu den von Bundesrat Schneider-Ammann angekündigten harten Massnahmen gegen die hohen Importpreise bei den andern Konsumgütern (Non-Food) ist in Bundesbern inzwischen Stille eingekehrt. An seine vielversprechenden Ankündigungen vom letzten August mag sich der Volkswirtschaftsminister nicht mehr erinnern. Die Kartellgesetzrevision, die er letzte Woche vorgestellt hat, ist so kompliziert und weit ausgreifend, dass sie – wenn sie überhaupt den parlamentarischen Prozess übersteht – frühestens ab 2016 wirksam wird. Im Parlament steckt noch der einzig wirksame Vorschlag der Konsumentenschützerin Prisca Birrer-Heimo für eine vorgezogene Massnahme gegen überteuerte Importe. Diese wurde im letzten Dezember vom Nationalrat mit 113 zu 74 Stimmen zwar haushoch unterstützt. Doch auch davon will der Ankündigungsminister nichts mehr wissen.

Der nächste Schritt auf diesem Weg des Protektionismus steht vor uns: Man will jetzt den Einkaufstourismus grenzpolizeilich unterbinden. Die neue Konzernleitung des Grossverteilers Coop, die eine protektionistische Hochpreisstrategie fährt, machte sich jüngst bei Bundesrätin Widmer-Schlumpf dafür stark, man solle die Freigrenze für Auslandeinkäufe rasch von 300 auf 100 Franken senken. Und freisinnige Parlamentarier wirken mit Vorstössen als Zudiener und Wasserträger dieser konsumentenfeindlichen Einzäunungsstrategie.

Das ist die letzte Konsequenz dieser Hochpreis-Sackgasse: Weil man mit Rücksicht auf Interessenlobbys und aus mangelnder Courage nichts gegen die hohen Importpreise unternehmen will, bleibt nur noch, die Konsumenten innerhalb der Landesgrenzen einzusperren. *(Tages-Anzeiger vom 6.3.2012)*

Infrastruktur

Wie muss man den Service public neu definieren?

Die gut funktionierenden öffentlichen Dienste sind die Voraussetzung für Wohlstand und Funktionsfähigkeit der Wirtschaft.
Internationale Manager, die für ihre Konzernfilialen einen Europa-Standort suchen, pflegen häufig mit ihren Gattinnen, die sie ja nur wenige Stunden pro Woche sehen, verschiedene europäische Städte abzuklopfen, um die Lebensqualität und die Schulungsmöglichkeiten für ihre internationalen Kinder (die sie ja auch nur sporadisch sehen) zu erkunden: nach Dublin, nach Budapest, nach Amsterdam, und dann eben auch nach Genf und Zürich. Und die Standortfaktoren «Lebensqualität/öffentliche Dienste» sind dann oft ausschlaggebend für die Wahl des Geschäftssitzes, mehr als die Steuerfaktoren und die Banken. Deshalb haben wir in der Schweiz viele tausend Firmensitze ausländischer Konzerne.

Standortfaktor für die Wirtschaft

Der Service public, oft ein bisschen als Plasticword verwendet, ist der Standortfaktor, wirtschaftshistorisch sogar der Wohlstandsfaktor der Schweiz. Eine funktionierende Infrastruktur – Verkehr, Post, Telecom, Energieversorgung, Entsorgung – ist ein zentraler Standortfaktor für die Privatwirtschaft. Abgesehen davon ist Infrastruktur auch für sich wertschöpfend. Zwar sind die Produktivitätsvergleiche der öffentlichen Dienste methodisch schwierig zu messen – ich habe in der Literatur wenig Brauchbares gefunden –, aber sie sind schon an sich teilweise hochproduktiv. So stehen die Elektrizitätsunternehmen bei der Arbeitsproduktivität an der Spitze aller Wirtschaftszweige.

Die öffentlichen Betriebe haben eine bewegte Geschichte hinter sich: Bis in die 1980er Jahre herrschte die Bürokratie-Kultur: Öffentliche Dienste waren unangefochten Sache des Staates. Es galt die Doktrin: Öffentliche Dienste und Infrastruktur müssen funktionieren, sie müssen nicht rentieren, sie werden von Steuern bezahlt und ihre Mitarbeitenden sind Beamte: durch Reglemente gesteuert, hierarchisch organisiert, ja, in vielen Bereichen sogar nach dem militärischen Vorbild mit Uniformen, Hausordnungen, Befehlswegen in die Verwaltungen integriert.

Die Neunzigerjahre kippten dann fast überall in Europa zu einer antietatistischen Gegenbewegung: Der Mainstream der ökonomischen Lehren reduzierte sich auf die Grundformel: Privat ist effizient – staatlich ist ineffizient. Staatsbetriebe sollen privatisiert, öffentliche Dienste liberalisiert werden, der Staat soll Management-Doktrinen der Privatwirtschaft übernehmen.

Die Gewerkschaften haben auf schweizerischer Ebene lange Zeit die Ausgliederung und unternehmerische Ausrichtung von Post und Bahn bekämpft. Sie haben gegen die Aufhebung von Telefonkabinen protestiert, gegen die Schliessung von Poststellen und deren Umwandlung in Postagenturen, gegen die Stilllegung unrentabler Bahnlinien. Aber im Rückblick ist diese gemässigte Liberalisierung und Effizienzverbesserung auch als Fortschritt, ja als entscheidende Rettung der öffentlichen Service-public-Unternehmen zu beurteilen.

Vier goldene Regeln

Heute wird die Liberalisierung in ganz Europa, vor allem von der EU ausgehend, pragmatischer angegangen. Die Zeiten der dogmatischen Privatisierung sind vorbei. Wie ist die Zukunft des Service public zu steuern? Nachfolgend vier Governance-Regeln für öffentliche Anbieter.

1. *Öffentliche Infrastrukturdienste brauchen unternehmerische Selbständigkeit,* sonst sind sie gefesselt und machen den technologischen Wandel und die Effizienzverbesserungen nicht mit. Aber sie müssen mit Leistungsaufträgen oder Leistungsvereinbarungen (z. B. auf drei oder vier Jahre) von den Parlamenten gesteuert werden. Zum Beispiel gehören dazu auch der Versor-

gungsauftrag, d. h. der flächendeckende Zugang aller zu den Service-Leistungen, oder die Ausbildungstätigkeit, oder die Kundenzufriedenheit, oder der Selbstfinanzierungsgrad.

2. *Öffentliche Infrastrukturdienste müssen aber auch einer Preis- oder Kostenkontrolle unterworfen werden.* Wo nicht Wettbewerb herrscht, braucht es den Preisüberwacher oder eine adäquate Preisregulatorbehörde: die Elcom beim Strom, die Comcom beim Telecommarkt, das BAG und die Swissmedic beim Medikamentenmarkt, die neutrale und externe Preisüberwachung bei Gas, Wasser, Abwasser, Kehricht in den Gemeinden, die Krankenkassen und der Preisüberwacher bei den Spitälern. Die öffentlichen Betriebe sind nicht weniger effizient als private. Aber dort, wo sie Monopolcharakter oder eine marktbeherrschende Stellung haben, besteht die Gefahr überhöhter Gebühren. Denn die öffentliche Hand hat Interesse, sich über hohe Gebühren zu bedienen.
Gebühren sollen verursachergerecht sein, sie sollen alle Kosten abgelten, aber sie dürfen nicht Fiskalcharakter haben. Eine Ausnahme ist dort möglich, wo die Preise resp. Abgaben eine gesetzlich gewollte Lenkungswirkung haben müssen, zum Beispiel bei der Schwefelabgabe auf Heizöl oder bei der geplanten CO2-Abgabe.

3. *Öffentliche Infrastrukturdienste müssen sich qualitativ ganz stark auch nach den Kundenbedürfnissen richten.* Sie müssen die realen Kundenwünsche erfüllen. Wo nicht Wettbewerb herrscht und keine Ausweichmöglichkeit auf alternative Leistungsanbieter besteht, braucht es ein externes Assessment, oder eine Ombudsstelle, oder eine Klagemauer für Konsumenten und Nutzer.

4. *Bei verselbständigten und ausgegliederten Service-public-Betrieben besteht natürlich ein erhöhtes Spannungsverhältnis zwischen Personalrechten und Effizienzdruck im Personalbereich.* Das Personal steht stärker unter Druck, je grösser der äussere Effizienzdruck sich auswirkt. Der Staat als Arbeitgeber hat sicher eine Vorbildfunktion. Doch eine Arbeitsplatzgarantie kann er nicht leisten. Zentrales Instrument der Personalpolitik in öffentlichen Betrieben sind sicher die Personal- und Organisationsentwicklung, die berufliche Bildung und Weiterbildung in öffentlichen Betrieben. Hat Ihr Betrieb zum Beispiel Lehrlinge? Die Pflicht zur Lehrlingsausbildung gehört in jeden Leis-

tungsauftrag eines öffentlichen Dienstleistungsunternehmens. Als Faustregel gilt: sechs Lehrstellen pro hundert vollzeitäquivalente Beschäftigte.

(KVZ: Wir Kaufleute, Vision 2012, Zürich 2011, 12–13)

Offener Brief an den Präsidenten des Hauseigentümerverbandes

Sehr geehrter Herr Kollege Dettling
Ein Jahrzehnt lang waren wir zeitgleich Präsidenten – Sie beim Hauseigentümerverband, ich beim Mieterverband. Wir haben uns menschlich geachtet und sind korrekt miteinander umgegangen. Bei zufälligen Wanderbegegnungen konnten wir auch die Begeisterung für die Berge teilen.

Doch die Bilanz unserer Sozialpartnerschaft ist keine positive. Sie wollten in der Politik für die Hauseigentümerseite alles, und jetzt haben Sie nichts erreicht. Sie haben im Bundes-Bern nach dem Motto «alles-oder-nichts» für die Interessen der Eigentümer politisiert. Der helvetische Interessenausgleich mit «Geben-und-Nehmen» war Ihnen fremd. Sie haben in Ihrer Schlüsselfunktion sogar zweimal zu einer schweren bürgerlichen Niederlage beigetragen, weil das Fuder gerade wegen Ihrer Zusatzanträge überladen worden ist.

Am 8. Februar 2004 wurde das neue Mietrecht mit 64 Prozent Nein-Stimmen vom Volk gebodigt. Der Mieterinnen- und Mieterverband hatte im Alleingang das Referendum ergreifen, durchziehen und finanzieren müssen. Sie wissen, dass wir vom deutschschweizerischen Mieterverband dieses Referendum eigentlich hätten vermeiden wollen. Wir hätten ein Geben und Nehmen angestrebt: Eine volle Entkopplung der Mieten vom Hypothekarzins und im Gegenzug hätten wir sogar eine volle Indexierung der Wohnungsmieten (wie heute bei den Geschäftsmieten) in Kauf genommen, dafür aber keine weiteren Erhöhungsgründe im laufenden Mietverhältnis. Sie haben in der letzten Verhandlungsrunde im Ständerat – gegen den Willen von Bundesrat Couchepin – noch eine zusätzliche Mietzinserhöhungsmöglichkeit im laufenden Mietverhältnis durchgedrückt und uns ins Referendum getrieben. Mit Ihrer unnötigen

Provokation haben Sie den schlafenden Riesen Mieterschaft geweckt und klar verloren.

Am 16. Mai 2004 ist das Steuerpaket mit 64 Prozent Nein-Stimmenanteil massiv versenkt worden. Diese grosse und breite Gegnerschaft, unter Einbezug von Kantonen, Städten und Mieterverband in die Oppositionsfront, wäre nicht zustande gekommen, wenn nicht die zusätzlichen Steuergeschenke an die Hauseigentümer auf Ihr Betreiben hin hineingepackt worden wären. In der Schlussrunde der Einigungskonferenz, wir waren beide dabei, haben Sie sogar das Bitten und Drängen des freisinnigen Finanzministers nach Mässigung der Steuerausfälle mit Hohn und Häme beiseitegewischt und damit die breite Oppositionsfront erst möglich gemacht. Nun ist wohl die Abschaffung des Eigenmietwerts auf viele Jahre hinaus blockiert. Sie wollten ein Steuergeschenk für die Eigentümer von fast 2 Milliarden Franken, und jetzt haben Sie nichts. Und die bürgerliche Seite und economiesuisse haben ihre grösste Niederlage.

Bereits im Februar 1999 ist Ihre Steuersenkungsinitiative «Wohneigentum für alle» mit 58 Prozent Nein-Stimmen versenkt worden. Auch damals hatten Sie mit Ihren Forderungen das Fuder überladen und eine ablehnende Koalition von Finanzminister Villiger, kantonalen Finanzdirektoren und Mieterverband ausgelöst.

Mitte der neunziger Jahre hatten Sie uns mit der «Marktmiete» gedroht und entsprechende Vorstösse im Parlament sogar gegen die Meinung von Bundesrat Delamuraz vorangetrieben. Marktmiete heisst Abschaffung des Mieterschutzes; und dadurch wurde der Schweizerische Mieterinnen- und Mieterverband zur Gegenwehr durch die Lancierung der Volksinitiative «Ja zu fairen Mieten» gezwungen. Diese taktische Initiative ist zwar im Mai 2003 mit einer Zweidrittel-Nein-Mehrheit ebenso deutlich gescheitert; aber sie hat dennoch ihr Ziel erreicht, nämlich die Diskussion um die Marktmiete zum Verschwinden gebracht.

Die Lehre, die wir aus unseren Erfahrungen ziehen können: Wer auf tutti geht und das Fuder überlädt, erreicht nichts. Sie wollten alles und erreichten nichts. Sie haben die Mieterschaft als schlafenden politischen Riesen unterschätzt: Sie ist nicht emotionalisiert, sie ist politisch ungebunden und geht nicht auf die Strasse; doch wenn sie ihre Interessen betroffen sieht, steht sie auf und ist in der Lage, jede Vorlage in der Volksabstimmung zu versenken.

Nun treten wir fast zeitgleich von unsern Ämtern zurück. Trotz unserer zeitweiligen politischen Konfrontation bin ich Ihnen fast zu Dank verpflichtet: Denn mit Ihrer provokativen Interessenpolitik zugunsten der Liegenschaftsbesitzer haben Sie es mir als Mieter-Präsidenten erleichtert, in schwierigen Momenten – etwa beim verbandsintern umstrittenen Referendumsentscheid gegen das Mietrecht – meine Truppen zusammenzuhalten und gesamtschweizerisch als geeinte Mieterschaft aufzutreten. *(Tages-Anzeiger vom 21. Juni 2004)*

Einflüsterer in der Energiepolitik

Es ist in der Schweiz üblich und verfassungskonform, bei Wirtschaftsvorlagen die Wirtschaftsverbände zu konsultieren und auf die betriebs- und branchenübergreifenden Interessen Rücksicht zu nehmen. Doch wer deutet die übergeordneten Interessen der Wirtschaft in der Energiepolitik? Es gibt nämlich Unternehmen, die ein Interesse an viel Stromproduktion und Erdölverkäufen haben. Und es gibt umgekehrt Unternehmen, die mit dem Energiesparen verdienen: zum Beispiel die Tausenden von KMU mit Wärmetechnik, Gebäudeisolation, Haustechnik, Baustoffen, Heizung, Lüftung oder mit Cleantech.

Die Wirtschaft ist in der Energiefrage naturgemäss gespalten. Der Dachverband economiesuisse wirkt mit seiner rigiden antistaatlichen Energiepolitik nicht als einigendes Sprachrohr, sondern als Spalter. Der Unternehmerverband Swiss Cleantech und ein Teil des Gewerbes gelten demgegenüber als Vorreiter eines zukunftsfähigeren Energiepfads. Das politische Gedächtnis ist ja kurzlebig. Doch in der Langfristthematik Energiepolitik lohnt sich ein Rückblick: Die Energievorlagen vom September 2000 sollten ein Lehrstück für heute sein.

Es ging damals um eine Volksinitiative für einen Solarrappen. Die Vorlage verlangte einen Rappen pro Kilowattstunde für die Förderung erneuerbarer Energien. Dieser Initiative der Solarbranche und der Umweltverbände stellten Bundesrat und Parlament eine moderatere Alternative gegenüber, nämlich einen Verfassungsartikel für eine Förderabgabe für erneuerbare Energien von 0,3 Rappen pro Kilowattstunde auf allen Energieträgern. Vorgesehen wäre dies für zehn Jahre gewesen, mit der Möglichkeit einer Verlängerung um fünf Jahre. Dieser Abgabesatz entsprach 2,7 Rappen pro Liter Benzin oder Heizöl.

Für die Vorlage waren der Baumeisterverband, alle Gewerbeverbände rund um die Bau- und Haustechnik, der Bauernverband und die Holzwirtschaft, die Regierungskonferenz der Gebirgskantone, alle Gewerkschaften, die Konsumenten- und Umweltverbände.

Erst nach den Schlussabstimmungen im Parlament regte sich einer mit dem Drohbild vom «überbordenden Interventionsstaat». Er mobilisierte die economiesuisse für eine Gegenkampagne und beschaffte Abstimmungsmillionen bei jenen bekannten Energiekonzernen, die kein Interesse am Stromsparen haben. Dieser Opponent hatte sich zuvor noch nie in der Energiepolitik hervorgetan. Es war der Finanzpolitiker Gerold Bührer. Mit dem «Kampf gegen neue Steuern» mobilisierte er nochmals den staatsfeindlichen Zeitgeist der 90er Jahre. Mit der teuren Kampagne der Energiekonzerne wurde der Verfassungsartikel über eine Förderabgabe für erneuerbare Energien schliesslich mit 54% Nein-Stimmen relativ knapp abgelehnt.

Im Rückblick ist dies eine verpasste Chance. Sie hätte pro Jahr 300 bis 400 Millionen Franken Förderertrag für Investitionsanreize gebracht und dadurch innert eines Jahrzehnts mittels Mobilisierung privater Investitionen rund 15 bis 20 Milliarden Franken für Energieeffizienz und erneuerbare Energien ausgelöst. Die stromfressenden Elektrospeicherheizungen wären heute komplett verschwunden und ersetzt. Insgesamt wäre die Strommenge eines Atomkraftwerks eingespart worden. Die Schweiz wäre in Sachen Energie-Zukunftstechnologien nicht in die zweite Liga in Europa abgestiegen. Ein verlorenes Jahrzehnt in der Energiepolitik!

Zehn Jahre später holt uns die gleiche Problematik wieder ein. Und die damaligen Gegner wirken jetzt wieder als Einflüsterer gegen eine aktive Energiepolitik. Der Initiant der damaligen Gegenkampagne, Gerold Bührer, wurde bald nach seinem Abstimmungssieg Parteipräsident der FDP. Mit seiner scharfen Antistaatpolitik vertrieb er den letzten Gymnasiallehrer aus der Partei. Dann musste er nach dem Swisslife-Debakel als Parteipräsident den Hut nehmen. Als Parlamentarier und heutiger Präsident des Dachverbands economiesuisse hatte er nie eine industriepolitische Ader. Seine Passion und sein Röhrenblick waren stets auf die Antifiskalpolitik gerichtet. Und er machte den Antifiskalisten Pascal Gentinetta, früher als Beamter der Finanzverwaltung angestellt, zum Verbandsdirektor.

Der Kampf gegen Steuern scheint die letzte Klammer zu sein, die den geschwächten Wirtschaftsverband economiesuisse noch zusammenhält. In so wichtigen Fragen wie Energiepolitik, Bildungspolitik, Europakurs, Banken- und Geldpolitik oder Managerboni hat die Verbandsführung die reale Wirtschaft gespalten und geschwächt, nicht geeint.

Für eine aktive Energiepolitik gibt es immerhin rationale ökonomische Gründe jenseits aller kurzfristigen Emotionen:

- Faktum eins: 99 % aller unabhängigen Ökonomen und Energiemarktbeobachter sagen für die nächsten zwei, drei Jahrzehnte eine weltweite Energieteuerung voraus (auch bei Atomkraft wegen massiv steigender Sicherheitsaufwendungen). Die heutigen Marktpreise reflektieren demzufolge die zukünftige Preisentwicklung nicht.
- Faktum zwei: Betriebliche Energieinvestitionen müssen auf mindestens 20 bis 30 Jahre gerechnet und abgeschrieben werden.
- Faktum drei: Betriebs- und volkswirtschaftlich ist es rational, die höheren Energiepreise der Zukunft heute schon einzukalkulieren und vorwegzunehmen – sei es durch Abgaben auf Energie (am wirksamsten mit Investitionsanreizen verbunden) oder durch strenge technische Effizienzvorschriften.

Das ist vorausschauende wirtschaftliche Logik. Wer dies bekämpft, kann nicht wirtschaftliche Voraussicht für sich beanspruchen. Der jetzt fällige Entscheid über den Atomausstieg hat vorerst nur symbolische Bedeutung. Entscheidender sind die Massnahmen, die daraus abgeleitet werden. Doch es ist richtig und rational, jetzt mit einem strategischen Grundsatzentscheid die Marschrichtung vorzugeben, um danach mit einem Langfristziel die nötigen Massnahmen zu beschliessen.

Die Wirtschaft und die Konsumenten sind innovativ und anpassungsfähig, wenn sie genügend Anpassungszeit haben. Und für Härtefälle bei energieintensiven Branchen gibt es gute Lösungen. Die Politik muss jetzt die langfristige strategische Marschrichtung für die Energiezukunft vorgeben. Die Wirtschaft wird sich darauf einstellen – und dabei gewinnen. Es gilt auch hier der alte urdemokratische Leitsatz gegen alle Sonderinteressen: Keep politics in command. – Die Politik muss die Vorgaben machen. *(Tages-Anzeiger vom 7.6.2011)*

Der Atomausstieg ist nicht billig

Nun predigen alle den Atomausstieg – vorläufig wenigstens. Doch die Menschen glauben nur dann an Versprechen und energietechnische Neuerungen, wenn sie diese hautnah erfahren. Sie frieren ungern.

Die Leute im Quartier, in dem ich wohne, glauben an die Machbarkeit einer besseren Energiepolitik. Weil sie den Beweis erfahren haben. Unsere Reiheneinfamilienhäuser wurden in den 70er Jahren mit Elektrospeicherheizungen ausgerüstet, als der Strom aus dem Atomkraftwerk Mühleberg 4 Rappen pro Kilowattstunde kostete und Stromfresserheizungen wie die unsrigen gefördert wurden. Neu hat nun jedes Haus seine eigene Wärmepumpe für Heizung und Warmwasser. Die Wärme kommt von einer 130 Meter tief reichenden Erdsonde mit einer garantierten Lebensdauer von 99 Jahren. Die Wärmetransportflüssigkeit geht mit 4 Grad Celsius in die Tiefe und kommt mit 8 Grad zurück. Von diesen 4 Grad Wärmedifferenz leben wir, heizen komfortabel Haus und Wasser, automatisch, geräuschlos, Sommer und Winter. Der Gesamtstromverbrauch im Winter wurde dank der Sonde um zwei Drittel reduziert! Zuvor ist schon durch bessere Isolation und Verglasung ein Viertel Heizenergie gespart worden.

Wirksames Bundesprogramm

Energieeffizienz-Investitionen sind rentabel: Die Wärmepumpenanlage amortisiert sich mit der Energieeinsparung innert 18 Jahren bei heutigen Strompreisen, bei steigenden Preisen schon nach einem Jahrzehnt. Die Kosten der ganzen Wärmepumpenanlage: 50 000 Franken pro Haus. Ausgelöst wurde unsere Investition durch die Zusage von rund 10 000 Franken an öffentlichen Geldern aus dem Konjunktur-Stabilisierungsprogramm 2009 von Bund und Kanton.

Vier Reiheneinfamilienhäuser generierten also mit einer Investitionssumme von 200 000 Franken ein Arbeitsvolumen von rund anderthalb Mannjahren an hochspezialisierter Berufsarbeit. Gefragt waren Heizungstechniker, Spengler, Elektroniker, Bohrspezialisten, Gärtner und weitere. Nutzniesser war hauptsächlich das inländische Gewerbe. Die Investitionsanreize zur rasch wirkenden Konjunkturstützung von 2009 zahlten sich dank des Ausgabenmultiplikators aus: Der Bund hat nämlich in der Krise mehr bei der Arbeitslosenversicherung eingespart, als er für die Investitionsimpulse bezahlte.

So weit eine konkrete Erfahrung, wie mit intelligenten Zukunftstechnologien zwei Drittel Strom rentabel eingespart und dazu noch hochwertige Arbeitsplätze geschaffen werden können. Diese Resultate strafen all jene Ökonomen Lügen, die mit ihrer Weniger-Staat-Doktrin bei jeder Gelegenheit die Energiepolitik des Bundes schlechtreden. Einer der Väter dieser Ideologie ist Professor Silvio Borner, der wahrscheinlich selber die Zahl seiner Artikel gegen eine aktive Energiesparpolitik nicht mehr kennt. Und sein Schüler Aymo Brunetti erfand als Chef der «Ideologieabteilung» des Seco – so wird innerhalb der Verwaltung die überflüssige Abteilung für Wirtschaftspolitik im Staatssekretariat für Wirtschaft bezeichnet – 2009 nur ablehnende Argumente gegen das Stabilisierungsprogramm von Bundesrätin Doris Leuthard. Nun wehrt sich Brunetti verwaltungsintern erneut verbissen gegen die Cleantech-Vorlage des Bundes, welche die Energieeffizienz fördern will sowie ein Ausbildungs- und Investitionsimpulsprogramm für das Haustechnikgewerbe vorsieht – aus «ordnungspolitischen Gründen», wie er sagt.

Von «Ordnungspolitik» schwurbeln die neoliberalen Ökonomen immer dann, wenn sie weniger Staat und mehr Markt meinen. Doch die reinen Marktpreise von Energie ignorieren Umwelt, Klima und die Kosten für die zukünftigen Generationen. Schweizweit geben die 3,8 Millionen Haushalte allein für Heizungs- und Warmwasser-Energie jährlich 8,5 Milliarden Franken aus. Sechs Siebtel des Gesamtenergieverbrauchs der Haushalte werden für Heizung und Warmwasser gebraucht. Auf Licht, Hauselektronik und Haushaltapparate entfällt ein Siebtel. Deshalb ist die energetische Sanierung der Häuser zentral.

Jährlich wird heute nur 1 Prozent aller Wohnungen energetisch saniert. Vor allem bei den Mietwohnungen haben wir einen Rückstand wegen der Trennung von Eigentümer und Heizkostenträger: Die Mieter zahlen über die Nebenkostenrechnung den Energieverbrauch selber; also hat der Eigentümer keinen Anreiz zu Energieinvestitionen zugunsten der Mieterschaft. Deshalb sind Investitionsanreize an die Eigentümer durch die Verwendung der CO2-Abgabe (heutiger Ertrag: 600 Mio. Franken pro Jahr) viel wirksamer als die blosse Rückerstattung der Erträge aus dieser Abgabe. Die Erträge der CO2-Abgabe müssen voll zweckgebunden für Sparinvestitionen eingesetzt werden. Ohne Zweckbindung ist diese Abgabe bei Mietwohnungen wirkungslos.

Die Kosten des Ausstiegs aus der Atomenergie werden meist unterschätzt. Der Ausstieg ist kein Spaziergang. Dieser erfordert ein langjähriges gewaltiges

Impulsprogramm für Investitionen in die Energieeffizienz. Doch immerhin: Würde man die über 20 Milliarden Franken, die Bau und Betrieb eines neuen Atomkraftwerks laut Prognos-Gutachten kosten würden, alternativ zum grösseren Teil in die Energieeffizienz und zum kleineren in erneuerbare Energien investieren, könnte man das Energieäquivalent dieses AKW mehr als einsparen. Und dabei rund doppelt so viele Arbeitsplätze im Inland schaffen wie für Bau und Betrieb des AKW.

Technik und Techniker sind da

Von den Energieperspektiven des Bundes kommen denn auch 15 von 21 berechneten Szenarien langfristig ohne Atomkraft aus. Dabei würde ich ein Gas-Kombi-Kraftwerk nicht von vornherein ausschliessen. Als Volkswirtschaftsministerin hatte Doris Leuthard 2009 mit dem Konjunktur-Stabilisierungsprogramm eine Vorreiteraktion im Energiebereich ausgelöst. Und schon mit den früheren staatlichen Energieeffizienz-Programmen der Bundesräte Ogi («Energie 2000») und Leuenberger («Energie Schweiz») hat die Wirtschaft recht viel hinzugelernt. Die entsprechenden Berufsfachleute, Technologien und Produktionskapazitäten sind heute vorhanden. Das war 1990 bei den Moratoriums- und Ausstiegsinitiativen noch nicht der Fall. Nun lassen sich diese Vorspuraktionen zu einem flächendeckenden Investitionsprogramm nutzen. Damit liesse sich der Glaubenskrieg zwischen «Atom» und «Antiatom» durch eine zukunftsgerichtete, gemeinsam getragene Investitionsstrategie entschärfen.

Bürgerinnen und Bürger, die im Dilemma zwischen Klima- und Atomproblematik stehen, wünschen sich eine zukunftsfähige Energiepolitik jenseits des atomaren Glaubenskriegs. *(Tages-Anzeiger vom 22.3.2011)*

Unsere Kindeskinder werden noch für die Atomkraft zahlen

In den nächsten Tagen wird die eidgenössische Finanzdelegation beim Bundesamt für Energie in Ittigen bei Bern erwartet. Dort wird sie inspizieren, ob das Bundesamt zwei Spezialfonds mit rund 4 Milliarden Franken korrekt einsetzt, nämlich den Entsorgungsfonds und den Stilllegungsfonds für die fünf schweizerischen Atomkraftwerke. Die Finanzkontrolleure werden wahrscheinlich zum Schluss gelangen, dass dieses Geld seriös verwaltet ist.

So weit, so gut. Doch es liegt leider nicht in der Kompetenz der Kontrolleure, Alarm in der Öffentlichkeit zu schlagen, dass die beiden Rückstellungsfonds sträflich unterdotiert sind und dass wir unsern Kindeskindern eine unglaubliche Last überwälzen: Nur ein Viertel dessen, was die Stilllegung der fünf Atomkraftwerke mutmasslich kosten wird, ist im entsprechenden Fonds vorhanden. Und die Entsorgungskosten für radioaktive Abfälle dürften die dafür zurückgelegten Mittel mindestens ums Doppelte übersteigen. Mit anderen Worten: Wir konsumieren zwar Atomstrom, decken aber nur einen Bruchteil der Folgekosten ab. Und die tiefen Zinsen verunmöglichen es, das Fondskapital auf anderen Wegen gross zu steigern.

Rückbau aufwendiger als Bau

Das Wort vom Atomausstieg geht uns locker vom Munde. Doch über die technischen, organisatorischen und wirtschaftlichen Kosten der Atomkraft nach dem Ausstieg machen sich Befürworter und Gegner zu wenig Gedanken.

Das von der Atomwirtschaft finanzierte Forum Vera, das um mehr «Verantwortung für die Entsorgung radioaktiver Abfälle» wirbt, hat die Unterdeckung der AKW-Folgekosten stets ausgeblendet. Der Rückbau eines Atomkraftwerks ist weit aufwendiger als der Bau. Ein AKW kann nicht einfach abgeschaltet und abgerissen werden wie eine Fabrik. Die Radioaktivität muss in einem stillgelegten AKW erst jahrelang abklingen. Und Spezialeinheiten müssen das Gelände mit riesigem Aufwand dekontaminieren, bevor überhaupt mit dem Rückbau begonnen und der Sondermüll – hunderttausend Tonnen verstrahltes Material – entsorgt werden kann.

Der in Angriff genommene Rückbau des ältesten deutschen Atomkraftwerks Obrigheim wird 15 Jahre in Anspruch nehmen. 200 bis 300 Fachleute werden stets im Einsatz sein. Die Stilllegung des deutschen AKW Würgassen, dessen Rückbau 2014 abgeschlossen sein dürfte, wird die öffentliche Hand voraussichtlich 1,2 Milliarden Franken kosten – umgerechnet auf Schweizer Löhne etwa 1,5 Milliarden Franken.

In der Schweiz hat man aufgrund alter Annahmen bisher mit 600 Millionen Franken Stilllegungskosten pro Atomkraftwerk gerechnet, für die Stilllegung aller fünf AKW in unserem Land mit insgesamt 3 Milliarden Franken. Aber Ende 2010 – als drei AKW bereits vier Fünftel und die anderen zwei schon weit über die Hälfte ihrer 50-jährigen Betriebsdauer hinter sich hatten – waren erst 1,3 Milliarden im Stilllegungsfonds. Berücksichtigt man die bisherigen Laufzeiten, heisst das: Der Fonds vermag nur ein Viertel der mutmasslich anfallenden Rückbaukosten zu decken.

Eine Geisterfahrt

Die Endlagerung der radioaktiven Abfälle ist eine ökonomische Geisterfahrt. Nirgends in der Welt gibt es bereits ein definitives Endlager. Bevor man hochradioaktives Brennmaterial endgültig einlagern oder aufbewahren kann, muss es mindestens 30 Jahre in Abklingbecken und Zwischenlagern gewartet werden. Die Endaufbewahrungsstätten danach müssen einige Zehntausend Jahre lang dichthalten. Denn Plutonium 239 in abgebrannten Brennstäben hat eine Halbwertszeit von 24 000 Jahren, das heisst, nach diesem Zeitraum ist erst die Hälfte der Radioaktivität abgebaut.

Die Kostenstudie 2011 von Swissnuclear, der Fachgruppe Kernenergie der Schweizer Energiewirtschaft, rechnet, dass die Entsorgung der radioaktiven Abfälle rund 16 Milliarden Franken kosten wird. Davon sind 5 Milliarden schon ausgegeben, allein die bisher ergebnislose Standortsuche der Nagra für ein Zwischenlager kostete 2 Milliarden. Bis zur Ausserbetriebnahme der fünf AKW werden weitere 2,6 Milliarden für die Zwischenlagerung nötig sein. Erst danach soll der Endlagerfonds beansprucht werden und nach heutiger Rechnung 8,4 Milliarden decken. Doch heute sind im Entsorgungsfonds erst 2,9 Milliarden Franken. Auch hier fehlt unter Berücksichtigung der bisherigen Laufzeiten die Hälfte der Sollzahlung – oder noch viel mehr!

Und die bittere Wahrheit ist: Der Entsorgungsfonds rechnet nur mit einer Kostendeckung bis ins Jahr 2050. Danach soll die Endlagerung der radioaktiven Abfälle ausschliesslich Sache der öffentlichen Hand sein, so schreibt es das geltende Gesetz im Sinne der Elektrizitätskonzerne vor. Die Endlagerung ist folglich eine Last, die den Steuerzahlern nachfolgender Generationen aufgebürdet wird.

Unsere Kinder und Kindeskinder werden für die Langzeitkosten unseres Energieverbrauchs aufkommen müssen. Eigentlich sollten nach Ökonomielehrbuch die Preise in der Marktwirtschaft die Kostenwahrheit, also die vollen Kosten, abbilden. Das würde einen ständigen Atomstrom-Zuschlag von zwei bis drei Rappen pro Kilowattstunde bedeuten, statt 0,9 Rappen wie heute. Doch die Kostenwahrheit haben wir, haben die früheren Energieminister stets vernachlässigt. Und die Kantone als Haupteigentümer der Stromkonzerne haben stets darüber hinweggesehen.

Avenir Suisse, economiesuisse und neoliberale Sozialstaatskritiker und Kolumnisten warnen seit Jahren, mit unserer Altersvorsorge würden wir die nächste Generation belasten. Doch zum verdeckten Skandal, dass die AKW-Folgekosten auf künftige Generationen überwälzt werden, schweigen sie in allen Landessprachen. Das Verursacherprinzip wird in dieser Frage ausgeblendet.

Enormer Nachholbedarf

Die heutige Energieministerin Doris Leuthard hat als Erste angesprochen, was ihre Vorgänger verdrängt hatten: Die Hälfte der Entsorgungskosten ist nicht gedeckt, und die Kostenwahrheit des Atomstroms ist nirgends erfüllt. Die Atomkraftbetreiber müssten nun in der Restlaufzeit die fehlenden Fondsmilliarden äufnen. Nächstes Jahr will das Departement von Doris Leuthard das Kernenergiegesetz anpassen, um die Versäumnisse der Vergangenheit nachzuholen. Dann wird sich zeigen, ob die Politiker und all die Verantwortungsbekenner des Vera-Forums überhaupt fähig sind, an die nächsten Generationen zu denken.

(Tages-Anzeiger vom 21.8.2012)

Pensionskassen

Pensionskassen sind Selbstbedienungsläden

Über fünf Millionen Menschen sind heute in der Schweiz in einer Pensionskasse (2. Säule) obligatorisch versichert. Doch wer weiss schon, dass die Pensionskasse (PK) Jahr für Jahr jedem von uns durchschnittlich 770 Franken Verwaltungskosten verrechnet? Bei einer Sammelstiftung der Privatassekuranz sind es sogar über 800 Franken jährlich. Im Vergleich dazu belaufen sich die Verwaltungskosten der AHV auf bescheidene 25 Franken pro versicherte Person.

Die PK-Verantwortlichen führen die finanzielle Notlage ihrer Kassen auf die Alterung der Bevölkerung und die gesunkenen Kapitalerträge zurück. In Tat und Wahrheit haben sie die finanziellen Probleme weitgehend selber verursacht. Erster Grund: die exorbitanten Verwaltungs- und Beratungskosten. Zweiter Grund: Sie haben sich mit riskanten Anlagegeschäften an der Börse verspekuliert. Wenn heute die Alterung der Bevölkerung und der zu hohe Umwandlungssatz als Grund für die mangelnde Kapitaldeckung angeführt wird, ist dies ein vorgeschobenes Argument. Es erklärt nur einen Bruchteil des Problems.

Gewiss muss der zunehmenden Lebenserwartung Rechnung getragen werden, welche zu höheren Rentenbezügen führt. Doch zuerst muss die strukturelle Vermögensvernichtung unserer zwangsersparten Gelder korrigiert werden.

Versicherte werden geschröpft

Von 1990 bis 2007 sind die Verwaltungskosten der autonomen Pensionskassen um das Zweieinhalbfache von 1,1 Milliarden auf über 2,7 Milliarden Franken gestiegen. Dieser Anstieg war überproportional: 1990 waren es bloss 10 Prozent, 2007 aber bereits 18 Prozent aller Kapitalerträge. Hinzu kommen die 1,3 Milliarden Verwaltungs- und Vermögensverwaltungskosten der Privatassekuranz, zusammen also über 4 Milliarden jährliche Verwaltungskosten! Bei diesen über 4 Milliarden Franken an statistisch ausgewiesenen Verwaltungskosten aller Pensionseinrichtungen sind die bankseitigen Courtagen, Fondsverwaltungsgebühren und Transaktionskosten in Milliardenhöhe noch nicht einmal enthalten. Sie werden nicht ausgewiesen.

Nur Insidern ist bekannt, wer alles an unseren Pensionskassen mitverdient. Zwar sind die Kassen von Gesetzes wegen als gemeinnützige, nicht gewinnorientierte Stiftungen organisiert. Doch rund um die Pensionskassen, die mittlerweile über 600 Milliarden Franken an zwangsersparten Beiträgen der Arbeitgeber und Arbeitnehmenden verwalten, hat sich ein profitorientiertes Beratungs- und Vermögensverwaltungsbusiness eingenistet, das sich mit Beratung und Vermögensverwaltung am Ertrag beteiligt: mit Investment Consulting, Investment Advisory, Asset Manager Selection, Investment Controlling, Performance Reporting – wie das im imponierenden Jargon heisst – werden die in Finanzfragen meist unprofessionellen, weil paritätisch zusammengesetzten Stiftungsräte «gemanagt».

Institutionelle Korruption

Zwei Charakteristika kennzeichnen dieses Business, das den Kassen für die Beratung Stundenansätze zwischen 220 und 500 Franken verrechnet. Erstens übernehmen diese Asset Manager und Berater selber keine Verantwortung für Verluste bei jenen Anlagen, die sie empfohlen oder getätigt haben. Und zweitens verfügen diese Consulting-Firmen selber in der gleichen Firmengruppe auch über Vermögensanlageabteilungen mit Investmentfonds und andern Asset-Management-Geschäften für Pensionskassen. Es gibt also keine Trennung zwischen Beratung und Anlagegeschäft – aus wettbewerblicher Sicht ein absoluter Skandal! Eine gesetzliche Trennung von Beratung und Anlagegeschäft wäre dringend.

Vier grosse PK-Beratungsfirmen sind vorherrschend in diesem Milliardenbusiness: die PPCmetrics als grösste mit einem Marktanteil von rund 30 Prozent, die Complementa, die Ecofin sowie die Coninco. Daneben versuchen kleinere Anbieter wie Watson/Wyatt, Mercer/Pandia, Swisscanto, Lusenti Partners sowie die Grossbanken neben den Lebensversicherungen einen Anteil am Kuchen zu ergattern. Die liberalisierten Anlagerichtlinien, die aufgrund einer Verordnung des Bundes (BVV-2) für Pensionskassengelder gelten, wurden von den gleichen Beratern gestaltet, die davon auch profitieren.

Werfen wir einen Blick auf die Doppelrolle von Dominique Ammann: Der Gründer und Teilhaber der PPCmetrics, der grössten Firma im PK-Beratungsbusiness, war zugleich Mitglied und Subkommissionspräsident der eidgenössischen BVG-Kommission 2008. Unter dem Beizug weiterer Banker und Anlageprofis hat er die Liberalisierung der Anlagerichtlinien im BVV-2 entscheidend geprägt. Kurz nach der Verabschiedung der Anlagerichtlinien im Herbst 2008 – es hatte nicht einmal das übliche Vernehmlassungsverfahren dazu stattgefunden – hat sich dann die PPCmetrics den Pensionskassen gleich als Beraterin für die Anpassung der PK-Strategien an die neuen Richtlinien werbemässig angeboten.

In der Schweiz ist eine solche Interessenverquickung völlig legal; anderswo würde sie als institutionelle Korruption gelten. Trotz der negativen Erfahrungen mit Börsengeschäften erlauben jetzt die von diesen Anlageberatern ohne jede Vernehmlassung geprägten Anlagerichtlinien, dass die Pensionskassen bis 15 Prozent des Kapitals in spekulative Anlagen wie Hedgefonds und Leverage-Produkte – verschleiernd als «alternative Anlagen» bezeichnet – stecken können. Dafür dürfen sie neu weniger in Wohnbauten investieren, die volkswirtschaftlich sinnvoller wären und erst noch sicherer.

Diese Missstände werden sich nur korrigieren lassen, wenn mit der kommenden Abstimmung und der Ablehnung der BVG-Revision ein politischer Druck zu strengeren Anlagevorschriften aufgebaut wird. Es ist unverständlich, dass der Wirtschaftsdachverband economiesuisse nun die kommende Abstimmungskampagne für die BVG-Revision anführt – natürlich finanziert aus PK-Geldern. Denn auch die Arbeitgeber können, wie die Arbeitnehmenden, an der Fortführung dieser Missstände wirklich kein Interesse haben.

(Tages-Anzeiger vom 5.1.2010)

Pensionskassen: Zuerst Vertrauen herstellen und Löcher stopfen!

Die Kampagne der Privatassekuranz war orchestriert. Von Spätherbst bis Weihnachten 2011 wurde uns in zahlreichen Interviews und Zitaten panikartig die Botschaft übermittelt: Die Zweite Säule steht ohne die sofortige Senkung des Umwandlungssatzes und des Mindestzinssatzes vor dem Kollaps. Der Swiss-Life-Chef verstieg sich in die unbelegte Behauptung, die heutige Rentnergeneration klaue durch zu hohe Renten den Jungen jährlich 600 Millionen Franken.

Ausgerechnet die Swiss Life! Die Chefs der früheren Rentenanstalt (1857 als Genossenschaft von Alfred Escher begründet) hatten es nach ihrer Umwandlung zur Aktiengesellschaft Swiss Life fertig gebracht, das während 140 Jahren angehäufte Versicherungskapital 2001 bis an den Rand des Ruins zu verspekulieren und den Konzern 2008 nochmals an den Abgrund zu führen.

«Rentenklau» bei der Privatassekuranz

Das Problem der bei den privaten Lebensversicherungsgesellschaften angegliederten BVG-Sammeleinrichtungen ist der ständige Ressourcenabfluss in die Konzernkassen. Gegen den Willen des Gesetzgebers wird die Gewinnentnahme (sog. Legal Quote) der Zweiten Säule jährlich auf 10 % der Bruttoeinnahmen garantiert, nicht etwa auf 10 % des Nettoertrags oder Gewinns. Diese 10 % fliessen jährlich, ungeachtet von der Leistung und Fähigkeit der Versicherungsverantwortlichen. Jährlich werden dadurch 600 Millionen Franken Zweite-Säule-Gelder in die Konzernkassen der Privatassekuranz abgesogen – bei Swiss Life macht dies ein Drittel des Konzerngewinns aus.

Jeder fünfte Rentenfranken versickert

Allerdings versickern ebenfalls bei den autonomen Pensionskassen, die als Stiftungen keine Gewinne abführen dürfen, Jahr für Jahr enorme Summen für die Vermögensverwaltung und Verwaltung. Dank zwei im Jahr 2011 veröffentlichten Studien des Bundesamts für Sozialversicherung BSV wissen wir mehr darüber: Insgesamt versickern jährlich 5,7 Milliarden Franken aus den Pensionskassen: nämlich 3,9 Milliarden Franken für die Vermögensverwaltung in Form von Bankengebühren, Courtagen, Management Fees, Stempelsteuern und Entschädigungen der Asset-Manager. Die Sanierungsbeiträge durch Anlageverluste sind nicht mitgezählt. Und zusätzlich entstehen Verwaltungskosten und Beraterhonorare von 1,8 Milliarden Franken bei den über 2270 (viel zu vielen!) Pensionskassenverwaltungen.

Wer hätte dies vor dem Vorliegen der Studien geahnt? Die 5,7 Milliarden Franken an jährlichen Vermögensverwaltungs- und Verwaltungskosten der autonomen Pensionskassen entsprechen rund 19 % aller jährlichen Renten- und Kapitalauszahlungen aller Kassen. Jeder fünfte Rentenfranken versickert! Die Zweite Säule ist zu einem Selbstbedienungsladen des Anlagebusiness und der Beraterszene verkommen.

Nebenbei bemerkt, verursacht die Abrechnung der BVG-Beiträge den KMU drei Mal höhere Administrativkosten als die Abrechnung der AHV-Prämien. Dies geht aus der vom Schweizerischen Gewerbeverband in Auftrag gegebenen «Messung» der Regulierungskosten vom Mai 2010 hervor.

Misstrauen berechtigt

Bereits vor der Veröffentlichung der Vermögensverwaltungs- und Verwaltungskostenstudien war das Misstrauen gegenüber der Pensionskassenszene vorhanden. Ich hatte in meiner Funktion als Preisüberwacher aus Einzelfällen bereits Verdacht auf hohe Bankgebühren und Courtagen geschöpft, mir fehlte aber eine Gesamtsicht der Kosten. Nun hat sich das Misstrauen mehr als bestätigt und die zwei Studien signalisieren Handlungsbedarf. Weder die Gewerkschafts- noch die Arbeitgebervertreter in der BVG-Kommission hatten den Anlagekosten die nötige Beachtung geschenkt. Man stritt lieber über ein Viertelprozent mehr oder weniger Mindestzinssatz. Im Vergleich dazu betragen allein die jährlichen Vermögensverwaltungskosten (ohne die Administrationskosten) 0,7 Prozent des Kapitals.

Im Jahr 2008 empfahl die BVG-Kommission die Erhöhung der Limite für Hedgefonds-Anlagen (sog. alternative Anlagen) auf 15 % des Pensionskassenkapitals. Treibende Kraft dieser Erhöhung war eine mit Bankern erweiterte Subkommission unter dem Präsidium von Dominique Ammann, seines Zeichens Chef und Mitbegründer von PPCmetrics, der grössten Beratungs- und Asset-Management-Firma im Pensionskassenbereich. In seiner Doppelfunktion als Experte in der BVG-Kommission und als Beteiligter in den Anlagepraktiken spielte er eine zwiespältige Rolle.

Heute weiss man aus der BSV-Vermögensverwaltungsstudie, dass die 6% Hedefonds-Anlagen der Pensionskassen rund ein Drittel aller Vermögensverwaltungskosten auffressen. Hedgefonds und Dachhedgefonds sind nicht nur extrem teuer und kostenintransparent. Sie sind auch extrem risikobehaftet, weil die Verluste bei Termingeschäften naturgemäss meist unwiederbringlich anfallen.

Politische Herausforderungen

Es ist das Verdienst der Abteilung über die Berufliche Vorsorge im BSV unter Martin Kaiser, dass durch externe Expertisen die effektiven Kosten der BVG-Einrichtungen ermittelt worden sind und nun auch eine Gesamtschau vorliegt. Erst dank dieser Analysen lässt sich rational über den zukünftigen Kurs diskutieren. Allerdings hat das BSV mit seinen Transparenzstudien und mit den Verordnungsentwürfen auch Argwohn bei Kassen und Vermögensverwaltern ausgelöst. Kostentransparenz ist im Vermögensverwaltungsbusiness naturgemäss nicht die höchste Wunschidee.

In aller Stille und ohne die in der Bundesverwaltung übliche Bekanntgabe von Personalmutationen ist der BVG-Chef Martin Kaiser, der früher auch Direktor der Postreg war, im Herbst 2011 von der BVG-Abteilung in die AHV-Abteilung verschoben worden. Neu für die Pensionskassen ist die Juristin und ehemalige Gewerkschaftsekretärin Colette Nova als Abteilungschefin zuständig. Sie ist erfahrene Juristin; doch bezüglich ihrer Wirtschaftskompetenz hatte sie in der SP-Fraktion eher als Sorgenkind gegolten. In der Frage der Kostentransparenz und der Anlagelimiten hatte sie sich immer an den Mann von PPCmetrics, Dominique Ammann, angelehnt. Als ich nach meinem Rücktritt als Preisüberwacher aufgrund meiner Erfahrungen Zweifel gegen dessen problematische Doppelrolle als BVG-Experte und Nutzniesser im Anlage- und Beratungsgeschäft anmeldete, schlug sich Colette Nova als Erste zu dessen Verteidigung in die Bresche.

Neues Vertrauen aufbauen

Im März 2010 ist die BVG-Revision mit 73% vom Volk verworfen worden. Auch eine grosse Mehrheit der KMU-Chefs hatte dagegen gestimmt. Bei den meisten ging es nicht um den Umwandlungssatz, sondern um das verlorene Vertrauen in die Anlagepolitik und in die Finanzmärkte, um die hohen Kosten und die Selbstbedienungspraxis der Beraterszene.

Vertrauen lässt sich nur herstellen, wenn (1) die Gewinnentnahme (Legal Quote) der Privatversicherungen neu geregelt wird, wenn (2) in Zukunft mit einer standardisierten Vergleichsgrösse für alle (aggregierten) Kosten volle Transparenz und eine Vergleichsmöglichkeit für alle Pensionskassen hergestellt werden, wenn (3) spekulative Anlagen in Hedgefonds und andere strukturierte Produkte für Pensionskassengelder gänzlich verboten werden, und wenn (4) die sicheren, spekulationsfreien Anlagenlimiten für Liegenschaften wieder erhöht werden.

Zuerst sind die Sickerlöcher bei der Zweiten Säule zu stopfen, bevor man über den Umwandlungssatz und die Mindestzinssätze neue Regeln einführt. Auch für die KMU-Chefs kann vorrangig wohl gelten: Das Vertrauensproblem muss als Erstes gelöst werden! *(Schweiz. Gewerbezeitung, Januar 2012)*

Jeder fünfte Kassen-Franken geht nicht an die Versicherten

Die Zürcher, die Berner und die Steuerzahler anderer Kantone haben Ärger mit ihren staatlichen Pensionskassen. Tausende Chefs von kleinen und mittleren Unternehmen schlucken ihren Unmut über die Sammelstiftungen und autonomen Pensionskassen runter, die ihre Verluste noch weniger transparent machen als die öffentlichen. Der Handlungsbedarf ist gross. Bei der Beamtenversicherungskasse des Kantons Zürich (BVK) belaufen sich die Verluste auf über 4 Milliarden Franken. Unsummen sind mit Investitionen in rund 450 Hedgefonds und Private-Equity-Fonds – im Fachjargon verschleiernd als «alternative Anlagen» bezeichnet – verspekuliert worden. Korruption war mit im Spiel. Der Kanton muss wahrscheinlich über 2 Milliarden Franken an Steuergeld einschiessen.

In Bern muss der finanzschwache Kanton der Lehrerversicherungs- und der Personalkasse (BLVK und BPK) wahrscheinlich mit 3 Milliarden Franken unter die Arme greifen. Der Hauptgrund für das Malaise ist die ungenügende Ausfinanzierung durch den Kanton, als er die beiden Kassen in die Selbständigkeit entliess. Der Berner Pensionskassenexperte, der die ungenügende Abdeckung damals in einer fürstlich bezahlten Expertise – in sträflicher Fehleinschätzung – empfahl, bleibt von jeder Mithaftung für das Debakel verschont.

Intransparenz ist die Regel

In Zürich sind die Gründe des Milliardenverlusts aufgrund der Korruption gerichtlich untersucht und publik gemacht worden. In der Regel bleiben sie bei autonomen Kassen und Sammelstiftungen aber intransparent, weil keiner der Verantwortlichen an einer Aufklärung interessiert ist. Sie verstecken sich bei verlustreichen Abschlüssen hinter der lapidaren Bekanntgabe einer «Unterdeckung»; die Gründe dafür werden unter Hinweis auf die «Unbill der Kapitalmärkte» oder auf die Alterung der Bevölkerung verschleiert.

Die eigentlichen Gründe für die kurzfristige Unterdeckung sind nicht deklarationspflichtig – und so bleiben die detaillierten Verluste und die Fehlentscheide der Anlageexperten üblicherweise geheim. Die beiden Hauptgründe für die Unterdeckung werden der Öffentlichkeit verschwiegen: erstens die hohen Verwaltungs- und Vermögensverwaltungskosten; zweitens abenteuerliche Anlagen, mit denen Pensionskassenvermögen schlicht verspekuliert werden. Alles wird im anonymisierenden Begriff der «Kapitalunterdeckung» verpackt.

Wahrscheinlich gehört es zur Déformation professionnelle eines ehemaligen Preisüberwachers, auf die Kosten, Gebühren und Sickerlöcher zu achten. Ich bin entschieden der Meinung, dass in der Pensionskassendebatte auch hinter den Schleier der «Kapitalunterdeckung» geschaut werden muss. Was ist darunter versteckt? Und wer profitiert von diesem 700-Milliarden-Anlagebusiness?

5,7 Milliarden für Verwaltung

Kaum jemand weiss, dass die Kosten von Verwaltung und Vermögensverwaltung bei den schweizerischen Pensionskassen durchschnittlich 20 Prozent der jährlichen Kapitalauszahlungen ausmachen. Mit anderen Worten: Jeder fünfte Franken geht nicht an die Versicherten – selbst wenn man die Anlageverluste noch nicht einmal berücksichtigt. Diese Zahlen stammen aus zwei Kostenanalysen, die das Bundesamt für Sozialversicherung (BSV) in Auftrag gegeben hat: Demnach versickern jährlich 3,9 Milliarden Franken an Vermögensverwaltungskosten bei Anlagefonds, Hedgefonds, Dachfonds, Banken und externen Asset-Management-Gesellschaften in Form von Gebühren, Provisionen und Transaktionskosten. Drei Viertel davon werden in den Bilanzen nicht ausgewiesen. Die 6 Prozent an Hedgefonds-Anlagen allein verschlingen ein Drittel aller Vermögensverwaltungskosten. Die rund 2300 Pensionskassen ihrerseits beanspruchen 1,8 Milliarden Franken an Verwaltungskosten. Zusammen macht das 5,7 Milliarden Franken: ein Fünftel der Renten- und Kapitalleistungen.

Umgerechnet auf die gesamte Anlagesumme betragen die Kosten von Verwaltung und Vermögensverwaltung annähernd ein Zinsprozent. Sie sind die Renditekiller der zweiten Säule.

Lobbyisten für Rentenkürzung

Seit Monaten führen Pensionskassenkreise und Lobbyisten der Privatversicherer eine orchestrierte Kampagne zur Senkung des Umwandlungssatzes und des technischen Zinssatzes. Die Sickerlöcher bei der Vermögensverwaltung und die Selbstbedienungsmentalität der Anlageexperten sind dabei kein Thema. Niemand hat ein Interesse, sie offenzulegen. Der Experte Martin Janssen zum Beispiel, der sich als Finanzprofessor der Universität Zürich häufig zitieren lässt und stets der Deregulierung und Liberalisierung das Wort redet, ist Gründer und Mitinhaber einer der grössten privaten Finanzanlage-Gesellschaften für Pensionskassengelder.

Der Bundesrat muss demnächst Entscheide über die Zukunft der Zweiten Säule fällen. Die Pensionskassen, Versicherungsgesellschaften und ihre Nutzniesser im Anlagebusiness drängen auf eine rasche Senkung des Umwandlungssatzes, mit andern Worten: auf eine Rentenkürzung. Das ist die billigste Art, Probleme zu verdrängen. Angezeigt sind vertrauensbildende Massnahmen, nachdem das Volk die Vorlage für ein Berufliches Vorsorge-Gesetz, BVG, im Jahr 2010 mit 73 Prozent Nein-Stimmen versenkt hat.

Strengere Regulierung nötig

Nötig ist erstens eine klare Kostentransparenz mit einer vergleichbaren Kennziffer für die Totalkosten. Das Total sämtlicher Verwaltungs- und Vermögensverwaltungskosten muss in Franken pro Versicherten respektive in Prozent der Anlagesumme ausgewiesen werden.

Zweitens braucht es restriktivere Anlagevorschriften, die spekulative Anlagen verbieten. Die langfristigen Pensionskassengelder haben nichts in Hedgefonds, ausländischen Private-Equity-Fonds und Rohstoffspekulationen zu suchen.

Drittens ist die Offenlegung der Expertenhonorare zu verlangen und das Verbot von Kickbacks, Provisionen und Retrozessionen durchzusetzen. Zudem braucht es eine Mithaftung der Anlageberater und Asset Manager bei Falschberatung und Verlusten.

Die Vermögen unserer Pensionskassen basieren auf dem gesetzlich verordneten Zwangssparen. Sie sind den Kassen und Anlagemanagern nur anvertraut. Das rechtfertigt eine strenge Regulierung und Aufsicht zum Schutz der Versicherten. Selbstverständlich muss auch das Problem der Alterung beim Umwandlungssatz berücksichtigt werden. Aber vorher ist das zerstörte Vertrauen wiederherzustellen. Das Volk wird das letzte Wort haben.

(Tages-Anzeiger vom 19.7.2012)

Sozialstaat und Sozialpolitik

Mehr soziale Sicherheit mit weniger Geld

Noch nie in der Geschichte stand der Sozialstaat unter politischem Druck wie heute. Ein infektiöser Sozialstaatsverdruss wird von der neoliberalen Ökonomie verbreitet – in der Schweiz von Avenir Suisse und von der «Basler Schule» um den Ökonomen Silvio Borner vertreten – und von politischen Worthelden mit Biertisch-Schlagworten wie «Scheininvalide» und «Scheinasylanten» ständig geschürt. Anderseits werden die bestehenden Probleme der Sozialversicherungsfinanzierung von den traditionellen Verteidigern des Sozialstaats chronisch verdrängt und Reformdiskussionen mit Durchhalteparolen ausgeblendet.

Statistischer Befund: mehr für das Soziale – wenig für die Bildung

Wenn wir die Staatsausgaben von Bund, Kantonen und Gemeinden am Bruttoinlandprodukt messen, dann stellen wir eine bedenkliche, starke Zunahme der Sozialausgaben in den neunziger Jahren fest.

- Von 1990 bis 2000 sind die Gesamtausgaben für Soziales von Bund, Kantonen, Gemeinden, Sozialversicherungen zusammen um 7,6 Prozent des Bruttoinlandprodukts BIP angestiegen (auf 27,4 % BIP im Jahr 2000).
- Allein für das Alter betrug der Anstieg rund 4 Prozent des BIP. Einen überproportionalen Anstieg erfuhren auch die Ausgaben für Arbeitslosigkeit, Invalidität und das Gesundheitswesen.

- Demgegenüber sind die gesamten Bildungsausgaben im gleichen Jahrzehnt nur um 0,4 Prozent erhöht worden (auf 5,3 % BIP im Jahr 2000).
- Zur Umrechnung sei angezeigt: 1 Prozent des Bruttoinlandprodukts entsprach im Jahr 2000 rund 4,2 Milliarden Franken.

Dieser Befund signalisiert eine bedenkliche Entwicklung in der Zusammensetzung der Staatsausgaben: immer mehr für das Soziale und für das Alter – zu wenig für die Jungen. Die Schweiz wendet heute, am Bruttoinlandprodukt gemessen, ein Drittel weniger öffentliche Ausgaben für das Bildungswesen auf als die skandinavischen Länder, die nach den internationalen Ratings vor der Schweiz zu den konkurrenzfähigsten Industrieländern zählen.

Den Ursachen der Armut auf der Spur

Die Armutsforschung der letzten Jahre hat versucht, die Armut mit andern Sozialindikatoren in Beziehung zu bringen und dadurch den Ursachen der Armut und des Bedarfs an öffentlichen Sozialausgaben auf die Spur zu kommen. Dabei sind, grob unterteilt, fünf Armutsursachen auszumachen.

- Armutsursache Nummer eins ist die ungenügende Ausbildung. Kein anderer Faktor trägt so viel zur Armut bei wie die mangelnde Berufslehre oder der Verzicht auf eine nachobligatorische Berufsbildung. Wer keine Berufslehre absolviert hat, untersteht einem dreimal grösseren Risiko, arbeitslos oder langzeitarbeitslos zu werden als jemand mit Lehrabschluss. Der Verzicht auf die Berufsbildung und Nachholbildung ganzer Migrationsgenerationen von Ausländern schlägt sich nun in höheren Sozialausgaben nieder.
- Das neue Personal- und Kosten-Management in den (grossen) Unternehmen drängt viele Schwächere, Sensible und «Nicht-Globalisierungsfähige» aus dem Erwerbsleben und überwälzt sie in einer schrittweisen Abdrängung in drei Etappen in den Sozialstaat: Zuerst wird ein aus dem Arbeitsprozess Abgedrängter arbeitslos und bezieht Arbeitslosenversicherungsleistungen. Wenn er ausgesteuert ist, landet er (oder sie) bei der öffentlichen Sozialhilfe, und diese wiederum versucht, ihn der IV als «Erwerbsbehinderten» zuzuschieben. Ein Teil des Wachstums der Sozialausgaben läuft nach dem Ursachenmuster: Privatisierung der Gewinne und Sozialisierung von Kosten.
- Wo Tiefstlöhne bezahlt werden und keine gesamtarbeitsvertraglichen Rahmenbedingungen wirken, bestehen prekäre Arbeitsverhältnisse mit Armut und einer wachsenden Zahl von Working poor. Vor allem in Branchen wie

Reinigung, persönliche Dienstleistungen, Gastgewerbe und Landwirtschaft entstehen prekäre Arbeitsverhältnisse, die die öffentliche Sozialhilfe zusätzlich belasten.
- Eine gesonderte Armutsursache, die oft unabhängig von den andern entsteht, stellt die Alleinerziehungssituation dar. Besonders dort, wo (mehrere) Kinder bei einem Elternteil wohnen oder wo aus nur einem Einkommen zwei Haushalte finanziert werden müssen, ist statistisch das Armutsrisiko hoch.
- Nicht von der Hand zu weisen, aber m. E. von den Sozialstaat-Kritikern auch hochgespielt, ist der «Versuchungsfaktor» durch negative oder mangelnde Anreize zur Wiedereingliederung und Wiederbeschäftigung, die vom Sozialhilfe-System ausgehen. Wenn die Sozialhilfeleistungen höher sind als das zu erwartende Arbeitsentgelt, wirkt der «moral hazard», es entfällt der Anreiz, sich um Arbeit zu bemühen.

Welche Strategien zur Armutsbekämpfung mit weniger Geld?

Gibt es überhaupt eine Möglichkeit, öffentliche Mittel bei der Armutsbekämpfung einzusparen, ohne den Armen die menschliche Würde und die gesellschaftliche Integration zu entziehen? Ich finde, man sollte es versuchen. Man sollte die Forschungserkenntnisse aus den beiden nationalen Forschungsprogrammen des Nationalfonds noch besser auswerten, nämlich des NFP 43 «Bildung und Beschäftigung» und des NFP 45 «Sozialstaat».

In der Reihenfolge der oben genannten Ursachenfaktoren sind hier die wichtigsten Strategien aufgezählt, die von der öffentlichen Hand und den Akteuren verfolgt werden sollten. Einige werden heute schon ernsthaft geprüft oder punktuell realisiert:
- Wichtigste Strategie der Armutsprävention, wenn auch nur langfristig wirksam, besteht in der Bildung und Berufsbildung. Der Einbezug der Jugendlichen in eine Berufslehre, allenfalls eine Attestlehre (früher hiess sie Anlehre) ist der entscheidendste Faktor der Armutsverhinderung und Berufseingliederung. Als neue Strategien werden heute neben der Berufsberatung auch individuelles Coaching, Stützunterricht und eine automatische Zuführung der hier verbleibenden Ausländer und Ausländerinnen zur Berufsberatung empfohlen und angewandt. Bei allem Verständnis für Multikulturalität ist eine individuelle Integrationsvereinbarung, die auch Pflichten zur Sprachausbildung und grundrechtlichen Grundschulung einschliesst, dringend und

wirksam. Wer als AusländerIn hier bleiben will, soll etwas tun für die sprachliche, gesellschaftliche und berufliche Integration!

- Die Wiedereingliederung vor Rente muss klar gefördert werden. Aus dem Erwerbsprozess Hinausgedrängte, IV-Erwerbsbehinderte, müssen durch periodische Gesundheitsüberprüfung, Betreuung und individuelles Coaching früh wieder in den Arbeitsprozess eingegliedert werden. Eine Strategie des «supported employment» soll Anreize schaffen für geschützte Arbeitsplätze, sei es durch Abgeltungen und steuerliche Anreize für den Betrieb oder ein Bonus-Malus-System. Die (Teil-)Beschäftigung und Wiedereingliederung von RentenbezügerInnen ist die wirksamste und menschlich günstigste Form der Kostendämmung.
- Den prekären Arbeitsverhältnissen und der ständigen Vermehrung von Working poor ist durch stärkere Arbeitsmarktkontrollen beizukommen. Die sog. flankierenden Massnahmen zur Personenfreizügigkeit werden die Inspektionstätigkeit und Berichterstattung über Tiefstlöhne, Schwarzarbeit und Arbeiten in der Grauzone verstärken, so dass auch diese Ursachen der Armut transparenter werden und besser bekämpft werden können. Mit relativ kleinem Aufwand für die Inspektionstätigkeit wird das Armutspotenzial abgebaut.
- Der Sonderfall von Armut bei Alleinerziehenden und bei kinderreichen Familien muss mit der Errichtung von Tagesstrukturen für schulpflichtige Kinder, mit der KV-Prämienverbilligung für Kinder und speziellen Ergänzungsleistungen für kinderreiche Familien mit Tiefsteinkommen angegangen werden. Die finanziell wirksamste Strategie besteht darin, der Mutter resp. den Eltern den Ausbau ihrer Erwerbsarbeit zu erleichtern.
- Die Sozialhilfe muss mit einem Erwerbsanreiz verbunden werden. Wer arbeitet, soll nicht seinen ganzen Lohn mit dem Sozialamt abrechnen müssen. Die Arbeitsaufnahme muss sich finanziell lohnen. Verschiedene Anreizmodelle sind zu prüfen. Ob die neuen SKOS-Richtlinien diesem Anspruch gerecht werden, muss erst noch durch Erfahrung getestet werden.

Insgesamt braucht es eine bessere Koordination der Massnahmen und der Ämter. Heute haben wir bei der Berufsberatung drei verschiedene Beratungsstellen mit drei verschiedenen Gesetzesgrundlagen: bei den IV-Stellen, bei den RAVs und bei den Berufsberatungsstellen nach BBG. Eine bessere Koordination oder die Zusammenlegung ist prüfenswert.

Es lohnt sich, nach Massnahmen zu suchen, die mehr berufliche Eingliederung, mehr Eigenverantwortung und weniger Sozialkosten kombinieren. Das ist eine schwierige Aufgabe. Doch mit bloss defensiver Wagenburgstrategie gegen die neoliberale Offensive kann man den Sozialstaat auf Dauer nicht verteidigen. *(www.sozialinfo.ch 2005)*

Süsser Traum: Das bedingungslose Grundeinkommen

Ein bedingungsloses Grundeinkommen für alle?

Auf den ersten Blick entsteht eine Faszination für diese visionäre Idee. Denn sie verkörpert den ewigen Menschheitstraum vom selbstbestimmten Leben, von Autonomie und von der Flucht aus der entfremdenden Arbeit.

Auf den zweiten Blick kommt Ernüchterung auf bei der konkreten Vorstellung, dass Menschen vom Staat lebenslänglich als Berufsrentner unterhalten werden sollen.

Doch ein *dritter, näherer Blick* mag auch Kopfschütteln über die gesellschaftlichen Auswirkungen auf die Arbeitsmotivation und die exorbitanten Kosten eines solchen realitätsfremden Konstrukts auslösen.

Das Initiativprojekt für ein bedingungsloses Grundeinkommen ist nach der Lancierung im April 2012 bei den Medien schlecht aufgenommen worden. Von der Ökonomenzunft wird es als realitätsfremde Utopie mit Häme ignoriert. Wenn ich mich – wenn auch kritisch – mit einem derart utopischen Projekt auseinandersetze, signalisiere ich, dass ich einer Utopie eine Diskussionswürdigkeit und Wertschätzung zugestehe.

Was heisst überhaupt «bedingungsloses Grundeinkommen»?

Viele Leute verwechseln das bedingungslose Grundeinkommen mit dem gesetzlichen Mindestlohn, wie dies die Gewerkschaften mit einer bereits eingereichten Volksinitiative fordern. Der gesetzliche Mindestlohn will eine Arbeitsentschädigung, die allen zum Leben reicht. Das sind etwa 22 Franken Stundenlohn.

Das bedingungslose Grundeinkommen jedoch will jedem Bewohner über 18 Jahre ein Grundeinkommen vom Staat garantieren, ohne Bedingung, ohne Arbeitsleistung, ohne Befristung, eine lebenslängliche, automatische Rente, die zum Leben reicht. Im Verfassungstext ist die Höhe nicht beziffert, aber die Initianten sprechen in der Pressepräsentation und im Begleitbuch von 2500 Franken Monatsrente für jede erwachsene Person und 625 Franken für jedes Kind und jeden Jugendlichen in der Schweiz (Müller/Straub: Die Befreiung der Schweiz. Über das bedingungslose Grundeinkommen. Limmat Verlag Zürich 2012). Die Höhe soll laut Verfassungstext «der ganzen Bevölkerung ein menschenwürdiges Dasein und die Teilnahme am öffentlichen Leben ermöglichen». Diese Einheitsrente aus einer einzigen Quelle soll dann die andern, bisherigen Sozialversicherungen und Sozialinstitutionen ablösen.

Hinter dem Konzept steht eine Vision, nämlich ein selbstbestimmtes Leben, eine Befreiung von entfremdeter Arbeit. Es geht «in erster Linie um Menschenwürde» (Oswald Sigg). Die Utopie der «Befreiung der Schweiz», wie die Initianten sie etikettieren, steht in der Tradition des Thomas Morus oder des André Gorz, der mit seinen früheren Schriften («Abschied vom Proletariat») von einer Verbannung der «heteronomen Sphäre» (also der Entfremdung im Marx'schen Sinne) suchte. Die Verteidiger des Konzepts auf der andern Seite werfen den Kritikern Angst vor Utopien vor, ja sogar «Kontrollverlust vor dem Neuen».

Die gesellschaftlichen Fragen, von denen das Konzept des bedingungslosen Grundeinkommens ausgeht, sind ernsthaft und aktuell. Doch die Antwort darauf ist nicht zu Ende gedacht. Den Ursprung der derzeit vermehrt gehandelten «Erlösungskonzepte» muss man im allgemeinen Krisen- und Umbruchbewusstsein bei weiten Kreisen der (jungen) Bevölkerung suchen: Es sind die «Empörten». Ihr Ausgangspunkt ist die Empörung über Ungerechtigkeiten, Finanzkrise, Arbeitslosigkeit, Ausgeliefertsein und Perspektivenlosigkeit der Jungen. Zeiten gesellschaftlicher Umbrüche provozieren die Sehnsucht nach neuen Ufern mit neuen Projekten. Wer sie ernst nimmt und sie nicht bloss als Weltverbesserer-Sektierertum ignoriert, setzt sich damit auch auseinander.

Tödliches Gift für die Jungen: Zerstörte Eigenverantwortung

Ich nenne gleich vorweg *meine Grundmotivation* gegen das Konzept einer bedingungslosen, lebenslänglichen Rente: Ich möchte nicht, dass unsere Kinder oder Kindeskinder in eine Gesellschaft geboren werden, in der jede und jeder vom Staat zum lebenslänglichen Berufsrentner gemacht wird. Das Versprechen eines ständigen Staatsunterhalts würde zum Motivations- und Energiekiller für manche Jugendlichen, nicht für alle, aber es wäre ein gesellschaftlicher Anreiz zu einer Null-Bock-Grundhaltung mit verpassten Lebenschancen.

Seit Jahren befasse ich mich mit Berufsbildung und Armutsprävention über Berufsintegration: Jeder Oberstufenlehrer, jede Berufsberatungsperson, jeder Berufsausbildner kann erzählen von den Motivationsschwierigkeiten mancher Jugendlicher. Oft sind sie nur temporär, aber akut in der wichtigsten Integrationsphase zwischen 15 und 20. Die Aussicht auf eine bedingungslose, lebenslängliche Staatsrente ist ein Motivationskiller. Ein Drittel der Jugendlichen sind heute Menschen mit Migrationshintergrund. Sie oder ihre Eltern kommen aus Ländern, in denen man sich weniger über die Arbeit definiert. Ist es nicht verantwortungslos und realitätsfern, diese in ein Erwachsenenalter zu entlassen, das eine bedingungslose, lebenslängliche Staatsrente verspricht?

Junge bleiben mit 2500 Franken Monatsrente zwar arm, aber sie kommen sich zufrieden gestellt vor, wenn sie damit vor einer Lehre oder einer Schule und vor der harten Berufsintegration flüchten können. Ein junges lediges Paar mit je 2500 Franken kann sich mit 5000 Franken gemeinsamem Einkommen bedingungslos aufs Sofa setzen. Wie steht es mit der Eigenverantwortung des (jungen) Menschen für seine Existenz, für seine Zukunft? «Eigenverantwortung» ist ein bürgerlicher Begriff, besetzt von den Sozialabbauern, Sozialstaatsgegnern und neoliberalen Moral-Hazard-Theoretikern. Aber soll man das Erziehungskonzept des (oft harten) selbstverantwortlichen Lebens nur diesen überlassen?

Gewiss, manche Jugendliche würden reisen, Kunst und Kultur pflegen, sinnvolle Nischen suchen, wenn sie nur ein Existenzeinkommen hätten. Gewiss wird es Menschen jeden Alters geben, die sich mit einem sicheren Existenzeinkommen zusätzlich regen, mit kreativen Tätigkeiten, mit zivilgesellschaftlichen Engagements. Deshalb übt die Idee einer bedingungslosen Existenzsicherung durch den Staat eine besondere Faszination bei Kulturschaffenden, Intellektuellen und Theologen aus, die aus ihrer persönlichen Erfahrung heraus ihre besondere idealtypische Vorstellung vom selbstbestimmten, autonomen Leben ableiten.

Was ist denn das für ein Bild der Arbeit?

Doch was steht denn für ein Bild über die Arbeit und über den arbeitenden Menschen hinter der Vision eines Lebens ohne Entfremdung und Zwang? Im Grunde steht unbewusst ein elitäres Verständnis von Arbeit und Arbeiten hinter diesem Menschenbild: Die Lohnarbeit wird als entfremdend, als Zwang, als fremdbestimmte Bolzerei verstanden. Das unbezahlte, selbstbestimmte kreative Arbeiten oder die ethisch hochstehende freiwillige Betreuungsarbeit im sozialen Netzwerk jedoch soll mit dem bedingungslosen Staatslohn gefördert und entschädigt werden.

Die bezahlte Arbeit ist eben nicht einfach Entfremdung, vielmehr bei vielen auch Erfüllung. In unserer Gesellschaft gibt es keine grössere Demütigung eines jungen Menschen, als das Gefühl, nicht gebraucht zu werden. Eine bedingungslose, lebenslängliche Abfindung fürs Nichtstun wäre für viele ein Motivationskiller.

Der Kulturanthropologe Richard Senett (Buch: «Handwerk», Berliner Taschenbuch Verlag 2008) zeigt, dass auch Handwerk, auch praktische Tätigkeiten, auch scheinbar entfremdende, repetitive Anstrengungen dem Menschen die Würde bewahren können. Arbeit, die vielleicht dem Intellektuellen und Künstler als entfremdet erscheint, hat für viele eine erfüllende Funktion. «Der Wunsch, eine Arbeit um ihrer selbst willen gut zu machen» (Senett), etwa die handwerkliche Arbeit als «Dialog mit den Materialien», ist für viele Würde und Erfüllung, nicht Entfremdung. Hinter der Einstellung zur Arbeit, zur Leistung und zur produzierenden Tätigkeit steht immer auch ein Menschenbild, das letztlich nicht diskutiert werden kann. Und deshalb wird das Konzept des bedingungslosen Grundeinkommens zur Glaubensdoktrin.

Auch Entfremdung gehört zur Arbeit

Zum Grundkonzept des bedingungslosen Einkommens gehört die Idealisierung der Kreativität, der familiären und nachbarschaftlichen Betreuung und Pflege, der freiwilligen Netze. Wer 2500 Franken pro Monat empfange, werde frei für unbezahlte humanitäre, karitative und kreative Tätigkeiten. Entspricht dies der Realität? Wer übernimmt aus Freiwilligkeit und auf längere Dauer Pflege-, Betreuungs- und zivilgesellschaftliche Pflichten? Wer übernimmt dann die wirklich unangenehmen Arbeiten und Pflichten, wer macht die repetitiven Arbeiten, eben das, was als entfremdete Arbeit gilt? Der gesellschaftliche Trend läuft seit Jahren weg von der Freiwilligkeit in Richtung von Anreizen und marktüblicher Entschädigung.

Vieles ist umstritten und im Fluss in der Gender-Ökonomie. Aber es konnte noch niemand belegen, dass ein bedingungsloses, arbeitsfreies Staatseinkommen die Care-Ökonomie befördern und die Männerbeteiligungsquote in der freiwilligen Betreuung erhöhen würde. Die Pflege- und Betreuungsleistungen müssen als Arbeit besser entschädigt werden, nicht mittels bedingungsloser Staatsrente!

Das bedingungslose Grundeinkommen wird zu einer Chiffre für Problemlösungen gebraucht (oder missbraucht), die es gar nicht erfüllen kann. Eben zum Beispiel mit dem Versprechen, es würde die Segmentierung der Gesellschaft verhindern oder die soziale Betreuung sicherstellen. Der Mitinitiant und Kulturschaffende Endo Anaconda verspricht sich vom bedingungslosen Grundeinkommen bessere Menschen: »Männer werden bessere Väter. Männer werden bessere Künstler.» (20.5.2012)

Ein Leserbriefschreiber im Gewerkschaftsblatt «Work» formuliert treffend das Sehnen hinter dem bedingungslosen Grundeinkommen: « Alleinerziehenden Müttern und ihren Kindern wird der erniedrigende Gang zum Sozialamt erspart. Die Idee bindet dank einfachem Konzept unsere Bürokratie zurück. Sparen wir Geld und verteilen es direkt ohne teure Administration, Stipendien, Ergänzungsleisten, individuelle Krankenkassenverbilligungen (und wie die vielen Kässeli alle heissen) fallen weg. Der Staat gibt allen Brot, wer Butter will, darf nach wie vor arbeiten.»

Faszination weniger Staat

Dieses repräsentative Zitat signalisiert indes eine Ernüchterung gegenüber dem bürokratischen Sozialstaat. Ein Motiv für ein generelles, bedingungsloses, einheitliches Grundeinkommen für alle ist das historisch gewachsene System der heutigen Sozialstaatseinrichtungen. Jedes Sozialwerk hat seine eigene Rechtsgrundlage, seine spezifische Betreuungskultur, seine separate Administration und seine verfassungsmässige Finanzierungsgrundlage. Auf Bundesebene sind dies: AHV (plus EL), IV (plus EL), EO, BV, KV, UV, ALV. In den Kantonen: Familienzulagen, Sozialhilfe, Stipendien.

Die interinstitutionelle Zusammenarbeit unter diesen Institutionen ist mangelhaft, die eine Hand weiss oft nicht, was die andere tut. Angesichts dieser für Aussenstehende unübersichtlichen Institutionenbürokratie ist die Idee naheliegend und verführerisch zugleich, alles zusammenzulegen und nur noch einen einzigen Sozialtransfer mit einem Einheitsrentensatz und einer einzigen Kasse für alle zu kreieren.

Das Konzept des bedingungslosen Grundeinkommens ist keine soziale Idee und seine Schöpfer haben neoliberale Ursprünge. Der Antietatist Milton

Friedman war einer der Ersten. Er wollte den «Sozialapparat» des Staates abschaffen und den Bedürftigen mit einer «negativen Einkommenssteuer» (also einer Staatsrentenzahlung) das Hungern ersparen. Der Österreicher Friedrich A. von Hayek legte mit seiner verbissenen Kampfschrift «Wege zur Knechtschaft» (unter «Knechtschaft» versteht er den Sozialstaat) den Startschuss zum neoliberalen Kampf gegen die Staatsbürokratie und für die Reduktion auf eine minimale existenzsichernde Armenhilfe. Der Antietatist Thomas Straubhaar und der Bankökonom Klaus Wellershoff befürworten das bedingungslose Grundeinkommen. Für sie ist es nicht primär eine Sozialmassnahme, sondern eine Strategie zur Verschlankung des Staates. (Beide haben sich allerdings nach der Lancierung der eidgenössischen Volksinitiative den Medieneinladungen entzogen. Ihnen schwebt wohl eher ein Grundeinkommen auf dem Hartz IV-Niveau von 540 Euro pro Monat vor.)

Bedingungsloses Grundeinkommen bekämpft nicht die Armut

Die Durchschnittsrechung der Initianten ist simpel: Gesamtsozialausgaben des Staates dividiert durch die Anzahl Köpfe. Eine solche Durchschnittsrechnung ist halsbrecherisch, weil wir in der gesellschaftlichen Wirklichkeit schwere Armutsfälle neben Schwerreichen haben.

In der Schweiz gibt es schätzungsweise 300 000 schwer Pflegebedürftige: Alte mit Demenz und Behinderungen, Invalide, geburtlich, zerebral oder unfallmässig Behinderte. Deren Pflegekosten in einer höhern Pflegebedürftigkeitsstufe betragen 100 000 bis 120 000 Franken pro Jahr. Schwere Operationen an Gelenken, die zu über neunzig Prozent von den Krankenversicherungen und vom Staat finanziert werden, belaufen sich auf 20 000 bis 40 000 Franken, jene am Herzen auf 50 000 bis 100 000 Franken. Reintegrations- und Rehabilitationsmassnahmen kosten pro Jahr 50 000 Franken und mehr. Sollen solche Fälle von Armutsrisiken bloss mit 2500 Franken Monatsrente abgegolten werden? Die Initianten drückten sich bisher um solche unangenehmen Tatsachen der Realität.

Man muss wissen: Zur Armutsbekämpfung oder Armutsprävention taugt das bedingungslose Grundeinkommen nicht! Die einen brauchen ein Mehrfaches vom Staat – die andern jedoch brauchen nichts. Das ist kein soziales Konzept, sondern ein fundamentaler, gezielter Angriff auf den Sozialstaat, der neben der kausalen Alterssicherung unverschuldete Armut, Behinderung und Bedürftigkeit ausgleicht. Mit 2500 Franken einheitlicher Monatsrente kann er das nicht.

Man kann durchaus zum Schluss kommen, dass der historisch gewachsene Sozialstaat in gewissen Bereichen falsche Anreize setzt und vor allem wegen der Institutionenvielfalt auch Streuverluste und Verzerrungen verursacht. Doch das bedingungslose Grundeinkommen ist ein derart andersartiges, fundamentalistisches Konzept, dass es nicht einmal zur Heilung der Mängel des bisherigen Systems dienen kann.

Abenteuerliche Kostenrechung

Die Initianten rechnen mit 6 Millionen Erwachsenen, die jährlich 30 000 Franken bedingungsloses Grundeinkommen beziehen, und mit 2 Millionen Kindern und Jugendlichen, die 7500 Franken zugute haben. Grössenordnungsmässig müssten also 200 Milliarden Franken abgeschöpft und umverteilt werden (bei einem Bruttoinlandprodukt von derzeit 550 Milliarden Franken).

Die Gesamtleistungen aller Sozialversicherungen und Sozialhilfen umfassen die Grössenordnung von 140 bis 150 Milliarden pro Jahr. Ohne die Zahlungen der Zweiten Säule sind es rund 100 Milliarden (man kann ja wohl die bestehenden Pensionskassenersparnisse nicht einfach enteignen). Die zusätzlichen Finanzierungen müssten gemäss Initiativkonzept durch eine «Konsumsteuer» finanziert werden. Im europäischen Kontext kommt für die Konsumbesteuerung nur die Mehrwertsteuer infrage.

Ein Prozentpunkt Mehrwertsteuer ergibt bei uns derzeit rund 2,6 Milliarden Franken Bundeseinnahmen. Man müsste also auf den heutigen Mehrwertsteuer-Normalsatz von 8 % zusätzliche 30 bis 40 Mehrwertsteuerprozente hinzuschlagen, notabene mit einer entsprechenden Erhöhung des allgemeinen Preisniveaus. Die bisherigen Lohnprozentabgaben an die Sozialversicherung sind dabei noch nicht ersetzt. – Das soll keine exakte Rechung sein, sondern bloss eine gedankliche Annäherung an die gigantische Umverteilungsmaschinerie durch ein generelles Grundeinkommen für alle. Verteilungsmässig dient es letztlich den Reichen.

Der Initiant Daniel Straub behilft sich mit einer abenteuerlichen Kalkulation, indem er annimmt, dass die erhöhten Konsumsteuern durch entsprechende Senkung der Produktionspreise im Inland kompensiert werden könnten: Das bedingungslose Grundeinkommen vom Staat würde dann eine Lohnsenkung im Inland für alle Produzenten erlauben, und diese Lohnsenkung würde zu einer Produktionskostensenkung und Preisreduktion der Produkte führen. Wer bisher 6000 Franken Lohn bezog, soll nach ihm nur noch 3500

Franken Arbeitslohn erhalten, und zusätzlich das allen zustehende Grundeinkommen von 2500 Franken monatlich.

Ist eine solche (deflationäre) Preissenkung möglich? Die Schweiz importiert Waren für rund 200 Milliarden; das sind im Ausland produzierte Konsumgüter für die Haushalte und Halbfabrikate und Vorleistungen für die Unternehmen. Der Preis dieser Importgüter wird gewiss nicht gesenkt werden können. In grosszügiger Weise vernachlässigt er die gesamten Importe in der offenen Volkswirtschaft. Seine abenteuerliche Rechnung basiert auf einer Inselökonomie – ohne Importe und Exporte, ohne Einkaufstourismus über die Grenze, ohne Konkurrenz zum Beispiel aus den Tieflohnländern Ostasiens.

Die Initianten verzichten in ihrem Initiativtext auf eine Bezifferung eines Konsumsteuersatzes (oder haben sie vergessen). Der Mehrwertsteuersatz (von derzeit 8 %) ist aber heute in der Bundesverfassung beziffert. Wollte man ihn anheben, müsste die Verfassung erneut abgeändert werden. Ansonsten bliebe der Verfassungstext gemäss Volksinitiative selbst bei deren Annahme toter Buchstabe. Das ist eine Publikumstäuschung.

Keine Massnahme gegen Arbeitslosigkeit

Gewisse Kreise und vor allem ausländische Autoren, die sich mit der weltweiten Arbeitslosigkeit befassen, erhoffen sich vom bedingungslosen Grundeinkommen eine Umverteilung der Ressourcen zugunsten der Unterbeschäftigten. Die hohen Jugendarbeitslosenquoten im Ausland (z. B. in der EU-27 von durchschnittlich 22 %) sind meines Erachtens schlagzeilenwürdiger als die Details zur europäischen Finanzkrise, mit der wir täglich medial gefüttert werden. Die hohe Jugendarbeitslosigkeit im Ausland ist allerdings nicht primär das Resultat der Rezession, sondern der falschen, arbeitsmarktfernen Ausbildung. In europäischen Staaten, die keine Berufslehre kennen, ist die Jugendarbeitslosigkeit fast drei Mal höher als in den wenigen Ländern mit einem dualen Berufsbildungssystem: dies sind die Schweiz, Oesterreich, Westdeutschland, Holland. Wo kein praxisorientiertes Ausbildungssystem auch für nichtakademische Berufe existiert, gibt es am meisten Jugendarbeitslosigkeit. (Strahm: Warum wir so reich sind. Wirtschaftsbuch Schweiz. Bern 2010)

Wie steht es nun mit der Arbeitslosigkeit in der Schweiz? Bei uns pendelt die Jugendarbeitslosenquote je nach Jahreszeit zwischen 3 und 5 %. Die Gesamterwerbslosenquote liegt schweizweit auf gleich tiefem Niveau (bei allerdings höheren Quoten in der lateinischen Schweiz). Das Risiko, arbeitslos zu werden, ist bei den Ungelernten dreimal höher als bei Personen mit einem Berufsabschluss. Die Jugendarbeitslosigkeit ist ein Problem der mangelnden oder fehlenden Berufsausbildung, der missglückten Berufsintegration, der Bildungsferne. Und ausgerechnet diese Integration würde durch ein bedingungsloses Grundeinkommen wegen fehlender Anreize gefährdet!

Die Schweiz leidet nicht unter dem Problem, dass uns die Arbeit ausgeht. Im Gegenteil: Der Zahl der Erwerbstätigen ist in der Schweiz seit dem Jahr 2000 um 600 000 gewachsen, umgerechnet auf Vollzeitbeschäftigte um über 400 000. Dieser Arbeitskräftebedarf induzierte die hohe Zuwanderung und den Grenzgängeranstieg. Es ist deshalb völlig unzulässig, ausländische Konzepte zur Umverteilung der Arbeit auf die Schweiz zu übertragen. Die von den Initianten erhoffte oder angestrebte Verminderung des Arbeitsvolumens würde in einer offenen Volkswirtschaft im Zeichen der Personenfreizügigkeit durch Rekrutierung von Personal im Ausland kompensiert werden: durch weitere Zuwanderung zum Arbeitsmarkt Schweiz und Zuwanderung ins Sozialsystem!

Fragen an die Initiative

Utopien und Visionen müssen nicht jede technische Frage zum vornherein beantworten. Es wäre eine Killerstrategie, wenn man von der Initiative, die sich als Utopie «zur Befreiung der Schweiz» versteht, nun schon alle Antworten einfordern würde. Aber eine Utopie muss immerhin auch Grundsatzfragen in der Konfrontation mit der Realität beantworten, zum Beispiel diese:

- Wie kann ein bedingungsloses Grundeinkommen in einem Lande mit offenen Grenzen im Zeichen der Personenfreizügigkeit und der freien Zuwanderung zum Arbeitsmarkt und zum Sozialsystem realisiert und finanziert werden?
- Was sind die Kosten und zusätzlichen Steuerbelastungen und welche volkswirtschaftlichen Auswirkungen auf Löhne, Preise, Produktionsbedingungen sind zu erwarten? Und was sind die sozialen Umverteilungswirkungen und Zusatzbelastungen der Haushalte durch die erforderliche massive Erhöhung der Mehrwertsteuer?
- Welche bisherigen bedarfsabhängigen Sozialleistungen sollen neben dem bedingungslosen Grundeinkommen doch noch weitergeführt und finanziert werden?
- Wie wird die gewerkschaftliche Initiative für einen gesetzlichen Mindestlohn (den ich ausdrücklich befürworte) durch das Konzept des bedingungs-

losen, lebenslänglichen Grundeinkommens für alle konkurrenziert und gefährdet? Und wie ist das Verhältnis zur ebenfalls eingereichten und wichtigen Initiative für eine Erbschaftsbesteuerung?
- Was sind die Auswirkungen eines Versprechens auf lebenslängliches Grundeinkommen auf die Motivation, das Lernverhalten und die Selbstverantwortung von jugendlichen Personen?

Ich signalisiere mit diesen Fragen, dass ich die Initiative als utopisches Projekt ernst nehme. Aber auch von den Schöpfern einer «Utopie» darf man erwarten, dass sie sich dem Realitätsbezug stellen.

Realistische Neuorientierungen – hier und jetzt

Wir brauchen anstelle eines bedingungslosen Grundeinkommens, also einer lebenslänglichen Staatsrente für alle, heute zum Beispiel:
- ein Engagement für den gesetzlichen Mindestlohn für alle Erwerbstätigen (Volksinitiative der Gewerkschaften);
- den Kampf für eine Pflicht der Arbeitgeber, pro hundert Beschäftigte ein bis drei Behinderte oder Erwerbsbehinderte in geschützten Arbeitsplätzen aufzunehmen;
- noch mehr Anstrengungen, Jugendliche in eine Berufslehre oder berufliche Grundbildung zu bringen, das ist die wirksamste Armutsprävention;
- eine gesetzliche Pflicht für die bestehenden Sozialeinrichtungen zur interinstitutionellen Zusammenarbeit IIZ oder gar Zusammenlegung der Betreuungsleistungen;
- besondere Fördermassnahmen und Pflichten bei der Integration bildungsferner Migrationspersonen aus dem Ausland, mit andern Worten: ein Engagement für Fördern und Fordern in der Integrationspolitik.

Die Utopie des bedingungslosen, lebenslänglichen Grundeinkommens ist eine Vision für übermorgen – aber sie ist auch eine Flucht vor den aktuellen sozialpolitischen Herausforderungen von heute. Flüchten Sie nicht in die Utopie, um sich von den Pflichten der Gegenwart zu befreien!

(« Newsletter InfoSperber» – 12. Juni 2012. www.infosperber.ch)

Berufsbildung und Bildungspolitik

Fachkräfte im Ausland zu rekrutieren, löst keine Probleme

Im März zählte man in der Schweiz 3198 arbeitslose Informatiker. Darunter ist ein hoher Anteil an hoch qualifizierten IT-Spezialisten, die im Zuge der Schrumpfung des Finanzsektors ihre Stelle verloren haben. Darüber hinaus sind 1909 Ingenieure, 1334 Techniker und 2288 technische Fachkräfte arbeitslos gemeldet, die häufig dem Personalabbau infolge des Kriseneinbruchs in der Maschinen- und Elektroindustrie zum Opfer gefallen sind.

Unser interner Arbeitsmarkt für technische Spezialisten ist mit mindestens 8729 Stellensuchenden somit alles andere als ausgetrocknet. Trotzdem hat der Bundesrat letzte Woche die Kontingente für die Rekrutierung von ausländischen Spezialisten aus den Nicht-EU-Ländern von 5500 auf 11 000 verdoppelt. Letztes Jahr hatte er die Zulassung zahlenmässig halbiert. Dieser zusätzlichen Öffnung des Arbeitsmarkts war ein intensives Lobbying und eine orchestrierte PR-Aktion der interessierten Firmen vorausgegangen. Insbesondere hatten einige ausländische Konzerne, Google und IBM, mit Abwanderungsdrohungen Druck auf Bern ausgeübt.

Suche nach billigerem Personal

Die oben erwähnten Zahlen relativieren einen generellen Spezialistenmangel auf dem Arbeitsmarkt. Es steht ohnehin das riesige Reservoir an Spezialisten aus dem EU-Raum offen, die wegen der Personenfreizügigkeit ohne Bewilligung und Kontingentierung rekrutiert werden könnten. Doch gewisse ausländische Firmen drängen auf die Rekrutierung von Spezialisten ausserhalb Europas, weil sie billigeres Personal suchen. Indische Informatiker etwa sind nicht besser, aber viel billiger. Würden hierzulande nicht Mindestlohnvorschriften vorgegeben, würden sie für 2000 Franken Monatslohn oder weniger arbeiten.

Diese Art von Personalrekrutierung im Billiglohn-Ausland führt im Wirtschaftszyklus indirekt zu einem Verdrängungseffekt auf dem internen Arbeitsmarkt: In der Rezession werden Arbeitnehmende entlassen; beim Aufschwung werden sie durch billigere Ausländer ersetzt. Wir bezahlen diesen Verdrängungseffekt mit einer höheren Sockelarbeitslosigkeit im Inland.

Der Arbeitgeberverband, der das Lobbying für grössere Ausländerkontingente und mehr Zuwanderung von ausserhalb der EU anführt, spielt ein gewagtes Spiel. Es entstehen soziale Folgelasten und darüber hinaus politische Kosten durch die weitere Polarisierung der SVP in Ausländerfragen. Wenn die Schweizer Öffentlichkeit diese tragen muss, werden Blasenfirmen wie Google ihren Sitz längst in ferne Tieflohnzonen unseres Planeten verlegt haben.

Wenn der Bundesrat die Kontingente für Nicht-EU-Arbeitnehmer jetzt in einer willfährigen Aktion verdoppelt, muss die vom Gesetzgeber gewollte Arbeitsmarktsteuerung – trotz der Arbeitgeber-Lobby – auch konsequent durchgesetzt werden. Dies heisst: Bewilligungen nur mit Durchsetzung des gesetzlichen Inländervorrangs, Beschränkung auf Kurzaufenthaltsbewilligungen, Kontrolle der Einhaltung der Mindestlöhne. Wir brauchen eine nachhaltige, nicht eine branchen- und lobbygesteuerte Arbeitsmarktimmigration.

Gewiss gibt es da und dort Engpässe bei der Personalrekrutierung; gewiss ist der Technologieaustausch mit dem Ausland zu fördern. Doch das Hauptproblem ist heute nicht der Mangel an Fachkräften, sondern die Unvergleichbarkeit der Bildungssysteme. Es besteht bei manchen Managern eine eklatante Unkenntnis und mangelnde Wertschätzung der schweizerischen Abschlüsse in der Berufsbildung und höheren Berufsbildung. In den hiesigen Grossfirmen sind 42 Prozent der Manager Ausländer. Die meisten von ihnen kennen das schweizerische Berufsbildungssystem nicht. Reflexartig suchen sie Universitätsabsolventen, weil sie selber nichts anderes kennen.

In der Schweiz haben wir zwei- bis dreimal weniger Maturitäts- und Hochschulabsolventen als die umliegenden Länder, dafür eine verbreitete berufliche Weiterbildung in Höheren Fachschulen und zahlreichen Stufen der höheren Berufsbildung nach der Berufslehre. Neben den rund 30 Prozent Universitäts- und Fachhochschulabsolventen pro Jahrgang haben wir mit ebenfalls 30 Prozent ein Reservoir an Spezialisten mit nichtakademischen Diplomen in der höheren Berufsbildung.

Titelaufwertung im Inland

Ein in der Schweiz ausgebildeter Informatiker mit einer Berufslehre und einer anschliessenden höheren Fachschule oder mit einer höheren Eidgenössischen Berufsprüfung oder Fachprüfung ist besser, qualifizierter und praxisorientierter als ein Bachelor oder Master etwa aus irgendeiner indischen Universität. Ein Absolvent einer kaufmännischen Ausbildung bei uns, der im Laufe seiner Berufspraxis zusätzliche Weiterbildungsstufen etwa in Rechnungslegung, Buchprüfung, Wirtschaftsinformatik oder ein Treuhänderexamen absolviert hat, ist ungleich besser qualifiziert als ein junger Bachelor in Betriebswirtschaft aus einer deutschen Universität. Letzterer kann sich mit einem akademischen Titel schmücken; der Schweizer jedoch kann mit seinen eidgenössischen Fachdiplomen in der titelverliebten Konzernwelt kaum punkten. Wir haben einen riesigen Bedarf an Valorisierung, Titelwertschätzung und Aufwertung der höheren Berufsbildung. Wer ist zuständig? Das Bundesamt für Berufsbildung und Technologie (BBT) produziert Bericht um Bericht und entscheidet doch nicht, publiziert «Masterpläne», die dann in den Amtsschubladen verschwinden.

Solche Politik ist nicht nachhaltig

Vor dem Hintergrund der Arbeitsmarktöffnung und Personenfreizügigkeit gilt es, die Abschlüsse der Höheren Fachschulen und der höheren Eidgenössischen Berufs- und Fachprüfungen aufzuwerten und das Weiterbildungssystem anzuerkennen. Zum Beispiel mit der Verleihung eines «Professional Bachelor» oder eines «Bachelor of Applied Sciences» in Kombination mit den Abschlüssen der höheren Berufsbildung. Zum Beispiel mit einer Informationskampagne, wie sie für die Berufslehren mit Erfolg organisiert wurden.

Die Universitäten werden aufheulen. Aber es geht um eine Titelgerechtigkeit der Berufsabschlüsse. Der Bund kann nicht einäugig nur die Rekrutierung von Absolventen aus der Massenproduktion ausländischer Unis ausweiten und im

Inland das berufsorientierte, praxisnahe höhere Berufsbildungssystem vernachlässigen. Eine solche Politik ist nicht nachhaltig und nicht gerecht.

(Tages-Anzeiger vom 4.5.2010)

Was die Arbeitslosenquote über unser Bildungssystem sagt

Auf dem europäischen Kontinent gibt es Diskrepanzen, von denen nie jemand spricht: Im April 2010 hatte die Schweiz eine Jugendarbeitslosigkeit von 4,5 %. Das war europaweit der tiefste Wert. In Spanien als gegenteiliges Extrem waren 40,3 % der unter 24-Jährigen arbeitslos. Die Schweiz schneidet im Vergleich glänzend ab.

Es gibt wohl keine grössere Demütigung für einen jungen Menschen als das Gefühl, nicht gebraucht zu werden. Die sozialen Folgeschäden sind in keinem anderen Alter derart nachhaltig. Und in Europa sind derzeit insgesamt 5,3 Millionen jener Jugendlichen unter 24 Jahren, die in keiner Ausbildung stehen, als arbeitslos registriert.

Die Jugendarbeitslosenquote ist der beste Indikator, ob ein Bildungssystem taugt und ob es auf den Arbeitsmarkt gut vorbereitet oder nicht. Wir haben in Europa grob unterteilt zwei Ausbildungssysteme. Fünf Länder kennen das Dualsystem mit einer Berufslehre, das heisst eine Kombination von betrieblicher Ausbildung mit berufsbegleitender Schule: die Schweiz, Österreich, Deutschland (West), Dänemark und die Niederlande. Die Tradition der betrieblichen Berufslehre ist historisch aus dem Bildungswesen der Zünfte und des Handwerks hervorgegangen. Die lateinischen Staaten wie Frankreich, Italien, Spanien, Portugal kennen die duale Berufslehre ebenso wenig wie die angelsächsischen Industrieländer (Grossbritannien und die USA) und die Balkanstaaten.

In der zweiten, aktualisierten Auflage meines Buchs «Warum wir so reich sind» (hep-Bildungsverlag, Juni 2010) habe ich die Jugendarbeitslosigkeit der fünf Berufsbildungsländer mit jener von zehn vergleichbaren Industriestaaten verglichen, die kein Berufsbildungssystem kennen. Das Resultat: Die durchschnittliche Jugendarbeitslosenquote betrug auf dem Höhepunkt der Wirtschaftskrise (im Herbst 2009) in den Berufsbildungsländern 8 % und in den Staaten mit ausschliesslich vollschulischer Ausbildung ohne Berufslehre 25 % – also dreimal mehr. Dabei hatte die Wirtschaftslage keinen grossen Einfluss auf die Diskrepanz. Vor der Krise schon waren es zweieinhalb Mal mehr. In Bezug auf die praktische, zielgerichtete Ausbildung für den Arbeitsmarkt ist das duale Berufsbildungssystem gegenüber rein schulischen Systemen also eindeutig und indiskutabel überlegen.

Wie ist die Kluft von eins zu drei bei der Jugendarbeitslosenquote zu erklären? Der Hauptgrund liegt darin, dass die berufspraktische Förderung auch Jugendlichen mit einer Schulschwäche oder aus bildungsferneren Schichten eine Berufsqualifikation und einen arbeitsmarktfähigen Bildungsabschluss vermittelt. Nicht wenige intelligente Menschen stehen zum Beispiel auf «Kriegsfuss» mit dem Sprach- oder Fremdsprachenunterricht, eine andere Gruppe wiederum hat Mühe mit mathematisch-technischen Fächern. In rein schulischen Bildungssystemen fallen solch einseitig begabte Schüler zwischen Stuhl und Bank. Die Berufslehre hingegen gibt jenen Jugendlichen, die mit einer schulischen Selektion nicht weiterkommen, die Chance zur Entfaltung der praktischen Intelligenz, zur Integration in die betriebliche Arbeitskultur – sie lernen arbeiten. Und nach der Lehre haben sie einen zertifizierten, anerkannten Berufsabschluss.

Praktische Fähigkeiten lernt man nicht in der Schule. Präzisionshandwerker werden ebenso wenig wie Spitzenfussballer durch theoretische Wissensvermittlung und -prüfung entdeckt und gefördert. Länder mit einem hohen Anteil an gymnasialer Bildung haben meist höhere Jugendarbeitslosenzahlen. Finnland mit der europaweit höchsten Gymnasialquote von über 90 % hat derzeit 23 % Jugendarbeitslosigkeit. Griechenland mit einer Maturitätsquote von 66 % bezahlt dies mit rund 30 % arbeitslosen Jugendlichen. Studienabgänger arbeiten dort als Taxifahrer und Bootsverleiher. Deshalb kommt selbst die Organisation für wirtschaftliche Zusammenarbeit und Entwicklung (OECD), die lange Zeit eine höhere Schulbildung predigte, heute zum Schluss: Arbeitslosigkeit und Armut bekämpft man nicht mit immer mehr Sozialleistungen und mit dem Ausbau des Sozialsystems. Armut beseitigt man nachhaltig nur mit einem integrierten Berufsbildungssystem. Präventive Sozialpolitik heisst Berufsbildung und Arbeitsmarktintegration. Dies zu begreifen, fällt manchen Sozialpolitikern schwer.

Die schweizerische Statistik zeigt: Wer eine Berufslehre absolviert hat, unterliegt einem dreimal kleineren Risiko, arbeitslos zu werden oder langzeitarbeitslos zu bleiben, als eine ungelernte Person. Und wer einen Berufsabschluss hat, hat statistisch ein zweieinhalb Mal kleineres Risiko, Sozialhilfebezüger zu werden. Jeder junge Mensch, der eine Berufslehre absolvieren kann, vermindert statistisch die Soziallasten. Und jeder Betrieb, der Jugendlichen eine Lehre ermöglicht, trägt dazu bei.

Kein Abschluss ohne Anschluss

Das laufende Schuljahr neigt sich dem Ende zu. Rund 100 000 Jugendliche werden demnächst die obligatorische Schulzeit abschliessen. 90 Prozent werden, so ist zu hoffen, eine weiterführende Mittelschule oder eine Lehrstelle finden. Die Berufslehre ist heute keine Karriere-Sackgasse mehr. Das reformierte Berufsbildungssystem kennt den Grundsatz: kein Abschluss ohne Anschluss. Vielen Eltern ist das noch zu wenig bekannt.

Die Berufslehre in Kombination mit der Berufsmaturität erlaubt den Zugang zur Fachhochschule. Deren Absolventen sind auf dem Arbeitsmarkt heute begehrter und werden ebenso gut bezahlt wie Universitätsabgänger. Und wer keine Berufsmaturität erwirbt, kann im vielfältigen System der höheren Berufsbildung (Höhere Fachschulen, höhere eidgenössische Berufsprüfungen und höhere Fachprüfungen) auch später die Tertiärbildung berufsbegleitend nachholen.

Die Wirtschaftspublizistik dreht sich derzeit fast nur um Banker, Börsen und Boni sowie um den kurzen Glamour von Managerkarrieren. Man sollte aber auch über das Rückgrat des schweizerischen Reichtums nachdenken: Die hohe internationale Konkurrenzfähigkeit der Schweiz liegt nämlich begründet in der verbreiteten soliden Arbeitsqualität, basierend auf einem Berufsbildungssystem mit 240 zertifizierten und anerkannten Berufen.

(Tages-Anzeiger vom 15.6.2010)

Kampfzone Schulpolitik

Seit zwei Jahren ist Feuer im Dach der Schulpolitik. Jahrelang hatte man die Volksschule und die Lehrerbildung den Erziehungswissenschaftlern, Psychologen und Bildungsbürokraten überlassen. Dann lancierte die Schweizerische Volkspartei einen Kampf gegen die «Kuschelpädagogik» und gegen das Harmos-Schulkonkordat. Wie schon zuvor bei der Ausländerfrage, bei den Problemen der Kriminalität und des Sozialhilfemissbrauchs nimmt die SVP als Erste ein Unbehagen auf, vereinfacht es auf Schlagworte und bewirtschaftet es polarisierend. SP, FDP und CVP ducken sich hilflos hinter den offiziellen Modellen der Bildungsdirektionen und wundern sich über den Erfolg der SVP.

Es lässt einen nicht kalt, zu beobachten, wie alte Männer mit ihrem Ideal der alten Paukerschule ihre retro-pädagogischen Vorstellungen mit den Rezepten von vorgestern für die Schule von morgen selbstbewusst vortragen, wie sie das Prestige des Lehrerberufs demontieren und wie sie mit ihrer Paukerpädagogik erfolgreich auftrumpfen. Viele Leute verstehen die Schule und die Lehrer nicht mehr. In sieben Deutschschweizer Kantonen ist der Beitritt zum Harmos-Schulkonkordat wegen der SVP-Opposition abgelehnt worden; und in den bejahenden Kantonen gab es meist weit über 40 Prozent Nein-Stimmen-Anteile. Dabei ging es beileibe nicht nur um das Einschulungsalter von 4 Jahren. Vielmehr signalisiert diese Opposition ein Unbehagen in der Bevölkerung.

Der SVP-Chefstratege von Herrliberg, der seine Verletzungen und Demütigungen nie verwunden hat, die ihm in seinen studentischen Jahren von den 68ern zugefügt worden sind, gab seiner Partei das Mot d'ordre: Wir brauchen eine konservative Revolution! Und nun geht in der SVP die Parole um, in den Kantonen jede Gelegenheit zur Übernahme des Bildungsdepartements zu nutzen. Heute sind in der Deutschschweiz bereits in sechs Kantonen SVP-Regierungsräte an der Spitze der Bildungsdirektionen. Im Laufe des kommenden Jahrzehnts werden sie in der Erziehungsdirektorenkonferenz EDK wohl eine Mehrheit bilden.

Es nützt wenig, sich über den Rechtspopulismus zu ärgern und diesen als konservativen Trend im Volk zu bedauern. Hinter diesem Trend steht eine tiefe Entfremdung von der Schule. Die Menschen sind skeptisch gegenüber dem erziehungswissenschaftlichen Jargon. Sie verstehen nicht, weshalb für Kindergarten und Grundstufe der Volksschule neu eine gymnasiale Maturität die Vorbedingung für die Lehrerausbildung sein muss. Man hat das Gefühl, die Selektion für die Lehrerausbildung sei zu kopflastig, zu theoretisch, und das alte Bildungsideal von Pestalozzi – Bildung von Kopf, Herz und Hand – gehe verloren.

Was haben wir doch in den letzten Jahrzehnten nicht alles an pädagogischen Doktrinen erlebt – immer mit professoralem Imponiergehabe und publizistischem Getöse vorgetragen. Dann wurden diese mit blinder Reformitis durchgesetzt und ein Jahrzehnt später still versenkt: Wie wurden doch Chemie, Physik, Biologie zu einem Allerweltsfach zusammengelegt – jetzt werden sie wieder getrennt. Wie wurde doch die Mengenlehre als bessere Mathematik propagiert – heute ist sie verschwunden, weil die Schüler dabei das Rechnen verlernt hatten.

Überfordernde Reformjagd

Zürcher Bildungsdirektoren jagten ihre Schulen von Reform zu Reform. Und die früheren Berner und Aargauer Erziehungsdirektoren jagten hinterher. Heute ist Zürich der bildungspolitische Horrorkanton mit unzufriedenen Eltern, überforderten Lehrpersonen und einer schulpolitischen Polarisierung.

Nun liegt das Projekt Lehrplan 21 der deutschschweizerischen Erziehungsdirektoren vor uns. Es besteht einstweilen aus einem pragmatischen, verständlichen Grundlagenbericht und ist noch kein fertiger Lehrplan. Es stellt uns vor zahlreiche Weichenstellungen, die nach einer Vernehmlassung, einer Überarbeitung und Detaillierung (2011/12) und einer erneuten Konsultation (2013) bis etwa 2014 von den Kantonen eingeführt werden sollen. Die SVP ist mit einem Gegenmodell ins politische Vakuum vorgestossen. Mit Kritik zum Beispiel an den Teilpensen der Lehrpersonen und an der stillen Preisgabe des Klassenlehrerprinzips hat sie als Erste ein berechtigtes Unbehagen bei der Elternschaft aufgenommen.

Exemplarisch für die Ausrichtung des Lehrplans 21 wird die Art sein, wie man mit dem neuen Fachbereich Musik, Kunst und Gestaltung umgehen wird. Dieser umfasst nach dem EDK-Grundlagenbericht auch bildnerisches, textiles und technisches Gestalten. Früher gab es, nach Kantonen unterschiedlich benannt, die Fächer Werken, Handarbeit oder Handfertigkeit. In manchen Kantonen und Schulen wurden in den letzten Jahren diese praktisch orientierten Fächer aufgegeben. Für die elitären Erziehungswissenschaftler, die mit gebanntem Röhrenblick auf die Pisa-Ratings und die IQ-Tests blicken, sind solche Praxisfächer reine Zeitverschwendung.

Praktiker in die Schulpolitik!

Doch gerade im Fach Werken kommt auch die praktische Intelligenz zum Zug. Und es werden Fähigkeiten gefördert, die für die späteren Berufslehren und die lebensweltliche Praxis entscheidend sein können. Und was ich für ebenso wichtig halte: Es kommen in diesen Fächern auch Schüler zum Zug, die in kognitiven Fächern nicht zu den Starken gehören. Sie erhalten durch ihre praktischen Fertigkeiten eine Wertschätzung und Selbstvertrauen.

Manche Erziehungswissenschaftler wissen nicht, was praktische Intelligenz bedeutet. Wer jedoch eine Berufslehre absolviert hat oder wer in einem KMU-Betrieb wirkt, versteht ihren hohen Wert. Die Professorin Margrit Stamm von der Uni Freiburg («Kluge Köpfe – goldene Hände») ist eine der wenigen unter den Uni-Leuten, die die praktische Intelligenz zum Thema machen. Besonders lesenswert ist das auch auf Deutsch erschienene Buch «Handwerk» des amerikanischen Soziologen Richard Sennett, der den gängigen IQ-Begriff demontiert. Seine These: «Menschen besitzen mehr Fähigkeiten, als der Intelligenztest misst.»

Nichts weniger als das Bildungsideal von Pestalozzi steht mit dem Lehrplan 21 auf dem Spiel. Es gilt, zwischen der elitären Verirrung mancher Bildungsreformer und der überholten Paukerpädagogik der Volkspartei einen Zwischenweg zu finden. Hoffentlich werden sich endlich mehr Praktiker mit Erfahrung und praktisch Begabte an der schulpolitischen Auseinandersetzung beteiligen.

(Tages-Anzeiger vom 7.12.2010)

«HFKG» – unser neues Organisationsmonster

Was sich da rund um die Fachhochschulen und Universitäten zusammenbraut, ist ein Organisationsmonster, das man dereinst als ähnliche Fehlkonstruktion bezeichnen wird wie das Bologna-System. Dieses neue Monster heisst «HFKG» – Hochschul-Förderungs- und Koordinationsgesetz. Es ist derzeit in der nationalrätlichen Bildungs- und Wissenschaftskommission in der Beratung. Der Entwurf des HFKG stammt aus der Küche des unseligen Staatssekretärs Charles

Kleiber, heute Pensionär, der vor zehn Jahren das Bologna-System auf die denkbar bürokratischste und formalistischste Art und Weise über die schweizerischen Hochschulen gestülpt hatte.

Das HFKG will das Hochschulwesen in der Schweiz koordinieren und alle Universitäten, Fachhochschulen und teilweise die Pädagogischen Hochschulen unter eine einheitliche Steuerung einer «Hochschullandschaft» stellen.

Die Konstruktion der vorgesehenen verschachtelten Gremien und Organe ist grandios: Als übergeordnetes Gremium soll eine Hochschulkonferenz gebildet werden mit 26 Bildungs- resp. Erziehungsdirektoren der Kantone und einem Bundesratsmitglied. Als Steuerungsorgan soll ein 15-köpfiger Hochschulrat eingesetzt werden, mit 14 kantonalen Bildungsdirektoren und einem Bundesrat als Präsident. Dieses von den Kantonen beherrschte Gremium soll neu über die Verteilung und Verwendung der Hochschulgelder des Bundes – und nur des Bundes – entscheiden. Im Fachhochschulbereich ist dies nichts anderes als eine Rekantonalisierung der Bundeskompetenz.

Damit ist es noch nicht genug. Mit dem HFKG wird zudem eine gegenüber heute erweiterte Hochschulrektorenkonferenz eingesetzt, die auch Steuerungsbefugnisse erhält. Dazu kommen ständige Ausschüsse und Beisitzer mit Beratungsfunktionen. Hinzu kommt ein Akkreditierungsrat mit einer Akkreditierungsagentur, die für beide Hochschultypen, für Universitäten und Fachhochschulen, eine Gleichmacherei anstreben wird (was der Gesetzgeber mit dem bisherigen Fachhochschulgesetz vermeiden wollte).

Dazu kommen geldverschlingende Akademien, die weder ausbilden noch forschen, sondern «Hochschulpolitik» betreiben und «Weissbücher» verfassen. Daneben besteht weiterhin der ETH-Rat, weil sich die beiden ETH Zürich und Lausanne verständlicherweise aus diesem Organisationsmonster ausgeklinkt hatten. Diesem Organisationskomplex sind die zehn Universitäten und die sieben Fachhochschulen unterstellt, welche Letztere wiederum in mehrere Abteilungen und zu viele Hierarchiestufen gegliedert sind.

Ein solches Organisationsmonster ist nicht steuerbar. Wenn im entscheidenden 15-köpfigen Hochschulrat 14 Kantonsvertreter sitzen, dann ist eine Steuerung unmöglich. Die Bildungs- und Erziehungsdirektoren denken erfahrungsgemäss stets für sich, an ihren Kanton, an ihre universitären Prestigeprojekte. Das Standortgerangel um die Spitzenmedizin kann als Vorschau dienen.

Für die Fachhochschulen bringt diese Organisationsstruktur faktisch eine Unterstellung unter die Universitäten. Nur die universitären Institutionen können die Fachhochschul-Dozenten promovieren und nur die faktisch akademische Akkreditierungsinstanz kann die Fachhochschulen akkreditieren. Das vom Gesetzgeber angestrebte Nebeneinander von «gleichwertigen, aber andersartigen» Institutionen wird eingeebnet. Die Fachhochschulen werden zu Hochschulen zweiter Klasse, zum Überlaufmodell der Universität. Die Fachhochschullehrer, die seit langem nach dem Titel eines Professors strebten, haben dieses Modell aus standespolitischen Motiven durchgesetzt..

Bisher hatten die Organisationen der Arbeitswelt ODA, also die Arbeitgeber- und Arbeitnehmerverbände, in der eidgenössischen Fachhochschulkommission ein gewichtiges Wort zu den Fachhochschulen mitzureden. Diese Kommission soll, wie das ganze Fachhochschulgesetz, aufgehoben werden. Die Verbände dürfen dann nur noch in einem ständigen Ausschuss ohne Entscheidbefugnis und ohne direkten Einsitz im Hochschulrat eine undefinierte Konsultationsfunktion pflegen.

Die Arbeitgeber- und Arbeitnehmerverbände haben zu Recht einen Einsitz in den entscheidenden Hochschulrat mit vier Sitzen gefordert – je zwei Arbeitgeber- und zwei Arbeitnehmervertreter. Ziel ist, im Hochschulrat auch die berufspraktische, arbeitsmarktorientierte Optik einzubringen. Denn die kantonalen Bildungsdirektoren sind traditionellerweise auf die vollschulischen und akademischen Bildungsgänge ausgerichtet, die Berufsbildung ist bei manchen ein Stiefkind.

Ich halte das Begehren der Organisationen der Arbeitswelt auf vier stimmberechtigte Vertreter in einem 19-köpfigen Hochschulrat (ein Bundesrat + vierzehn Regierungsräte + vier ODA-Vertreter) für berechtigt und nötig.

Trotz Kritik von allen Seiten übernimmt niemand die Verantwortung, das Steuer herumzureissen. Die Basler Ständerätin Anita Fetz sagte im Parlament, das HFKG-Monstrum sei wie ein Tanker, der in die falsche Richtung laufe. Er sei so gross geworden, dass niemand mehr seinen falschen Kurs zu korrigieren vermöge. Muss der Tanker so lange in die falsche Richtung laufen, bis ihn das Volk mit einem Referendum versenkt?

(Schweizerische Gewerbezeitung Januar 2011)

Mit höherer Berufsbildung den KMU das Rückgrat stärken

Die Wirtschaftspublizistik dreht sich vorwiegend um die grossen Namen der börsenkotierten Konzerne. Doch über 99 % der über 300 000 Unternehmen in der Schweiz sind kleine und mittlere Firmen mit weniger als 250 Beschäftigten. Fast zwei Drittel aller Arbeitsplätze in der Schweiz werden von den KMU angeboten. Sie sind das Rückgrat der schweizerischen Wirtschaft.

Mit Ausnahme einiger neuer, wissensbasierter Neubranchen rekrutieren KMU wenig Universitätsabgänger, sondern vielmehr Fachleute mit Berufslehre, Höherer Fachschule HF oder Fachhochschule FH. Und, was für sie noch bedeutender ist, sie schicken ihr Personal in eine höhere Berufsbildung mit höheren eidgenössischen Berufsprüfungen und Fachprüfungen. Diese gelten zusammen mit den HF in der Bildungssystematik als Weiterbildungen Tertiär B.

Die Bedeutung der Höheren Berufsbildung wird verkannt. Wirtschaftspublizisten wissen meist nicht, was Tertiär B ist. Und sie kennen die 520 Spezialabschlüsse kaum. Dennoch ist Tertiär B zahlenmässig ebenso gewichtig wie die Ausbildung auf Stufe Tertiär A, zu der die Universitäten, die ETH und die Fachhochschulen gehören.

Zu den Zahlen: Rund 16 % eines Jahrgangs absolvieren in der Schweiz die Uni und ETH, 14 % die Fachhochschulen; aber weitere 29 % durchlaufen eine höhere Berufsbildung in Höheren Fachschulen (4 %) oder mit höheren Berufs- und Fachprüfungen (25 %).

Die Diffusion neuer Technologien, der neuen Rechnungslegungspraxis, der neuen Geschäftspraktiken in Spedition, Controlling, Marketing, der gesamten Business-Informatik läuft über die meist berufsbegleitenden Kurse und Bildungsgänge der höhern Berufsbildung. Für die KMU-Wirtschaft ist die Höhere Berufsbildung der absolut entscheidende Faktor zur raschen Anpassung an den technologischen Wandel. Im Vergleich zu ihrer Bedeutung für die Flexibilität und die Konkurrenzfähigkeit ist die höhere Berufsbildung einfach verkannt.

Die Beschichtungstechnologie, die vor zehn Jahren noch in ETH-Labors geprobt worden ist, kann heute von Hunderten von Polymechanikern dank der berufsbegleitenden Weiterbildung angewandt werden. Die neuen Energietechniken mit Wärmepumpen, Solartechnologie und automatischen Regelanlagen sind durch die höhere Berufsbildung vermittelt worden. Die neuen Rechnungslegungs- und Controllingstandards sind innert eines Jahrzehnts über die berufsorientierte Weiterbildung in hunderttausend KMU eingegangen. Hätten die Firmen auf die jungen Schulabgänger gewartet, würde es noch lange dauern.

Der überwiegende Teil der rund 500 Bildungsgänge der höhern Berufsbildung wird privat angeboten: durch Berufs- und Fachverbände, durch private Institutionen und im Businessbereich zunehmend auch durch klassische private Bildungsinstitutionen wie Migros-Klubschule und KV-Business-Schulen. Die öffentliche Hand zahlt fast nichts an die berufliche Weiterbildung und die höhere Berufsbildung. Wer berufsbegleitend eine höhere Fachschule besucht, zahlt zwischen 8000 und 12 000 Franken Ausbildungsgeld pro Jahr (wobei oft der Arbeitgeber daran zahlt), während ein gleichaltriger Universitätsstudent bloss 1200 bis 1400 Franken aufwenden muss.

Wir haben auch ein eklatantes Missverhältnis bei den Bundesgeldern für die Bildung: Von den rund 23 Milliarden Franken Vierjahreskredit des Bundes für Bildung und Forschung (BFI-Kredit) fliessen rund drei Viertel in den akademischen Bereich von ETH, Universitäten, Forschung, und für internationale Forschungsbeiträge. Nur ein Viertel wird für Fachhochschulen, Berufsschulen und KTI eingesetzt, die vor allem die KMU und die gewerbliche Wirtschaft abdecken.

Zu Recht hat der Schweizerische Gewerbeverband mehr Bundesmittel für die höhere Berufsbildung verlangt. Nun hat der Ständerat diese Mittel für die nächsten zwei Jahre um 50 Millionen Franken aufgestockt, die zuständige Kommission des Nationalrats beantragt 100 statt 50 Millionen mehr. Diese Aufstockung ist bescheiden im Vergleich zu dem, was unser Parlament der Landwirtschaft zusätzlich zuhält.

Die höhere Berufsbildung hat allerdings auch ein Reputationsproblem, das durch die Personenfreizügigkeit manifest geworden ist. Es betrifft die Titelfrage. Die schweizerischen Diplome der höhern Berufsbildung werden von der Bildungsbürokratie nicht als gleichwertig eingestuft. Wenn bei uns ein KV-Absolvent einen mehrjährigen berufsbegleitenden Bildungsgang bis zum eidgenössisch diplomierten Treuhänder oder Controller durchlaufen hat, ist er höchst qualifiziert, berufserfahren und bald 30-jährig. Durch die Personenfreizügigkeit entsteht eine neue ungleiche Konkurrenzsituation, weil ein 24-jähriger Bachelor der Betriebswirtschaft aus einer deutschen Universität, der noch keinen Tag in einem Betrieb gearbeitet hatte, auf dem Arbeitsmarkt einen akademischen Titel vorweisen kann. Vor allem in Grossfirmen, in denen immer mehr ausländische Manager und HR-Verantwortliche ohne Kenntnis des schweizerischen Berufsbildungssystems das Sagen haben, führt dies zur Ungleichbehandlung. Die schweizerischen berufspraktischen Ausbildungsgänge werden degradiert durch die Massenproduktion aus deutschen Universitäten.

Es braucht deshalb eine Anpassung der Titelgebung. Ein schweizerischer Absolvent einer Höheren Fachschule braucht neben der bisherigen deutschsprachigen Titelbezeichnung die Einstufung als «Professional Bachelor», und die Absolventen der höhern Berufs- und Fachprüfungen haben das Recht auf adäquate MAS- und CAS-Titel. Der Ball zur entsprechenden Anpassung des Berufsbildungsgesetzes liegt bei Bundesrat Johann Schneider-Ammann, die Vorarbeiten sind beim BBT.

Es braucht jetzt einfach etwas Entschiedenheit, die höhere Berufsbildung aufzuwerten. Denn die höhere Berufsbildung ist das Rückgrat der KMU, die das Rückgrat der Wirtschaft darstellen. *(Unternehmer-Zeitung Mai/Juni 2011)*

Jugendrevolte und Ausbildungsmisere

Unheimlich, wie ignorant die englische Elite ihre Jugendrevolte angeht. Für sie sind die randalierenden und brandschatzenden Jugendlichen in den Londoner und Liverpooler Armutsquartieren bloss «Kriminelle», «Rowdies» und «Monster». Nur Vereinzelte fragen nach den sozialen und bildungspolitischen Hintergründen, die diese kollektiven, spontanen Gewaltausbrüche erst möglich gemacht hatten. Vielmehr rufen alle Politiker nach mehr Polizei und Überwachungskameras zur Erfassung dieser Störer ohne Hoffnung, die meist unter 20-jährig und oft sogar minderjährig sind.

Gewiss sind diese Plünderungen alles kriminelle Aktionen. Doch dahinter liegt eine soziale Tragik, die im arbeitsmarktfernen, elitären britischen Bildungssystem ihren Ursprung hat. Mitte dieses Jahres waren in England 19,6 % aller Jugendlichen als arbeitslos gemeldet. Im Londoner Stadtteil Tottenham, in welchem die Revolte ihren Anfang nahm, waren es 50 %. Der Zerstörungsdrang hat sich in jenen Londoner Stadtteilen und britischen Städten fortgesetzt, wo die Jugendarbeitslosigkeit statistisch am höchsten und die Jugendhoffnungslosigkeit am verbreitetsten ist. Es gibt keine grössere Demütigung für einen jungen Menschen als das Gefühl, nicht gebraucht zu werden. Die radikalen Verlierer dieser Gesellschaft haben sich für einmal mit Feuer bemerkbar gemacht. Die lange versteckte Seite des Königreichs ist plötzlich für die Welt sichtbar geworden.

Im Hintergrund steht das marode englische Bildungssystem. Es ist elitär, fördert die Oberschicht, grenzt die Schwächeren aus und stösst die bildungsfernen Schichten in die Randständigkeit. Und vor allem ist es arbeitsmarktfern.

England hat eine hohe Mittelschulquote mit maturitätsähnlichem Abschluss (GCE A Level), eine viel höhere als die Schweiz. Aber England kennt keine Berufslehre nach dem Dualsystem und keine formale betriebliche und praktische Qualifizierung für einen praktischen Beruf. England deklariert gegenüber der OECD, dass 43 % der Jugendlichen eine Berufsausbildung (Sekundarstufe II) absolvieren, doch sämtliche Ausbildungsgänge sind nur vollschulisch, ohne praktische, handwerkliche Qualifizierung, ohne betriebliche Lehre, ohne Förderung und Valorisierung der praktischen Intelligenz. «Vocational Education and Training», also die Berufslehre, hat ein soziales Stigma bei der Elite.

Wer dort die Mittelschule schafft, kann über das Universitätsstudium oder Technische Schulen beruflich arrivieren. Doch wer die schulischen Hürden nicht schafft, wer mit 15 Jahren schulmüde ist, wer bildungsferne Eltern hat, fällt zwischen Stuhl und Bank. Es gibt für sie bloss einige soziale Animationsprogramme und bestenfalls ein On-the-job-training, eine Art Anlehre zum Hilfsarbeiter in einem Betriebspraktikum.

Die Folgen: In ganz Grossbritannien gibt es kaum Elektriker, Automechaniker, Monteure oder Spengler, die diesen Namen nach unserem Standard verdienen. In Britannien gehört es zur Normalität, dass Wasserhahnen in den Häusern tropfen, WC-Schüsseln auslaufen, Heizungen lecken, elektrische Installationen Stromschläge austeilen. Handwerklicher Pfusch ist in Britannien State of the Art.

England, das seine «Plumbers» (Spengler) auf tiefstem Niveau ohne berufspraktische Qualifizierung und ohne betriebliche Arbeitskultur ausbildet, wehrte sich in der EU im Kopenhagen-Prozess zur Harmonisierung der Berufe erfolgreich gegen jede Festlegung eines Standards für Berufsbezeichnungen, zum Beispiel für Spengler oder Klempner. Es würde die Anforderungsprofile nie erreichen.

Diese mangelnde Berufsqualifikation im gewerblich-industriellen Bereich war der Hauptgrund für die Desindustrialisierung der ehemals fortgeschrittensten Industrienation der Welt.

Man sollte die Perspektive ausweiten und generalisieren: Die Aufstände der Jugend in Spanien, Portugal, Griechenland und vor sechs Jahren in den französischen Banlieues hatten zwar unterschiedliche politische Auslöser. Aber sie haben eines gemeinsam: Die Hoffnungslosigkeit bei der Berufsintegration. Nicht nur bei beruflich unqualifizierten Jugendlichen, sondern auch bei Universitätsabgängern aus der arbeitsmarktfernen akademischen Massenproduktion besteht Perspektivlosigkeit: Diplomé et indigné – diplomiert und empört, sagen die Franzosen.

Die Revolten in den Maghreb-Ländern haben gewiss jede für sich einen andern gesellschaftspolitischen Auslöser. Aber bei tieferer Analyse entpuppt sich auch in Tunesien und Ägypten das falsche Bildungssystem als Ursache der gesellschaftlichen Eruption. Gerade Zehntausende von akademischen Studienabgängern, für die es im Arbeitsmarkt keine abschlussadäquaten Stellen und keine Verwendung gibt, waren die zuerst Empörten dieser Revolutionen, die sich im Rückblick ja auch als Brotjob-Revolten manifestieren.

Gerade die EU-Länder mit extrem hohen Mittelschul- und Maturitätsquoten, aber ohne Berufslehre, kennen die grösste Jugendarbeitslosigkeit Westeuropas: Spanien 45 %, Griechenland mit 38 %, Italien 28 %, Portugal 27 %, Frankreich 23 % (Zahlen nach Eurostat Mitte 2011). Selbst das für seine Schulen vorbildliche und im Pisa-Test bestrangierte Finnland hat 20 % Arbeitslose bei den Jugendlichen. Finnland hat ein gutes Schulsystem, aber keine Berufslehre!

Viel besser bezüglich Arbeitsmarktfähigkeit der Jugendlichen stehen jene Länder da, die eine duale Berufsbildung kennen, also eine Berufslehre mit einer Kombination von betrieblicher Lehre und staatlicher Berufsschule. Es sind die Schweiz mit rund 3 %, Oesterreich mit 8 %, Westdeutschland (ohne Osten) mit

6 % , Holland mit 7 % Jugendarbeitslosenquoten. In Ländern mit Berufslehren sind diese Quoten rund dreimal tiefer als in den angelsächsischen und lateinischen Staaten mit nur vollschulischen Bildungsgängen und ohne Berufslehre. Die dualen Berufsbildungssysteme sind bezüglich Arbeitsmarktfähigkeit statistisch eindeutig überlegen. Die Bildungssysteme sind für das Niveau der Arbeitslosigkeit viel entscheidender als die Wirtschaftswachstumsraten und die Konjunkturlage – eine Erkenntnis, die viele Lehrbuch-Ökonomen noch nicht begriffen haben.

Bildungssysteme kann man nicht kurzfristig umkrempeln und neu organisieren. Aber die Politik wird erkennen müssen, dass die Ausrichtung des Bildungssystems auf die Berufsbildung eine ganz entscheidende Strategie zur Armutsprävention und gesellschaftlichen Integration darstellt. Die Berufsbildungspolitik wird zum zentralen Fokus für Wirtschaft und Gesellschaft.

(Sonntags-Zeitung vom 14.8.11)

Der Bildungsdünkel ist das Problem

(Wer eine Lehre absolviert habe, verfüge oft «bloss über rudimentäre Bildung», schrieb der Historiker Philipp Sarasin im Tages-Anzeiger. Der Professor verkenne die Stärken der Berufslehre, widerspricht Rudolf H. Strahm.)

Der Geschichtsprofessor Philipp Sarasin hat viele verärgert mit seiner elitären und abschätzigen Beurteilung des schweizerischen Berufsbildungssystems. Ich bin einverstanden, wenn er sagt: «Die gymnasiale Bildung ist kein Luxus. Sie ist ein wichtiger Baustein im schweizerischen Bildungssystem.» Und noch mehr stimme ich seiner Kritik zu, dass fünf Milliarden Franken für die Bildung sinnvoller eingesetzt wären als fünf Milliarden für den «Altherrentraum von perfekten Kampfflugzeugen».

Zum Ersten: Professor Sarasin will mehr Gymnasium statt Berufslehre. Er höhnt über ein Bildungssystem, das er nicht kennt. Neben den von ihm bedauerten bloss 15 Prozent männlichen Jugendlichen, die in der deutschen Schweiz eine gymnasiale Maturität absolvieren (was zweifellos tief ist), gibt es noch zusätzliche 11 Prozent eines Jahrgangs, die die Berufsmaturität in Verbindung mit einer Berufslehre ablegen. Diese erlaubt einen prüfungsfreien Zugang zu den Fachhochschulen der Tertiärstufe A. Und was Sarasin nicht zu kennen scheint: Neben den 30 Prozent Jugendlichen eines Jahrgangs (Männer und Frauen), die eine Universität, die ETH oder eine Fachhochschule FH besuchen, absolvieren heute weitere 29 Prozent eine höheren Berufsbildung, das heisst eine Höhere Fachschule HF oder eine höhere eidgenössische Berufsprüfung oder Fachprüfung. Diese Bildungsgänge auf der Stufe Tertiär B vermitteln hohes spezifisches Fachwissen, neueste Technologien und liefern die mittleren Kader, die das Rückgrat der Wirtschaft bilden. Jeder dritte Lehrabgänger macht heute – oft später und berufsbegleitend – eine Weiterbildung der Stufe Tertiär B. Die Absolventen der höheren Berufsbildung (Tertiär B) und die Fachhochschulabsolventen (Tertiär A) werden heute im Arbeitsmarkt mehr begehrt als die meisten Uni-Absolventen (mit Ausnahme von Medizin und Ingenieurwissenschaften).

Medaillen als Antwort

Zweitens: Mit seltener Abschätzigkeit beschreibt Sarasin «e Lehr», so bezeichnet er despektierlich die Berufslehre, als «bloss rudimentäre Bildung», als Ausfluss einer «Ideologie des bodenständigen Mittelmasses». Diese Aussage vom «Mittelmass» wurde gerade vor ein paar Tagen Lügen gestraft, als die Schweizer Jugendlichen an den Berufsbildungsweltmeisterschaften in London erneut den ersten Rang aller Europäer und am meisten Medaillen einbrachten. Tatsache ist: Die fünf Länder mit einer dualen Berufsbildung (das heisst betriebliche Lehre in Kombination mit einer staatlichen Berufsfachschule; in der Schweiz, Österreich, Westdeutschland, Holland und Dänemark) haben dreimal tiefere Jugendarbeitslosenquoten, verglichen mit jenen Industriestaaten, die keine Berufslehre und ausschliesslich vollschulische Bildungsgänge anbieten. Die Schweiz hat, im Jahreszyklus schwankend, eine Jugendarbeitslosenquote von 3 bis 5 Prozent; Finnland, das in dem von Sarasin herbeigezogenen Pisa-Rating stets den europäischen Spitzenplatz einnimmt, eine solche von derzeit 23 Prozent. Finnland hat keine Berufslehre. Die Länder mit den hohen Gymnasialquoten, offenbar Sarasins Vorbilder, legen alle sehr hohe Jugendarbeitslosenquoten von 20 Prozent und mehr an den Tag, so Frankreich, Spanien, England, Italien. Sarasin spielt diese Frage herunter: «Der gerne vorgebrachte Hinweis auf die tiefe Jugendarbeitslosigkeit hilft nicht weiter.» Rückfrage: Ist denn eine tiefe Jugendarbeitslosigkeit, ist denn die Integration der Jungen in die Arbeitswelt nicht das entscheidende gesellschaftliche Plus eines Bildungssystems?

Drittens: Bildungspolitisch völlig auf dem Irrweg ist Sarasin mit seiner Behauptung, «die Förderung der gymnasialen Ausbildung würde zu einer starken Integration jener bildungsfernen und fremdsprachigen Jugendlichen in den akademischen Arbeitsmarkt führen». Er möchte «den negativen Einfluss eines bildungsfernen Familienhintergrunds durch eine höhere Anzahl von Schulstunden kompensieren». Soll man denn die schulisch Schwachen, oft schulmüden Jugendlichen mit Herkunft Balkan, Portugal oder Türkei, deren bildungsferne Eltern vor einer Generation von unserer Landwirtschaft, vom Gastgewerbe und vom Bau als Ungelernte rekrutiert worden sind, durchs Gymnasium pushen? Jeder Oberstufenlehrer schüttelt den Kopf. Einer von zehn schafft den sozialen Aufstieg über die Schulen. Aber die einmalige Stärke der Berufslehre und der Attestlehre liegt eben gerade darin, dass auch 80 Prozent der Jugendlichen aus bildungsfernen Schichten, die oft eine hohe praktische Intelligenz mitbringen, dank der berufspraktischen Qualifizierung in den Arbeitsmarkt integriert werden können. Dadurch gewinnen sie mehr Selbstvertrauen und können sogar beruflich aufsteigen. Genau diese Integration schaffen die vollschulischen und gymnasialen Ausbildungsgänge in den andern Ländern nicht!

Viertens: Die Schweiz bildet nicht zu wenig Akademiker aus. Sie hat klar zu wenig Mediziner, weil die Fehlkonstruktion des Numerus clausus drei von vier studienwilligen Matura-AbsolventInnen vom Medizinstudium fernhält. Sie hat auch klar zu wenig Ingenieure, Mathematiker, Naturwissenschaftler und Hochschulinformatiker, weil die sprachlastige Maturitätsverordnung jenen (meist männlichen) Jugendlichen, die notenmässig mit der Sprachorientierung nicht zurechtkommen, das Gymnasium verbaut. Die sprachlastige Gymnasialbildung wirkt selektiv. Dort sind die Hürden gegen die Naturwissenschaften eingebaut. Damit fallen die Vorwürfe Sarasins auf das Gymnasium zurück.

All die Geisteswissenschaftler

Fünftens: Die Schweiz hat aber ein Problem mit den Universitäten, nämlich mit den überfüllten und überlasteten Geisteswissenschaften, in denen die Hörsäle erst noch mit 20–30 Prozent ausländischen Abiturienten zusätzlich bevölkert werden. Was geschieht mit den Tausenden von Historikern, Ethnologen, Politologen, Medienwissenschaftlern, wenn es von jeder Richtung nur einige Dutzend Fachabsolventen pro Jahr braucht? Ich frage mich oft: Hat ein Professor, der in der Vorlesung Hunderte von fleissig notierenden Studierenden vor sich sieht, je einen Gedanken darüber verschwendet, was seine Studierenden nach dem Studienabschluss beruflich tun? Gewiss hat die allgemeine humanistische Bildung ihren starken Eigenwert. Aber wer kennt und nennt die heimlichen Nöte und Ängste der geisteswissenschaftlichen Studienabgänger, die hier ein Praktikum, dort ein Hilfskräfte-Stage zu ergattern suchen? Fragen Sie mal, wie viele beim Bund, bei den öffentlichen Verwaltungen und Grossfirmen auf den Wartelisten stehen!

Gewiss hat die Schweiz ein Problem mit der Kompatibilität und der ungerechten Titeläquivalenz ihres Bildungssystems gegenüber dem Ausland, eine Problematik, mit der ich mich seit langem befasse. Doch der «Konzeptfehler» liegt viel weniger in einer (angeblichen) «Bildungsverachtung» der Schweizer, wie Professor Sarasin dies nennt, sondern vielmehr im ungebrochen elitären Bildungsdünkel.

(Erstveröffentlichung in TA-Online vom 12.10.2011. Mehrere Hundert Blog-Einträge. Print-Veröffentlichung im Tages-Anzeiger 14.10.2012, später im Bund)

Schweizerisches Berufsbildungssystem im Zeichen der Globalisierung

Wie international kompatibel sind unsere Bildungsdiplome? Dies fragen sich derzeit Bildungspolitiker und Wirtschaftsvertreter. Ein neuer Anlauf für eine Aufwertung der Titel der schweizerischen Berufsabschlüsse ist dringend notwendig.

Lange Jahre wurde die schweizerische Berufsbildung in ihrer Bedeutung verkannt und neben den akademischen Bildungsgängen als Stiefkind behandelt. Vor allem in der Romandie und bei welschen Politikern galt sie immer ein wenig als «Arme-Leute-Bildung».

Berufsbildung ist überlegen

Heute wissen wir aus internationalen Vergleichen und jüngst auch aus OECD-Analysen, dass das duale Berufsbildungssystem in Bezug auf Arbeitsmarktfähigkeit der Jugendlichen und auf Konkurrenzfähigkeit des gewerblich-industriellen Sektors eindeutig überlegen ist. Die fünf europäischen Länder mit einer Berufslehre haben klar tiefere Jugendarbeitslosenquoten als Länder mit vollschulischen Bildungsgängen. Die Berufsbildungsländer sind die Schweiz, Deutschland, Österreich, Holland und Dänemark. In der Schweiz haben wir eine fünfmal tiefere Jugendarbeitslosigkeit als in Finnland, das bei den Pisa-Ratings zwar immer brilliert, aber die betriebliche Berufslehre nicht kennt.

Die Berufslehre garantiert unseren Industriebranchen trotz hoher Löhne und Preise eine enorm starke internationale Konkurrenzfähigkeit – dank der Arbeitsqualität, Präzisionsarbeit, Termintreue und Nischenproduktion mit spezialisierten oder massgeschneiderten Lösungen.

Die Stärke unseres Berufsbildungssystems besteht heute auch in der Durchlässigkeit. Jeder Abschluss ermöglicht eine Weiterbildung, Spezialisierung und Höherqualifizierung nach dem Motto: kein Abschluss ohne Anschluss. Wer eine Berufslehre mit dem Eidgenössischen Fähigkeitszeugnis EFZ abgeschlossen hat, kann in über 520 Bildungsgängen eine höhere Berufsbildung (sog. Tertiär B) beschreiten. Und wer eine Lehre mit EFZ und Berufsmaturität hinter sich hat, kann prüfungsfrei in eine Fachhochschule (Tertiär A) und ist nach dem FH-Abschluss heute auf dem Arbeitsmarkt mehr begehrt und gleich gut bezahlt wie Universitätsabsolventen.

Höhere Berufsbildung als Innovationsvehikel

Die Wirtschaftspublizistik dreht sich vorwiegend um die grossen Namen der börsenkotierten Konzerne. Doch über 99 % der 300 000 Unternehmen in der Schweiz sind kleine und mittlere Firmen mit weniger als 250 Beschäftigten. Fast zwei Drittel aller Arbeitsplätze in der Schweiz werden von den KMU angeboten. Mit Ausnahme einiger wissensbasierter Neubranchen rekrutieren die KMU weniger Universitätsabgänger, sondern vielmehr Fachleute mit Berufslehre, Höherer Fachschule HF, höheren Berufs- und Fachprüfungen oder allenfalls einer Fachhochschule FH.

Die Bedeutung der höheren Berufsbildung wird von vielen verkannt. Wirtschaftspublizisten und Akademiker wissen meist nicht, was Tertiär B ist. Und sie kennen die 520 Spezialabschlüsse kaum. Dennoch ist Tertiär B zahlenmässig ebenso gewichtig wie die Ausbildung auf Stufe Tertiär A, zu der die Universitäten, ETH und Fachhochschulen gehören.

Die Diffusion neuer Technologien, etwa der neuen Rechnungslegungspraxis, der neuen Geschäftspraktiken in Spedition, Controlling, Marketing, der gesamten Business-Informatik und der neuen gewerblich-industriellen Technologien läuft über die meist berufsbegleitenden Kurse und Bildungsgänge der höheren Berufsbildung. Für die KMU-Wirtschaft ist die höhere Berufsbildung das absolut entscheidende Vehikel zur raschen Anpassung an den technologischen Wandel.

Titelbezeichnungen sind nicht vergleichbar

Die höhere Berufsbildung hat allerdings ein Reputationsproblem, das durch die Personenfreizügigkeit manifest geworden ist. Es betrifft die Titelfrage. Die schweizerischen Diplome der höheren Berufsbildung werden nicht als gleichwertig betrachtet.

Wenn bei uns ein KV-Absolvent einen mehrjährigen berufsbegleitenden Bildungsgang bis zum eidgenössisch diplomierten Treuhänder oder Controller durchlaufen hat, ist er höchstqualifiziert, berufserfahren und bald 30-jährig. Durch die Personenfreizügigkeit entsteht eine neue ungleiche Konkurrenzsituation, weil ein 23-jähriger Bachelor der Betriebswirtschaft aus einer ausländischen Universität, der noch keinen Tag in einem Betrieb gearbeitet hat, auf dem Arbeitsmarkt einen akademischen Titel vorweisen kann. Vor allem in Grossfirmen, in denen immer mehr ausländische Manager und HR-Verantwortliche ohne Kenntnis des schweizerischen Berufsbildungssystems das Sagen haben, führt dies zur Ungleichbehandlung.

Es braucht eine Anpassung der schweizerischen Titelbezeichnungen der höheren Berufsbildung. Ein schweizerischer Absolvent einer Höheren Fachschule HF braucht zusätzlich zur bisherigen deutschsprachigen Titelbezeichnung den international vergleichbaren Titel als «Professional Bachelor». Oder, als Alternative, könnte man die Diplome unterscheiden in «Bachelor HF» und «Bachelor FH». Und die Absolventen der höheren Berufs- und Fachprüfungen sollen das Recht auf adäquate, anerkannte MAS- und CAS-Titel erhalten.

Bildungsbürokratie produziert Nulllösung

Nach unzähligen Interventionen von aussen und sichtlich widerwillig hat nun das Bundesamt für Berufsbildung und Technologie BBT einen Verordnungsentwurf zur Vergleichbarkeit von Bildungsgängen vorbereitet, der bis Mitte Mai 2012 in der Vernehmlassung ist. Die Vorlage des BBT ist unbefriedigend, ja peinlich und ärgerlich. Man will die Titeläquivalenz mit einem «Diploma Supplement» lösen, das höchstens für Spezialisten der Personalbüros verständlich ist. Von einer Angleichung der Titel ist in dieser verwaltungsbürokratischen Nulllösung nicht mehr die Rede.

Nach über zwei Jahren verwaltungsinterner Prüfung soll jetzt mit einem sog. Nationalen Qualifikationsrahmen ein abstrakter Raster mit acht Abstufungen eingeführt werden. Dieser Raster lehnt sich an den Europäischen Qualifikationsrahmen an. Später soll dann ein Äquivalenzverfahren eine Einstufung aller Berufe ermöglichen – eine selbst auferlegte, nie endende bürokratische Monsteraufgabe.

Es braucht jetzt von der Politik her Entschiedenheit, die höhere Berufsbildung aufzuwerten und damit das schweizerische Berufsbildungssystem mit seinen zahlreichen Spezialisierungen auch europakompatibel und globalisierungsverträglich zu gestalten. Der neue Bildungsminister, Bundesrat Johann Schneider-Ammann, hat sich bisher mit Zaudern hinter unverbindlich-abstrakten Grussbotschaften versteckt. In diesem Jahr kommt die Stunde der Wahrheit. Jetzt ist das richtige Zeitfenster, in welchem sich die Berufsbildungsszene im Vernehmlassungsverfahren bemerkbar machen muss.

(Bildungsmarkt Schweiz, Beilage zum Organisator vom 9.3.2012)

Wir haben einen Röstigraben bei Bildung und Arbeit

Zum Nationalfeiertag wird mancherorts das Klischee vom Sonderfall Schweiz oder unserer Sonderstellung in Europa bemüht werden. Der Sonderfall ist längst verblichen. Doch in einer Frage dürfen wir uns noch immer zu Recht international als Vorbild betrachten: Die Arbeitslosenquote der Unter-25-Jährigen ist die tiefste weltweit; im Juni 2012 lag sie bei 2,6 Prozent. Es gibt wohl keine grössere Demütigung für einen jungen Menschen als das Gefühl, nicht gebraucht zu werden.

Ein Blick auf die EU zeigt: Fast jeder Vierte unter 25 Jahren, der nicht oder nicht mehr in der Ausbildung steckt, ist als arbeitslos registriert. Europaweit sind es insgesamt 5,5 Millionen junge Menschen – ein Drama. Im hochschulintensiven Frankreich sind 23 Prozent, in Italien und Portugal 36 Prozent, in Griechenland und Spanien 52 Prozent ohne Arbeit. Selbst im Pisa-Musterland Finnland, in das unsere Pädagogen pilgern, beträgt die Jugendarbeitslosenquote 19 Prozent. Das sind alles Länder, die keine Berufslehre, aber höchste Maturitätsquoten kennen.

Nur gerade drei EU-Staaten, nämlich Deutschland, Österreich und Holland, haben Jugendarbeitslosenquoten von deutlich unter 10 Prozent. Sie alle haben ein duales Berufsbildungssystem, also eine Kombination von Betriebslehre und staatlicher Berufsfachschule.

Elitäres Bildungsverständnis

Wir haben in der Schweiz nicht nur die tiefste Jugendarbeitslosigkeit, sondern auch die höchste Industrieproduktion pro Kopf aller Industriestaaten. Es braucht zwar gute Ingenieure und Manager, aber um sich auf dem Hightechweltmarkt zu behaupten, sind Präzisionsarbeit und praktische Fähigkeiten der Berufsfachleute entscheidend. Allerdings ist die Schweiz nicht homogen. In der deutschen Schweiz wird mehr für die Berufsvorbereitung und -lehre der Jugendlichen getan als in der Westschweiz, wo als Folge davon die Arbeitslosigkeit deutlich höher ist.

Der Röstigraben ist auch ein «Arbeitsgraben», wie eine Forschergruppe um den Lausanner Professor Rafael Lalive d'Epinay unlängst festgestellt hat. Und diese Kluft hat ihren Ursprung im Bildungssystem der Romandie, das die betriebliche Berufslehre hat verkümmern lassen.

Am 15. Februar 2012 erhielten alle Waadtländer Sekundarschul-Rektoren einen Brief vom Generaldirektor der obligatorischen Schulen, Alain Bouquet. Im Namen seiner Chefin, der SP-Regierungsrätin und Bildungsdirektorin Anne-Catherine Lyon, teilte er den Schulen mit, sie müssten die Zusammenarbeit mit dem Jugendprogramm Lift (das Kürzel steht für: leistungsfähig durch individuelle Förderung von praktischer Tätigkeit) auf Ende Schuljahr beenden. Das vom Bundesamt für Berufsbildung und Technologie (BBT) mitfinanzierte Programm bemüht sich in vielen Kantonen um Wochenplätze und Schnuppereinsätze von Schülerinnen und Schülern der 7. bis 9. Klasse. Diese können durch gemeinsame Vermittlung ihrer Schule und von Lift an freien Nachmittagen oder Samstagen Arbeitseinsätze in einer örtlichen Firma machen. In der Regel verdienen sie dabei 5 Franken pro Stunde, kommen damit von der Strasse weg und einer möglichen Berufslehre einen wichtigen Schritt näher.

In der deutschen Schweiz kennen wir neben Lift auch das vom verstorbenen Pionier und Nationalrat Otto Ineichen gegründete Projekt Speranza sowie ähnliche Vermittlungsprogramme des Hilfswerks der Evangelischen Kirchen der Schweiz (Heks) und anderer Sozialinstitutionen. Für uns Deutschschweizer haben solche Einsätze nichts Anrüchiges; sie sind effizient und bei den Jugendlichen beliebt. Die elitäre Waadtländer Bildungsdirektorin hingegen hält wenig von dem Programm. Der in ihrem Namen verfasste Brief an die Sekundarschule kritisiert «den vorprofessionellen Charakter dieser Einsätze» und bezeichnet die Arbeitsentschädigung als problematisch. Ein interessantes Detail: Regierungsrätin Lyon hat sich erst gegen die berufsvorbereitenden Praktika ausgesprochen, nachdem die Gewerkschaft VPOD Waadt am 8. Dezember 2011 an sie geschrieben hatte. Die von trotzkistischen Linken geleitete Gewerkschaftssektion monierte, die Zusammenarbeit des Programms Lift mit der Waadtländischen Handels- und Industriekammer sei problematisch. Dass die Jugendlichen für ihre Einsätze bezahlt würden, führe zu einer Vermischung von Erziehungsauftrag und Job. Obwohl die Arbeitgeberorganisation bloss als Türöffner wirkt, forderte der VPOD ultimativ, das Lift-Programm sei auszusetzen und zu überprüfen. Dieses Anliegen machte sich die SP-Regierungsrätin wenige Monate vor den Waadtländer Wahlen zu eigen. Professor Mario von Cranach, der Lift-Projektleiter, bat Anne-Catherine Lyon daraufhin um eine Aussprache. Diese antwortete am 5. März kurz und bündig: «Ma décision est donc prise», «mein Entscheid ist gefallen». Arrogant lehnte sie eine Aussprache als überflüssig ab.

Vorbildliches Sozialhilfemodell

In der Westschweizer Linken und bei manchen Liberalen herrscht ein elitäres und ideologisiertes Bildungsverständnis, das nach französischem Muster auf Akademisierung setzt. Bildungsdirektorin Lyon versprach im Wahlkampf sogar, im Kanton Waadt weitere Gymnasien zu gründen. Und die kantonale VPOD-Sektion feierte das Abklemmen des Lift-Programms auf ihrer Website als «Erfolg».

Dieses Bildungssystem, das der rein schulischen Ausbildung weit höheres Prestige als der Betriebslehre beimisst, bezahlt die Waadt mit einer Jugendarbeitslosigkeit, die doppelt so hoch ist wie im Durchschnitt der Deutschschweizer Kantone. Positiv anzumerken ist jedoch: Der Kanton Waadt hat ein vorbildliches System eingerichtet, den jungen Arbeitslosen statt blosser Sozialhilfezahlungen eine nachholende Berufslehre mit einem Stipendium zu finanzieren. Dieses konstruktive Modell stammt allerdings nicht von Anne-Catherine Lyon, sondern von der Sozialdirektion, die ihrem Parteikollegen Pierre-Ives Maillard untersteht. Was man bei der Ausbildung an beruflicher Integration spart, zahlt man später über die Sozialhilfe.

Es braucht in der Schweiz wohl ein vertieftes Nachdenken über den Röstigraben bei Bildung und Arbeit. *(Tages-Anzeiger vom 31.7.2012)*

Migration und Migrationspolitik

Die Biedermänner sind die Brandstifter

Kommentatoren landauf, landab schreiben derzeit von den Minaretten. Die Minarettverbots-Initiative diktiert manchem geradezu die Agenda. Aus diesem Anlass sollte man auch mal etwas Licht auf die Ökonomie der Immigration und deren Langzeitfolgen in der Gesellschaft werfen.

Wie ist es dazu gekommen, dass wir heute 350 000 bis 400 000 Muslime in der Schweiz haben? Mehr als drei Viertel aller Muslime in der Schweiz stammen aus dem Balkan und der Türkei. Man hatte sie als Arbeitskräfte geholt, gefolgt von späteren Familiennachzügen. Nur etwa vier Prozent sind unter dem Flüchtlingsstatus eingewandert.

Billige Arbeitskräfte

Welche Branchen haben die ausländischen Arbeitskräfte rekrutiert? Die Wirtschaftsgeschichte der Immigration ist wenig aufgearbeitet, die alten Archive des früheren Bundesamts für Industrie, Gewerbe und Arbeit (Biga) sind fast unberührt. Es gibt aber eine arbeitsmarktliche Untersuchung der Universität Genf, die zeigt, wer in den letzten Jahrzehnten ausländische Arbeitskräfte rekrutiert hat. Erster Rang: das Gastgewerbe und der Tourismus. Zweiter Rang: das Baugewerbe. Dritter Rang: die Landwirtschaft. Es waren also vor der Einführung der Personenfreizügigkeit mit der EU vor allem die Wirte und Hoteliers, die

Baumeister und die Landwirte, die sich billige, wenig ausgebildete Arbeitskräfte aus ehemals jugoslawischen und anatolischen Bauerndörfern holten, um möglichst Lohnkosten zu sparen und selber wenig Ausbildungskosten zu tragen. Und welcher Partei standen diese Wirte und Hoteliers, die Baumeister und die Landwirte am nächsten? Ausgerechnet der SVP, die seit Jahren in der Ausländerfrage polarisiert!

«Man hat Arbeitskräfte gerufen, und es kommen Menschen», hatte Max Frisch schon 1965 in einer Rede festgestellt. Die Wirtschaft sparte sich die Kosten für Nachholbildung und für Integrationsmassnahmen. Das Ausländergesetz (ANAG) von 1931 war bis zur Jahrhundertwende eine rein fremdenpolizeiliche Ordnung, ohne jede Verpflichtung für Arbeitgeber oder Staat zu Integrationsleistungen. Niemand dachte an die Sprachbildung der Immigranten und schon gar nicht ihrer Frauen. Niemand bemühte sich um die systematische berufliche Nachholbildung. Man überliess das in liberaler Manier den karitativen Organisationen, den Kirchen und den Gewerkschaften.

Die Wirte, Hoteliers, Baumeister und Landwirte, welche die Ausländer rekrutierten, wollten Handlanger, Saisonhilfskräfte, Erntearbeiter – zu rund achtzig Prozent waren es Ungelernte und bildungsferne Schichten mit der Folge, dass genau diese Branchen damals wie heute die tiefste Arbeitsproduktivität haben. Mit dem Saisonnierstatut schickte man die Arbeiter nach neun Monaten zurück in ihre Heimatländer. Erst nach fünf Saisonarbeitsjahren, später nach vier, konnten sie die Familie nachziehen und bleiben.

Die Migration bedeutete auch eine Zuwanderung ins schweizerische Sozialversicherungssystem, mit gewaltigen Folgelasten für die Arbeitslosenversicherung, die IV, die Sozialhilfe – und später mit schier unbewältigbaren Aufgaben für die Lehrerschaft und Schulen.

Späte Erkenntnis

Erst zu Beginn dieses Jahrzehnts konstatierte die Politik die Folgen der mangelnden Integration. Mit einem neuen Artikel im alten Ausländergesetz (ANAG 25 a) wollte der Bund die Integrationsförderung auf kleinem Feuer aufnehmen. Dieser Gesetzesartikel brauchte drei Anläufe, um im Parlament das qualifizierte Mehr der Ausgabenbremse zu erreichen. Und woher kam die Hauptgegnerschaft? Wiederum von jener Partei, deren Klientschaft die Ungelernten geholt hatte und die heute am meisten polarisiert.

Im neuen Ausländergesetz (AuG), das seit 2008 in Kraft ist, sind nun einige Integrationsmassnahmen vorgesehen. Doch wer hatte im Parlament diese Artikel vehement bekämpft und bei den Integrationsmassnahmen weitere Zähne gezogen? Es war wiederum die gleiche Partei, die in der Ausländer- und Minarett-Frage polarisiert. Allerdings hat auch der Arbeitgeberverband geholfen, jede Pflicht des Arbeitgebers, Ausländer für Sprachkurse oder Nachholbildung freizustellen, aus dem Regelwerk zu kippen.

Die Biedermänner, die jetzt als Feuerwehr das Abendland vor dem Verderben des Islam und die Schweiz vor ein paar Gebetstürmen zu retten vorgeben, sind – geschichtlich betrachtet – gleichzeitig auch die Brandstifter.

Prinzip «Fördern und Fordern»

Die Schweiz muss sich vorausschauend auf eine Langzeitstrategie der Integration einstellen: Erstens gehört zu einer aktiven Integrationspolitik nach dem Prinzip «Fördern und Fordern» die Durchsetzung der gesetzlich neu vorgesehenen Integrationsvereinbarung: Wer hier bleiben will, muss per Vereinbarung gewisse Grundkompetenzen (zum Beispiel eine Landessprache, zivilrechtliche Grundkenntnisse) erwerben. Zweitens ist eine individuelle Begleitung von ausländischen Jugendlichen (Coaching oder Mentoring) von der Schule bis zur Berufslehre und hin zur Arbeitswelt nötig und lohnt sich. Und drittens ist in einer Langfristperspektive die Errichtung einer bundesfinanzierten Ausbildung von Imamen an schweizerischen Hochschulen unabdingbar. Dabei sollte man vom Freisinn des 19. Jahrhunderts lernen: Durch die Errichtung von theologischen Fakultäten an den staatlichen Universitäten hatte der Freisinn dem damaligen christlichen Fundamentalismus eine christlich-liberale Konzeption gegenübergestellt – und dabei Erfolg gehabt. *(Tages-Anzeiger 10.11.2009)*

Lösungen für die Probleme der Personenfreizügigkeit gesucht

Die Sozialämter kennen eine neue Kundenkategorie. Die Sozialarbeitenden bezeichnen sie als «Hartz IV-Flüchtlinge», Langzeitarbeitslose aus Deutschland, die mit einem Arbeitsvertrag in die Schweiz eingereist sind und nach wenigen Wochen wieder arbeitslos sind. Ohne Karenzfrist melden sie sich bei der Sozialhilfe. In Deutschland erhielten sie als Langzeitarbeitslose unter Hartz IV rund 700 Franken pro Monat plus Wohngeld; in der Schweiz beziehen sie 960 Franken Grundgehalt plus 900 Franken Wohnkostenentgelt pro Person plus Krankenkassenprämien und Zahnarztkosten. Für eine ähnliche Zuwanderung ins Sozialhilfesystem sorgen ungelernte Migranten aus dem wirtschaftlich rückständigen Norden Portugals, das derzeit unter grosser Rezession leidet.

Gemäss offizieller Sprachregelung bringt uns die Personenfreizügigkeit mit der EU hoch qualifizierte und hochbegehrte Arbeitskräfte aus Deutschland und Nordeuropa. Doch unter den ebenso zahlreichen Zuwanderern aus den südlichen EU-Staaten haben über 30 Prozent keine Ausbildung nach der obligatorischen Schule. Unter den Zuwanderern aus Portugal sind es sogar 55 Prozent. Der grösste Gemüseproduzent im bernischen Seeland rekrutiert seit langem portugiesische Arbeitnehmer, meist aus bildungsfernen Familien vom Land. Dies mit entsprechenden sozialen Folgen: Drei Viertel der Schüler, die in der örtlichen Schule sonderpädagogische Massnahmen benötigen, sind aus portugiesischen Familien. Der Chef der besagten Gemüsefirma in diesem Seeländer Dorf (es gibt dort nur eine Partei, die SVP) hat schon angekündigt, künftig würden vor allem Polen kommen. In der Schule sei dann mit Polenkindern zu rechnen.

Am kommenden 1. Mai kommt nämlich die Personenfreizügigkeit mit den acht EU-Ostländern voll zum Tragen. Arbeitgeber können nun ohne Bewilligung, ohne bürokratische Hemmnisse und ohne Kontingente Billigarbeiter im Osten rekrutieren. Die bisher zugewanderten 6000 Personen pro Jahr aus den acht EU-Ostländern waren mehrheitlich Ungelernte: Rund ein Drittel wurden als Niedriglohnarbeitende von der Landwirtschaft rekrutiert, ein weiteres Drittel von Gastgewerbe, Hotellerie und Hauswirtschaft. Und genau diese Branchen wollen weiter rekrutieren. Es ist paradox: Ausgerechnet jene Branchen rekrutieren am meisten billige und bildungsferne Ausländer und Ausländerinnen, welche der SVP am nächsten stehen. Jener Partei also, die in Ausländerfragen am meisten polarisiert.

Statistisch ist gesichert: Leute ohne berufliche Ausbildung haben ein dreimal grösseres Risiko, arbeitslos zu werden oder zu bleiben, als solche mit einem Berufsabschluss. Ausserdem haben Ungelernte ein dreimal grösseres Risiko, zu Sozialhilfebezügern zu werden. Und von denen, die schon Sozialhilfe beziehen, sind 60 Prozent Ausländer oder Eingebürgerte mit Migrationshintergrund. Niemand fragt heute, wie neue Zuwanderer die bisherigen Einwanderer verdrängen. Besser qualifizierte Fachleute aus Deutschland und andern EU-Staaten haben in den letzten Jahren Zehntausende von Beschäftigten aus dem Balkan und Südeuropa aus der Gastrobranche verdrängt. Nicht wenige landeten im Sozialsystem.

Die Kosten dem Staat

Das Staatssekretariat für Wirtschaft (Seco), die Arbeitgeber und der Wirtschaftsdachverband economiesuisse preisen stets die Vorzüge der Personenfreizügigkeit. Niemand fragt nach deren Folgelasten: für das Sozialsystem, für Schulen und Lehrer, für den Wohnungsmarkt. Motto: Die Gewinne privat – die Kosten dem Staat! Was bedeutet dies für unsere Migrationspolitik, für die Personenfreizügigkeit und Europapolitik?

Eine Kündigung des Personenfreizügigkeitsabkommens mit der EU fällt ausser Betracht. Und alle, die sie fordern, propagieren sie bloss zur politischen Polarisierung im Wissen, dass sie nicht umsetzbar ist. Aber strengere Regeln im Inland, eine striktere Grenzziehung zwischen Arbeitsmigration und Immigration ins Sozialsystem, schärfere flankierende Massnahmen gegen Missbräuche wären durchaus möglich und kompatibel mit dem EU-Recht.

Der Bundesrat muss ein Inlandkonzept für die Personenfreizügigkeit und ein entsprechendes Aktionsprogramm formulieren. Es muss den krass unterschiedlichen Bildungssystemen und Lohnniveaus Rechnung tragen, die Kantone zu einer strengeren Praxis drängen und für einen vollständigen Informationsaustausch zwischen den Sozialämtern sorgen. Einen ersten Schritt hat das Bundesamt für Migration, das schon länger auf eine konsequentere Praxis drängt, mit dem Seco unternommen: Mit einem Schreiben vom 4. März 2011haben die beiden Bundesämter die kantonalen Migrations- und Arbeitsämter angehalten, die Aufenthaltsbewilligung sofort zu entziehen, wenn EU-Angehörige mehr als sechs Monate ohne Arbeit in der Schweiz weilen oder wenn sie in den ersten fünf Jahren nach Einwanderung mehr als zwölf Monate arbeitslos waren. Viele Kantone hatten dies zuvor nicht durchgesetzt. Und die Sozialhilfeämter zahlten freimütig.

Nötig ist auch eine Verstärkung der Lohnkontrollen auf Baustellen, in Gastrobetrieben, in der Hauswirtschaft, in Landwirtschaftsbetrieben. Es braucht schweizweit ein Mindestlohn-Konzept. Denn Mindestlöhne sind im Rahmen der Personenfreizügigkeit beinahe das einzige wirtschaftspolitische Instrument, um eine Zuwanderung von bildungsfernen Schichten aus Osteuropa und Portugal in den strukturschwachen Branchen zu begrenzen. Auch eine Verschiebung der vollen Freizügigkeit mit Rumänien und Bulgarien von 2014 auf 2016 wäre mit EU-Recht kompatibel und liesse sich durchsetzen. Der Bundesrat muss dieses Jahr darüber entscheiden.

Mir ist bewusst, dass solche Warnungen nicht überall gefallen. Bald einmal taucht der Vorwurf der politischen Unkorrektheit auf. Doch sollte man nicht länger wegschauen, wenn es Probleme gibt. Denn niemand profitiert mehr von einer solchen Problemverdrängung als die nationalistische Rechte.

(Tages-Anzeiger 12.4.2011)

Zehn Vorschläge zur Einwanderung

134 000 Personen wandern in nur einem Jahr in die Schweiz ein. Das führt zu Druck auf die Arbeitnehmer, zu Knappheit auf dem Wohnungsmarkt, zu einer stark beanspruchten Infrastruktur. Jetzt verlangt das Parlament in Bern Massnahmen vom Bundesrat. Was kann er tun? Die Personenfreizügigkeit mit der EU aufzukünden, ist keine Option. Aber es gibt andere Wege, wie man die Situation in den Griff bekommen kann. Eine Liste mit zehn Vorschlägen.

Das Parlament hat den Bundesrat mit einem schwierigen Auftrag zur Zuwanderung in Zugzwang versetzt. In beiden Räten ist eine Motion des SVP-Ständerats Christoffel Brändli angenommen worden mit dem Wortlaut: «Der Bundesrat wird beauftragt, Massnahmen vorzuschlagen, die geeignet sind, die Zuwanderung der letzten Jahre in geordnete Bahnen zu lenken.» Der Bundesrat war gegen diesen Auftrag. Doch nun muss er ihn umsetzen. Wie soll das geschehen? Weder der Motionär noch die vielen Votanten im Parlament haben erläutert, welche «Massnahmen» zur Lenkung der Zuwanderung «in geordneten Bahnen» sie meinen. Wahrscheinlich wissen sie es selber nicht.

Dieser Auftrag des Parlaments ist ein typischer Ventilentscheid. Die Parlamentarier haben den Überdruck weitergegeben, den sie im Volk verspüren. Denn eine Zuwanderung von 134 000 ausländischen Personen im Jahr 2010 und von 132 000 im Vorjahr bringt politischen Druck, den breite Kreise spüren, Wohnungssuchende, Arbeitnehmende, Mittelschichten, bürgerliche wie linksgrüne Wähler. Die Migrationsfrage wird in den nationalen Wahlen bestimmend sein. Da nützt es wenig, die Besorgnisse der Bürgerinnen und Bürger als «Phantom-Debatte» abzutun.

Die Regierung muss nun Taten präsentieren. Eine Kündigung des Personenfreizügigkeitsabkommens von 1999 mit der EU fällt für sie wohl ausser Betracht, weil damit gleichzeitig sechs weitere Abkommen und unzählige Zusatzprotokolle automatisch aufgehoben würden: die bilateralen Abkommen zu Luftverkehr, Landverkehr, Forschung, Landwirtschaft, Submissionswesen und technischen Handelshemmnissen. Die EU hatte damals als Riegel gegen das «Rosinenpicken» der Schweiz dieses Kündigungs-Junktim durchgesetzt.

Gesucht ist ein Inlandkonzept für eine Einwanderungspolitik, die sich einerseits mit dem EU-Freizügigkeitsrecht verträgt und gleichzeitig die Einwanderung und deren Folgewirkungen steuert. Und ich würde beifügen: Es braucht ein Konzept mit konsequenten, aber humanitär verträglichen Regeln im Inland – pragmatisch, unideologisch, wirkungsorientiert. Eine eindimensionale Lösung gibt es nicht. Ich nenne hier zehn Massnahmen. Nicht alle sind spektakulär, aber in ihrer Gesamtheit können sie das Vertrauen wiederherstellen.

1. Mehr Transparenz in Bezug auf die Migrationswirkungen

Das arbeitsmarktliche Observatorium zur Personenfreizügigkeit ist schon verbessert worden. Es zitiert die Wanderungszahlen, aber es blendet die Folgewirkungen der Zuwanderung aus. Zum Beispiel will man den Verdrängungseffekt durch die Zuwanderung schon gar nicht wissen: Im Gastgewerbe und in der Hotellerie sind seit 2004 Zehntausende von besser qualifizierten, sprachlich geeigneteren Gastrofachleuten aus Deutschland und Österreich rekrutiert worden, was die Qualität und Produktivität der Branche verbesserte. Aber gleichzeitig sind Zehntausende weniger qualifizierte Beschäftigte aus dem Balkan und aus Portugal aus dem Gastrobereich verdrängt worden. Wo sind nun diese Leute? Ein grosser Teil ist ins Sozialsystem abgedrängt worden.

Tatsache ist, dass die Sockelarbeitslosigkeit – die verbleibende Arbeitslosigkeit in der Hochkonjunktur – mit der Immigration von Konjunkturzyklus zu Zyklus steigt. Tatsache ist, dass rund 60 Prozent der Sozialhilfeempfänger Ausländer oder Eingebürgerte mit Migrationshintergrund sind. Offiziell spricht man immer nur von der Zuwanderung Hochqualifizierter, aber nie von den Verdrängungseffekten ins Sozialsystem.

2. Konsequente Praxis im Aufenthaltsrecht

Nach dem Binnenmarktrecht gilt die Personenfreizügigkeit nur für EU/EWR-Bürger und -Bürgerinnen mit «Arbeitnehmereigenschaft» und ihre Familien. Ausnahmen gibt es für Studierende und wohlhabende Rentner. Nach EU-Recht wäre es möglich, Ausländern mit befristetem Aufenthaltsrecht nach sechs Monaten Aufenthalt ohne Arbeit in der Schweiz die Aufenthaltsbewilligung zu entziehen respektive zu befristen. Und Personen, die mit einem unbefristeten Arbeitsvertrag eingereist sind, kann rechtlich der weitere Aufenthalt entzogen werden, wenn sie die letzten zwölf Monate des fünfjährigen Aufenthalts keine Arbeit hatten.

Diese strenge Bindung an den Arbeitsaufenthalt ist längst unterlaufen worden. Viele Erwerbslose mit Aufenthalterausweis melden sich heute bei den Sozialämtern, auch wenn sie nur kürzere Zeit hier weilen. Eine freiwillige Rückkehr ins Herkunftsland ist angesichts des enormen Niveauunterschieds der Sozialleistungen unattraktiv. Es braucht eine klarere Trennung zwischen arbeitsmarktlicher Zuwanderung und freier Zuwanderung ins Sozialsystem.

3. Zusammenarbeit unter den Sozialämtern

Im Rahmen meines Unterrichts in Masterlehrgängen für Berufsberater und Berufsberaterinnen an den Universitäten Bern und Freiburg lasse ich die Postgraduate-Studierenden, die alle schon in einer Sozialstelle berufstätig sind, ihre Praxiserfahrungen zur Zusammenarbeit unter den Sozialämtern beschreiben. Diese Interinstitutionelle Zusammenarbeit (IIZ) funktioniert schlecht! Die eine Hand weiss nicht, was die andere tut: Die Migrationsämter wissen nicht, welche Personen längere Zeit arbeitslos waren und das Aufenthaltsrecht verwirkt hätten. Manche Sozialhilfestellen finanzieren freimütig arbeitslose Ausländer und Ausländerinnen selbst dann, wenn sich diese nur einige Monate in der Schweiz aufgehalten haben. Bisher hat sich das Staatssekretariat für Wirtschaft (Seco) dagegen gesperrt, den Migrations- und Sozialämtern automatisch Daten zur Verfügung zu stellen. Eine entsprechende Gesetzesänderung ist zurzeit blockiert.

Die Interinstitutionelle Zusammenarbeit zwischen Regionalen Arbeitsvermittlungszentren, IV-Stellen, Berufsberatung, Migrationsämtern und Sozialhilfe ist eine Führungsaufgabe der Regierungen auf Bundes- und Kantonsebene. Einem dieser Ämter muss die Führungsfunktion zugesprochen werden. Noch besser wäre eine örtliche Zusammenlegung der Ämter unter dem gleichen Dach.

4. Aufstockung der Migrationsämter

Die Migrationsämter sind heute gar nicht in der Lage, den Aufenthaltsstatus lückenlos zu überprüfen. Die Kontrolle von Aufenthaltsbedingungen von jährlich über 130 000 Neuzuzügern und darüber hinaus von einer wachsenden Zahl Asylpersonen erfordert mehr Personal. In den Jahren 2005 bis 2007 sind die Ausländerbehörden personell und strukturell massiv reduziert worden. Die Empfehlung und Beitragskürzung kam vom damaligen Justizminister, Bundesrat Christoph Blocher, der das Herunterfahren der Ämter aus wahltaktischen Gründen forcierte und als Erfolgsausweis darstellte. Jetzt müssten die Migrationsämter dringend wieder aufgestockt werden.

5. Empfangsgespräch und Vereinbarungen

Wer in die Schweiz einreist, soll offiziell begrüsst werden. Und soll gleichzeitig mit der Aushändigung des Aufenthalter-Ausweises offiziell Kenntnis über Rechte, Pflichten, Spracherwerb und Beratungsstellen, zum Beispiel über die Berufsberatung für Jugendliche, erhalten.

Der Abschluss einer Integrationsvereinbarung zwischen der Zuwandererfamilie und dem Migrationsamt über Anstrengungen zur Integration wie etwa das Erlernen der Sprache wäre schon im Ausländergesetz vorgesehen. Nur ist sie freiwillig. Seit 2008 sind nur etwa hundert Integrationsvereinbarungen abgeschlossen worden; in der Romandie keine einzige. Das Prinzip «Fördern und Fordern» muss in der Integrationsgesetzgebung verankert werden.

6. Spracherwerb als Integrationsbedingung

Bisher war der Spracherwerb für Zuzüger völlig freiwillig. Es gibt Italienerinnen, Portugiesinnen, Bosnierinnen, die sich seit zwei, drei Jahrzehnten in der Schweiz aufhalten und die hiesige Sprache dennoch nicht beherrschen. Von den immigrierten Personen aus Portugal haben 55 Prozent nur gerade einen Volksschulabschluss ohne jede nachobligatorische Ausbildung. Bei den Spaniern sind es 32 Prozent. Es ist irreführend, im Rahmen der Freizügigkeit immer nur von den hoch qualifizierten Zuwanderern zu sprechen und diese Parallelimmigration von bildungsfernen Schichten auszublenden.

Spracherwerb ist die Vorbedingung für die arbeitsmarktliche Integration und für eine Berufsausbildung. Wer keine Berufsausbildung hat, unterliegt statistisch einem dreimal grösseren Risiko, arbeitslos zu werden oder langzeitarbeitslos zu bleiben, als eine Person mit Berufsabschluss. Wer in Zukunft in die Schweiz einreist und hier verbleiben will, muss sich innert einer bestimmten Frist über den Spracherwerb und über Kurse zur Vermittlung von Grundkompetenzen ausweisen, zum Beispiel von Alltagsmathematik, Alltagsinformatik und zivilrechtlichem Grundwissen. Das muss lückenlos auch für den Familiennachzug gelten. Denn im letzten Jahr sind rund 43 600 Personen über den Familiennachzug zugezogen, allein 21 600 aus Drittstaaten wie Ex-Jugoslawien und 22 000 aus EU-Staaten wie Portugal und Spanien.

7. Gleichwertigkeit und Anerkennung von Diplomen

Unterschiedliche Bildungssysteme führen zu Diplomabschlüssen, die nicht vergleichbar und nicht migrationsverträglich sind. In der Schweiz haben wir eine gymnasiale Maturitätsquote von 18 Prozent, in Deutschland beträgt die Abiturquote 41 Prozent, in Frankreich die Baccalauréat-Quote 52 Prozent und in Italien gar 77 Prozent.

Der Ausbildungsweg läuft in der Schweiz grossmehrheitlich über die Berufslehre zur höhern Berufsbildung oder Fachhochschule. Diese Bildungswege sind das Rückgrat der schweizerischen Wirtschaft. Wir stellen nun einen gewissen Verdrängungseffekt bei den Mittelschichten fest: Gut qualifizierte, spezialisierte Schweizer Fachpersonen mit Höherer Fachschule oder höheren eidgenössischen Berufsprüfungen werden in Grossfirmen mit ausländischen Managern, die das schweizerische Berufsbildungssystem nicht kennen, durch junge ausländische Universitätsabgänger konkurrenziert oder bei der Beförderung verdrängt. Dies einzig deshalb, weil die Schweizer Diplome nicht als gleichwertig mit den universitären Diplomen der Akademiker-Massenproduktion in Deutschland gelten. Man sollte die Bitterkeit bei unzähligen Mittelschicht-Angehörigen in der Schweiz nicht unterschätzen, die sich durch diese Chancenungleicheit mit der Personenfreizügigkeit auftut. Deshalb muss beispielsweise das schweizerische Diplom der Höheren Fachschulen neben der deutschsprachigen Bezeichnung auch den Titel des «Professional Bachelor» erhalten. Die Angleichung der Titeläquivalenz als flankierende Massnahme ist von den Protagonisten der Personenfreizügigkeit ignoriert worden.

8. Anrufung der Ventilklausel

Wenn die Zuwanderung aus der EU mehr als 10 Prozent gegenüber dem Durchschnitt der drei Vorjahre ansteigt, besteht EU-rechtlich die Möglichkeit, mit einer Ventilklausel eine Zuwanderungsbegrenzung einzuführen. Doch obschon die Zuwanderung aus den alten EU-Ländern seit 2007 massiv hochgeschnellt war, hat es der Bundesrat vor zwei Jahren verpasst, die Ventilklausel gegenüber den bisherigen EU-Ländern anzuwenden. Mit einem Vier-zu-drei-Entscheid wurden im Mai 2009 die entsprechenden Anträge der Bundesrätinnen Widmer-Schlumpf und Leuthard abgelehnt. Sowohl die Arbeitgeberseite wie auch der Gewerkschaftsbund hatten zuvor den Verzicht auf die Anrufung der Ventilklausel befürwortet.

Nun ergibt sich nächstes Jahr die Gelegenheit, die Ventilklausel gegenüber der Zuwanderung aus den EU-Oststaaten anzurufen. Dieses psychologisch wichtige Signal wäre EU-kompatibel. Die vollständige Freizügigkeit gegenüber Rumänien und Bulgarien ist überdies – ebenfalls EU-kompatibel – bis 2016 verschiebbar. Der Bundesrat muss demnächst darüber befinden.

9. Flächendeckendes Mindestlohnkonzept

Mit den flankierenden Massnahmen von 1999 bestehen heute schon Möglichkeiten zur Kontrolle der Löhne. Der schweizerische Gesetzgeber hatte die Absicht, gleichzeitig mit der Freizügigkeit das Prinzip zu verankern: gleicher Lohn für gleichwertige Arbeit am gleichen Ort (das sogenannte «Vor-Orts-Prinzip»). Bei Branchen mit Gesamtarbeitsverträgen wird das Prinzip mittels Inspektoren und Lohnkontrollen etwa in Baustellen, Gastrobetrieben, Detailhandel, grossen Reinigungsfirmen weitgehend durchgesetzt. Prekär und teils beschämend ist die Kontrolle bei Landwirtschaftsbetrieben, Gemüseproduzenten und in der Hauswirtschaft. Ebenso löchrig ist die Durchsetzung bei ausländischen Firmen, die in der Schweiz temporär Aufträge ausführen und die Scheinselbständige mit prekären Löhnen beschäftigen.

Es braucht ein flächendeckendes System von Mindestlöhnen überall dort, wo nicht Gesamtarbeitsverträge wirksam sind. Bei liberalen Ökonomen sind gesetzliche Mindestlöhne aus dogmatischen Glaubensgründen verpönt. Doch es gibt im Rahmen der Personenfreizügigkeit keine andere Möglichkeit, um die Zuwanderung unqualifizierter Personen und den Familiennachzug bildungsferner Schichten zu steuern.

Die Rekrutierung unqualifizierter Billigarbeiter aus Osteuropa und Portugal stellt eine Subventionierung von ohnehin strukturschwachen Branchen mit tiefer Produktivität dar. Und im Endeffekt ist es eine Einwanderung ins Sozialsystem. Deshalb dient die Mindestlohninitiative der Arbeitnehmerseite der strukturellen Stärkung der schweizerischen Wirtschaft. Alternativen dazu haben auch die Marktgläubigen nicht.

10. Sachplan Wohnen und Raumplanungsmassnahmen

Die massive demografische Entwicklung manifestiert sich hautnah und existenziell am stärksten im Wohnungsmarkt. Ohne Beachtung der Wohnungspreisentwicklung und der Bereitstellung von preisgünstigem Wohnraum für Familien und Mittelschichten wird sich die «Zugerisierung» oder «Seefeldisierung» von Siedlungsräumen auch wahlpolitisch auswirken.

Gefragt ist die Erstellung eines Sachplans Wohnen. Der Bund muss die gesetzliche Grundlage schaffen. Die Kantone sind dann gefordert und frei, entsprechende Wohnbauzonen auszuscheiden und zu reservieren, verbunden vielleicht mit Erschliessungspflichten, Massnahmen gegen die Baulandhortung und zugunsten des gemeinnützigen Wohnungsbaus. Diese wirken nicht kurzfristig, aber deren Vernachlässigung oder Verschiebung wird sich rächen.

Problemverdrängung fördert Ausländerfeindlichkeit

Es werden weitere Herausforderungen für den Bund hinzukommen. Die EU drängt die Schweiz zur Übernahme der Unionsbürgerschaft, was bedeutet, dass der Daueraufenthalt vom Arbeitnehmerstatus entkoppelt und die Nutzniessung des Sozialsystems ausgedehnt würden. Der Europäische Gerichtshof wiederum will auf Druck der Oststaaten das Prinzip «Gleicher Lohn für gleichwertige Arbeit am gleichen Ort» aushebeln, was das hiesige Gewerbe ruinieren würde.

Der Bundesrat wird sich nächstes Jahr spätestens zu diesen EU-Forderungen positionieren müssen.

Die Ausländerpolitik ist der schwierigste aller Regierungsbereiche. Der Bundesrat, die zuständige Departementsvorsteherin und das Bundesamt für Migration können tun, was sie wollen, sie werden nie auf ungeteilte Zustimmung stossen. Doch die Verdrängung der Probleme, die Verhöhnung echter Besorgnisse als blosse «Phantom-Debatte» hilft nur jenen, die seit Jahren in der Ausländerfrage polarisieren und die schwierige Migrationsproblematik für sich bewirtschaften. *(NZZ am Sonntag vom 1.5.2011)*

Mindestlöhne – einmal anders betrachtet

Für einmal schreibe ich für ein Anliegen, das Sie als Leser oder Leserin auf den ersten Blick wohl reflexartig für ein absurdes Ansinnen halten. Doch vielleicht werden Sie nach der Lektüre einige ökonomische Überlegungen mit mir nachvollziehen können.

Ich plädiere hier für den flächendeckenden Mindestlohn. Die Gewerkschaften und Arbeitnehmerorganisationen haben eine Volksinitiative eingereicht, die in der Schweiz einen gesetzlichen Mindestlohn fordert. Sie ist im Zusammenhang mit der Personenfreizügigkeit konzipiert und soll dort die Lücken schliessen, wo die geltenden flankierenden Massnahmen nicht greifen.

Mindestlohn widerspricht der Lehrbuchökonomie

Die Volksinitiative für einen gesetzlichen Mindestlohn legt den Vorrang der Regulierung auf «die Festlegung von orts-, berufs- und branchenüblichen Mindestlöhnen in Gesamtarbeitsverträgen und deren Einhaltung». Der gesetzliche Mindestlohn soll laut Initiativtext auf 22 Franken pro Arbeitsstunde festgelegt werden, bis ein Gesetz die Ausführungsbestimmungen festlegt. Später soll der Mindestlohn der Lohn- und Preisentwicklung (nach AHV-Index) angepasst werden. Für besondere Arbeitsverhältnisse sollen Ausnahmeregelungen möglich werden, die unter Mitwirkung der Sozialpartner zu erlassen sind, zum Beispiel für die Löhne von Lehrlingen, Praktikanten/innen und bei anderen Kurzzeiteinsätzen.

Für den in reinem marktwirtschaftlichem Lehrbuchwissen gemodelten Ökonomen sind staatliche Eingriffe in die Lohnfestsetzung vom Teufel. Die Löhne sollten sich nach Angebot und Nachfrage im Arbeitsmarkt einstellen! Der Seco-Ökonom Aymo Brunetti bezeichnete Mindestlöhne lehrbuchmässig als Griff in die «ökonomischen Giftkiste».

Man kann in der Tat der Aussage beipflichten: Je tiefer die Tiefstlöhne, desto mehr (unqualifizierte) Arbeitskräfte werden beschäftigt. Es werden dann mehr Leute angestellt als Putzpersonal, als Hilfskräfte in der Landwirtschaft, als Dienstboten und Hilfen in der Hauswirtschaft. Tiefe Mindestlöhne beschäftigen mehr Leute.

Mit Tiefstlöhnen kommen unqualifizierte Ausländer

Doch wir haben einen Spezialfall Schweiz: Woher sollen denn diese Tiefstlohn-Beschäftigten kommen? Sie werden nämlich nicht auf dem relativ ausgetrockneten inländischen Arbeitsmarkt rekrutiert, sondern aus den Tieflohnregionen Europas. Dieses Rekrutierungsmuster hat Tradition: Früher wurden unqualifizierte Arbeitskräfte aus dem Balkan und Südeuropa geholt, später aus dem Norden Portugals. Und in Zukunft werden sie im Zuge der vollen Personenfreizügigkeit aus Osteuropa kommen, Personen ohne Ausbildung aus der Millionenbevölkerung von bildungsfernen Schichten der peripheren Problemgebiete in Siebenbürgen, Ungarn, Bulgarien und Rumänien etwa.

Den Lehrbuchökonomen, die keck Tiefstlöhne fordern und diese mit mehr Arbeitsplatzangeboten begründen, muss man die Rückfrage stellen: Wollen Sie weiterhin eine Einwanderung von Unqualifizierten und Bildungsfernen? Wollen Sie das frühere Einwanderungsmodell des Saisonierstatuts wiederholen und eine Zuwanderung ins Sozialsystem begünstigen? Jahrzehntelang hatte man den damals strukturschwachen Branchen (Landwirtschaft, Gastronomie, frühere Bauwirtschaft) die Rekrutierung von Billigarbeitern aus bildungsfernen Schichten des Balkans und Südeuropas ermöglicht und die späteren Folgelasten für die Schulen, die Berufsbildung und die Sozialsysteme ignoriert.

Das Seco spricht zur Rechtfertigung der Personenfreizügigkeit heute immer von den Hochqualifizierten aus Deutschland und Nordeuropa. Das ist nur die halbe Wahrheit, denn die gleichzeitige Einwanderung der Bildungsfernen und deren Folgelasten werden verdrängt. Die Wanderungsbilanz zeigt: Die Hochqualifizierten wandern häufig zurück in ihr Herkunftsland, die Unqualifizierten bleiben.

Personenfreizügigkeit bringt auch Unqualifizierte

55 Prozent der Zugewanderten aus Portugal – immerhin für die Schweiz Rekrutierungsland Nummer zwei – sind bildungsferne Schichten mit acht, neun Schuljahren und ohne berufliche Ausbildung. Aus Osteuropa (EU-8) wurden bisher zwei Drittel wenig Qualifizierte für die Landwirtschaft, das Gastgewerbe und die Hauswirtschaft rekrutiert. Je tiefer die Löhne, desto mehr ausländische Billigarbeitskräfte werden angefordert als Hausangestellte, Hilfskräfte und Altersbetreuerinnen für 1000 Franken Monatslohn, als Hilfskräfte im Gemüse- und Rebbau für 10 bis 12 Franken Stundenlohn, als Hinterhof-Abwascherinnen in Asiatenbeizen. Woche für Woche kommt ein Bus voller Arbeiterinnen für die Hauswirtschaft zur Pflege von Alten. Nach italienischem Muster sparen sich Reiche im Tessin und anderswo die Spitex- und die höheren Pflegeheimkosten vor Ort. Der spätere Familiennachzug dieser Migrationspersonen und die Folgelasten für die Schulen und das Sozialsystem werden ignoriert.

In den nächsten Jahren wird jede Schranke bei der Personenfreizügigkeit wegfallen. Sie erlaubt dann eine freie, völlig unbeschränkte Personalrekrutierung auch in Osteuropa. Ab 2011 fielen die Kontingente und der Inländervorrang weg; und ab 2014 fällt die Ventilklausel, bei der Zuwanderung aus Rumänien und Bulgarien ab 2016. Bald kommt die Öffnung gegenüber Kroatien und danach andern Balkanstaaten nach deren EU-Beitritt.

Mindestlohn als letzte Steuerungsmöglichkeit

Der allergrösste Teil des Gewerbes und der KMU-Wirtschaft wäre durch diese Mindestlohninitiative nicht betroffen. Denn 22 Franken Stundenlohn oder 3800 Franken brutto für eine Vollzeitstelle verrechnen heute schon fast alle. Durch die Steuerung bisheriger Tiefstlohnangebote würde die Zuwanderung selektiver, die Tiefstlohnzahler, Trittbrettfahrerfirmen und Graumarktanbieter würden gebremst. Das ist auch der Hauptgrund, weshalb die bürgerliche Regierung unter Angela Merkel einen flächendeckenden Mindestlohn für Deutschland einführen will. Sie sieht im Zeichen der vollen Personenfreizügigkeit keine andere Möglichkeit, die Billiglohnzuwanderung aus Polen und andern Ost-EU-Ländern zu steuern.

Müssen denn alle Tiefstlohn-Aktivitäten in den strukturschwachen Branchen in der Schweiz verbleiben? Müssen wir den ohnehin stark subventionierten Treibhaus-Gemüsebau oder den Tabakanbau mit billigen Ostarbeitern unbedingt weiterführen? Ein Kilo Tomaten, Peperoni oder Gurken aus den beheizten schweizerischen Treibhäusern benötigt ohnehin bis viermal mehr fossile Energie als das Kilo aus den sonnenbeheizten Treibhäusern in Südspanien, selbst wenn man die Transportenergie mitrechnet.

Mit dem gesetzlichen Mindestlohn werden einfach gewisse prekäre Arbeitsverhältnisse für Ausländer in der Schweiz nicht mehr angeboten werden. Dies als einzig verbliebene Steuerungsmöglichkeit der Zuwanderung im Rahmen der Personenfreizügigkeit. Die Menschen müssen hierzulande mit einem Lohn entschädigt werden, der die hiesigen Lebenskosten deckt. Wenn der ehemalige Gewerkschaftssekretär, der heute gegen einen gesetzlichen Mindestlohn wettert, für seine Putzfrau nicht mehr 22 Franken pro Stunde aufwenden will, dann soll er halt selber putzen. *(Schweiz. Gewerbezeitung 24.7.2012)*

Europa, Eurokrise und Griechenland

Wege zur EU

Beide, Andreas Gross als EU-Beitrittsbefürworter und Konrad Hummler als EU-Gegner, beklagen einen europapolitischen Stillstand der Schweiz. Beide suchen nach einer Position der Schweiz in Europa und formulieren idealistische Wünsche an die EU oder eine Anti-EU. Doch beide verfolgen Strategien, die den Stillstand zementieren statt überwinden.

Gross ist ein Vordenker in Sachen Volkssouveränität und plebiszitäre Demokratie. Aus dieser idealistischen Haltung heraus bekämpfte er 1992 den Beitritt der Schweiz zum Europäischen Wirtschaftsraum. Das knappe Nein damals lässt seither jede Beitrittsoption unrealistisch erscheinen.

Konrad Hummler beklagt den «komatösen Zustand» der Schweiz in Sachen Europa. Aber mit seiner erbitterten Haltung gegen jede Konzession in Sachen Steuerflucht fordert er gerade diese Stagnation. Deutschland betrachtet er in diversen Schriften zur Verteidigung des Bankgeheimnisses als Räuberstaat, der seine reichen Bürger bestehle. Seine zwei Visionen – die Bildung eines reichen, bankenbestückten Offshore-Stadtstaates Schweiz oder, als Alternative, die Gründung einer europäischen Föderation reichster Regionen mit Schweiz, Lombardei, Vorarlberg, Savoyen und Regio Basiliensis – sind nichts anderes als Kaschierung seiner EU-Gegnerschaft. Gerade solche Konstruktionen von Alternativen, die es gar nicht gibt, sind Bestandteil des «komatösen Zustands».

Mein Ansatz ist realistisch. Er geht von sieben Fakten aus und sucht Wege aus dem Stillstand.

Faktum 1 ist der ständige Nachvollzug des Europarechts in der Schweiz: Nach der Ablehnung des EWR-Beitritts hat die Schweiz einen Grossteil des EU-Rechtsbestands dennoch übernommen. Man spricht beschönigend vom «autonomen Nachvollzug», doch mit Autonomie und Freiwilligkeit hat diese Rechtsangleichung nichts zu tun. Die Übernahme war schlicht handelspolitischer Sachzwang. Und wird es weiter bleiben.

Faktum 2 ist der volkswirtschaftliche Gewinn der Schweiz aus dem europäischen Binnenmarkt: Zwei Drittel unserer Exporte gehen in die EU, und vier Fünftel der Importe stammen von dort.

Dieser europäische Binnenmarkt (EU-EWREFTA) wird angesichts des wirtschaftlichen Schwächezustands der USA noch wichtiger. Umgäbe uns nicht eine stabile Euro-Zone, wären wir dem Kräftespiel des Dollars und den Wechselkursschwankungen noch stärker ausgeliefert.

Faktum 3 ist, dass die schweizerische Bevölkerung von der selektiven Übernahme des EU-Rechts unterschiedlich profitierte: Die schrittweise Einführung der Personenfreizügigkeit seit 2002 erhöhte für Mittelschichten – konkret: für qualifizierte Berufsleute und Universitätsabgänger mit Monatseinkommen zwischen 5000 und etwa 8000 Franken – den Druck auf die Löhne. Die freie Rekrutierung von billigerem Personal im Ausland nützte den Arbeitgebern und verhinderte einen stärkeren Lohnanstieg in der Hochkonjunktur der Jahre 2005 bis 2008.

Demgegenüber wurden jene Bestimmungen des europäischen Rechts nicht nachvollzogen, die die Hochpreisinsel verursachen und mehr Importwettbewerb mit tieferen Importgüterpreisen bewirken könnten: bis vor kurzem keine Parallelimporte patentierter Güter, keine Akzeptierung der EU-Produktezulassung in der Schweiz (kein Cassis-de-Dijon-Prinzip), keine Amtshilfe mit den Wettbewerbsbehörden der EU-Staaten. Die economiesuisse als Wirtschaftsdachverband kämpfte für offene Grenzen zur Rekrutierung von billigerem EU-Personal und gleichzeitig gegen offene Grenzen für Parallelimporte preisgünstigerer EU-Waren. Auch diese Doppelbödigkeit ist Teil des beklagten «komatösen Zustands».

Faktum 4 ist die Ablehnung des EU-Beitritts durch die Mehrheit der Bevölkerung: Sie fürchtet einen Abbau der Volksrechte durch eine Kompetenzdelegierung an Brüssel. Aber seit 1992 haben sich die Pole der Gegnerschaft komplett verschoben. Nicht mehr das nationalistische Lager um Blocher und SVP ist heute die stärkste Kraft gegen die EU. Nein, die stärkste EU-Feindschaft kommt aus der Bankenwelt, die um das Bankgeheimnis fürchtet. Die Interventionen der Bankier-Vereinigung gegen EU-Forderungen in Sachen Zinsbesteuerung, Holdingsteuern, Steuerflucht, Amtshilfe haben die Berner Regierungs-Mechanik europapolitisch paralysiert.

Der Ruf von Konrad Hummler (Präsident der Privatbankiers) nach einer Alternative zur EU ist Ausdruck dieser EU-Feindlichkeit in der Finanzplatzszene. Im Mai 2007 fällte der Bundesrat einen weitreichenden, aber nie veröffentlichten Beschluss: keine neuen Forderungen an die EU, damit wir nicht fiskalpolitische Gegenforderungen aus Brüssel gewärtigen müssen. Auch dies ist ein Bestandteil des Stillstands.

Faktum 5 sind die fiskalpolitischen Gegenforderungen Brüssels: Im Dezember 2008 hat der EU-Ministerrat den Grundsatzentscheid gefällt, künftige bilaterale Abkommen nur einzugehen, wenn die Schweiz im Steuerstreit entgegenkommt.

Die Tragweite dieses Beschlusses wurde hier mit Blick auf die Februar-Volksabstimmung zur Personenfreizügigkeit willentlich heruntergefahren. Jedes weitergehende Arrangement mit der EU muss sich auf diese Gegenforderungen aus Brüssel oder seitens einzelner EU-Länder einstellen. Die Handhabung des Bankgeheimnisses ist Pièce de Résistance und Massstab unseres künftigen Vertragsverhältnisses mit Brüssel.

Faktum 6 ist die starke Verankerung des Bankgeheimnisses in der Bevölkerung: Etwa 70 Prozent der Bevölkerung unterstützen es. Doch im Widerspruch dazu lehnen ebenfalls 70 Prozent die Beihilfe zur ausländischen Steuerflucht auf Schweizer Banken ab. Es gilt deshalb, einen Weg zu finden, der das Bankgeheimnis bewahrt, vielleicht technisch modifiziert, aber gleichzeitig die Amtshilfe bei Steuerhinterziehung ermöglicht.

Faktum 7 ist eine schwache Regierung, die in sich die Balance sucht: Zwischen den marginalen Kräften für einen Beitritt und den starken hintertreibenden Kräften gegen jede Annäherung gibt es in der Parteien-Landschaft wenig Willen und wenig treibende Kräfte zu einer Flucht nach vorn. Der Finanzminister, der aus der Bankenszene stammt, wehrt willfährig mit der Wagenburg-Rhetorik der Bankiers jede Kooperation in Sachen Steuerflucht und Bankgeheimnis ab. Obschon alle wissen, dass die EU auf die Dauer keinen Steuerfluchthafen mitten in Europa tolerieren wird. Die Fehlbesetzung in der

Leitung des für die Europapolitik zuständigen Integrationsbüros rundet das Bild ab: Der Immobilismus ist politisch wie personell verankert.

Ich schliesse daraus: Gross' Beitrittsstrategie ist unrealistisch; Hummlers Konstrukt einer Anti-EU unter Führung der Schweiz ist reines Wunschdenken. Welcher Spielraum bleibt also angesichts dieser sieben Realitäten? Der künftige Weg geht in Richtung Dynamisierung des derzeit statischen bilateralen Vertragssystems Bern–Brüssel: Dieses Vertragssystem muss in eine dynamische Form eines institutionellen Rahmenabkommens überführt werden, damit wir nicht jede Buchstabenverschiebung im Acquis communautaire der EU neu verhandeln müssen.

Die europäische Konstruktion, die eine Art dynamischer «privilegierter Partnerschaft» im EU-Binnenmarkt seit bald zwei Jahrzehnten und auch heute noch ermöglicht, ist der Europäische Wirtschaftsraum. Der EWR ist ein erfolgreiches institutionelles EU-Gefäss für Länder, die im Binnenmarkt mit den vier Wirtschaftsfreiheiten – freier Waren-, Dienstleistungs-, Kapital- und Personenverkehr – voll integriert sind, ohne sich aber in neuen Integrationsfeldern (gemeinsame Aussen-, Verteidigungs- und Rechtspolitik) zu beteiligen. Der EWR hat auch einen funktionierenden Konsultationsmechanismus, mit welchem die Nicht-EU-Mitglieder bei der Fortentwicklung des Acquis communautaire konsultiert werden. Diese können auch eine Ausnahmeregelung (ein Opting out) beanspruchen.

Im Club des EWR sind nur wenige Länder verblieben (Norwegen, Island, Liechtenstein; die andern Staaten sind inzwischen EU-Vollmitglieder), was heute mehr als damals, 1992, einem Einzelland wie der Schweiz einen stärkern Einfluss bei den Verhandlungen mit Brüssel erlauben würde. Obschon der Europäische Wirtschaftsraum erfolgreich ist, wird er seit 1992 in der schweizerischen Politik abgewertet, verteufelt und verhöhnt. Wer hat in der Schweiz die politische Kraft und den Mut, die Debatte um einen «EWR II» neu zu lancieren?

(Die Zeit 22.1.2009)

Wem kann man in der Eurokrise noch vertrauen?

Eurokrise, Schuldenkrise, Bankenkrise – immer neue Schlagzeilen, veränderte Einschätzungen und herunterkorrigierte Prognosen prasseln auf uns ein. Und mit der Frankenstärke sind wir, ob wir wollen oder nicht, von diesen Problemen stark betroffen. Vor ein paar Tagen haben uns die EU-Politiker zum x-ten Mal die Lösung der Schuldenkrise als definitiv verkauft. Wem kann man da noch vertrauen? Die Ökonomen produzieren mit ihren Kommentaren zur Eurokrise eine verwirrende Kakofonie. Die Einschätzungen und Rezepte liegen weit, ja diametral auseinander.

Da sind erstens jene, die schon immer wussten: Der Euro ist eine politische Fehlkonstruktion und Brüssel sowieso ein bürokratischer Moloch. Nun sehen sie sich bestätigt. Und darum geben sie dem Euro in ihren Prognosen keine Überlebenschance und stellen diesen (auch im Schweizer Fernsehen) nur noch als zersplitterte Münze dar. Rezept: sparen, sparen, sparen!

Da sind zweitens jene, die schon immer sagten: Der Sozialstaat neigt zur Verschwendung und schadet der freien Wirtschaft. Sie sind in Europa geprägt durch F. A. Hayek, der den Sozialstaat brandmarkte als «Weg zur Knechtschaft» (so der Titel seines Evangeliums). In den USA orientieren sie sich an der Glaubenslehre von Milton Friedman. Jetzt höhnen sie über die verschwenderischen, unentschlossenen, unfähigen Regierungen Europas und preisen das jüngste Gericht der Märkte als heilsbringende Korrektur. Ihr Rezept heisst: Staatsabbau und sparen, sparen, sparen!

Und drittens sind da jene, die daran erinnern, dass es sich eigentlich um eine Krise der Banken handelt, nicht um eine Schuldenkrise der Staaten. Denn gefährdet sind letztlich die risikoorientierten Geschäftsbanken, die über viel zu wenig eigene Kapitalreserven als Krisenpuffer verfügen. Nicht die Südländer, sondern die gefährdeten Bankhäuser im Norden sollen eigentlich vor dem Absturz gerettet werden.

Jeder Ökonom diagnostiziert die Krankheitsbilder so, dass er als wirtschaftspolitische Heilkur das anpreisen kann, was er in seinem Weltbild schon immer wollte. Die gewünschte Therapie diktiert die Diagnose. Die Ökonomie ist eben nicht wertfrei. Ausgerechnet die hochkomplexe, abstrakte Geld- und Währungspolitik ist extrem mit Ideologien besetzt. Das ist den meisten «Spezialisten» in Europa nicht einmal bewusst, weil sie von ihrer Ausbildung her meinen, es gehe um physikalische «Gesetze». Was haben wir in den letzten Jahrzehnten nicht alles an wechselnden geldpolitischen Doktrinen hören müssen – von den Professoren, den Notenbankern und den Wirtschaftsjournalisten! Nehmen wir nur die geldpolitischen Kommentare der NZZ: Wären ihre Prognosen eingetroffen, hätte die Schweiz seit 1996 schon ein Dutzend Inflationen erlebt.

Wer hat nun Recht mit seiner Einschätzung? Ich meine, alle ein wenig. Jede dieser Diagnosen für sich greift zu kurz und wird sektiererisch, wenn sie mit Untergangsprophezeiungen und Heilslehren daherkommt.

Es ist eigentlich ein Paradox, dass praktisch alle EU-Staaten, ja die Eurozone als Ganzes von den Wölfen der Finanzmärkte gejagt wird, obschon Grossstaaten wie die USA, Grossbritannien oder Japan gemessen am Bruttoinlandprodukt viel stärker verschuldet sind. Die Finanzmarktakteure sind wie ein Wolfsrudel, vereint jagen sie die schwächste oder unentschlossenste Beute. Warum haben sie nun die Eurozone im Visier? Die drei amerikanischen Rating-Agenturen Standard & Poor's, Moody's und Fitch, welche dem Rudel die Hetzrichtung vorgeben, waren schon immer – wie die Wallstreet überhaupt – Europa-kritisch und Euro-feindlich eingestellt. Der Euro ist schliesslich die harte Währung, die den Dollar als Weltwährung teilweise erfolgreich abgelöst hat. Das läuft den Interessen der Wallstreet zuwider.

Herdentrieb, Panik und Gier

Wer verschleiern will, was im Bankensektor abläuft, oder wer den Mechanismus der Finanzakteure nicht kennt, spricht vieldeutig von den «Märkten». Als ob die Finanzmärkte wie Uhrwerke funktionierten, die unabhängig von Interessenlagen, Psychosen und Denkfehlern gesetzmässig von selber laufen. Doch diese «Märkte» sind hochpolitisch, extrem manipulierbar und von unberechenbaren Psychofaktoren wie Herdentrieb, Panik und Gier gesteuert. Deren Akteure und Wasserträger verstehen in ihrer panischen Ungeduld nicht, wie demokratische Prozesse in einem Land oder einer Staatengemeinschaft wie der EU ablaufen.

Es bleibt die Frage: Wie kommt Europa aus der Krise raus? Der Schlüssel zur Behebung der Schuldenkrise kann nicht allein in einer Sparschraube bestehen. Die Schuldenbremse, die in Brüssel jetzt allen Euroländern auferlegt wurde, ist zwar unentbehrlich. Aber die verordneten Sparprogramme für Südeuropa würgen das Wachstum dort ab und machen die Schuldentilgung noch unmöglicher. Sie sind, wie die Erfahrungen in Lateinamerika gezeigt haben, nur unter den Bedingungen einer Militärdiktatur politisch durchsetzbar.

Pragmatische Lösung

Der Schlüssel liegt vielmehr bei der Europäischen Zentralbank (EZB). Nur sie kann die Schuldenpapiere der notleidenden Eurostaaten unbegrenzt aufkaufen und durch Gelddrucken finanzieren. Notenbanken können ihre Bilanzen im Krisenfall ohne Limit ausdehnen. Die Notenbanken der USA, Grossbritanniens und Japans haben dies ganz pragmatisch in Billionenhöhe getan, um dem Staat aus der Krise zu helfen. Doch die EZB stellt sich tot. Sie steht so unter dem Druck deutscher Dogmatiker aus der Steinzeit des Monetarismus, dass selbst US-Professoren (Paul Krugman, Nouriel Roubini, Barry Eichengreen) über sie herziehen.

Gewiss, die Gefahr einer späteren Inflation als Nebenwirkung besteht. Aber diese ist den Notenbankern bewusst: Die grossen Geldmengen kann man auch wieder abschöpfen. Wenn ein Patient in einer extremen Fieberkurve ist – und das ist die Eurozone wirtschaftlich –, sucht man das wirksamste Medikament und nimmt die vorübergehenden Nebenwirkungen in Kauf. Diese historisch einmalige Krise mit unkonventionellen Mitteln zu bekämpfen und die temporären Nebenwirkungen zu ertragen – das müssen die Ökonomen noch lernen. Für jeden Bürger mit gesundem Menschenverstand wäre es eine Selbstverständlichkeit. *(Tages-Anzeiger vom 13.12.2011)*

Schulden-Grüsse aus Hellas: Wie soll es weitergehen?

Im wöchentlichen Rhythmus zeigt uns das Fernsehen Demonstrationen, Strassenschlachten, Abfallberge und hilflos-geschwätzige Politiker aus Athen. Je nach Optik zeigt die griechische Finanzkrise allerdings verschiedene Gesichter.

Erster Blick ins Dorf

In Athen ist tatsächlich der Teufel los, in Thessaloniki auch. Aber das ist nicht ganz Griechenland. Auf den Inseln, die ich seit dreissig Jahren kenne und von wo ich eben zurück kehre, nimmt man die Finanzkrise des Landes gelassener. Manifestationen oder Proteste gibt es dort keine. Die Finanzkrise ist die Sorge der Regierung im fernen Athen. «Diese korrupten Beamten haben viel zu lange auf grossem Fuss und auf unsere Kosten gelebt», so lautet unisono der Tenor auf den Inseln, «nun sollen sie auch zahlen.»

Auf den Inseln lebt man von den Touristen, von der Parahotellerie, vom Durchwursteln, allenfalls von den A-fonds-perdu-Investitionsbeiträgen aus dem EU-Kohäsionsfonds. Natürlich spürt man dort auch die Kürzungen, und das ärgert viele. Die Altersrenten sind von 600 auf rund 450 Euro gekürzt worden, die Lehrerlöhne (Senior) von 1500 auf 1200 Euro. Aber der Tourismus, der nur während drei Sommermonaten wirklich Geld bringt, ist nicht eingebrochen, nicht zuletzt dank dem Umstand, dass Tunesien und Ägypten diesen Sommer fast leer blieben.

Die vom Staat entlöhnten Ärzte verlangten bis anhin von den Patienten zusätzliche 600 Euro bar unter dem Tisch durch, wenn sie rasch drankommen und nicht auf ellenlangen Wartelisten landen wollten. Die Advokaten, Ärzte, Liegenschaftsmakler wohnten in Villen mit Schwimmbädern und hielten millionenteure Yachten, aber als Einkommen versteuerten sie bloss 10 000 bis 20 000 Euro Jahreslohn. Und die ganz Reichen brachten und bringen ihre Euros ins Ausland, auf Schweizer Banken – ein Problem, das uns noch einholen wird!

Zwölf Passagierschiff-Besitzer mussten allein in der Ostregion (Dodekanes) ihre Betriebsbewilligung nun abgeben, weil sie zuvor jahrelang mit einer über Strohmänner in Russland erworbenen Schiffslizenz steuerfrei zur See gefahren sind. Korruption ist quasi das Schmiermittel der griechischen Wirtschaft. Griechenlands Elite ist – nicht übertrieben – korrupt, gaunerhaft und dazu noch wirtschaftlich unfähig.

Was die Regierung und die griechischen Banken in grossem Stil mit den Finanzen angestellt haben, das hat jede griechische Familie, Städter oder Insulaner, ebenfalls praktiziert: Kaufen auf Pump, nach dem Motto: Kaufe heute, zahle später. Man ist kreuz und quer verschuldet: bei der Bank, beim Nachbarn, beim Autoverkäufer, beim Detailhändler im Dorf.

Zweiter Blick zu den Finanzstrategen

Hat die Troika, das Expertenteam von Europäischer Zentralbank EZB, Internationalem Währungsfonds IWF und EU-Kommission, je an ihre Empfehlungen geglaubt? Oder hat sie nur taktische Forderungen aufgestellt, um der griechischen Regierung Papandreou Rückhalt beim Sparprogramm zu liefern? Jedenfalls wären die von ihr empfohlenen rigiden Sparmassnahmen nur unter den Bedingungen einer Militärdiktatur voll realisierbar. Sicher verstärken diese Massnahmen die Depression und verunmöglichen die Schuldentilgung. Und die Vorgabe der Troika, durch Privatisierungen der maroden Staatsbetriebe müssten 50 Milliarden Euro zur Schuldentilgung hereingeholt werden, war fahrlässig inkompetent.

Seit einem Jahr wusste man, dass die Griechen die Tilgung von 300 Milliarden Euro Staatsschulden nie und nimmer erwirtschaften können. Mit viel gutem Willen ist den europäischen Staatschefs, den Juncker, Merkel und Sarkozy, zuzugestehen, dass sie vor einem Sanierungsschnitt einfach Zeit gewinnen mussten, erstens, um die Griechen zu Sparmassnahmen zu zwingen, und zweitens, um den schwächlichen eigenen Geschäftsbanken ihrer Länder Zeit zur Refinanzierung der Abschreibungen der Griechenland-Kredite zu geben.

Dritter Blick in die Zukunft

Selbst wenn man jetzt sämtliche griechische Schulden im Nichts auflösen würde, das Problem des Handels- und Zahlungsbilanzdefizits Griechenlands ist auch in Zukunft nicht gelöst. Griechenland hat keine exportfähige Industrie. Die inländische Produktion von Textilien, Schuhen, Lederartikeln, Möbeln, Haushaltgeräten ist innert weniger Jahre durch billige Importe aus Asien, finanziert mit Krediten und kaufkraftstarken Euros, liquidiert worden. Die Fischerei, früher eine Exportbranche, ist in drei Jahrzehnten durch Überfischen um 90 % eingebrochen.

Die griechische Wirtschaft hat zwar eine Reservearmee von Hunderttausenden schlecht und falsch ausgebildeten Universitätsabsolventen, aber sie hat keine qualifizierten Berufsarbeiter. Eine Berufslehre gibt es nicht. Pfusch im Handwerk ist Normalstandard. Wer ein Haus hat in Griechenland, nimmt am besten den Phasenprüfer mit, um nicht mit einem falsch angeschlossenen Gerät einen Stromschlag zu erleiden. Und er packt am besten den Feglappen in den Koffer, weil Hahnen, WC-Schüsseln und Duschschalen auslaufen. Im «Spengler-Rating» ist Hellas auf der Stufe Schwellenland. Nicht nur dort.

Die Produktivität, die Wertschöpfung pro Arbeitsstunde, ist in der ganzen Wirtschaft Griechenlands tief. Eigentlich müsste es seine Währung abwerten, um seine Exporte im Ausland billiger zu machen und die Importe zum Schutz der Inlandproduktion zu verteuern. Doch eingebunden in die Euro-Währung, kann es seine Wettbewerbsfähigkeit nicht durch Währungsabwertung verbessern. Und die tiefe Arbeitsproduktivität kann es mit dem lausigen, arbeitsmarktfernen Ausbildungssystem bestenfalls punktuell, aber nicht flächendeckend verbessern. Mit diesem Bildungssystem und dieser Arbeitsmentalität werden es ausländische Investoren nicht lange aushalten. Griechenland ist im Euro gefangen und wird von der effizienteren Produktion der Asiaten in die Ecke gedrängt.

Wenn man ganz unvoreingenommen die griechische Wirtschaft analysiert, gibt es für sie eingebunden im Euro-Raum in der langfristigen Betrachtung keine Lösung zur Erlangung der Wettbewerbsfähigkeit und zum Ausgleich der Zahlungsbilanz. Es sei denn, das Ausland zahle, oder es geschehe ein Wunder.

(UnternehmerZeitung Oktober 2011)

Griechische Tragödie und helvetische Pflicht

Finanzmärkte, Politiker und Banker blickten gebannt nach Griechenland. Nun können die Europäer kurz aufatmen. Doch mit dem knappen Wahlsieg für den Euro wird das griechische Volk nicht vom (Spar-)Leiden befreit. Und es wird auch keine stabile, breit abgestützte Regierung erhalten, sondern eine mit den alten Repräsentanten der korrupten politischen Elite.

Ich habe es vor Ort selber erfahren: Noch wenige Tage, ja nur Stunden vor dem Wahlgang vom Sonntag wussten viele Griechen noch nicht, wen oder was sie wählen sollten. In ihrem Dilemma entschieden sie sich aufgrund ihrer Hauptsorge: Wer ist für mich das kleinere Risiko?

Alle Medienberichterstatter beschreiben meist den Zustand im Grossraum Athen, wo vierzig Prozent der Landesbevölkerung leben. Dort lässt sich beobachten und filmen, wie unter dem Spardiktat ein Staat, eine Gesellschaft zerfällt. Auf den Inseln spürt man das nicht. Dort sind zwar alle kreuz und quer verschuldet, innerhalb der Familien und Clans, unter Nachbarn, beim Lebensmittelhändler und Stromlieferanten, bei der Gemeinde mit der Steuer- und Wasserrechnung. Doch man arrangiert sich. Man produziert wieder mehr eigenes Gemüse im Garten, hält Kleintiere. Die Sommereinnahmen von den Touristen fliessen am Staat vorbei direkt zu den Zimmervermieterinnen und Beizen. Deshalb ist man auf den Inseln politisch weniger aufgewühlt. Die politische Elite hält man ohnehin für korrupt und Athen für einen Saugnapf.

Bei diesen Szenen der griechischen Tragödie lehnen wir Schweizer uns vornehm zurück. Wir fühlen uns nicht betroffen, bestenfalls interessiert. Wir sind ausserhalb der Eurozone. Die schweizerischen Banken hatten den Griechen kaum Eurokredite gewährt. Wir zahlen nicht mit. Indirekt tragen wir über den Internationalen Währungsfonds (IWF) etwas bei mit – bisher verlustfreien – Stabilisierungsgarantien für Südeuropa.

Die Schweiz-Connection

Doch diese traditionelle helvetische Abstinenz und Neutralität versteckt eine Kehrseite der griechischen Schuldentragödie: die Kapitalflucht vonseiten der Elite. Kaum jemand thematisiert hierzulande die Schweiz-Connection der griechischen Schuldenkrise. In Athen, Strassburg und Brüssel jedoch ist das ein Thema. Im Staatssekretariat für Internationale Finanzfragen (SIF) in Bern hat man nach Rückfrage noch nicht einmal an eine Datenerhebung über griechische Vermögen in der Schweiz gedacht. Es gebe keine Rechtsgrundlage für eine Vollerhebung. Man müsste schon die Bankiervereinigung bitten, ob sie gefälligst eine Umfrage mit freiwilliger Erhebung durchführe.

Unser Staat erhebt die Zahl aller Schafe, Ziegenböcke, Rinder, stets mit Rechtsgrundlage. Aber die Milliarden Fluchtvermögen darf er nicht einmal in anonymisierter, aggregierter Form abfragen, geschweige denn blockieren – oder nur mit verfassungsmässigem Notrecht wie im Krieg. Die Zahlen, die die Schweizerische Nationalbank (SNB) über ausländische Bankeinlagen veröffentlicht, sind nicht vollständig. Sie kann nur fragen, was bei den Banken auf den Konten liegt, aber nicht, was in den Depots und Banksafes gehortet wird. Und auch nicht, was über Briefkastenfirmen und Vermögensverwalter zufliesst.

Nichts lief ohne Fakelaki

Immerhin zeigt sich auch so ein massiver Anstieg: Die griechischen Privatvermögen auf Schweizer Banken stiegen vergangenes Jahr um 1500 Millionen auf 4310 Millionen Franken. Hinzu kommen 3700 Millionen Franken an Kundenverpflichtungen wie etwa die Konten griechischer Reeder oder Hotelbesitzer. Diese Zahlen datieren von Ende 2011 und sind schon veraltet. Denn heuer gab es enorme Abflüsse von Privatvermögen aus Griechenland, im Mai 2012 allein 5 Milliarden Euro, jetzt im Juni noch mehr. Die Schweiz ist nicht das einzige Destinationsland für Fluchtvermögen, aber sicher das wichtigste ausserhalb der Eurozone.

Die Kapitalfluchthilfe der Schweizer Banken ist nicht neutral. Sie hilft der griechischen Oberschicht beim Prellen ihres Staates. Diese Elite ist ein Kernproblem der griechischen Tragödie. Sie ist unfähig und hat den Staat geplündert. Ärzte, Rechtsanwälte, Staatsbeamte, Privatlehrer, Gewerkschafter haben die kleinen Leute ausgenommen, Politiker haben sie belogen und betrogen. Nichts lief ohne Fakelaki, ohne Couvertchen mit Geldscheinen unter dem Tisch durch.

Laut dem neu eingesetzten obersten Steuerfahnder kennt der griechische Staat derzeit 45 Milliarden Euro Steuerrückstände. Eine Aufarbeitung der Steuermisere wird blockiert. Von 5000 Anträgen bei Banken auf amtliche Konteneinsicht, was in Griechenland rechtmässig ist, sind nur 214 beantwortet worden. Bei 500 Anträgen, die griechische Politiker betreffen, wartet die Steuerbehörde seit sechs Monaten auf Akteneinsicht.

Die Schweiz will nun mit Griechenland ein Abgeltungssteuerabkommen, eines nach dem Muster der Abkommen mit Deutschland, England, Österreich. Damit will sie die Zahl jener Euroländer erweitern, die das schweizerische Bankgeheimnis weiter respektieren. Als Gegenleistung bietet die Schweiz eine rückwirkende Amnestiesteuer (Regularisierungsabgabe) für bisher zugeflossene Fluchtgelder an. Die verarmte griechische Regierung muss sie wohl annehmen. Die bisherigen Verhandlungen sind allerdings wegen des Athener Führungsvakuums unterbrochen.

Vorausschauend auf das, was wiederum passieren könnte, nenne ich den springenden Punkt: Die Schweizer Unterhändler vom SIF dürfen für die rückwirkende Regularisierung nicht wieder eine Abschleichfrist für die Steuerflüchtlinge einräumen, wie sie sie gegenüber Deutschland ertrotzt hatten. Das würde bedeuten, dass die griechischen Steuerflüchtlinge ihre Vermögen vor dem Stichdatum verschieben könnten, ohne dann etwas zu zahlen. Sie würden nicht nur den allfälligen Aufwertungsgewinn einheimsen, sondern auch den griechischen Staat erneut schädigen. Im Falle des verarmten, hoch verschuldeten Griechenland wäre das eine moralische Schandtat.

Die politische Verantwortung für die Verhandlungen mit Griechenland trägt in dieser Sache Bundesrätin Eveline Widmer-Schlumpf. Sie darf sich nicht leisten, das verarmte Hellas mit schweizerischer Steuerfluchthilfe für dessen Oberschicht zu schädigen. In dieser Frage werden wir von ganz Europa beobachtet. Wir stehen in der griechischen Kapitalfluchtfrage moralisch und politisch in der Pflicht. *(Tages-Anzeiger vom 19.6.2012)*

Zur Entwicklung der Schweizer Wirtschaft

Die sieben Realitäten des Kapitals

Die kapitalistische Marktwirtschaft ist enorm effizient. Aber sie ist nicht gerecht. Sie ist wohlstandsfördernd, doch sie ist sozial und ökologisch blind und denkt kurzfristig. Diesen Sachverhalt möchten wir hier etwas näher beleuchten.

Der Financier und Unternehmer Tito Tettamanti hat mit seiner Verteidigungsschrift «Die sieben Sünden des Kapitals»[1] versucht, die «Erfahrungen eines Unternehmers» (Untertitel) darzustellen. Ich möchte dem die Erfahrungen eines Wirtschaftspolitikers gegenüberstellen, nämlich die «sieben *Realitäten* des Kapitals», und zwar ohne theoretischen Anspruch, bloss als Erfahrungsbericht, als schlichter Beschrieb der Wirtschaftswirklichkeit. Ich war sieben Jahre Zentralsekretär und wirtschaftspolitischer Sachbearbeiter bei der Sozialdemokratischen Partei der Schweiz, später 13 Jahre Wirtschaftspolitiker im Nationalrat. Ein Vierteljahrhundert der teilnehmenden Beobachtung in der praktischen Wirtschaftspolitik zwingt einen, die Wirtschaftstheorie und die Wirtschaftswirklichkeit strenger auseinanderzuhalten: Was in der Theorie gelehrt, gelernt und publiziert wird, trifft bei näherem Hinsehen in der Realität nicht zu. Wir beschreiben hier die Wirtschaftswirklichkeit, basierend auf Erfahrung, mit einer bloss endogenen Kritik, die das System an seinen eigenen Ansprüchen und Theorien misst und beurteilt.

1. In der Sonntagspredigt für Wettbewerb – in der Werktagspraxis für Wettbewerbsbehinderung

Die Marktwirtschaft basiert auf Markt und Wettbewerb. Vor einem Jahrzehnt noch existierten in der schweizerischen Volkswirtschaft rund tausend Kartelle, wettbewerbsbehindernde Preisabsprachen unter Anbietern, Gebietsabsprachen unter Handwerkern, Bier- und Getränkelieferanten, Zementherstellern und Autohändlern. Ein grosser Teil dieser Horizontal-Kartelle ist mit der Kartellgesetzrevision von 1995 und dank des zunehmenden Wettbewerbsdrucks aus dem Ausland aufgehoben worden.

Das alte Kartell, die horizontale Absprache unter Anbietern, ist im Rückgang begriffen und weitgehend bedeutungslos geworden. Doch eine neue, preiswirksamere Kartellform ist bis zur Perfektion aufgebaut worden: die sog. vertikale Preis- und Lieferbindung. Es handelt sich um Lieferverträge multinationaler Konzerne, die ihre Erzeugnisse in die Schweiz liefern und einen Alleinvertreiber (Vertriebsfiliale, Zwischenhändler, Distributionsfirma) zwischenschalten, welcher als einziger Verteiler die schweizerischen Absatzkanäle beliefert.

Hochpreisinsel durch Wettbewerbsbehinderung

Die Importgüter werden in der Schweiz 20 bis 30 Prozent teurer vertrieben als genau gleiche Produkte im benachbarten Ausland. Dies zeigte eine Preisvergleichsstudie der Universität Zürich unter der Leitung von Professor Roger Zäch, der gleichzeitig als Vizepräsident der Wettbewerbskommission (Weko) wirkt[2]. Die Verteuerung ist sehr breit gestreut und beträgt 20 bis 100 Prozent gegenüber dem Auslandspreis. Besonders hartnäckig werden die teuren Pharmapreise von der Pharmaindustrie verteidigt.

Bei der Verteuerung in der Schweiz ist nicht etwa das höhere Lohnniveau entscheidend, welches die hohen Preise rechtfertigen könnte. Vielmehr handelt es sich um höhere Importpreise, die nichts mit den Distributionskosten zu tun haben. Eine Preisniveau-Vergleichsanalyse im Auftrag des Staatssekretariats Seco (CPL-Analyse, Comparativer Price Level) ergab 23 Prozent teurere Produkte in der Schweiz, verglichen unter Berücksichtigung der Kaufkraftparitäten mit dem Preisniveau von Deutschland, Frankreich, England und USA.[3]

Verteuerte Zulieferungen und Inputs

Die schweizerische Landwirtschaft bezahlt für ihre Inputs (zumeist importierte Traktoren, Landmaschinen, Dünger, Schädlingsbekämpfungsmittel) über eine Milliarde Franken mehr als die Landwirte im benachbarten Ausland. In Baden-Württemberg sind Dünger, Saat- und Pflanzenschutzmittel 40 Prozent, die gleichen Pflanzenschutzmittel 35 Prozent billiger.[4]

Die Schweiz importiert für rund 120 Milliarden Franken Importgüter (oder über 100 Milliarden Franken, wenn Erdölprodukte und Nahrungsmittel ausgenommen werden, für die eine andere Marktordnung gilt). Für diese Importe bezahlen wir im Durchschnitt 20 bis 30 Prozent zu viel und verteuern damit den Produktionsstandort Schweiz. Nur ein Drittel des Mehrpreises ist auf teurere Absatzkosten innerhalb der Schweiz zurückzuführen. Vielmehr besteht die Verteuerung in Monopolrenten aufgrund von Vertikalbindungen, die wir später erklären.

Direktimporte von Produkten durch schweizerische Händler, sog. Parallelimporte, sind auf weite Strecken verunmöglicht. Ausser den Konsumenten und einigen importierenden Grossverteilern hatte bisher eigentlich niemand ein Interesse am Wettbewerb. Das gehört zur Realität des schweizerischen Kapitalismus.

Sonntags-Liberale

«Wettbewerb» und «Marktwirtschaft» sind viel verwendete Schlüsselbegriffe der liberalen Sonntagspredigten. *Am Sonntag predigt man Markt und Wettbewerb, aber von Montag bis Freitag tut man alles, um den Wettbewerb zu behindern.*

Der Dachverband der Wirtschaft, die economiesuisse, wehrte sich in der Vernehmlassung der Kartellgesetzrevision von 2000 gegen Reformen, gegen die Verschärfung von Sanktionen, gegen die Kronzeugenregelung; und von einer Strafbarmachung der Vertikalbindung wollte der Verband überhaupt nichts wissen. Der damalige Präsident der economiesuisse, Andres F. Leuenberger, war zu der Zeit zweiter Mann beim Roche-Konzern und verantwortlich für dessen weltweite Kartellpraxis, die dem Pharmariesen in der Folge rund 3,5 Milliarden Franken an Kartellbussen für schädliche Praktiken beim Vitamin- und Citruskartell einbrachten (diese Kartellpraxis ist durch Anwendung der Kronzeugenregelung aufgeflogen und bewiesen worden).

Parallelimport-Verhinderer

Die von der Basler Pharmaindustrie unterhaltene Organisation «Interpharma» hat mit aggressiven Lobby-Methoden, mit Meinungsmanipulation und Schutzbehauptungen dafür gesorgt, dass das eidgenössische Parlament bei Pharmaprodukten bis heute keine Parallelimporte für alle Arzneimittel zugelassen hat. Die Parallelimporte für Medikamente, die zuvor mit einer Parlamentarischen Initiative grundsätzlich befürwortet worden waren (Pa.Iv. 98.413), wurden im Heilmittelgesetz aufgrund der Interpharma-Lobby auf die sogenannte erleichterte Zulassung für Altmedikamente, deren Patentschutz abgelaufen ist, zurückgestutzt (Heilmittelgesetz Art. 14 Abs. 2). Trotz dieser kleinen Türe für Parallelimporte von Medikamenten mit abgelaufenem Patent aufgrund von Art. 14 Abs. 2 des Heilmittelgesetzes sind noch keine Parallelimporte von der Zulassungsstelle des Bundes, SwissMedic, bewilligt worden. Abgewiesene Gesuchsteller für Parallelimporte nennen administrative Hindernisse, Produktionsnachweisvorschriften und andere Hürden als von der Zulassungsstelle genannte Gründe. Kurz, der politische Wille des Gesetzgebers, wenigstens bei einem Teil des Imports, nämlich bei Altmedikamenten, eine Liberalisierung zu ermöglichen, ist durch das nach der Pfeife der Pharmaindustrie tanzende Zulassungsinstitut auf kaltem Weg unterlaufen worden.

Verkehrte Welt im Parteienspektrum

Während der parlamentarischen Beratungen des Kartellgesetzes in den Jahren 2000 bis 2002 ist ein eigentlicher Paradigmenwechsel in der Wettbewerbspolitik vorgenommen worden, indem neu auch vertikale Preis- und Lieferbindungen als schädlicher Kartelltatbestand deklariert und der Strafbarmachung unterstellt worden sind. (Bis anhin galten nur horizontale Kartelle, nämlich Preis-, Mengen- und Gebietsabsprachenkartelle, als vom Gesetz definiert schädlich. Nach dem Willen des Bundesrats hätten nur diese drei beschränkten Vermutungstatbestände weiter bestehen sollen.) Das Interessante ist dabei, wer diese entscheidende Ausweitung des Kartellbegriffs auf Vertikalbindungen realisiert hat: Die Vertreter/-innen der SP, der CVP und der Grünen Partei waren dafür (und Antragsteller), die Vertreter der SVP waren von Anfang bis Schluss dagegen, die FDP-Deputation widersetzte sich am Anfang und schwenkte dann halbherzig ein. Doch von SVP- und FDP-Seite kam ein Antrag hinzu, bei Vertikalbindungen Rücksicht auf die Vertriebsstrukturen zu nehmen und dabei wieder partielle Wettbewerbsbehinderungen zu legitimieren. Bei der Einführung klarerer Durchsetzungsmethoden in der Kartellbekämpfung (Beschlagnahmungsrecht, Kronzeugenregelung, Erstbussen) stimmte die Rechte, die geschlossene SVP, die sich stets als Hüterin der Marktwirtschaft gibt, von Anfang bis zum Schluss dagegen, wie diese die economiesuisse in ihrer Vernehmlassung bereits bekämpft hatte. Das ist die Realität des helvetischen Bürgertums.

Nationale Patenterschöpfung (Kodak-Urteil)

Für patentierte Produkte gibt es beim Import immer noch den Schutz der wettbewerbsbehindernden Vertriebsstruktur im Inland: Mit dem sog. Kodak-Urteil hat das Bundesgericht im Jahr 1999 einen folgenschweren, produktverteuernden und konsumentenfeindlichen Entscheid gefällt: Die Detailhandelskette Jumbo-Markt importierte Kodak-Filme aus England zu viel tieferen Preisen (und bezahlte natürlich die im Vereinigten Königreich verrechneten Lizenzgebühren für das Kodak-Patent). Die Kodak Schweiz zog, unterstützt von einer rechtsbürgerlichen Wirtschaftsanwaltskanzlei in Zürich, den Fall bis vor das Bundesgericht. Dieses verurteilte darauf den Jumbo-Markt, die Kodak-Filme nur noch bei der Kodak Schweiz AG und nicht mehr im Ausland zu beziehen, und gleichzeitig etablierte es – in Umkehr der bisherigen Praxis beim Patent- und Markenschutzrecht – eine nationale Patenterschöpfung. Implizit etablierte das Bundesgericht in einem politischen Urteil eine Marktabschottung mit grossen volkswirtschaftlichen Folgen. (Erst später wurde bekannt, dass Kodak beim Farbfilm, dessen Patente längst abgelaufen waren, bloss eine neue Deckschicht patentiert hatte mit dem Zweck, den Patentschutz weiterführen zu können.)

Aufgrund des Kodak-Urteils wurde die Geltendmachung des Patentschutzes bei den Vertikalbindungen in Dutzenden von Fällen aufgebaut. Zwar kann nach dem neuen Kartellrecht die Hochpreisgestaltung nicht mit dem Patentschutz legitimiert werden, aber die Alleinvertriebsstrukturen werden mit der nationalen Patenterschöpfung weiterlaufen.

(…)

Baumarkt und Bauland-Verteuerung

Wir bauen in der Schweiz 30 bis 50 Prozent teurer als im benachbarten Ausland. Der teure Baumarkt wird auf die hohen Schweizer Löhne der Bauleute zurückgeführt. Dies trifft höchstens zur Hälfte zu. Denn auch der Baumarkt ist geprägt von Wettbewerbsbehinderungen und von 26 verschiedenen kantonalen Bauvorschriften, die ihrerseits natürlich den Binnenwettbewerb und die Baustandardisierung behindern. Der sich selbst als marktfreundlich darstellende Hauseigentümerverband Schweiz (HEV) hat verhindern können, dass beim Baulandmarkt die Handelstransaktionen und Handelspreise veröffentlicht werden. Der Bundesrat wollte mit dem sog. bodenrechtlichen Anschlussprogramm Mitte der 90er Jahre durch eine bessere Preistransparenz die Voraussetzung zur Baulandverflüssigung schaffen. Doch das Projekt wurde nach dem Vernehmlassungsverfahren wegen der rechtsbürgerlichen Opposition eingefroren. Auch hier haben die Sonntags-Liberalen die Rahmenbedingungen für Wettbewerb, nämlich bessere Transparenz, unterlaufen können.

Durch die Bauverpflichtungen beim Boden (Servitute), durch Baulandhortung, durch die Verhinderung von standardisiertem Bauen und Systembau entstehen noch und noch Verteuerungen. Jeder Architekt versucht sich selber zu verwirklichen, ständig neue Ideen individualistisch auf den Wohnungsbau anzuwenden; und dazu wollen sie erst noch 10 bis 15 Prozent Architekturkosten auf den hohen Preisen verrechnen.

Auch die Linke blockiert

Es wäre unredlich, nur die Marktbehinderungsstrategien der bürgerlichen Marktbefürworter ins Schaufenster zu stellen, ohne die Wettbewerbsbehinderung der Linken auch zu erwähnen. Die geordnete Öffnung des Strommarktes wurde mit der Ablehnung des Elektrizitätsmarktgesetzes (EMG) im Jahre 2002 ebenso bekämpft wie die Öffnung der letzten Meile im Telekom-Bereich, was u. E. zu einer Behinderung der Technologiediffusion durch den fetten Riesen Swisscom führt. Dies behindert das Wachstum und die Schaffung neuer innovativer Arbeitsplätze.

(...)

2. Die Gewinne privat und die Kosten dem Staat

Die alten Liberalen betrachteten den Staat als Leviathan, als Behinderer von Freiheit und Zerstörer von Eigen- und Selbstverantwortung. Die Neoliberalen akzentuierten diesen Aspekt mit einer Doktrin gegen die Fiskal- und Staatsquote und überhöhten die Kritik mit einem wachstumstheoretischen Lamento.

Allerdings haben komparative Studien für die OECD-Länder bewiesen, dass keine Korrelation zwischen Fiskalquote und Wirtschaftswachstum (und auch kein messbarer Zusammenhang zwischen Änderung der Fiskalquote und dem Wirtschaftswachstum) nachweisbar ist. Es gibt OECD-Länder mit hoher Fiskalquote und hohem Wachstum und Länder mit hoher Fiskalquote und tiefem Wachstum. Und es gibt OECD-Länder mit tiefer Fiskalquote und tiefem Wachstum (Beispiel Schweiz) und solche mit hohem Wachstum. Jeder Steuerfranken oder Staatsausgabefranken ist eben auch ein Kaufkraftfranken (in Form von Löhnen oder Renten) oder ein Investitionsfranken durch öffentliche Aufträge. Dieser Kreislaufeffekt der Steuern wird oft ignoriert.

Sozialisierung von privaten Kosten

Wer nun aber glaubt, die dem Kapital Zugeneigten würden auf die Ausdehnung der Fiskalquote verzichten, lebt jenseits aller Wirtschaftswirklichkeit. Das ungesteuerte System der Marktwirtschaft produziert nämlich externe Kosten oder Folgelasten, die in der Regel umso grösser anfallen, je stärker die Liberalisierung und Privatisierung ausfallen. Externe Kosten im engeren Sinn sind Lasten, die nicht vom Verursacher bezahlt, sondern von der Allgemeinheit (d. h. dem Staat, der Bevölkerung oder den späteren Generationen) getragen werden. Folgekosten sind auch langfristige Lasten, die aus der privaten Produktion oder aus dem privaten Konsum erwachsen. Dazu kommen auch öffentliche Güter, Infrastrukturaufwendungen, die als blosse Voraussetzungskosten für die private Produktion zu betrachten sind. Selbstverständlich verursachen nicht nur Kapitalismus und Privateigentum externe Kosten. Diese fallen beim ungezügelten Produktionssystem auch in staatswirtschaftlichen und kommunistischen Produktionsmodellen an.

Überwälzung externer Kosten

Bund, Kantone und Gemeinden wenden derzeit rund fünf Milliarden Franken für Umwelt, Entsorgung und Raumordnung auf (2001)[5]. Die öffentlichen Ausgaben für Umweltschutz, Entsorgung und Raumordnung haben innert einer Generation, von 1960 bis 1993, um das 55-fache zugenommen. Das ist die Sozialisierung von externen Kosten. Je stärker die Werbewirtschaft Gewicht auf Verpackungen und Werbeträger legt, desto stärker fallen die Folgelasten für deren Entsorgung an. Wenn öffentliche Plätze in Städten und Bahnhöfen mit Flaschen, Verpackungen und Styropor-Emballagen übersät werden, sind diese Erscheinungen als externe Kosten der Fast-Food-Kultur à la McDonald's zu betrachten. Wenn öffentliche Körperschaften, Kirchgemeinden, aber auch Private jährlich Milliarden Franken für Sandstein- und Fassadensanierungen ausgeben, sind es ebenso Folgelasten des Privatverkehrs und der Feuerungen wie auch die gesundheitlichen Folgen von Bronchitis bei Kindern und Asthma bei Alten.

Arbeitsmarkt: Staat zahlt Liberalisierungskosten

Die Sozialausgaben der öffentlichen Hand sind in den 90er Jahren massiv angestiegen, was besonders von den Neoliberalen als Systemkrise beklagt wird. Die Spitzenrenner unter den wachsenden Sozialwerken, die Arbeitslosenversicherung ALV und die Invalidenversicherung IV, sind hier näher zu betrachten.

Die Ausgaben der Arbeitslosenversicherung betrugen 1990 rund 500 Millionen Franken, jene im Jahr 2000 3,7 Milliarden Franken und im Jahr 2003 gar über fünf Milliarden Franken, also 10-mal mehr als 1990. Die Ausgaben der IV verdoppelten sich von 4,1 Milliarden Franken im Jahr 1990 auf über 10 Milliarden im Jahr 2003, bei einem aufgelaufenen ungedeckten Schuldenberg von 6,3 Milliarden Franken[6].

Die Neoliberalen pflegen diese Ausgabenzuwächse im Sozialversicherungsbereich als Beweis für die Begehrlichkeit des Bürgers gegenüber dem Staat zu brandmarken. Doch in der Realität sind sie die direkten Folgelasten der Liberalisierung im Produktionssystem, der Flexibilisierung der Arbeitsverhältnisse, die sozialen Folgekosten der Umstrukturierungen, Fusionen, Produktionsverlagerungen ins Ausland. Die stärkere und kurzfristigere Kapitalorientierung im Managementverhalten wurde nach dem Motto ausgerichtet: *Gewinne privat und die Kosten dem Staat.*

Die typische «Biografie» des Sozialversicherungs- und Sozialhilfeempfängers verläuft in folgenden Etappen: Der/die Beschäftigte wird wegen Konjunktureinbruchs oder Umstrukturierung vom Betrieb entlassen und landet bei der Arbeitslosenversicherung (Schritt eins). Durch die Arbeitslosigkeit entsteht ein Qualifikationsverlust, ein Down-grading der Arbeitskraft bis hin zur psychischen Arbeitsunfähigkeit in Form von Depressionen und Verlust von Selbstwert. Der zweite Schritt nach der Aussteuerung ist die Unterstützung durch die Sozialhilfe des Kantons und der Gemeinde. Diese wiederum versuchen, der dritte Schritt, die Person als «Erwerbsbehinderte» und «Nichtvermittlungsfähige» an die Invalidenversicherung IV zu übergeben. Bei rationaler Betrachtung dieser Kausalkette lässt sich die Ausdehnung des Sozialversicherungssystems (von der demografischen Entwicklung einmal abgesehen) als *Sozialisierung von Kosten* des immer härteren Managementsystems interpretieren. Sozial Schwächere werden nicht nur konjunkturell, sondern strukturell aus dem

Arbeitsprozess hinausgedrängt und dem System der öffentlichen Sozialversicherung übergeben – eine klassische Form der Sozialisierung von Kosten.

Staat zahlt Ausländerrekrutierung

Eine besondere Beachtung müsste den Folgekosten einer verfehlten Ausländerpolitik – ebenfalls auf Druck und Veranlassung der Privatwirtschaft inszeniert – geschenkt werden. Die erleichterte Rekrutierung von unqualifizierten Arbeitnehmerinnen und Arbeitnehmern in den 80er und Anfang der 90er Jahre durch das Gastgewerbe, die Bauwirtschaft und die Landwirtschaft führte zu einer massiven Zunahme an unqualifizierten Arbeitnehmerschichten. Zunächst wurden Unqualifizierte als Saisonarbeitskräfte rekrutiert. Nach vier Jahren Arbeitsaufenthalt erfolgte die Umwandlung in eine Aufenthaltsbewilligung oder Niederlassung und die freie Wahl der Branche. Nach dem Kriseneinbruch wurden zuerst die weniger Qualifizierten nach dem Motto: Last in – first out entlassen und in das Sozialversicherungssystem abgeschoben.

Die von der Rechten politisch hochgespielte Problematik der Flüchtlinge und des Asylmissbrauchs ist im Vergleich zur Arbeitsmarktimmigration marginal: Nur vier Prozent aller Ausländer in der Schweiz sind unter dem Titel des Asylwesens (anerkannte Flüchtlinge, Asylgesuchsteller, humanitäre Aufenthaltsbewilligung) zu subsumieren; 96 Prozent der ausländischen Wohnbevölkerung sind durch arbeitsmarktliche Immigration und Folgeimmigration sowie Geburten verursacht. Diese Rekrutierungsform für Ausländerinnen und Ausländer führte zur Situation, dass heute die ausländischen Personen mit 46 Prozent unter den registrierten Arbeitslosen viel stärker vertreten sind als bei der Erwerbsbevölkerung (27 Prozent). Das Gastgewerbe und die Hotellerie, die sich am stärksten durch Rekrutierung billiger unqualifizierter Arbeitskräfte im Ausland bedienten, haben in den 90er Jahren dreimal mehr Zahlungen der Arbeitslosenversicherungen verursacht, als ihre Branche an Prämien dorthin entrichtete. Auch bei der IV-Rente ist der Ausländeranteil an den Zahlungen mit 35 Prozent (22 Prozent IV-Ausländer in der Schweiz, 13 Prozent Zahlungen an rückgewanderte Ausländer/-innen im Ausland) überproportional hoch (NZZ 28.1.2004).

Diese Sachverhalte, die von xenophoben Kreisen zur Anprangerung der Ausländerbegehrlichkeit politisch missbraucht werden, sind, nüchtern und vorurteilslos betrachtet, als blosse Folgekosten der vor allem in der Ära des Wirtschaftsministers Jean-Pascal Delamuraz inszenierten Arbeitsmarkt- und Migrationsliberalisierung zu betrachten.

economiesuisse: Widersprüchlicher Antifiskalismus

economiesuisse, der meinungsführende Wirtschaftsdachverband, hat sich unter dem Präsidium von Ueli Forster zum Vorreiter der Anti-Fiskalquoten-Dogmatik gemacht. Der gleiche Verband scheut sich nicht, unter Berufung auf ausländische Beispiele eine Ausdehnung der staatlichen Exportrisikogarantie (ERG) auf private Delkredere-Risiken zu fordern. Exportkredite sind eine Art Zahlungshilfe für Kunden schweizerischer Exporteure. Der schweizerische Lieferant von Maschinen, Kunststoffen (EMS-Chemie!) oder Pharmaprodukten gewährt dem Besteller im Ausland einen Bankkredit nach dem Prinzip: Kaufe heute – zahle später. Bisher hat die ERG des Bundes diese Kredite nur dann gegen eine Versicherungsprämie abgesichert, wenn der Kunde im Destinationsland eine staatliche Stelle war oder über eine Staatsgarantie verfügte. Durch die rasante Privatisierungswelle in den Ländern Osteuropas, Ostasiens und Lateinamerikas sind die Kunden zunehmend Privatfirmen.

Nun hat die economiesuisse auf Betreiben der Maschinenindustrie den Bund dazu eingespannt, auch Exportkredite an Privatkunden zu garantieren. Auch hier wird wiederum operiert nach dem Grundprinzip des real existierenden Kapitalismus: *Gewinne privat und die Risiken dem Staat!* Eine Umfrage des Seco bei der Privatassekuranz hatte zuvor ergeben, dass die Privatversicherungen Exportkredite nicht zu versichern bereit sind. Privatisiert wird das, was kleine Risiken birgt und gewinnträchtig ist, das *Unkalkulierbare wird dem Staat übertragen.*

Exportrisikogarantie: Internationale Verschuldung verpflichtet den Staat

Die Versicherungsnehmer der ERG berufen sich auf das vordergründige Argument, die ERG-Ausfälle würden durch die Versicherungsprämien ja gedeckt. Dies war zumindest in den 80er Jahren nicht der Fall, weil der Bund rund eine Milliarde Franken an Steuergeldern zur Ablösung früherer Schulden (Währungsrisiko) einschoss. Auch die heutige ERG-Rechnung, die sich ausgeglichen präsentiert, ist eine Verschleierung, die nur wenige Finanztechniker in Bundesbern durchschauen: Der kausale Einbezug der öffentlichen Gelder entsteht nämlich durch einen schrittweisen Folgeverlauf, an dessen Ende der Bund einspringen muss. Ein Entwicklungsland oder ein ehemals kommunistisches

Transformationsland bezieht einen Exportkredit, welcher der ABB, Sulzer oder EMS-Chemie einen Export vorfinanziert. Oft wurden solche langfristigen Infrastrukturprojekte unter Verletzung aller Bankenregeln mit drei- bis sechsjährigen Exportkrediten vorfinanziert. Diese Exportkreditexpansion führte zur Überschuldung und Zahlungsunfähigkeit mancher Entwicklungs- und Schwellenländer. Im Pariser Club werden dann dem Schuldnerland neue Kredite der öffentlichen Hand, namentlich Umschuldungs- oder Schuldenkonsolidierungskredite des Bundes (finanziert aus dem Wirtschafts- und Währungshilfe-Rahmenkredit) oder Kreditfazilitäten des Internationalen Währungsfonds IWF (finanziert aus Notenbank- oder Staatsgeldern) gewährt. Diese öffentlichen Neukredite dienen zur Ablösung *bestehender* Schulden, unter anderem zur Zurückzahlung von Exportkrediten. Damit wird die ERG buchhalterisch ausgeglichen, doch die Refinanzierung erfolgt mit öffentlichen Geldern, nur wird der Finanzierungsmechanismus dem Steuerzahler verschleiert. Im ERG-Sekretariat, das beim Dachverband der Maschinenindustrie (Swissmem) in Zürich domiziliert ist, arbeiten drei Sachbearbeiter allein für das Eintreiben von Schuldenkonsolidierungskrediten. Die ausgeglichene ERG-Bilanz ist eine geschickte *finanzkosmetische Täuschung!* Das Prinzip bleibt nämlich auch hier: Privatisierung von Gewinnen (beim Exporteur und bei der Exportbranche) und Sozialisierung von Folgeschuldenlasten. Die Liberalisierung der internationalen Finanzmärkte seit den 80er Jahren führte zu diesem Preis für die Staatshaushalte.

Sozialisierung von Risiken

Die Liberalisierung der internationalen Finanzmärkte brachte nicht etwa im gleichen Masse eine Privatisierung der Risiken. Im Gegenteil, durch exorbitante Kreditausweitungen des internationalen Bankensystems entstanden systemische Risiken, die de facto durch die Notenbanken und die Staatshaushalte abgesichert werden, auch wenn sich aus Präventivgründen niemand dazu bekennen mag. In grossen Finanzkonglomeraten gilt das Prinzip: *Too big to fail.*

Würden die UBS, die Credit Suisse oder die Swisslife/Rentenanstalt in Solvenzprobleme geraten, müssten die (öffentlichen) Vermögen der Schweizerischen Nationalbank oder allenfalls Bundesmittel das Überleben garantieren. Selbst die Swissair/Swiss wurde als «Too big to fail» betrachtet. Grosse Finanzgebilde haben de facto eine Staatsgarantie, die auch dann besteht, wenn dies aus verständlichen Gründen vom Finanzminister hörbar dementiert wird.

Swissair: Die Kosten dem Staat

Insgesamt 2,7 Milliarden Franken haben Bund und Kantone zusammen in den Jahren 2001/2002 in die Swissair/Swiss-Gruppe gesteckt. Diese Mittel sind seither fast gänzlich zerstäubt worden, ohne dass die Arbeitsplätze, die man hätte retten wollen, erhalten geblieben sind. Unterstützt wurden diese öffentlichen Mittel nicht nur von der Linken, die sich auf gewerkschaftliches Betreiben (Arbeitsplätze!) in diese Strukturerhaltung verrannt hat, sondern auch durch grosse Teile der bürgerlichen Fraktionen ausser der SVP. Die Bürgerlichen haben auf Geheiss der Bahnhofstrasse und involvierter Konzernmanager diese wirtschaftspolitische Fehlleistung trotz knapper Staatsfinanzen forciert. Auch diese Finanzierungsoperation galt einer Firma, die zuvor den Anspruch auf volle Privatwirtschaftlichkeit für sich reklamiert hatte.

Staat zahlt Liberalisierung im Agrarbereich

Bei der schweizerischen Landwirtschaft haben wir in etwas mehr als einem Jahrzehnt eine Zunahme der Direktzahlungen des Bundes von fast null auf heute über 2,5 Milliarden Franken pro Jahr praktiziert, die derzeit neben den 600 Millionen Franken an produktbezogenen Subventionen und Marktstützungen ausbezahlt werden.

Diese expandierten Direktzahlungen sind exakt die Komplementärkosten der Marktliberalisierung: Im Jahr 1990 war der Agrarmarkt durch Importverbote und Importkontingente (sog. Dreiphasensystem), durch hohe Importzölle und Handelsschranken protegiert. Die durch das Gatt/WTO-Handelsregime ausgelöste Marktliberalisierung führte zum Abbau des Protektionismus und gleichzeitig zur Finanzierung der Landwirtschaft über den Staat, durch Erhöhung der Staatsausgaben und der Fiskalquote. Auch dieser Systemwechsel vom Protektionismus zum Direktzahlungssystem ist übrigens vom Wirtschaftsdachverband Vorort (heute economiesuisse) forciert und voll mitgetragen worden – *eine Überwälzung der Liberalisierungskosten auf den Staatshaushalt.*

3. Die Dominanz der Finanz

Kein Wirtschaftsfeld hat weltweit eine derartige Deregulierung und Liberalisierung durchgemacht wie die internationalen Finanzmärkte. In aller Stille sind unter Federführung des Internationalen Währungsfonds IWF und ausgelöst durch die Deregulierung des Londoner Finanzmarktes seit Mitte der 80er Jahre die grenzüberschreitenden Kapitalbewegungen massiv dereguliert worden. Dies hat zu einer fast explosionsartigen Zunahme der nichtinduzierten Kapitalströme geführt:

1985 waren die grenzüberschreitenden Kapitalbewegungen zehnmal grösser als das Welthandelsvolumen. 1995, zehn Jahre später, waren sie bereits 70-mal grösser[7]. Der weltweite Derivate-Handel erreichte in den 90er Jahren mit über hunderttausend Milliarden Dollar an ausstehenden Nominalbeträgen ein astronomisches Volumen, verbunden auch mit grossen Risiken im internationalen Finanzsektor (sog. systemische Risiken).

Irrationale Exzesse

Die Kapital- und Finanzmärkte tendieren, so hat das vergangene Jahrzehnt gezeigt, zu Ungleichgewichten und Exzessen. Das gleichgerichtete Marktverhalten führt zu systemischen Risiken, d. h. zu Gefährdungen im internationalen Finanz- und Bankensystem. Die Einschätzung von Börsenwerten unterliegt einem Herdenverhalten und der Psychose der Finanzmarktakteure. Der amerikanische Notenbankchef, Alan Greenspan, sprach in seiner berühmten Rede vor dem Senatsausschuss von «irrational exuberance», vom irrationalen Überschwang der Märkte.

Die Gewinne und Verluste an den Finanzmärkten sind nicht, wie das Lehrbuchmodell bei der Spekulation suggeriert, ein Nullsummenspiel; sondern sie sind extrem asymmetrisch und umverteilend: Die Banken- und Finanzmarktintermediäre profitierten als Devisen- und Aktienhändler durch Kommissionen, Courtagen und kurzfristige Eigenbeteiligungen sowie durch Verkaufswissen und Insiderkenntnisse. Bankanalysten, die zweckoptimistische Kaufprognosen an Kunden abgaben, wurden sogar am Aktienumsatz der Banken beteiligt. Die Objektivität der Firmenbewertung war verflogen, der Manipulation und Irrationalität waren Tür und Tor geöffnet. Doch die Träger dieser immensen Börsenverluste waren weder die Bankiers noch ihre Investmentbanker und Analysten, sondern die Pensionskassen, deren Versicherte, die Rentnerinnen und Rentner und die beitragszahlenden Arbeitgeber. Ebenso waren es die nichtprofessionellen Kleinanleger, die am meisten Vermögen verloren haben.

Diese Exzesse und Ungleichgewichte an der Börse hatten allerdings auch eine volkswirtschaftliche Folgewirkung: Die Verluste und Unterdeckungen bei den institutionellen Anlegern (Pensionskassen, Versicherungen) haben nicht nur zur Zerstörung von Rentenansprüchen («Rentenklau») geführt, sondern die Rezession 2002/2003 verschärft.

Produktionsfirmen zum Spielball gemacht

Die Deregulierung im Aktienrecht – Abschaffung der Vinkulierungspraxis, Liberalisierung des Börsenhandels, Einführung der frei handelbaren Einheitsaktie – führte in der realen, d. h. produzierenden Wirtschaft zur Dominanz des Finanzkapitals. Grosse und ehemals stolze Traditionsfirmen wurden zum Spielball von Börsenraiders, Spekulanten und kurzfristig kalkulierenden Anlegern. Mit neuen Anlagevehikeln drangen sie in die Aktienmärkte ein und machten vor allem jene Traditionsunternehmen, die keinen beherrschenden Aktionär kannten, zum Spielobjekt der kurzfristigen Börsenmanipulation. ABB, Ascom, Sulzer wurden zeitweilig zu Objekten von Investoren, die (neben den unternehmerischen Fehlentscheiden des Managements) auf kurzfristige Börsengewinne pochten oder eine Aushöhlung (asset stripping) anvisierten.

In aller Stille kaufte der Financier Martin Ebner Aktienpakete der Schweizerischen Bankgesellschaft, später der ABB und der Roche, mit dem Ziel, durch einen beherrschenden Einfluss eine Fusion oder eine kurzfristige, börsenwertwirksame Umstrukturierung zu erzwingen. Ähnliches gelang dem Financier Müller-Möhl mit Ascom. Und Ähnliches versuchte der Financier Braginsky mit Sulzer. Den Traditionsunternehmen wurde, damals von der Finanzpresse heiss begrüsst, von solchen Financiers die Auflage verpasst, die Eigenkapitalrendite (Return on Equity) von bisher fünf bis acht auf neu 15 bis 20 Prozent zu erhöhen. Um diese unsinnige, volkswirtschaftlich nicht zu rechtfertigende Zielsetzung zu erreichen, wurden in dieser Zeit die Fusionen zwecks Senkung des Eigenkapitals forciert, und mit kurzfristigen Manipulationen wurde der Shareholder Value frisiert.

Exorbitante Kapitalabschöpfung

Wie der Treuhänder Willy Huber in seinem Buch vorrechnet, hat Martin Ebner aus seinen vier Kapitalbeteiligungsgesellschaften (Pharma-Vision, Stillhalter-Vision, BK-Vision und Gas-Vision) in der Boomphase 1992 bis 1998 rund drei Milliarden Franken an Geschäftsführungshonoraren für seinen BZ-Trust abgeführt, neben 153 Millionen Franken an persönlichen Verwaltungsratshonoraren für die je drei Verwaltungsratsmitglieder dieser Visionen[8].

Martin Ebner hat mit seinem System der Visionen – dies wiederum ist systemtypisch – eine Regulierungslücke ausgenützt, nämlich die Tatsache, dass Kapitalbeteiligungsgesellschaften nicht dem Anlagefondsgesetz unterstellt sind und damit die Verwaltungsgebühren frei und ohne Marktorientierung abgesogen werden dürfen. Der Bundesrat hat nun aufgrund dieser Erfahrungen die Absicht bekundet, die Kapitalbeteiligungsgesellschaften auch dem Anlagefondsgesetz zu unterstellen.

Mehr Fusionsschäden als -nutzen

Was hat nun diese meist von den Kapitalmärkten erzwungene und mit Managerentschädigungen geköderte Fusionswelle der 90er Jahre tatsächlich gebracht? Nach einer Expost-Analyse sind diese Fusionsvorgänge mehrheitlich zum Flop geworden: Eine Untersuchung der Wirtschaftsprüfungsgesellschaft KPMG zeigt, dass bei 54 Prozent aller Fusionen der Marktwert des Eigenkapitals reduziert statt erhöht worden ist. Bei 13 Prozent gab es keinen messbaren Erfolg und bei 33 Prozent resultierte per Saldo eine Wertschöpfung aus der Fusion[9]. In den USA gab es ähnliche Resultate. Bei praktisch allen Mergers (Firmenzusammenschlüssen) sind Arbeitsplätze in grosser Zahl liquidiert und industrielle Aktivitäten stillgelegt worden, nur weil sie unterdurchschnittlich rentabel – aber immer noch rentabel – gewesen waren.

Die Dominanz der Kapitalmärkte und der Finanztechniken über die reale, produzierende Wirtschaft hat die Logik der Industrietätigkeit verändert, auf kurzfristige Sichtweisen ausgerichtet und nach der Shareholder-Logik umgestaltet. Wir werden in These 4 aufzeigen, dass sich diese Gewichtsverschiebung auch auf die Verteilung zwischen Kapital und Arbeit niedergeschlagen hat.

Behindertes KMU-Wachstum

Der Finanzplatz in der Schweiz erlebte in den letzten Jahren einmalig tiefe Zinsen. Banken erhielten im April 2004 das kurzfristige Geld von der Nationalbank für weniger als 0,5 Prozent (Reposatz Libor). Für die Spareinlagen verrechneten sie 0,5 bis 1,5 Prozent, also einmalig tiefe Zinsen. Doch für Geschäfts- und Betriebskredite an kleinere und mittlere Unternehmen belasteten sie, wenn diese keine Sicherheiten vorwiesen, sieben bis zehn Prozent Jahreszins, also fast einmalig hohe Zinslasten. Die Zinsen für ungesicherte KMU-Kredite sind heute relativ um drei bis vier Prozent höher als vor einem Jahrzehnt (relativ heisst: verglichen mit der Durchschnittsrendite von Bundesobligationen). Die Angaben von sieben bis zehn Prozent Zinsbelastung der Geschäftskredite stammen aus Treuhänderkreisen, die ihrerseits in die Betriebsbuchhaltungen von Hunderten von KMU Einblick haben, und sie wurden in Hearings der nationalrätlichen Wirtschaftskommission bestätigt[10].

Die Grossbanken reduzierten von 1997 bis 2002 ihr Volumen an Geschäftskrediten für die KMU um 61 Milliarden Franken oder um 30 Prozent[11]. Gleichzeitig erhöhten aber die Kantonalbanken ihre KMU-Geschäftskredite um sieben Prozent; sie sprangen also teilweise in die Lücke, die die Grossbanken hinterlassen hatten. Das grosse internationale Kapital, auch dies ein Trend der Finanzmarkt-Globalisierung, lässt die Kleinen und die Realwirtschaft fallen.

Die erwähnte Hochzinspolitik wurde begründet und gerechtfertigt mit dem Kundenrating aufgrund der sog. Basler Empfehlungen (Basel I) des Basler Ausschusses der Bank für Internationalen Zahlungsausgleich, die Mitte der 90er Jahre eingeführt und durchgesetzt worden waren. Dieses Rating führt zu einer ausgeklügelten und kostspieligen Bonitätsüberprüfung der Kunden und zu einer nie gekannten Spreizung der Zinssätze aufgrund der Risikoeinschätzung durch die Bank. Im Endeffekt stellt sie erstens eine *Risikoaversion der Banken* dar – ausgerechnet jener Kreise, die am stärksten die Risikobereitschaft in der Marktwirtschaft predigen. Und zweitens handelt es sich vermutlich um ein kartellähnliches, gleichgerichtetes Verhalten mit besonderer Rechtfertigung, nämlich der Begründung unter Berufung auf die Basler Empfehlungen, die übrigens bis 2007 mit «Basel II» noch akzentuiert und differenziert werden sollen.

Bei den Geschäftskrediten können wir de facto eine Oligopol-Situation mit einer grossen Marktmacht von dreien feststellen, nämlich der UBS, der Credit Suisse und der jeweiligen Kantonalbank. Diese drei zusammen verfügen über einen Marktanteil von nahezu 80 Prozent bei den Geschäftskrediten. Nicht die aufgrund der Bonitätseinschätzung abgestufte Zinsgestaltung ist störend, sondern die enorme Spreizung dieser Zinsgestaltung. *Sieben bis zehn Prozent Zinssatz für Fremdgelder behindern das Wachstum.* Wir kennen Kleinunternehmer, die ihre Expansion nur gerade so weit treiben, dass sie nicht auf Fremdgelder von Banken angewiesen sind, obschon sie stärker wachsen könnten.

Dominanz der Finanz bringt volkswirtschaftliche Nutzen und Kosten

Die Liberalisierung der Finanzmärkte machte den Finanzplatz Schweiz zum Gewinner. Er verwaltet heute unter allen Spar- und Anlageformen grössenordnungsmässig 4500 Milliarden Franken an Vermögen, dies entspricht dem Zehnfachen des Bruttoinlandprodukts (2003). Etwa 60 Prozent dieser astronomischen Vermögenssumme stammen aus dem Ausland, 40 Prozent aus dem Inland. Gemäss der volkswirtschaftlichen Gesamtrechnung (VGR) erwirtschafteten die Finanzintermediäre neun Prozent der Wertschöpfung der Schweiz (nicht 14 Prozent, wie von Bankenseite behauptet wird). Auf die Spargelder aus dem Ausland wäre die schweizerische Volkswirtschaft nicht angewiesen, denn der Sparüberhang im Inland führt dazu, dass wir auch ohne diese Auslandvermögen Nettokapitalexporteure sind.

Die *Dominanz der Finanz* hat auch ihren Preis, nämlich die volkswirtschaftlichen Folgewirkungen:

- Die Marktmacht der Banken führt zu teuren KMU-Krediten und behindert das Wachstum;
- die Folgen der Volatilität der Finanzmärkte, zum Beispiel der Börsenspekulation, destabilisieren die Wirtschaft;
- die Folgen des *teuren Frankens* benachteiligen die Exportindustrie und führen dazu, dass die Produktivitätssteigerung ins Ausland verschenkt oder die Produktion ins Ausland verlegt wird;
- die Folgen der Kapitalfluchtbegünstigung schaden dem Ruf der Schweiz und bringen uns aussenpolitisch in die Isolation gegenüber der EU und der OECD.

Wir haben uns bei dieser Darstellung zugegebenermassen auf Arbeitshypothesen, allerdings auf real erfahrene, gestützt. Eine realistische und unvoreingenommene volkswirtschaftliche Kosten-Nutzen-Analyse der Dominanz der Finanz würde viele interessenmässig verbreitete Dogmen relativieren. Das Dogma «was gut ist für die UBS (resp. CS), ist gut für die Schweiz» muss als das genommen werden, was es ist, nämlich ein Glaubenssatz mit ideologischem, aber kaum bewiesenem Gehalt.

4. Wer da hat, dem wird gegeben ...

Die Marktwirtschaft ist bezüglich der Güterproduktion das effizienteste Wirtschaftssystem, doch bezüglich Güterverteilung und Teilhabe am gesellschaftlichen Nutzen ist sie nicht automatisch gerecht. Vielmehr schafft der freie Marktprozess, wenn er ungesteuert abläuft, Disparitäten und gar neue Armut. Wer kennt ihn nicht, den allgegenwärtigen, dem kapitalistischen Wirtschaftswachstum unterstellten Trend nach Matthäus 25,29: *«Wer da hat, dem wird gegeben; und wer nicht hat, dem wird genommen werden, was er hat ...»?*

Der ethische Anspruch auf Verteilungsgerechtigkeit wird von den Apologeten des Kapitals despektierlich als «Egalitarismus» oder gar mit dem Killerwort «Neidökonomie» schlechtgemacht; früher hörte man auch den Vorwurf der kommunistischen Utopie. Aber selbst Befürwortern der Wettbewerbswirtschaft (der Schreibende zählt sich zu ihnen) muss es zu schaffen machen, dass die Verschärfung des Wettbewerbs und die Globalisierung die Disparitäten bezüglich Einkommen und Vermögen enorm haben anwachsen lassen. Reichste Volkswirtschaften wie die amerikanische oder die schweizerische produzieren nicht nur Reichtum, sondern auch neue Armut und drücken Menschen unter das Niveau des Existenzminimums. Den Kapitalismusbefürwortern macht ebenso zu schaffen, dass die globale Marktwirtschaft zu marktbeherrschender Stellung von multinationalen Konzernen führt, die ihrerseits den Markt wiederum aushebeln. *Die Frage der zunehmenden Ungleichheit, die der Marktprozess hervorruft, ist auch für die Verteidiger des Kapitalismus ein intellektuell schwer zu verkraftender Tatbestand.* Denn der wettbewerbsorientierte Marktprozess müsste ja gerade nach der Rechtfertigungslehre der freien Marktwirtschaft zu einer grösseren Verteilung von Gütern und Chancen führen[12].

Pervertierte Lohndisparitäten

Vor 20 Jahren galt die Faustregel, dass in einer Firma als sozialer Organisation die Disparität zwischen dem tiefsten und dem höchsten Salär für einen Vollzeitjob 1:10 betragen darf, im Extremfall bei den Banken vielleicht 1:20. Beim Staat gelten diese Relationen heute noch, ebenso bei fast allen kleinen und mittleren Unternehmen (KMU). Dass sich dieses Verhältnis indes bei Grosskonzernen wie UBS, CS, Nestlé, Novartis zu einer Schere von 1:400 bis 1:500 geöffnet hat, hat weder mit Marktlöhnen noch mit Leistung etwas zu tun; es ist bloss der Ausfluss eines pervertierten Machtsystems einer Wirtschaftselite, die ihre politisch-institutionelle und ökonomische Macht jenseits aller Wettbewerbsmechanismen zur persönlichen Bereicherung missbraucht. Auf die soziologische *Charakterisierung dieser Wirtschaftselite* werden wir in der wichtigen *These 7* zurückkommen.

Armut im Reichtum

Es ist, bei aller intellektuellen Differenzierungsakrobatik rund um den Armutsbegriff, unverständlich und nicht zu rechtfertigen, dass es ausgerechnet die reichsten kapitalistischen Gesellschaften – etwa die USA, England, die Schweiz – fertig gebracht haben, auch neue Armut zu schaffen. Nach einer Studie des Staatssekretariats für Wirtschaft Seco sind aufgrund der Liberalisierung des Arbeitsmarktes und der Deregulierung in der Migrationspolitik der Schweiz

150 000 prekäre Arbeitsverhältnisse (also Arbeitsverhältnisse mit nichtexistenzsicherndem Lohn) entstanden[13]. Aufgrund der Schweizerischen Arbeitskräfteerhebung wissen wir, dass 7,5 Prozent der Erwerbstätigen zu den Working poor zu zählen sind, wobei gerade neue Armutskonstellationen wie Alleinerziehende, Alleinstehende, Landwirte dazu gehören[14].

Kapital und Arbeit

Wir haben in These 3 auf den Trend zur «Dominanz der Finanz» in der produzierenden Wirtschaft verwiesen und deren Mechanismus skizziert. Diese Gewichtverschiebung hat ihren Ausfluss auch in den unterschiedlichen Ertrags- und Wachstumsraten zwischen Kapital und Arbeit.

Von 1991 bis 2000 haben die an der Schweizer Börse kotierten Gesellschaften die Dividendenausschüttungen von 5,3 auf 16,7 Milliarden verdreifacht (also plus 215 Prozent). Die ausbezahlten Löhne jedoch haben sich in dieser Zeit des Aktionärsdorados von 1991 bis 2000 nominell nur mit plus 15 Prozent entwickelt; nach Abzug der Teuerung waren es real über die ganze Periode hinweg nur gerade plus ein Prozent[15]. Plus 215 Prozent für das Kapital gegen plus 15 Prozent für den Faktor Arbeit. Auch diese Disparitäten stehen, selbst wenn man die stärkere Kapitalausstattung und die Entwicklung der Arbeits- und Kapitalproduktivitäten in Betracht zieht, jenseits jedes erklärbaren Marktprozesses. Sie sind nur durch die in These 3 dargestellten Verschiebungen in den Machtstrukturen zugunsten der Kapitalseite erklärbar. Diese Umverteilungsprozesse und die Begrenzung der Lohnentwicklung in den 90er Jahren haben übrigens – abgesehen von den geldpolitischen Fehlleistungen des damaligen Nationalbankdirektoriums von 1991 bis 1996 – zum Beinahe-Nullwachstum der schweizerischen Volkswirtschaft geführt. Denn jeder Ökonom weiss, dass die Konsumquote der unteren Einkommen viel höher ist als jene der Wohlhabenden und dass die hohe Sparquote in der Schweiz angesichts des volkswirtschaftlichen Sparüberhangs im Inland kaum zusätzliches Wachstum auslöst.

Globale Disparitäten

Die Analyse der globalen Wirtschaft steht nicht im Vordergrund dieser Analyse. Doch als ehemaliger «Tiers-Mondiste» (ich begann meine Karriere als junger Ökonom und Consultant bei der Unctad, später als Leiter bei der Erklärung von Bern) kann ich nicht anders, als auf die wachsenden Disparitäten der Weltwirtschaft hinzuweisen:

Seit der Wirksamkeit der Uruguay-Runde (ab 1995) haben die industrialisierten Länder und einige asiatische Schwellenländer («Tiger-Staaten») durch die globalisierte Handelsliberalisierung massiv gewonnen, doch die ärmeren und älteren Entwicklungsländer sind vollends abgehängt worden. Der Weltmarktanteil des ganzen afrikanischen Kontinents fiel seither von acht auf zwei Prozent, jener Lateinamerikas von elf auf fünf Prozent, während die 49 ärmsten Länder (Least developed) zusammen nur noch gerade über 0,4 Prozent Weltmarktanteil verfügen[16].

Die Schwellenländer, die den stärksten Wachstumsprozess und den grössten Weltmarktanteilsgewinn seit der Uruguay-Runde für sich beanspruchen konnten, waren übrigens nicht hyperkapitalistische Staaten, die sich nur der Privatisierung und dem Liberalismus verschrieben hatten, sondern Länder mit einem hohen Grad an staatlicher Handelsregulierung und einem verbleibenden (wenn auch gelockerten) staatlichen Protektionsgrad: Es waren Indien, China, Südkorea, Taiwan, Malaysia, Uganda. Alle diese *«Erfolgsmodelle» sind nicht ein Erfolg des liberalisierten Kapitalismus, sondern ein Beweis für den Erfolg einer staatlich gelenkten Wachstumsstrategie* mit einer geschickten Kombination von kapitalistischen und etatistischen Elementen.

Zu diesen wachsenden Disparitäten in der Welt sind gewiss zahlreiche Erklärungsversuche unternommen worden, sie wurden im Rahmen der Weltbankdebatte auch ins Feld geführt. Wachstums- und Behinderungsfaktoren wie Bildungsvoraussetzungen, fehlende Good Governance und Clanwirtschaft sind ebenso einzubeziehen. Wer diese negativen Folgen der globalen Liberalisierung einfach ignoriert, ist nicht nur sozial und ethisch, sondern auch geopolitisch blind.

5. Systeminhärente Kurzsichtigkeit

Der Kapitalismus ist an sich ein Wirtschaftssystem, das auf langfristige Entwicklung, langfristige Technologie- und Humankapitalentwicklung und nachhaltige Kapitalrendite angelegt wäre. Doch wie präsentiert sich die Wirtschaftswirklichkeit der letzten Jahre?

Der ökonomische Mainstream der Finanzmarktakteure der 90er Jahre drehte sich fieberhaft um den Shareholder Value. Es gab grosse Debatten um Sinn oder Unsinn der Eigenkapitalrendite als Bewertungskennziffer. Diese Auseinandersetzung ist vorläufig beendet, und manche Protagonisten der kurzfristigen Börsenoptik lassen sich heute ungern an ihre damaligen Glaubenssätze erinnern.

Essenziell ist die Frage der Fristigkeit in der wirtschaftlichen Betrachtung, der Analyse und der Unternehmensplanung geblieben. Das Konzept des *Shareholder Value war nämlich die Hochblüte der kurzfristigen Betrachtungsweise,* der *kurzsichtigen Orientierung* an abstrakten Finanzkennziffern, die ebenso kurzfristig manipulierbar waren.

Kurzsichtige Kurzfristigkeit

Kennzeichnend für den modernen, vom Finanzkapital geprägten Kapitalismus ist die kurzfristige Optik: Die Unternehmensbeurteilung durch die Analytiker erfolgt in Dreimonatsabständen, der Lebenszyklus der Chief Executive Officer (CEO) wird kürzer, die Entwicklungszeiten und Markteinführungen werden ebenso kurzfristiger wie die Produktelebenszyklen auf dem Markt. Angetrieben ist diese Kurzfristigkeit – und ökonomisch oft Kurzsichtigkeit – wiederum durch die Dominanz der Finanzmärkte gegenüber der Realwirtschaft (siehe These 3).

Realitätsfremder Produktelebenszyklus

Es gehört zum industriellen System, dass Produkte einen mehrjährigen Lebenszyklus von der Forschung – Entwicklung – Markteinführung – Marktdiffusion bis hin zur Patenterschöpfung durchlaufen (ein Zyklus, der übrigens kürzer wird). Es gehört ebenso zum Industriesystem, dass einzelne Betriebe kommerzielle Durststrecken durchlaufen, bedingt durch unstetige technologische Schübe oder konjunkturelle Zyklen. Ist es da nicht absurd und realitätswidrig, dass von den börsenkotierten Gesellschaften Dreimonats-Bilanzabschlüsse verlangt werden? Da unterwirft sich ein System, das inhärent auf Strukturwandel, technologische Zyklen und kurzfristige Konjunkturschwankungen ausgelegt ist, der Logik einer dominanten Gruppe und richtet sich bei der Firmenbewertung auf Quartalsabschlüsse und Halbjahresprognosen! Wehe, wenn eine Unternehmung in den USA dreimal nacheinander schlechte Quartalsabschlüsse vorweist, da gerät bereits das Management ins Wanken, auch wenn es unschuldig ist.

Ein Konzernentwicklungsprozess müsste sich auf eine *nachhaltige Planung* hin orientieren, an den *mehrjährigen* Forschungs- und Entwicklungsprozessen der umsatzträchtigen Produkte, an den technologischen Erneuerungszyklen oder an den Marktdurchdringungsperioden, alle sind von mehrjähriger Natur.

Vom Blendertum kurzfristiger Managerkarrieren

Das Konzept eines idealen Lebenszyklus für den CEO-Posten beträgt nach allgemeiner Auffassung etwa acht bis zehn Jahre. Doch dies erweist sich unter der *Diktatur des Kurzfristigen* offensichtlich als unzutreffend. Die Konzernführer werden immer kurzlebiger. Von 30 befragten schweizerischen Konzernchefs (Stufe CEO) waren 23 weniger als fünf Jahre im Amt und lediglich deren drei hatten das Mandat mehr als zehn Jahre ausgeübt. Das war im Jahre 1998. Von den gleichen, später wiederum befragten 30 Konzernchefs hatten 2003 nur gerade deren sechs ihre Funktion als CEO noch inne. Deren 21 sind inzwischen abgehalftert worden, drei konnten sich ins Verwaltungsratspräsidium retten[17]. Die Diktatur des Kurzfristigen zwingt die Manager zu kurzfristigem Erfolgsausweis, zu Blendertum, zu Bilanzmanipulationen, zum Creative accounting, und es findet den Niederschlag in kurzsichtigen Entschädigungssystemen mittels Optionen und Boni, die wiederum das Managementverhalten zu egozentrischen Bereicherungsmechanismen umformen.

Humankapital Bildung geopfert

Der Wirtschaftsprozess in der Marktwirtschaft müsste an sich auf Nachhaltigkeit ausgelegt sein, z. B. auf Investitionen in Humankapital, d. h. in Bildung, Weiterbildung, Qualifikationsverbesserung, Betriebsloyalität. Diese Faktoren sind nur langfristig valorisierbar.

Als Indikator für den kurzsichtigen Eigennutz könnte die Berufsbildungstätigkeit in der Privatwirtschaft herangezogen werden. Es gehört zweifellos zu den wichtigsten Standortfaktoren des schweizerischen Wirtschaftsplatzes – wenn nicht zum entscheidendsten Wettbewerbsfaktor überhaupt –, dass bei uns Lehrlinge in Betrieben nach dem Dualsystem (teils betriebliche Ausbildung, teils schulische Qualifikation) ausgebildet werden. Im Jahre 1985 bildete noch jeder dritte Betrieb in der Schweiz Lehrlinge aus (33 Prozent aller Betriebe). Laut Betriebszählung 1995 war jeder fünfte Betrieb ein Lehrbetrieb (21 Prozent), und heute bietet nur noch jeder sechste Betrieb in der Schweiz überhaupt Lehrstellen an (16 Prozent). Immer mehr Firmen sind einfach Nutzniesser und Trittbrettfahrer, immer mehr Betriebsleiter und Manager verzichten auf derartige langfristige Investitionen ins Humankapital. Dabei zeichnen sich vor allem die Betriebe mit den neuen Berufen, in Hightech- und New-Economy-Branchen sowie ausländische Firmenniederlassungen durch Absenz in der Berufsbildung aus, während die KMU im Sekundärsektor überproportional viele Lehrlinge ausbilden.

Als Faustregel galt während Jahrzehnten, dass in einer Firma sechs Lehrstellen oder Ausbildungsplätze auf 100 Vollzeitbeschäftigte zur Verfügung stehen. Unter der *Diktatur der Kurzsichtigkeit* wird diese volkswirtschaftlich bedeutende Anforderung nur noch von einer Minderheit erfüllt. Dabei wäre die Humankapitalinvestition das wichtigste Moment zur Bewältigung des Strukturwandels im Schumpeter'schen Kapitalismus.

Kurzsichtige Ressourcenstrategie

Erst recht zerstörerisch verhält sich diese Diktatur des Kurzfristigen in Bezug auf die globale Ressourcenbewirtschaftung. *Nachhaltigkeit* heisst, eine Entwicklung so zu gestalten, dass sie die Chancen und Ressourcen zukünftiger Generationen nicht schmälert. *Nachhaltigkeit* heisst rationelle Energiebewirtschaftung, Steigerung der Energieeffizienz, Einsparung von natürlichen Ressourcen. Langfristige, geostrategische Planung bedeutet, mit Erdölpreisen zu rechnen, die viel höher sind, als die aktuellen Marktpreise signalisieren. Denn *die heutigen Marktpreise widerspiegeln weder die externen Kosten noch die mutmasslichen Preiserhöhungen der Zukunft.*

Alle wissen, dass die Klimabalance nachhaltig gestört wird, der CO_2-Gehalt der Atmosphäre zunimmt, die Ozeane überlastet, verschmutzt und überfischt werden, und doch tendiert die Mainstream-Ökonomie des liberalisierten und deregulierten globalen Kapitalismus auf Kurzfristigkeit. Alle Standesregeln von Nachhaltigkeit und Permanenz werden systematisch verletzt, wobei wir einräumen, dass die schweizerischen Konzerne in Sachen Umweltschutz eine höhere Globalverantwortung an den Tag legen als zum Beispiel die angelsächsischen. Ohne öffentliche Leitplanken und Pflichten wirkt sich die Diktatur der Kurzfristigkeit systemzerstörerisch oder mindestens langfristig systemverteuernd aus.

6. Demokratie wird deklarierter «Störfaktor»

Wir haben die alten Liberalen immer so verstanden, dass sie von einer Wechselwirkung zwischen Demokratie und liberalem Wirtschaftssystem ausgehen, ja, dass sich Demokratie und Liberalismus gegenseitig bedingen. Für den Liberalismus war die Demokratie eine Garantin für Eigentumsrechte, Wirtschaftssicherheit und Meinungspluralismus. Hauptanliegen der Altliberalen war wohl nicht die egalitäre Partizipation der Bürger, aber immerhin galten ihnen die demokratische Beteiligung aller und die Chancengleichheit als konstituierende Merkmale der Freiheit.

Der gesellschaftsliberale Ansatz der Aufklärung, der im gewaltigsten aller Glaubenssätze der Menschheit, «alle Menschen sind vor dem Gesetze gleich», gipfelt, ist die Wurzel des Liberalismus und auch der Sozialdemokratie, die ja in der Schweiz ideengeschichtlich auch freisinnige Grundpositionen aufgenommen hat. (Der Gründer der Sozialdemokratischen Partei der Schweiz, Albert Steck, ist aus dem Freisinn hervorgegangen.) Diese demokratischen Grundpositionen sind auch heute im Liberalismus verankert und leben weiter.

Entmündigungsmechanismen

Das System des modernen Kapitalismus entfernt sich vom altliberalen Menschenbild, es verträgt sich – viele Indizien zeigen dies – nicht mehr mit der ganzheitlichen demokratischen Partizipation. Der mündige Bürger, die Selbstorganisation von Citoyens und Citoyennes, wird im Marktprozess zum Störfaktor: Der grosse Konzern will nicht aufgeklärte Bürgerinnen und Bürger, sondern willige, lenkbare Konsumenten, die sich steuern lassen und sich den Marktinteressen unterwerfen – diskret, unsichtbar, subkutan, aber wirksam. *«Moderne soziale Systeme berufen sich auf Unsichtbarmachung von Macht»*, bringt es der Philosoph Peter Sloterdijk auf den Punkt.

Demokratie infrage gestellt

Der Demokratiediskurs hat sich nun geändert. Neoliberale wie Silvio Borner, Thomas Straubhaar, Aymo Brunetti (diese stammen aus der Borner-Schule) sowie Think-Tank-Funktionäre von «Avenir Suisse» gehen auf Distanz zur plebiszitären Demokratie, die sie in der Rolle eines Reformverhinderers ihrer neoliberalen Umgestaltung sehen[18]. Straubhaar spricht von der «Demokratiefalle», weil das Volk in einigen Volksabstimmungen verhindert hat, einen gesellschaftlichen Umbau nach seiner Façon zu akzeptieren. *Nicht die Demokratie war u. E. das Problem, sondern die Unausgewogenheit der Vorlagen.*

Die neoliberale Rechte bedient sich einer ganzen Serie von Theorien, um die demokratische Partizipation, vor allem auch das pluralistische Regierungssystem und die plebiszitäre Demokratie als Hindernis für ihren kurzfristig orientierten Kapitalismus zu deklarieren. Dabei müssen Theorien als Rechtfertigungslehre hinhalten, die eher weltanschaulichen Glaubensbekenntnissen als nachprüfbaren Theorien gleichen: Public-Choice-Theorie, Prinzipal-Agent-Theorien, spieltheoretische Ansätze.

Die Beschneidung der Volksrechte und die von einigen Vertretern von «Avenir Suisse» propagierte Liquidation des Konkordanzsystems wird nicht zu mehr Reformen im System führen, sondern zu neuen Blockierungen. Demokratische Prozesse vermögen immerhin Fehlentwicklungen zu vermindern oder zu korrigieren. *Demokratie ist nicht immer effizient, aber sie ist gerecht und verhindert teure Exzesse mit Fehlentwicklungen.*

Politische Stabilität der Rahmenbedingungen

Viele Jahrzehnte lang wurde – bei aller Reformträgheit des schweizerischen Systems – die langfristige Stabilität der politisch-wirtschaftlichen Rahmenbedingungen als positiver Standortfaktor von der Unternehmerschaft geschätzt. Gerade die Trägheit des Reformprozesses hat dazu beigetragen, viele falsche Experimente zu vermeiden und der Unternehmerschaft *stabile, langfristig einschätzbare politische Rahmenbedingungen zu gewährleisten.* Nun wird von neoliberalen Ideologen gerade diese langfristige Stabilität infrage gestellt – auch das ein Indiz für die neuartige Diktatur des Kurzfristigen.

Ein Regierungssystem, das auf Konkurrenz statt auf dem Konkordanzgedanken basiert, wird ständig wechselnde Koalitionen von links bis rechts bringen. Es wird die Rahmenbedingungen nicht stabiler machen, sondern den unvermeidlichen *Links-Rechts-Pendelbewegungen* unterworfen sein.

Ungleichheit zerstört Mündigkeit

Die demokratische Partizipation wird aber auch durch die enorm gewachsenen sozialen Disparitäten infrage gestellt, die wir in These 4 skizziert haben. Wie kann eine demokratische Gesellschaft demokratisch funktionieren, wenn sie einerseits aus Superreichen und anderseits aus Menschen an der Grenze des Existenzminimums besteht? Wie kann die Chancengleichheit funktionieren, die eine Voraussetzung für eine liberale Demokratie ist, wenn diese durch die Finanzknappheit der öffentlichen Hand nicht mehr gewährleistet werden kann?

Ungelöste Ausländerintegration

Auch das Ausländerproblem ist ein Demokratie- und Partizipationsproblem: In der Schweiz leben rund 20 Prozent oder 1,6 Millionen Ausländerinnen und Ausländer. 96 Prozent sind nicht unter dem Titel des Asylwesens, sondern als

Migranten auf dem Arbeitsmarkt oder durch Folgemigration (Familiennachzug, Geburten) in die Schweiz gelangt. Die *mangelnde berufliche, sprachliche und gesellschaftliche Integration der ausländischen Bevölkerung stellt das grösste ungelöste Problem dar:* Die mangelnde Berufsqualifikation behindert die Produktivitätsentwicklung vor allem in den ausländerintensiven, strukturschwachen Branchen (Gastgewerbe, Tourismus, Bauwirtschaft, Reinigung); die Nichtintegration führt zu enormen Belastungen des Schulsystems, zu Konflikten auf den Schulhöfen und zur Überlastung des Justizapparats. Dies wiederum führt zu xenophoben Reflexen und parteipolitisch zur Erstarkung von konservativen, reformblockierenden Kräften. Wir haben bereits in These 2 bezüglich der gesellschaftlichen Folgelasten der Arbeitsmarktliberalisierung dargestellt, dass die Migrationsproblematik aus Arbeitskräfterekrutierung im Ausland abzuleiten ist. Die Folgekosten dieser Arbeitsmarktpolitik werden nicht von den Verursachern, sondern von der Allgemeinheit getragen und stellen den demokratischen Prozess vor die grösste Belastungsprobe.

Weiterbildung funktioniert

Immerhin ist unserem System zugute zu halten, dass die berufliche Weiterbildung – auch eine Spielart der Partizipation – noch gut funktioniert. Im Jahr 2003 haben sich immerhin 1,8 Millionen Erwachsene in 2,5 Millionen Kursen während 122 Millionen Stunden der beruflichen Weiterbildung gewidmet[19]. Die Quote der Teilnehmenden ist zwar zwischen 1993 und 2003 von 40 auf 36 Prozent der erwachsenen Bevölkerung gesunken und heute tiefer als zum Beispiel in Dänemark, Norwegen oder Australien. Aber sie ist immer noch bedeutend hoch und liesse sich bei entsprechenden Anstrengungen oder Anreizen auch wieder anheben.

Die demokratische Partizipation ist, hier sei vor einer Schwarzmalerei gewarnt, in der Schweiz nicht im Eimer. Aber wir möchten mit dieser These aufzeigen, dass gefährliche Tendenzen im modernen Kapitalismus wirken, die den Bürger unmündig machen und die ökonomische Ungleichheit so weit treiben, dass auch eine egalitäre Teilnahme am gesellschaftlichen Leben infrage gestellt wird. Ohne egalitäre Chancengleichheit gibt es kein liberales und demokratisches System.

7. Fehlgeleitete Wirtschaftseliten

Diese siebte und letzte These vom Zerfall der Wirtschaftseliten müsste eigentlich am Anfang stehen, denn sie erklärt auch die zuvor beschriebenen sechs Phänomene: Die jüngste *Spielart des Kapitalismus der Neunzigerjahre* brachte fehlgeleitete und unfähige Wirtschaftseliten an die Schalthebel der Macht.

Blendertum und Imponiergehabe

Was haben wir allein im letzten Jahrzehnt an Blendertum, Managementdoktrinen, Modetheorien und Schlagwörtern alles erlebt! Was wurde uns da nicht mit grossem Imponiergehabe von den Konzernzentralen und Beraterfirmen an revolutionären Scheininnovationen vorgetragen! Mit Vokabelschwergewichten wurden unverständliche Philosophien vermittelt: New Economy, Shareholder Value, E-Business, Business Models, Reengineering, Downside risk, Upsite potential, Total Quality Management, Business Process Reengineering und vieles mehr – alles mit grossem Imponiergehabe verkündet von CEOs, Professoren, Consultants, Trainern, Business Angels und McKinsey-Boys. Die Lebensdauer dieser Doktrinen währte jeweils nur wenige Jahre, und heute sind die meisten Exponenten bereits von der Bildfläche verschwunden, sofern sie sich nicht erneut dem neusten Modetrend angeschlossen haben.

Scheinwissenschaftliche Nationalökonomie

Gewiss, nicht nur in der Betriebswissenschaft, sondern auch in der Nationalökonomie hat die eine Sekte die andere abgelöst: Da gab es die Public-Choice-Theorie, den Laffers-Irrglauben, die monetaristische Geldpolitik, die zu schweren Fehlleistungen des damaligen Nationalbankdirektoriums führte, der Staatsquotenfetischismus, auf der Linken auch Theorien von Nullwachstum, Investitionslenkung und Selbstverwaltung.

Man kann dazu nur sagen: Bei aller Scheinexaktheit der ökonometrischen Modelle ist und bleibt die Nationalökonomie eine normative, keine exakte Wissenschaft – mit ständiger Neigung zum Sektierertum (Paul Krugman). Aus eigener Erfahrung teile ich Fredmund Maliks hartes Verdikt: «Die (durch die Deregulierung bedingten) Freiheiten haben zu einem krassen Mangel an Massstäben und Augenmass geführt, und sie haben zu viele falsche Leute an zu hohe Positionen gebracht und dort zu lange fuhrwerken lassen. (...) Diese Börsen- und Wirtschaftskrise hätte nicht eintreten müssen. Sie wäre – zumindest in diesem Ausmass – nicht möglich gewesen ohne die inkompetenten Consultants und Trainer, unfähige Journalisten und inkompetente Leute aus dem akademischen Bereich»[20].

Ich möchte anfügen, dass eben auch in der Wirtschaftspolitik die Führerschaft fehlte respektiv von beeinflussbaren und teils inkonsequenten Wirtschaftsvertretern in Bundesbern besetzt worden ist.

Von ABB, Unique und Winterthur

Wir kennen nur die Spitze des Eisberges dessen, was in den Chefetagen der Konzerne alles abgelaufen und an Werten vernichtet worden ist. Werner Catrina hat in einer Art jüngster Firmengeschichte nachgezeichnet, wie innert weniger als zwei Jahrzehnten der *Brown-Boveri-Konzern (später die ABB)* von Blendern, Hasardeuren und einer unfähigen Industrieelite fast in den Ruin gemanagt worden ist[21]. Was für uns als Zaungäste das Erschreckendste ist: Jeder neue Managementschritt dieser Halbgötter, der Barnevik, Lindahl, Centerman, ist von der Öffentlichkeit als grosse und unausweichliche Reform gefeiert worden; nur wenige, die sich damals zu Aussenseitern machten, hatten dieses Blendertum erkannt und gebrandmarkt. Heute wollen alle gescheiter gewesen sein. Oder, um ein weiteres Beispiel zu nennen: Der Wirtschaftsjournalist Lukas Hässig zeichnete anhand seines Buches *«Der Kloten-Clan»* ein Sittenbild einer Zürcher Wirtschaftsschickeria, die nicht nur in Zürich, sondern auch auf Bundesebene einen verheerenden Einfluss entwickeln konnte[22].

Ein enorm aufschlussreiches Sittenbild der Zürcher Wirtschaftselite zeichnete der Buchautor Erwin Steiger, ein ehemaliges Kadermitglied der *Winterthur-Versicherung,* in seiner Schrift «Mit festem Schritt zum Abgrund»[23]. Mit Decknamen zwar kaschiert, doch für jeden informierten Leser offensichtlich, beschreibt der ehemalige Top-Versicherungsmanager, wie die Winterthur-Versicherung von der Unternehmensberaterbranche beinahe zu Tode beraten und von bekannten freisinnigen Galionsfiguren Milliarden an Firmenvermögen in den Sand gesetzt und vernichtet worden sind. Auch in diesem Insider-Report erscheint das Bild einer Wirtschaftselite, die mit viel Blendertum und Imponiergehabe, mit Verfilzung und Medienbeeinflussung lange Zeit ihre Macht in dieser *Managerdiktatur* der *Inkompetenz* bewahren konnte. Leidtragende waren die Versicherten bei der «Winterthur», die Pensionskassenzahlenden und die ganze Volkswirtschaft.

Wer diese detailliert beschriebenen Sittenbilder der schweizerischen Wirtschaftselite gelesen und den Niedergang von Traditionsfirmen miterlebt hat, wird fürs Leben geheilt sein, den Dogmen und politischen Vorstellungen dieser *Crème de la Crème je noch Vertrauen entgegenzubringen.*

«Weissbuch»: Damals top – heute flop

Im Jahre 1995 präsentierten 19 Autoren der schweizerischen Politik unter dem Titel «Mut zum Aufbruch» eine «wirtschaftspolitische Agenda» zur neoliberalen Umgestaltung der Schweiz[24]. Mit dem Reformprogramm der Manager sollte der Staat nach der Façon der damals gerade gültigen Unternehmensphilosophie umgekrempelt werden. Der Credit-Suisse-Chef Lukas Mühlemann doppelte einige Jahre später nach, indem er den Verantwortlichen im Staat die Anlehnung an das privatwirtschaftliche Leadership-Modell nahe legte.

Von den 19 Weissbuch-Autoren, sind heute, weniger als ein Jahrzehnt danach, fast alle Firmenchefs verschwunden resp. von ihren Posten entfernt worden. Der CS-Chef, der mit grossem Imponiergehabe Ratschläge an die Politik erteilt hatte, ist inzwischen in tiefster Versenkung verschwunden; und es wurde ihm von der Wirtschaftspresse vorgerechnet, dass unter seinem Management 30 Milliarden Franken an Firmenwert vernichtet worden sind[25]. Und niemand möchte heute noch an die Gefolgschaft erinnert werden. So *schnelllebig und kostspielig* war die *Hoch-Zeit der Managerelite und der Managementdoktrinen.*

Diese *Verirrungen der Managementelite* haben natürlich auch bei den wirtschaftspolitischen Exponenten in Bundesbern ihren Widerhall gefunden. Einzig das Kommissionsgeheimnis und eine menschliche Beisshemmung verbieten es, die wirtschaftspolitischen Irrwege von Exponenten detailliert nachzuzeichnen: Etwa bei der monetaristischen Geldpolitik, beim Fiskalquotendogmatismus, in der Shareholder-Value-Doktrin, im Nachrennen hinter Swissair-, Rentenanstalt- und Pharmainteressen.

Selbstbedienungsfilz

Ein grosser Teil der Wirtschaftselite der 90er Jahre ist ausgewechselt worden. Hat sich nun aber das Verhaltensmuster grundlegend geändert, ist das System geläutert und sind die Exzesse beseitigt worden? Gewiss, einige Transparenzprinzipien und verschiedene Corporate-Governance-Regeln sind eingeführt worden. Doch das *selbstreferenzielle System von egozentrischen, bereicherungsorientierten Topmanagern* ist nicht grundlegend beseitigt. Das System der Wirtschaftselite ist immer noch eine Blackbox der Selbstkontrolle, auch bei den verbliebenen Topmanagern.

Exemplarisch beschreiben wir hier mit einem Zitat aus der Wirtschaftspresse, wie Europas «Topmanager des Jahres 2004», Daniel Vasella, in seinem Novartis-Konzern Hof hält: «Am Dienstag hielt der weltweit hoch angesehene Pharmakonzern Novartis seine Generalversammlung ab. Traktandum 7 enthielt eine Statutenänderung: Verwaltungsräte über 70 Jahre dürfen jetzt für mehrere weitere Amtsperioden wiedergewählt werden. Es war eine ‹Lex Sihler›: Der 74-jährige Helmut Sihler war vor vier Jahren schon einmal mit einer Ausnahmegenehmigung als Verwaltungsrat bestätigt worden. Jetzt kann er unbegrenzt weitermachen. Der österreichische Rechtsprofessor legt als Vorsitzender des dreiköpfigen Vergütungsausschusses den Lohn von CEO und VR-Präsident Daniel Vasella fest. Im Jahr 2003 waren das 19,5 Millionen Franken. Für seine nichtoperative Tätigkeit erhielt der Pensionär (Helmut Sihler) 980 000 Franken. Im Jahr davor, als er Vasellas Lohn auf 20,1 Millionen taxierte, bezog er ein Paket im Wert von rund 770 000 Franken. Vom zersplitterten Aktionariat ist keine wirkliche Gegenwehr zu erwarten[26].»

Krieg um Talente?

Die Rechtfertigung der Manager konzentrierte sich auf die Argumentation, die Topkaderlöhne seien im «internationalen Wettbewerb um Talente» schlicht unerlässlich. Doch wie steht es tatsächlich bei diesem grenzüberschreitenden «Krieg um Talente»? Von 42 Topmanagern in den fünf grössten Schweizer Konzernen (UBS, CS, Novartis, Roche und Nestlé) haben sich deren 36 *firmenintern* in Toppositionen vorgearbeitet. Nur deren sechs wurden von aussen angeworben, also nach Marktkriterien rekrutiert, und davon wurden nur deren drei über die Landesgrenzen hinweg angestellt (2004)[27]. Von einem internationalen Wettbewerb und von Marktlöhnen kann überhaupt keine Rede sein. Sie ist eine billige Rechtfertigungsdoktrin für die Selbstbedienungsmentalität des Topmanagements. *Ein waches Auge und kompetente, unabhängige Eigenrecherche sind in diesem Wirtschaftssystem deshalb die höchste Pflicht der Wirtschaftspublizistik.*

Zum Schluss:
Plädoyer für eine aktive Wirtschaftspolitik und für Reformen

Diese «Sieben Realitäten des Kapitals» möchte ich, ganz pragmatisch und ohne Theorieanspruch aus vieljähriger Erfahrung in der Wirtschaftspolitik zusammengestellt, nicht als Anklageschrift verstanden wissen. Sie sind vielmehr eine aufklärerische Antwort auf die idealisierende Darstellung der «Sieben Sünden des Kapitals». Aus den «sieben Realitäten» sind zwei Folgerungen abzuleiten: Die eine ist ein Anforderungsprofil an die Wirtschaftspolitik, die andere ein Plädoyer für eine staatliche Präsenz bei der Formulierung von Rahmenbedingungen für die Marktwirtschaft.

Erstens, gesucht: Selbstbewusste Wirtschaftspolitik

Die willfährige Anlehnung bürgerlicher Wirtschaftspolitiker in Bundesbern an Sonderinteressen (oft mit einigen Verwaltungsratsmandaten honoriert) führt zu einer schlechten Wirtschaftspolitik, weil sie die grossen Perspektiven und das öffentliche Interesse vernachlässigt: Wir brauchen Wirtschaftspolitiker und Wirtschaftspolitikerinnen – auch bürgerliche –, die sich nicht nur an Rive-Reine-Tagungen, an St. Galler Managementsymposien, am Davoser Weltwirtschaftsforum oder an economiesuisse-Frühstücksclubs von wechselnden Konzernchefs (die meist bloss wenige Jahre an CEO-Erfahrung mitbringen) die Agenda diktieren lassen. Wir brauchen eine selbstbewusste Wirtschaftspolitikerelite. *Leadership in der Wirtschaftspolitik setzt – selbst bei bürgerlichen Exponenten – mehr Eigenständigkeit gegenüber Partikularinteressen und Konzernlobbys und mehr fundierte Selbstsicherheit voraus.*

Zweitens, ein Plädoyer für Rahmenbedingungen

Die «sieben Realitäten», die ja so weit vom Wunschdenken des Marktideals entfernt liegen, müssten eigentlich zum Schluss führen, dass es klare staatliche Rahmenbedingungen für die soziale Marktwirtschaft braucht. Die billige und oft ans Sektiererische grenzende Weniger-Staat-Ideologie mancher Neoliberalen sollte einer nüchternen und pragmatischen Regulierung oder (Re)-Regulierung der Märkte Platz machen. *Es braucht nicht nur eine Regulierungsfolgenabschätzung, wie sie heute Mode ist, sondern auch eine Abschätzung der Deregulierungsfolgen.*

Aus den obigen Texten lässt sich ableiten, dass Wettbewerb durch staatliche Regeln des Wettbewerbsrechts durchgesetzt, externe Kosten internalisiert, durch Finanzmarktaufsicht Exzesse verhindert, die sozialen Disparitäten durch Bildungs- und Sozialpolitik bekämpft und die Nachhaltigkeit des Wirtschaftsprozesses mit marktwirtschaftlichen Lenkungsinstrumenten verstärkt werden müssen. Die Chancengleichheit und die demokratische Partizipation dürfen auf keinen Fall abgebaut werden. Ebenso braucht es klarere Regeln für die Corporate Governance in grossen Gesellschaften, um Exzesse einer sich selbst bereichernden Managerelite zu verhindern.

Blick in die Zukunft

Wohin führt der Weg? Ich halte *die schweizerische Wirtschaft insgesamt für konkurrenzfähig und stark;* sie ist bloss gespalten in einen wettbewerbsfähigen und hochproduktiven internationalen Sektor (Exportindustrie, Finanzsektor) und eine strukturschwache, geschützte Binnenwirtschaft (Landwirtschaft, Tourismus, Bau usw.). Die vielzitierte Wachstumsschwäche der 90er Jahre ist zu relativieren, denn das Brutto*sozial*produkt (unter Einbezug der Investitionen im Ausland) ist ja fast doppelt so stark gewachsen wie das Brutto*inland*produkt. Mit andern Worten, die Wachstumsschwäche im Inland war bedingt durch den zu hohen Frankenkurs und die Produktionsverlagerung ins Ausland.

Doch es gibt drei wichtige Gefahren und Blockierungen in der schweizerischen Wirtschaftspolitik:

1. Die aktuelle Dominanz und Themenführerschaft der SVP wird in wirtschaftspolitischer (und wohl auch gesellschaftlicher) Hinsicht zu einem *Reformstau* führen: in der Wettbewerbspolitik (Beseitigung der Hochpreisinsel!) und im Wirtschaftsrecht, bei der Corporate Governance, bei den Rahmenbedingungen für KMU und neuen KMU-Finanzierungsinstrumenten, bei der fehlenden Integration der Ausländer-/innen (die über ein Viertel der Arbeitskraft ausmachen) und der Anpassung an neue internationale Rahmenbedingungen. Später müssen sich die Nachfolger der heutigen Regierungsmitglieder mit einem Pulk von Reformvorlagen abgeben und den Stau abbauen.
2. Das wenig dynamische Verhältnis der Schweiz zur EU und zum wachsenden Wirtschaftsraum Europa ist nicht nur ein politisches, sondern auch ein wirtschaftliches Problem. Das schweizerische *Bankgeheimnis* wird die internationale politische und wirtschaftliche Isolation der Schweiz akzentuieren und kann zu Schäden führen, weil die Besitzstandswahrung dieses Wettbewerbsvorteils eigentlich eine Strukturerhaltung darstellt, die später erst recht zu Anpassungszwängen führt.
3. Staat und Gesellschaft wenden immer mehr Geld für die Alterssicherung auf, aber nur gleich viel oder immer weniger für die Bildung. Das Zurückfahren der öffentlichen Ausgaben und gleichzeitig die Priorisierung der sozialstaatlichen Finanzierung des Alters kann zu *einem Rückstand bei Bildungs-, Berufsbildungs-, Weiterbildungs- und Forschungsinvestitionen* führen. Selbst wenn diese Tendenz lange Zeit nicht sichtbare Folgen zeigt, wird sie zu einem Verlust an Wachstum und Konkurrenzfähigkeit der schweizerischen Wirt-

schaft führen. Westeuropäische Wachstumsländer in Skandinavien oder auch Österreich werden wachstumsmässig die Schweiz überholen.

Ich will nicht verhehlen, dass Blockierungen in den erwähnten Bereichen nicht nur der politischen Rechten, sondern auch der traditionell-gewerkschaftlichen Linken anzulasten sind. Die Orientierung an sozialen und ökologischen Reformen müsste von einer Reformkoalition und einer neuen Leadership ausgehen, die Reformbürgerliche und Reformsozialdemokraten einschliesst; doch eine solche ist, soweit ich sehe, derzeit leider nicht in Sicht.

Anmerkungen

1 *Tettamanti, Tito (2003): Die sieben Sünden des Kapitals. Erfahrungen eines Unternehmers, Zürich: Bilanz.*

2 *Universität Zürich, Preisvergleiche stichprobenhaft ausgewählter Güter und Dienstleistungen Schweiz/Deutschland. Universität Zürich, Lehrstuhl Prof. Zäch, September/Oktober 2001.*

3 *Martin Eichler u. a.: Preisunterschiede zwischen der Schweiz und der EU. Seco Strukturberichterstattung Nr. 21. 2003, S. 62 und 188.*

4 *Bundesamt für Landwirtschaft: Agrarbericht 2002.*

5 *Eidg. Finanzdepartement EFD: Die öffentlichen Finanzen der Schweiz. Diverse Jahrgänge.*

6 *Bundesamt für Sozialversicherung BSV: Soziale Sicherheit, Nr.1/2004, S. 66 f. 13.*

7 *Wallstreet Journal/NZZ 30.9./1.10 1995, S. 21.*

8 *Willy Huber: Wie die Geldmaschine von Martin Ebner funktioniert. Seewen, Selbstverlag, 1999, S. 95.*

9 *KPMG: Mergers and Acquisitions Research Report, KPMG (CH) Transaction Services, Dezember 2000, S. 8.*

10 *Als KMU definieren wir Unternehmen mit ein bis 250 Beschäftigten. Diese umfassen in der Schweiz 99,7 Prozent aller Unternehmen mit 66 Prozent der Beschäftigten.*

11 *M. Pedergnana/Chr. Schacht: KMU-Kreditfinanzierung im Wandel. In: Schweizer Treuhänder, Nr. 8/03, S. 599 f.*

12 *Antony Giddens: Die Frage der sozialen Ungleichheit. Suhrkamp, Frankfurt a. M. 2001, S. 38.*

13 *Seco/Ecoplan: Prekäre Arbeitsverhältnisse in der Schweiz (Einkommensschwelle 42 000 Franken pro Jahr für Vollzeitstelle 2002). Seco 2003, S. 13.*

14 *Bundesamt für Statistik BFS: SAKE/News Nr. 6/2001, Tab. G1.*

15 *Berechnet aus Berichten Schweizer Börse, Bank Vontobel, Lohnindex BFS, Volkswirtschaftliche Gesamtrechnung BFS, div. Jahrgänge.*

16 *WTO Annual Trade Report 2000. Dot Keet: Tactical and strategic challenges to the current global trade systems and regime. South Africa/Porto Alegre 2002.*

17 *Sabina R. Kormann-Bodenmann: Der Wechsel des Chief Executive Officer und seine Auswirkungen auf die Mitarbeiter des Unternehmens. Bern 1999, und: NZZ 4./5.1.2003, S. 24.*

18 *Rentsch, Flückiger, Held, Heiniger, Straubhaar: Ökonomik der Reform: Wege zu mehr Wachstum in der Schweiz. Zürich 2004, S. 35 f.*

19 *Bundesamt für Statistik BFS: Weiterbildung in der Schweiz. Mitteilung BFS 22.3.2004, Neuchâtel.*

20 *Fredmund Malik: Zu viele falsche Leute an zu hohen Positionen. In Cash, 7.12.2002, S. 26.*

21 *Werner Catrina: ABB. Die verratene Vision. Zürich 2003.*

22 *Lukas Hässig: Der Kloten-Clan. Zürich 2003.*

23 *Erwin Steiger: Mit festem Schritt zum Abgrund. Stansstad 2004.*

24 *David de Pury, Heinz Hauser, Beat Schmid: Mut zum Aufbruch. Eine wirtschaftspolitische Agenda für die Schweiz. Zürich 1995.*

25 *Cash Nr. 27 vom 1. Juli 2004, S. 1 + 6.*

26 *Dirk Schütz in: Cash vom 26.2.2004, S. 2.*

27 *Sonntags-Blick 4.4.2004*

(in: Tettamanti, Tito Hg. (2004): Kapitalismus: Fluch oder Segen? Eine Debatte, Zürich: Bilanz, 141–192)

Eine einäugige Wirtschaftsgeschichte der Schweiz

Die Schweiz ist reich, ja superreich. Das weiss alle Welt. Wenn man die Ausländer nach den Gründen des Reichtums fragt, ist das stereotype Cliché sofort präsent: wegen der Banken, natürlich. Oder wegen der ausländischen Fluchtgelder. Ja, warum ist die Schweiz so reich geworden? Wie ist es in der schweizerischen Wirtschaftsgeschichte zu diesem Wirtschaftswunder gekommen?

Jetzt kommt ein konzerngesponserter Club mit einer neuen Version, und der behauptet: Wegen der grossen multinationalen Konzerne der Schweiz ist die Schweiz so reich! Eine neue Geschichtsschreibung vorwiegend für die Ausländer und das Ausland. Doch die Leser erfahren nichts von den 300 000 kleinen und mittleren Unternehmen KMU, die zwei Drittel aller Arbeitsplätze in der Schweiz anbieten. Sie erfahren nichts über die Genossenschaften, über die perfekt funktionierenden öffentlichen Infrastruktur-Unternehmen für Verkehr, Post, Telekommunikation, Versorgung, Entsorgung und Bildung, nichts von Kantonalbanken und Gesundheitswesen. Und sie lesen praktisch nichts über die Wettbewerbsvorteile dank dem schweizerischen Berufsbildungssystem, nichts von Sozialpartnerschaft, nichts von der sozialen Stabilität. Die Wirtschaftsgeschichte der Schweiz wurde umgeschrieben: Es sind die Konzerne, die in dieser gesponserten Version die Wirtschaftsgeschichte der Schweiz repräsentieren. Gewiss haben sie ihren grossen Stellenwert, aber die funktionierende Schweizer Wirtschaft hat mehrere Standbeine.

Diese einäugige Sicht vermittelt eine dicke, luxuriös ausgestattete Wirtschaftsgeschichte mit dem Titel «Wirtschaftswunder Schweiz. Ursprung und Zukunft eines Erfolgsmodells.» Der 400-seitige, farbig bebilderte Luxusband stellt einen unbescheidenen Anspruch: Er will den Schweizern und den internationalen Lesern in aller Welt «ein besseres Verständnis über die Herkunft der Schweizer Wirtschaft bringen», so lautet der Werbetext des NZZ-Verlags. Die neu geschriebene Schweizer Wirtschaftsgeschichte wird nicht nur auf Deutsch, sondern auch in einer französischen, englischen, chinesischen und japanischen Fassung das Geschichtsbild der Konzernchefs mittels «Corporate Publishing», so heisst neudeutsch diese Imagepflege, weltweit ins Bewusstsein einpflanzen.

Unter der Federführung des hauptsächlich von den grossen Konzernen finanzierten Think-Tanks «Avenir Suisse» ist das Geschichtsverständnis der Schweiz für die Welt neu geschrieben worden. 22 multinationale Firmen und Industrieverbände haben den Bildband mitfinanziert, von der ABB über Christoph Blocher und die Interpharma bis zur UBS und Walter Haefner Foundation. R. James Brading von der kommerziellen Naissance Capital Limited und Gerhard Schwarz, neuer Direktor des Konzern-Think-Tanks «Avenir Suisse», wirkten als Herausgeber und ein Dutzend Lohnschreiber als namenlose Zuträger.

Unter dem Feudalismus galt die Regel: Die herrschende Geschichte ist immer die Geschichte der Herrschenden. Entsprechend heisst es heute: Das herrschende Geschichtsbild ist das Geschichtsbild der Sponsoren. Man könnte zur Tagesordnung zurückkehren und diese PR-Aktion ad acta legen. Der Geschichtsband ist sicher keine Pflichtlektüre, aber die Schweizer und Schweizerinnen sollten wissen, welches Schweiz-Bild mit dem Corporate Publishing von «Avenir Suisse» und Co. weltweit verbreitet wird.

In der Wirtschaftswunder-Geschichtsschreibung von «Avenir Suisse» sind die Begründer der weltbekannten multinationalen Konzerne – also der Geschichtsschreibungs-Sponsoren – die Helden, einzig ihre späteren Firmen werden als die Wohlstandschöpfer der Schweiz beschrieben. Doch 99,7 Prozent der Firmen in der Schweiz sind kleine und mittlere Unternehmen KMU, sie umfassen zwei Drittel aller Arbeitsplätze. Sie haben in dieser Geschichtsschreibung keinen Platz. Das Gewerbe existiert nicht. Die öffentliche Infrastruktur, die Service-Public-Unternehmen, die im internationalen Vergleich effizienten staatlichen Institutionen existieren nicht. Die Japaner, Engländer, Amerikaner, Chinesen, die nur dieses «Corporate Publishing» in die Hand kriegen, müssten einen Nachtwächterstaat erwarten.

Die Erfahrung ist anders: Wenn Japaner, Engländer, Amerikaner, Chinesen und all die Neureichen aus den ehemaligen Ostblock- und Schwellenländern in die Schweiz kommen, um hier zu leben, zu geschäften oder auch nur zu reisen, erleben sie hautnah ein ganz andere Seite des Wohlstands und der Lebensqualität: Im Vordergrund ihrer Schweiz-Erfahrung, über die sie zuhause berichten, steht keine Konzernzentrale, sondern ihnen fällt eine zuverlässig funktionierende öffentliche Infrastruktur auf, ein sprichwörtlich pünktliches Bahnsystem, eine verlässliche Post, die intakte Wasserversorgung und -entsorgung, die vorbildlichen öffentlichen Spitäler mit Luxusservice im internationalen Vergleich, die staatlich-republikanischen Schulen auf hohem internationalem Niveau. Und nicht zuletzt kommen sie wegen der intakten Umwelt und der hohen Sicherheit im öffentlichen Raum in die Schweiz. Und wegen der im internationalen Vergleich verlässlichen öffentlichen Verwaltung.

Während sich die internationalen Manager in allen Weltstädten nur mit Chauffeur und Bodyguards bewegen können und ihre Ehefrauen nachts nur im Zweitauto oder Taxi heimfahren, kann man in den Weltstädten Zürich, Genf und Basel mit öffentlichen Trams, S-Bahnen oder zu Fuss nach Hause gelangen. (...) Wir haben in der Schweiz Tausende von Firmenniederlassungen multinationaler Konzerne – trotz hoher Löhne und hoher Preise. Einfach deshalb, weil alles gut funktioniert.

Wenn Schweizer und Schweizerinnen aus dem Ausland heimkehren, ist von links bis rechts, von urban bis patriotisch das einhellige Urteil gültig: Die Schweiz funktioniert. Was uns in der Schweiz zusammenhält, ist exakt dieses Empfinden, dass alles bei uns funktioniert. Die vielsprachig verbreitete Werbeschrift «Wirtschaftswunder Schweiz», über die wir hier schreiben, weiss dazu nichts zu sagen und sie hat zu diesem Wunder keine Erklärung. Woher kommt die sprichwörtliche Zuverlässigkeit, woher die solide Arbeitsqualität? Dazu hat das Konzern-Weltbild im «Corporate Publishing» keine Antwort. Eine moderne Geschichtsschreibung müsste einiges dazu beisteuern.

Immerhin korrigiert die gesponserte Konzern-Geschichtsschreibung ein schiefes Bild von der Schweiz, nämlich das von den Bankiers und in allen zweitklassigen Kriminalromanen verbreitete Cliché, die Schweiz sei nur wegen der Banken reich geworden. Ein Dutzend bezahlter Autoren beschreiben Konzerngeschichten in allen bedeutsamen Wirtschaftszweigen, eben auch in der Uhren-, Maschinen-, Elektro-, Textil-, Nahrungsmittel-Industrie, in der Bauwirtschaft und Medizinaltechnik. Alle Banken in der Schweiz hatten vor der Finanzmarktkrise im Jahr 2007 einen Wertschöpfungsanteil von 9 % der gesamten Volkswirtschaft erreicht, heute sind es noch 7 %. Wenn man die Versicherungen, Pensionskassen, Vermögensverwalter mit 4 bis 5 % hinzuzählt, kommt der Finanzsektor insgesamt auf 12–14 % des Bruttoinlandprodukts.

Neun Zehntel des Reichtums der Schweiz wird vom Nichtbankensektor generiert. Mit keinem Wort jedoch erwähnt die einäugige Konzerngeschichtsschreibung die kleinen und mittleren Betriebe. Eine objektive Wirtschaftsgeschichte müsste die KMU, die zwei Drittel der Arbeitsplätze anbieten, gut die Hälfte des Bruttoinlandprodukts beisteuern und über 70 % aller Lehrstellen unterhalten, ins Bild rücken. Dann würde man auch erfahren, dass der Reichtum nicht von einer kleinen Spitze abhängen kann, sondern von der breiten Streuung zahlreicher qualifizierter Fachkräfte und Firmen.

Würde man auf die Preise abstellen, wäre die Schweizer Industrie mit ihrer Hochlohn- und Hochpreispolitik im globalen Konkurrenzkampf längst weg vom Fenster. Doch trotz hoher Löhne und Preise produziert sie Jahr für Jahr einen Handelsbilanzüberschuss, das heisst: Wir exportieren vom Industriestandort Schweiz aus mehr, als wir importieren. Der Schlüssel dieser starken internationalen Konkurrenzfähigkeit liegt in der Präzisionsarbeit, in massgeschneiderten Lösungen statt Massenproduktion, in Nischenspezialitäten statt Standardware, in stets neu entwickelten und rasch umgesetzten Technologien, in neuen Materialtechnologien, im Design. Gewiss braucht es hierzu Ingenieurwissen und Innovation, aber es braucht eben auch die Arbeitsqualität, die Präzisionsarbeit, die stete Erneuerung des technischen Anwendungskönnens, Termintreue, Zuverlässigkeit. Diese Qualitäten lernt man nicht an der Universität, sie sind Ausfluss eines Berufsbildungssystems mit 230 eidgenössisch anerkannten Berufen und einer höheren Berufs- und Weiterbildung mit über 500 anerkannten höheren Berufsabschlüssen, die die Diffusion der stets neusten Technologien und das Prozesswissen in die Wirtschaft sicherstellen.

Gerade neun Zeilen wert ist das Berufsbildungssystem den Konzernautoren. Diese Ignoranz der berufspraktischen Intelligenz und diese Geringschätzung des Faktors Arbeitskraft ist eigentlich das Ärgerlichste an der Konzern-Geschichtsfälschung. Dabei wäre gerade das duale schweizerische Berufsbildungssystems ein internationales Vorzeigemodell, ein Exportmodell, das sich durch tiefste Jugendarbeitslosenquoten und höchste Arbeitsqualität auszeichnet. Nur dank dem Berufsbildungssystem ist die schweizerische Industrie international mit Qualitätsarbeit und Spezialitäten überhaupt noch konkurrenzfähig. «Avenir Suisse» hatte ihre kritische Distanz zur Berufsbildung auch in andern Schriften markiert. Die Topmanager der Banken-, Versicherungs- und Pharmakonzerne, die «Avenir» hauptsächlich sponsern, sind mehrheitlich Ausländer, sie kennen das schweizerische Berufsbildungssystem kaum. Was man nicht kennt, bekommt auch keinen Namen und keinen Wert.

Wer im Ausland reist oder lebt und das Auge etwas auf ganz banal-alltägliche Dinge wie sanitäre Anlagen wirft, weiss von tropfenden Wasserhahnen, auslaufenden WC-Schüsseln und Duschvorrichtungen, von leckenden Rohrverbindungen und von handwerklichem Pfusch. Pfusch als beruflicher Standard. Der weitgereiste NZZ-Journalist Urs Schöttli hat mit viel Witz und Ironie vorgeschlagen, neben den Ratings für internationale Konkurrenzfähigkeit müsste man so etwas wie einen «Spengler-Index» aufstellen, also ein Länder-Rating für Präzisionsarbeit und Zuverlässigkeit. Auch ein solcher Blick auf die kleinen Dinge würde zu einer realitätsbezogenen Wirtschaftsanalyse passen. Präzisionsarbeit mit Fachkenntnissen, Zuverlässigkeit mit Verantwortungsbewusstsein sind in der Arbeitswelt die zentralen Wertschöpfungsfaktoren. Gewiss, es braucht Innovation und Ingenieurwissen, aber es braucht ebenso die Arbeitsqualität, diese praktisch umzusetzen. Nur deshalb ist die Schweiz in der Spitze des europäischen Innovationsindex und hat von allen Ländern den höchsten Hightech-Anteil in ihrem Exportsortiment.

Soziale Stabilität, Sozialpartnerschaft, sozialer Ausgleich? In der Konzerngeschichte sucht der Leser vergeblich nach diesen historischen Konstanten des schweizerischen Wirtschaftsmodells. Es gibt eine kleine Ausnahme: Der Autor Markus Schär streift in seinem Essay über die Entwicklungsgeschichte der schweizerischen Maschinenindustrie die Arbeiterbewegung, er skizziert das Friedensabkommen von 1937, die Ursprünge der Sozialpartnerschaft und bezieht sich dabei auf den unverzichtbaren Dokumentenband zur Geschichte der schweizerischen Arbeiterbewegung.

Die Konzerngeschichte widmet ein ausgiebiges Kapitel dem Verkehrswesen und der Logistik. Dies zu Recht, denn der Verkehr ist quasi die Transmissionsmaschine der Arbeitsteilung. Die drei privaten Logistikunternehmen Panalpina, Kühne & Nagel und Danzas (heute verschwunden) beanspruchen zehn Buchseiten mit weiteren Zahlentabellen. Doch für die Schweizerischen Bundesbahnen (SBB) bleiben nur gerade zehn Zeilen übrig. Dabei ist gerade die Eisenbahngeschichte ein Kernstück der Wirtschaftsgeschichte der Schweiz.

Der Eisenbahnkönig Alfred Escher wird zu Recht ausgiebig gewürdigt. Dass aber der private Bahnbau im 19. Jahrhundert wegen unterschiedlicher Spurbreiten und unkoordinierten Fahrplänen zu unzähligen Konkursen führte und letztlich nur durch staatliche Regulierung (Eisenbahngesetz 1872) und später durch die Verstaatlichung (SBB 1902) funktionsfähig wurde, passt den Autoren der Konzerngeschichte nicht ins Geschichtskonzept. Ebenso marginal wird die schweizerische PTT behandelt, obschon sie wirtschaftshistorisch entscheidend war.

Der Aufbau der Swissair und ihre gloriosen Zeiten werden seitenlang breitgewalzt, doch deren Untergang – immerhin ein markantes und symbolhaftes Kapitel einer bestimmten Unternehmensphilosophie – wird äusserst knapp bloss der Vollständigkeit halber erwähnt. Nicht verwunderlich, denn ehemalige Swissair-Verwaltungsräte gehören zu den Sponsoren dieser Konzerngeschichte. Dass die Swissair/Swiss-Rettung den schweizerischen Steuerzahler 2001/2002 runde 2700 Millionen Franken gekostet und darauf die Verhökerung der Swiss an die deutsche Lufthansa bloss 339 Millionen Franken eingebracht hatte, wäre eine lehrreiche Analyse wert gewesen.

Interessant ist die Mythenbildung zu den Banken in der Konzerngeschichte. Der Aufstieg der Grossbanken und die Tradition der Privatbankiers wird ausführlich beschrieben. Doch die Kantonalbanken, die regionalen Sparkassen, die Raiffeisenkassen, die zusammen die Hauptlast der Wachstumsfinanzierung trugen, existieren in dieser skurrilen Wirtschaftsgeschichte nicht einmal. Der Historiker Peter Hablützel («Die Banken und ihre Schweiz», 2010) hat vorgerechnet, dass die Kreditversorgung in der Schweiz, mit der das Wirtschaftswachstum finanziert worden ist, ganz dominant bei den Kantonalbanken und regionalen Sparkassen lag, während die damals noch fünf Grossbanken eine untergeordnete Rolle spielten. Noch 1950 stellten die Kantonal- und Regionalbanken zwei Drittel aller Kredite im Inland. Heute decken zwar die Grossbanken über 70 % der weltweiten Kredittätigkeit aller Schweizer Banken, aber im Inland umfassen sie bloss ein Drittel. Die historische Gewichtung der Grossbanken durch die Avenir-Suisse-Schreiber liegt schief, sie ist geradezu geschichtsverzerrend.

Alfred Escher gründete nicht nur die Kreditanstalt (heute CS), sondern wirkte auch als Mitbegründer der Schweizerischen Rentenanstalt, der heutigen Swiss Life. Während 140 Jahren war die Rentenanstalt eine Genossenschaft. Sie war die Versicherungsgesellschaft des Gewerbes und der KMU, zählte rund 700 000 Versicherte und galt als solideste aller Versicherungen. Escher war der Auffassung, eine Versicherung solle genossenschaftlich organisiert sein und nicht

Gewinne aus der Wirtschaft herausziehen. Ende der 1990er Jahre wurde die Genossenschaft Rentenanstalt in die börsenkotierte Aktiengesellschaft «Swiss Life» umgewandelt. Innert weniger Jahre verscherbelten die Manager und Verwaltungsräte das ganze, während 140 Jahren angesparte Vermögen. 2002 schrammte Swiss Life haarscharf an einer Pleite vorbei, und 2008 geriet sie kapitalmässig erneut an den Rand der Insolvenz. Diese aufschlussreiche jüngere Episode fehlt in der Konzerngeschichte. Genossenschaften wie die Rentenanstalt und die Mobiliar-Versicherung, wie die Migros und die Coop, die in der schweizerischen Wirtschaftsgeschichte eine herausragende Rolle gespielt hatten, werden marginal behandelt oder ignoriert. Auch dies eine Geschichtsklitterung.

Der Schlussteil des Buches macht den Wirtschaftsgeschichtsband quasi zu einer Kampfschrift im Sinne des «ideologically convenient wishful thinking», wie dies die Amerikaner nennen, also zum ideologisch passenden Wunschdenken und zur «rechtgläubigen» Wirtschaftssichtweise.

Autor dieser Wunschdoktrin ist Gerhard Schwarz, lange Jahre neoliberaler Doktrinbildner als Chef des NZZ-Wirtschaftsteils und seit 2011 Direktor von Avenir Suisse. Als «Kernelemente des Wirtschaftswunders Schweiz» nennt Schwarz (1) die ursprüngliche Ressourcenarmut der Schweiz, (2) den aus der Kleinheit erwachsenden Zwang zum Verständnis des Fremden und (3) die einmalige Balance zwischen individueller Selbstverantwortung und genossenschaftlicher Solidarität. Die Qualität des Service public und der öffentlichen Infrastruktur, das auf Praxis ausgerichtete Ausbildungswesen, die Stabilität durch die Sozialpartnerschaft und das Sozialversicherungssystem – alles ebenso entscheidende Rahmenbedingungen für wirtschaftliche Prosperität – passen dem Anti-Etatisten Schwarz nicht ins ideologische Korsett, umso mehr jedoch die «individuelle Selbstverantwortung». Mit seiner konservativen Vision wünscht Schwarz, «dass Schweizer Wirtschaftsführer wieder vermehrt jene Charaktereigenschaften entwickelten, die frühere Generationen ausgezeichnet haben, besonders im Wissen, dass Reichtum verpflichtet. Und dass gleichzeitig die Mehrheit des Volkes darauf verzichtete, mittels staatlicher Regulierungen die moralischen Verpflichtungen zu definieren und festzuzurren.» Einfacher gesagt: Wenn wir nur anständige Wirtschaftsführer haben, braucht es den Staat nicht.

Mit diesem liberal-konservativen Credo will man die Erfolgsgeschichte des Wirtschaftswunders Schweiz den andern Völkern, den französisch, englisch, chinesisch und japanisch sprechenden Bewunderern und Besuchern darstellen. Wer den Wirtschaftsteil der NZZ liest, hat dieses Credo aus der Feder von Gerhard Schwarz fast wöchentlich in den Sonntagspredigten des Leitartiklers lesen müssen.

Gerhard Schwarz war 16 Jahre Chef der NZZ-Wirtschaftsredaktion. Er gehört zu den Trägern der Mont Pélerin Society, die heute in der akademischen Welt als antietatistischer Sektiererclub der alternden Jünger von Friedrich A. von Hayek beurteilt wird, und er war bis 2011 auch Präsident der Friedrich-A.-von-Hayek-Gesellschaft. 1995 half er beim St. Galler «Weissbuch» mit, das mit einer ordnungspolitischen Generalattacke gegen den Staat die neoliberale Offensive in der Schweiz lancierte und der Politik quasi die Abdankung nahelegte. Als Mitautor des Buches besorgte er in der NZZ gleich selber die Rezension seines Werks.

Während der Neunzigerjahre verteidigte Schwarz in der NZZ die monetaristische Geldpolitik der Nationalbank-Leitung, die heute im historischen Rückblick als gewaltige Fehlleistung beurteilt wird. In der zweiten Hälfte der Neunziger propagierte er in unzähligen Artikeln die Wende zum Shareholder Value, der dann vor allem von der Bankenszene ein Jahrzehnt lang gefeiert worden ist. Im Jahr 2000 höhnte er mit dem provokativen Buchtitel der «Neidökonomie» gegen den Sozialstaat. Sein Lieblingsthema, das er jetzt auch bei Avenir Suisse breitwalzt, sind die «Werte», wobei er vor allem die «Anker einer freiheitlichen Ordnung» ohne ordnenden Staat als Bekehrungsprediger anpreist.

Wer stark in ideologischen Glaubensdogmen verwurzelt ist, muss sich um die Realität nicht kümmern. Er kann auch ökonomische Weisheiten verbreiten, ohne mit Sachkenntnis die Wirtschaftswirklichkeit zu analysieren. Man muss auch keine Diskussionen führen.

Der Buchautor Gerhard Schwarz schlug vor, zur Bekanntmachung seines Wirtschaftsgeschichtsbandes über das «Wirtschaftswunder Schweiz» in einem Zürcher Theater eine Veranstaltung zu organisieren. Die Organisatoren sagten zu, wollten aber eine kontradiktorische Präsentation. Darauf zog sich Gerhard Schwarz zurück. Gesponsertes «Corporate Publishing» erträgt offenbar keine störende Debatte.

Im Februar 2012 erscheint die ebenso gesponserte englische Ausgabe der Konzerngeschichte unter dem Titel «Swiss Made. The Untold Story Behind Switzerland's Success». Die Uminterpretation von Geschichte in eine Konzerngeschichte geht weiter.

(Erstveröffentlichung. Das Magazin hat diese Rezension in Auftrag gegeben, sie dann aber im Februar 2012 doch nicht veröffentlicht; offenbar war sie der Redaktion oder dem Herausgeber zu kritisch.)

Zukunft: Angstszenario Wohlstandsverlust

Wie schlägt sich die Schweiz in den Stürmen der globalisierten Weltwirtschaft?

Die Älteren erinnern sich, im Jahre 1972 schockierte der «Club of Rome» mit einer Untergangsthese: Erdöl und natürliche Ressourcen seien endlich und begrenzt; das Ressourcenverschwendungssystem unserer Zivilisation werde kollabieren. Mit den Zukunftsszenarien von Denis Meadows und Jay Forrester wurde computermässig ein Systemzusammenbruch «prognostiziert». Sichtbar untermauert wurde das Szenarium «Grenzen des Wachstums» ein Jahr darauf durch die Erdölkrise und die verordneten autofreien Sonntage vom Herbst 1973. In den 1980er und 1990er Jahren kam die Gegenbewegung: Nichts da von endlichen Ressourcen! Vielmehr gab es ständig neu entdeckte Erdöl- und Rohstoffreserven weltweit, immer mehr Umweltschutztechnologien, immer bessere Recyclingtechniken. Also: nicht «Grenzen des Wachstums», sondern «Wachstum der Grenzen».

Plasticbegriff Nachhaltigkeit

Seither gibt es eine Polarisierung zwischen Wachstumsskeptikern und Wachstumsverteidigern. Auf abstrakter Ebene einigten sie sich immerhin – ohne jedoch je einen Handlungskonsens zu erzielen – auf einen gemeinsamen Kompromiss mit der Zielsetzung, das Wachstum müsse «nachhaltig» werden. Doch «Nachhaltigkeit» ist sowohl ein Grundkompromiss wie auch ein Plasticbegriff, den jeder interpretieren kann, wie er will. «Nachhaltigkeit» stammt ursprünglich aus der Forstwirtschaft: Man soll nur so viel Holz schlagen, wie nachwächst. Eine UNO-Kommission definierte, auf die globale Ressourcenbewirtschaftung übertragen, den Begriff wie folgt: «Eine nachhaltige Entwicklung ist eine Entwicklung, welche die heutigen Bedürfnisse zu decken vermag, ohne für zukünftige Generationen die Möglichkeit einzuschränken, ihre eigenen Bedürfnisse zu decken.» Oder einfacher ausgedrückt: Wir sollen nicht auf Kosten der künftigen Generationen leben. Das gilt seither als eine global anerkannte ethische Grundmaxime.

Berufsbildung gegen Wachstumsschwäche

Das schlagendste Argument der Wachstumsbefürworter ist das Job-Argument. Wirtschaftswachstum schafft Arbeitsplätze und ist deshalb unabdingbar. Mit dem jährlichen Produktions- und Konsumzuwachs müssen wir die unaufhaltsame Rationalisierung und Produktivitätssteigerung kompensieren. Ohne Wachstum werden Arbeitskräfte freigesetzt und aus dem Arbeitsprozess verdrängt, Lehrstellen abgebaut, Sozialempfänger produziert. Doch statistisch stehen wir vor einem Paradox: Die Schweiz hatte von 1992 bis 2005 von allen OECD-Staaten das tiefste Wirtschaftswachstum, rund 1,1 % im Jahresdurchschnitt, gegenüber dem OECD-Mittel von 2,6 %. Nach dem Ökonomie-Lehrbuch führt weniger Wachstum zu mehr Arbeitslosigkeit. Eigentlich müssten wir eine hohe Arbeitslosenquote gehabt haben. Doch in den 14 Jahren hatte die Schweiz von allen OECD-Staaten die tiefste Arbeitslosenquote und die höchste Erwerbsquote unter den Erwachsenen. Heute wissen wir aus Langzeitanalysen: Die Arbeitslosigkeit schwankt zwar mit der konjunkturellen Entwicklung, aber das Niveau der Arbeitslosigkeit hängt nicht vom Wirtschaftswachstum sondern vom Berufsintegrationssystem ab. Länder mit einem dualen Berufsbildungssystem – also einer Kombination von betrieblicher Berufslehre und Berufsfachschule – haben viel tiefere Jugendarbeitslosigkeit und kleinere Arbeitslosenquoten generell. Die Berufslehre ermöglicht die Arbeitsmarktintegration viel besser als vollschulische Systeme mit hohen Gymnasial- und Hochschulquoten. Damit ist das Arbeitsplatzargument infrage gestellt. Das duale Berufsbildungssystem und eine arbeitsmarktnahe Ausbildung sind bezüglich Arbeitsmarktintegration entscheidender als hohe Wirtschaftswachstumsraten.

Herausforderung Ressourcenverbrauch

Seit der «Club of Rome»-Studie der 1970er Jahre sind unzählige Analysen erschienen, die das Wachstum infrage stellen und den Ressourcenverbrauch, den Klimaeffekt und die Umweltqualität in den Vordergrund rücken. Was passiert, wenn die 1,2 Milliarden Inder, die 1,4 Milliarden Chinesen und mit ihnen die 5 Milliarden ärmeren Menschen der Erde auf unser Verbrauchsniveau kommen? Treibhauseffekt und Klimaerwärmung, Dezimierung der Tropenwälder – den Sauerstofflungen der Erde –, Verschwinden von Trinkwasserreserven, Plünderung der Weltmeere: Diese globalen Umwelt- und Demografie-Indikatoren sprechen für einen Stopp respektive eine Stabilisierung des Ressourcenverbrauchs, für eine Konsumdrosselung und ein neues Zeitalter, ein «Age of Less». Doch auch hier ist eine Einsprache am Platz: Eine Wirtschaft kann auch wachsen, indem sie sich vom Energieverbrauch entkoppelt und der Nutzungskoeffizient der Primärenergie durch Energieeffizienz, Wärmedämmung, Wärmepumpen, intelligente Technologien, erneuerbare Energien erhöht wird. All dies bedeutet auch Wachstum, aber ohne ständige Steigerung des Ressourcenverschleisses.

Wachstumspotenzial Recyclingwirtschaft

Wirtschaftswachstum kann auch in eine Recyclingwirtschaft umgelenkt werden: Die natürlichen Ressourcen, Metalle, seltene Erden, Kunststoffe, Erdölprodukte, können durch Recycling-Hochtechnologie wiedergewonnen, wiederverwertet und ständig neu verwendet werden. Recycling und nachhaltige Materialtechnologie schaffen qualitatives Wachstum. Das relativiert die Begriffe «Nullwachstum», «Verzichten» und «Nachhaltigkeit». Allerdings braucht ein solcherart zukunftsorientiertes Wirtschaften auch entsprechende Vorausschau und Steuerung: Auch wer nicht an einen zukünftigen Öko-Kollaps glaubt, muss in Zukunft mit teureren Rohstoffen rechnen. Die Ausbeutung von Rohstoffen in der Tiefsee oder unter dem Polareis wird aufwändiger, entlegener, riskanter, die Stromwirtschaft wird sowohl auf Solarbasis als auch mit Atomkraft teurer als heute. Wertvolle Elemente, seltene Metalle und Erden werden sich preislich vervielfachen, die Recyclingwirtschaft von Rohstoffen wird rentabler werden. Deshalb müsste bei Energieinvestitionen und bei der Planung der Wärmedämmung von Neubauten jetzt mit zukünftigen verdoppelten oder verdreifachten Schattenpreisen kalkuliert werden. Doch «Umweltschutz per Portemonnaie», also Lenkung durch Ökosteuern und Lenkungsabgaben, ist vom Schreibtisch aus sinnvoll, aber in der politischen Realität kennt die zweitbeste Lösung mittels technischer Normen und Verbrauchsvorschriften weniger Widerstände. Die Leute akzeptieren eher strengere technische Verbrauchsnormen für Autos als höhere Benzinsteuern.

Angstszenario Rentenkollaps

Neben der Ressourcenfrage kommt ein weiterer Wachstumsaspekt mit einem neuen Nachhaltigkeitsbegriff aufs Tapet: die Nachhaltigkeit der öffentlichen Finanzen; die Verschuldung der Staaten, die Leistungspflichten für die zukünftige Altersvorsorge, die heute nicht gedeckt sind, die sogenannte «implizite Staatsverschuldung». Diese Warnung kommt von staatskritischen Ökonomen. Können wir ohne weiteres Wachstum die Leistungen an die alten Menschen in Zukunft noch bezahlen – gerade angesichts einer alternden Bevölkerung, der zunehmenden Pflegebedürftigkeit, der wachsenden Zahl an Demenzkranken? In vielen Ländern ist die demografische Entwicklung eine Zeitbombe. In der Schweiz entlasten das kombinierte System von Umlagefinanzierung (AHV) und Kapitaldeckungsverfahren (Pensionskassen) und die bisher hohe Sparquote die Zukunft. Gemäss OECD machen in der Schweiz die angesparten Mittel der zweiten und dritten Säule über 150 Prozent des BIP der Schweiz aus – dank den Sparkapitalien der beruflichen Vorsorge und der freiwilligen Vorsorge. Hinzu kommen die Vermögen der privaten Haushalte in Wohnliegenschaften und Wertpapieren. Die häufig geäusserten Warnungen, dass die zukünftigen Generationen durch Überalterung pleitegehen, zielen im Vorsorgespar-Land Schweiz daneben. Der Rentenkollaps ist nicht in Sicht, auch wenn wir noch älter werden. Freilich wäre eine völlige Entwarnung fahrlässig. In Zukunft braucht es bei der umlagefinanzierten AHV eine Anpassung an die demografische Entwicklung. Die Prognosen des Bundesamts für Sozialversicherung BSV über den zukünftigen Finanzstatus und Finanzbedarf der AHV sind zwar seit drei Jahrzehnten immerzu pessimistisch verlaufen, weil die Entwicklung der Lohnsumme und der Produktivität stets unterschätzt worden ist. Die offiziellen Szenarien der Bevölkerungsentwicklung für die Schweiz von 2010 bis 2060 sind vom BSV eben jüngst wieder nach oben korrigiert worden. Anderseits haben Gewerkschaften und die Linke den wachsenden Finanzierungsbedarf der Sozialversicherungen stets mit zu viel Zweckoptimismus verdrängt. So wäre die AHV-Rechnung im Jahrzehnt 2000–2010 in die roten Zahlen abgeglitten, wäre nicht 1999 das AHV-Mehrwertsteuerprozent eingeführt worden. Man muss davon ausgehen, dass sowohl im Jahrzehnt 2010–2020 wie auch 2020–2030 je ein weiteres Mehrwertsteuerprozent für die AHV-Finanzierung zusätzlich erhoben werden muss. Vor die Wahl gestellt, das Rentenalter zu erhöhen oder ein weiteres zweckgebundenes Mehrwertsteuerprozent zuzulassen, wird sich das Volk für das zweite entscheiden. Auch der Umwandlungssatz bei der Berechnung der Renten der zweiten Säule in den Jahren nach 2014 wird wohl leicht gesenkt werden.

Herausforderung Globalisierungszwänge

Ein Problem, das uns durch die Globalisierung aufgezwungen ist, besteht in der wachsenden Konkurrenz aus Ostasien. Wir Europäer stehen zunehmend in Handelskonkurrenz mit Arbeitnehmenden, die, wie in China, 50 Wochenstunden arbeiten, mit ein bis drei Dollar Stundenlohn, mit null bis einer Woche Ferien und fast unbegrenzter Bereitschaft oder gar Zwang, Überzeit zu leisten. Können wir uns angesichts der Konkurrenz dieser neuen «asiatischen Produktionsweise» noch eine Verzichtsethik erlauben? Lässt sich da noch von Arbeitszeitverkürzung, Konsumverzicht, qualitativem Wachstum oder gar von einem bedingungslosen Grundeinkommen träumen, wenn Hunderte von Millionen fleissiger Produzenten zunehmend zu Weltmarkt-Konkurrenten werden? Wir erleben schon jetzt, wie die asiatischen Billig-Produkte die Traditionsindustrien mit ausgereiften Technologien in Europa und in den USA verdrängen, die Textil-, Leder-, Schuh-Produktion, die Möbelherstellung und Massenproduktion von Haushaltelektronik, bald auch die Autoherstellung. Länder, die mangels Berufsbildung und Hightech-Entwicklung nicht zu Spezialitätenprodukten und hochpreisigen Nischenprodukten ausweichen können, werden gnadenlos der Desindustrialisierung zum Opfer fallen – oder sie sind es schon: Südeuropa, die lateinischen Länder, die angelsächsischen Staaten. Die früheren Gläubigerländer im Norden sind zu Schuldnern geworden, und die früheren Schuldnernationen im Süden sind heute die Gläubiger. Die ökonomischen – und bald auch die politischen – Machtverhältnisse werden zugunsten Asiens und vielleicht auch Südamerikas verschoben. Die europäisch-amerikanischen Konsum- und Produktionsmuster sind durch die neue globale Marktsituation herausgefordert, ja, infrage gestellt. Arbeiten, Konsumieren und Verzicht müssen infolge von Globalisierungszwängen neu definiert werden.

Wohlstand, Glück oder beides?
Eine Neudefinition wird der Wohlstandsbegriff erfahren. Das Bruttoinlandprodukt BIP misst die produzierten Güter stets nach ihren Marktwerten. Was keinen Marktwert hat, geht nicht ins BIP ein. Als Arbeit wird nur die bezahlte Arbeit im BIP einbezogen. Hausarbeit, Betreuungsarbeit, Familienarbeit und Eigenproduktion gelten BIP-statistisch als Nullproduktion, obschon sie zur Lebensqualität Wesentliches beitragen. Doch die Neudefinition von Wohlfahrt und Lebensqualität kommt nur harzig voran. Die Universität von Rotterdam entwickelte mithilfe von Lebensqualitätsindikatoren die «World Data Base of Happiness». Die Schweiz liegt im Rating der Glücksindikatoren in der Spitzengruppe. Aufgrund einer französischen Initiative von Präsident Sarkozy arbeitet die OECD mithilfe von Glücksindikatoren an einem Raster für einen Nationalen Wohlfahrtsindex. Selbst das schweizerische Bundesamt für Statistik hat begonnen, die Messgrössen der Lebensqualität zu verbessern und diese zu erklären. Damit wird auch der traditionelle Produktions- und Konsumbegriff infrage gestellt. Die nicht-monetären Werte werden neu bewertet. Produktion auf Teufel komm raus, ständige Wachstumsraten, ständiger Ressourcenverschleiss haben zwar bisher die BIP-Statistik geprägt – aber als Massstab für Lebensqualität und Wohlfahrt ist diese Statistik immer weniger brauchbar. Mit den neuen Denkansätzen erhält auch das Verzichten (in Sinne des herkömmlichen Konsums) eine andere Bewertung und Beurteilung. Die von der Lehrbuch-Ökonomie geprägten und gemodelten Ökonomen haben furchtbare Mühe, von ihrem monetär geprägten ökonomistischen Denken wegzukommen. In Zukunft werden sie um die Debatte von Wohlfahrt, Lebensqualität, Verzicht und neuen Konsummustern nicht mehr herumkommen.

(aus: zur Rose, 2012: Geschäftsbericht 2011, Frauenfeld, 59–62)

Ökonomie und Werte

Wie die ökonomischen Glaubensdoktrinen wechseln

Sind Sie als Beobachter oder als Leserin nicht auch irritiert über die extremen ideologischen Pendelausschläge in der wirtschaftspolitischen Debatte? Hat Sie der Meinungsumschwung ebenfalls verunsichert? Ich versichere Ihnen: Sie sind in guter Gesellschaft. Vor zehn, fünfzehn Jahren wurde die Schweiz als reichstes Land der Welt (nach Kuwait) gepriesen und als fit für den Alleingang hoch gelobt. Heute hingegen sind Wachstumsschwäche und Krückenstaat die vorherrschenden Themen. Wie kommt das bei Ihnen an, wenn einige Wort-Helden der 68er Bewegung, der neuen Linken, wie sie damals hiess, heute als Laut-Sprecher des Neoliberalismus, der neuen Rechten, auftreten? Die gleichen Leute, bloss gealtert und konvertiert.

Doch ist die Schweiz nun in einer echten Krise oder leidet sie bloss an einer eingebildeten Krankheit? Folgt man der Rhetorik des ökonomischen Mainstreams, steht die Schweizer Wirtschaft vor dem Aus und der Staat vor dem Bankrott, und die Arbeitsplätze unterliegen der finalen Abwanderung nach Osten. Das Sozialstaatsmodell Schweiz soll plötzlich unbezahlbar sein, ungerecht wirken, mit falschen Anreizen locken und kurz vor dem finanziellen Kollaps stehen.

Das ist der Eindruck, den die vorherrschende Wirtschaftspublizistik und die praktizierte Rhetorik derzeit über die Schweiz vermitteln. Es ist der Tenor, der für die Mainstream-Ökonomie angestimmt wird – obschon niemand sagen kann, ob dies auch die Meinung der Mehrheit ist oder ob sie lediglich von den immer gleichen Wortführern der ökonomischen Zunft lauthals repetiert wird.

Was ist mit der Schweiz passiert? Hat sie sich tatsächlich in kürzester Zeit vom Wohlstandsmodell zum Krückenstaat gewandelt? Oder ist etwas ganz anderes passiert, nämlich eine Umkehr der Wahrnehmung? Ist einfach die veröffentlichte Meinung von einem Extrem ins andere gekippt?

Gewiss, die Schweizer Wirtschaft steckt in einer Wachstumsschwäche, sofern man das BIP statt das BSP als Messgrösse zugrunde legt. Gewiss, die Staatsverschuldung ist massiv gestiegen, sofern man die Ausfinanzierung der Pensionskassen und der Bahninfrastruktur zur Neuverschuldung hinzuzählt. Aber verglichen mit allen OECD-Ländern, die USA inbegriffen, ist die Schweizer Wirtschaft bezüglich Konkurrenzfähigkeit, Exportkraft, Zahlungsbilanz, Technologiestärke, Arbeitslosenquote, Staatsverschuldung und Steuerbelastung gesünder als alle andern. Das Problem ist auch ein Wahrnehmungsproblem! Der Meinungsumschwung ins Negative, ja ins Destruktive steht in keinem Verhältnis zur Wirtschaftswirklichkeit.

Wie kommt es zu dieser verschobenen Wahrnehmung, zu einem solchen Meinungsumschwung? In diesem Buch gibt der Ökonome Markus Mugglin Antwort auf diese Fragen. Wer die Entstehung wirtschaftspolitischer Meinungen verfolgen und den Meinungsumschwung verstehen will, muss es unbedingt lesen. Denn es zeigt auf, wie eine relativ kleine, aber finanziell stark dotierte Gruppe von Ökonomen das Meinungsbild prägt und umkrempelt, und welche Mechanismen in der Wirtschaftspublizistik plötzlich eine «vorherrschende Meinung» schaffen – oder eben nur vortäuschen.

Markus Mugglin ist als Radioredaktor, Ressort Wirtschaft, ein unbestechlicher Zeitzeuge. Parteipolitisch ist er ungebunden, er verfolgt keine der fixierten ökonomischen Glaubensrichtungen. Sein Plus: Er verfügt über einen langjährigen Erfahrungsschatz, verfolgt die Wirtschaftspublizistik seit Jahrzehnten und steht als kritischer Beobachter mittendrin. Man glaubt ihm seine Gegendarstellung.

Allen Publikumsumfragen zufolge ist das Schweizer Radio DRS das glaubwürdigste Medium. Es ist weder den kommerziellen Zwängen, Stichwort Werbeeinahmen, unterworfen, noch der schlagzeilenorientierten Reichweiten-Bolzerei. Und journalistische Sorgfalt und Unabhängigkeit sind die beste Voraussetzung, um die jeweils herrschenden, aber wechselnden Glaubensrichtungen kritisch zu hinterfragen. Markus Mugglin, diesem stets an zurückhaltender Sorgfalt und journalistischer Professionalität orientierten Radioredaktor, ist jetzt offenbar der Kragen geplatzt. Mit seiner Gegendarstellung korrigiert er nicht nur die sektiererischen Ausschläge der Gegenwart, nein, er hilft der Leserschaft, diese zu verstehen und sich selber angesichts dieser Pendelausschläge zu positionieren.

Vorgegaukelter Konsens unter Ökonomen

Markus Mugglin vermeidet politische Zuordnungen. Aus den Zusammenhängen lässt sich jedoch herauslesen, wo und wie der Pendelausschlag gemacht und gefördert worden ist. Im Wesentlichen waren es zwei Gruppen, die sich zu einem Pol zusammengetan haben und die den Niedergang der Schweiz zum politischen Predigtthema gemacht und die Stimmung zum Kippen gebracht haben: Einerseits waren dies die Ökonomen der «Basler Schule» um den Wirtschaftsprofessor Silvio Borner und einige seiner Schüler wie Thomas Straubhaar, Aymo Brunetti und Frank Bodmer, die sich auf Universitätsstühlen eingerichtet und gleichzeitig eine aggressive und ideologisch besetzte Wirtschaftspublizistik entfaltet haben. Wer sich in der Wirtschaftspublizistik als Wasserträger für die «Basler» hervortat, wurde von ihnen mit einem Ehrendoktortitel gleich eingebunden.

Die andere Gruppierung findet sich in der konzernfinanzierten Stiftung Avenir Suisse. Sie wurde noch von der alten, seither ihrer Posten enthobenen Garde der Konzernchefs der 90er Jahre ins Leben gerufen und mit 50 Millionen Franken Konzernmitteln dotiert. Dieser Think Tank, wie er sich nennt, hat heute jährlich 6 Millionen Franken zur Verfügung, und ihm gehören zum Teil Personen an, die einen gewundenen politischen Weg hinter sich haben. Auch die offensiven Publikationen der Basler Ökonomen hat diese Institution ediert und finanziert. Der Tenor von Avenir Suisse ist aggressiv antietatistisch: Die Steuern müssen sinken, die Staatsbetriebe zurückgefahren werden, die plebiszitäre Demokratie behindert die Wirtschaft (der Konzerne), der Sozialstaat killt das Wachstum.

Kein Thema für Avenir Suisse ist die wachstumsbehindernde Marktmacht der Konzerne (z.B. die praktizierte Hochzinspolitik der Grossbanken gegenüber den KMU) oder die gezielte Verhinderung des Importwettbewerbs (Marktabschottung durch Verhinderung von Parallelimporten). Mit unzähligen Buchpublikationen, Seminaren, Newsletters, mit denen die Redaktionen förmlich überschwemmt werden, mit Meinungsumfragen bei ausgewählten Ökonomen und provozierenden, unter Professorennamen verbreiteten Thesen wird der Eindruck vermittelt, dies sei der neue Konsens der Ökonomie.

Markus Mugglin beschreibt, wie der neoliberal und einseitig angebotsökonomisch inspirierte Wachstumsbericht des Bundesrats (2002) vornehmlich nur Ökonomen der gleichen Glaubensrichtung zum Kommentieren und Bestätigen vorgelegt worden ist, so dass gezielt der Eindruck geschaffen wurde, die ganze Ökonomenwelt stehe hinter der Doktrin. Er zeigt auf, wie mithilfe von Avenir Suisse, von Exponenten der Basler Schule und einiger Journalisten folgende Doktrin geschaffen wurde: Die hohe Staats- oder Fiskalquote killt das Wirtschaftswachstum, der Staat frisst der Wirtschaft und den Konsumenten das Geld weg und behindert das Wachstum.

Gegen diese einäugige, antietatistische Sichtweise der Angebotsökonomie, die schon fast mit Kreuzzugseifer vorgetragen wird, konnten selbst statistische Belege und Beweise nichts ausrichten. Zum Beispiel jene der OECD-Ökonomen oder jene des St. Galler Professors Gebhard Kirchgässner und der Eidgenössischen Kommission für Konjunkturfragen. Sie alle zeigen klar auf, dass es im internationalen Vergleich der OECD-Länder keinen belegbaren Zusammenhang zwischen Fiskalquote und Wirtschaftswachstum gibt. Die These, wonach die Staatsquote das Wachstum behindere, ist von ihnen im Ländervergleich und in der makroökonomischen Analyse klar widerlegt worden.

Trotz allem, diese staatskritische These hält sich standfest wie ein Glaubensdogma mit quasi-religiösem Charakter. Sie ist durchaus vergleichbar mit dem Dogma der unbefleckten Empfängnis (Immaculata 1854): Wer zur katholischen Kirche gehören will, stellt das Dogma nicht infrage, es gehört zu ihrem Fundus und Bekenntnis. Die neoliberale These, nämlich dass der Staat mit seinen Steuern das Wachstum kille, gehört in diese gleiche Kategorie von Glaubensbekenntnissen. Wer es infrage stellt, wird bald einmal exkommuniziert und gehört nicht mehr zum Mainstream.

Wenn ein Glaubenssatz einmal in die Welt gesetzt ist und sich seine Anhänger stets gegenseitig zitieren und zu Wort kommen lassen und wenn dazu noch ideologische Interessen im politischen Kräftefeld mithelfen, dann lässt sich eine Meinungsführerschaft durchaus etablieren. Und so hat es eine kleine Gruppe fertig gebracht, in der deutschen Schweiz den Meinungspluralismus von Sichtweisen und Analysemethoden in der Wirtschaftsdebatte aus dem Feld zu schlagen.

Paul Krugman, den ich als originellen und selbstkritischen Kommentator der wirtschaftspolitischen Szene schätze, hat in einer seiner bissigen Kolumnen diesen Ingroup-Selbstbestätigungsmechanismus mit den Gesetzmässigkeiten einer Sekte verglichen. Diese kleine Gruppe funktioniert wie ein «selbstreferenzielles System» (Niklas Luhmann), das sich ständig selbst bestätigt und immun wird gegen Kritik von anderer Seite.

Warum schlägt das Pendel um?

Wie ist es überhaupt zu Pendelausschlägen gekommen? Warum sind im politischen Diskurs plötzlich ganz viele Verdrängungen im Spiel, «blinde Flecken», wie Mugglin sie nennt und deren sieben aufzählt?

Seit den 60ern und bis in die 90er Jahre galt das Modell der sozialen Marktwirtschaft, später auch der ökologischen Marktwirtschaft, als Konsensmodell der Schweiz. Es gab zwar immer Verteilkämpfe, geordnet und in sozialpartnerschaftlichen Bahnen, aber das Grundverständnis von der «Sozialpflichtigkeit» des Kapitals, der Konsens in Sachen Sozialversicherungen, Generationenvertrag oder Berufsbildung wurden damals nicht infrage gestellt.

Dieses Grundverständnis ist nun auf der ganzen Linie erschüttert und durch die veränderten Bedingungen in den global operierenden multinationalen Konzernen aus den Angeln gehoben worden. Diese brauchen den Staat nicht mehr, ausser zur Übernahme ihrer Risiken. In ihren Führungsetagen wirkten in den 90er Jahren kurzfristig und nur in Finanzkategorien denkende Manager, welche die «Shareholderei» – eine Modedoktrin – hervorgebracht hatte. Der Staat und der Sozialstaatskompromiss wurden als überflüssig oder gar hinderlich betrachtet. Daraus resultierte die Gründung von Avenir Suisse, und das Resultat waren ganz viele Problemverdrängungen. Das Resultat war auch jener infektiöse Staatsverdruss, wie er vom neoliberalen Mainstream dann als Gegenbewegung zum alten Sozialstaatskompromiss eingepflanzt und verbreitet worden ist.

Als Gegenreaktion entstand auf der Linken eine durchwegs kompromissfeindliche und defensive Verhärtung. Auch diese pflegt ihre eigenen «blinden Flecken», etwa die linke Verdrängung des Strukturwandels, die dogmatische Abwehr gegen jeglichen Wettbewerb, das Ignorieren der Finanzierungsprobleme bei den Sozialversicherungen. Die Linken, die in den 60er und 70er Jahren diesen Staat und die Gesellschaft grundsätzlich infrage gestellt hatten, sind unter der Härte der neoliberalen Staatskritik zu Verteidigern dieses Staates geworden. Ebenso hat sich die Kritik der damaligen Neuen Linken am Modell der

Sozialpartnerschaft (die sogenannte «Reformismus-Kritik») in eine Verteidigung der Gesamtarbeitsverträge verwandelt, während die Neue Rechte heute die Sozialpartnerschaft zwischen den Verbänden der Arbeitgeber- und Arbeitnehmerseite mit wirtschaftsliberaler Skepsis infrage stellt.

Narzissmus als Triebfeder?

Es wäre zu kurz gegriffen, diesen Pendelausschlag nur mechanistisch mit dem Zeitgeist und der Zeitenwende zu beschreiben. Ohne eine sozialpsychologische Interpretation wäre er nicht erklärbar. Es sind nämlich ausgerechnet Exponenten, die sich 1968 und danach als linke Worthelden, als progressive Gewerkschaftsfunktionäre oder als militante Parteichefs (von inzwischen verschwundenen Parteien) links aussen positioniert hatten, die in den letzten Jahren mit neoliberaler Rhetorik am offensivsten nach rechts voranstürmten. Das ist eher psychologisch zu erklären, vielleicht mit Narzissmus, als mit objektiven Zustandsanalysen der Wirtschaft.

(...)

Bedeutung der Wirtschaftspublizistik

Es ist begreiflich, dass der Autor Markus Mugglin in vornehmer Zurückhaltung nicht über die Rolle der Wirtschaftspresse spricht und jede Kollegenschelte meidet. Denn für ein vollständigeres Verständnis müsste man auch über die publizistische Selektionspraxis im Wirtschaftsteil der Neuen Zürcher Zeitung sprechen, auch über den marktorientierten Opportunismus mancher Business-Journalisten, über die einseitigen Unternehmens-Reportagen und Analysten-Urteile, aber ebenso über die Verdrängungsrhetorik von Gewerkschaftsökonomen.

Was in der Wirtschaftspublizistik fehlt, ist ein Langzeitwissen über die wechselnden Doktrinen und Meinungsbilder in der Wirtschaftspolitik. So geht das kritische Fragen und Nachfragen verloren. Oft werden ja mit grossem, professoralem Imponiergehabe neue ökonomische Weisheiten kundgetan, und zwei Jahrzehnte später fallen die Studenten durch die Examen, wenn sie diese alten Dogmen noch vortragen. Noch kurzlebiger sind die Thesen und Themen bei den wechselnden Management-Philosophien. Was da nicht alles an Führungsphilosophien, Managementmodellen, Bilanzierungstheorien, Analystenempfehlungen vorgetragen und von der Wirtschaftspublizistik unkritisch kolportiert worden ist! Und wenige Jahre später lassen sich die Konzernchefs, sofern sie noch im Amt sind, und ihre Gehilfen in der Wirtschaftspresse nicht mehr gerne daran erinnern. Die schweizerische Elite in Wirtschaft, Wirtschaftswissenschaft und Wirtschaftspolitik hat sich durch diese Pendelbewegungen und ihre Exzesse selber der Glaubwürdigkeit beraubt.

Pluralismus von Methoden und Sichtweisen als Schlüssel

Die Nationalökonomie ist keine exakte Wissenschaft, sie ist und bleibt eine «moral science», eine normative Wissenschaft, der stets erkenntnisleitende Interessen und weltanschauliche Setzungen zugrunde liegen. Auch wenn die Ökonomen mit scheinbar noch so exakten Modellen arbeiten und die Theoreme professoral und imposant vorgetragen werden, die Ökonomie ist eine Wissenschaft im Dienste von Interessen und Weltanschauungen. Wer diese Interessen und Dogmen nicht kennt und im Zeitablauf vergleicht, wer den bildungsmässigen Fundus nicht hat, versteht die Wirtschaftspolitik nicht und wird zum Opfer von kurzfristig meinungsführenden Clans in der Ökonomie.

(...)

Die beste Medizin gegen die Einäugigkeit ist ein Pluralismus von Methoden und Sichtweisen in der Wirtschaftstheorie und Wirtschaftspolitik. Sowohl in der Wirtschaftspublizistik als auch an den Universitäten braucht es diesen Pluralismus. Denn Dogmen und Meinungseintopf verhindern die Lernfähigkeit und die Kompromissbereitschaft im System.

(...)

(Nachwort zu: Mugglin, Markus (2005): Gegendarstellung. Wer die Schweizer Wirtschaft bremst, Zürich: Xanthippe, 195–207)

Die Welt ist keynesianisch – aber nicht vulgärkeynesianisch

Unter den Ökonomen herrscht ein Glaubenskrieg. Es ist nicht der erste. Es geht um die Streitfrage, wie der westlichen Wirtschaft im OECD-Raum auf die Beine zu helfen sei und wie es mit der Euro-Währung weitergehen soll. Innerhalb der G-20 und zwischen den EU-Leadern gibt es grosse Differenzen. Sie sind nur ein Spiegelbild der gegensätzlichen Sichtweisen der Ökonomen. Die weltweit vertretenen Sichtweisen sind vielfältiger, origineller und pluralistischer, als was die immer gleiche, besserwisserische Glaubensdoktrin im NZZ-Wirtschaftsteil den Lesern vorsetzt.

Ich habe mich auf einer griechischen Insel der Lust hingegeben, die neuesten Wirtschaftsbücher von Heiner Flassbeck, Thilo Sarrazin, Paul Krugman und Myret Zaki zu lesen und zu vergleichen (Büchertitel am Schluss dieses Artikels). Zusammen umfassen sie über tausend Seiten Analysen – oder konkreter ausgedrückt: Streitschriften – zeitgenössischer Makroökonomen. Hier ein wertender Überblick über den Ökonomenstreit.

Sprengkräfte im Euro

Was fast alle Ökonomen einigt, ist die (späte) Erkenntnis, dass die Produktivitätsunterschiede innerhalb Europas die Eurozone auseinandertreiben und diese in Nord- und Südländer spalten. In Deutschland, Holland, Österreich, Finnland: hohe industrielle Produktivität und nur massvolle Lohnentwicklung. In Südeuropa jedoch: durchwegs tiefere Produktivität mit hohen Lohn- und Konsumsteigerungen, mit Handelsbilanzdefiziten und einem «Leben auf Pump», «über den Verhältnissen».

Die südlichen Euroländer leiden strukturell unter der Industrieverdrängung durch die Billigimporte aus Ostasien. Und mangels Berufsbildung haben sie wenig Spielraum zur Höherqualifikation der Arbeitnehmer für eine Hochpreisproduktion. Die Desindustrialisierung drängt sie in immer grössere Handelsbilanzdefizite. Hätten sie ihre eigene Währung, könnten sie diese abwerten, damit im Export wieder konkurrenzfähiger werden und gleichzeitig die einheimische Produktion durch Importverteuerung gegen die billige asiatische Ware schützen. Die nördlichen Euroländer haben demgegenüber dank ihres besseren Arbeits- und Bildungssystems die Möglichkeit, auf die höherpreisige Spezialitätenproduktion auszuweichen und damit global konkurrenzfähig zu bleiben.

Das ist, mit Nuancen, die gemeinsame Erkenntnis der Ökonomen, die die Politiker nicht wahrhaben wollen. Doch bei der Frage nach den Ursachen, und noch mehr bei den einzuschlagenden Strategien, treten die grossen Glaubensrichtungen zutage.

Der Ultrakeynesianismus des Heiner Flassbeck

Heiner Flassbeck, früher Staatssekretär im deutschen Finanzministerium und heute Chefökonom der UNO-Welthandelskonferenz Unctad, übernimmt mit seinem jüngsten Buch die Rolle des Ultra-Keynesianers.

Für Flassbeck ist Deutschland der Hauptsünder für die europäischen Disparitäten: Die dort praktizierte Lohnzurückhaltung bei gleichzeitiger Produktivitätssteigerung – was sich in stabilen Lohnstückkosten (Löhne dividiert durch Produktivität) auswirkt – führte zur Spaltung innerhalb Europas in der Wettbewerbsfähigkeit. Deutschland sollte nach Flassbeck höhere Inflationsraten und höhere Löhne zulassen, um die Wettbewerbsfähigkeit in der Euro-Zone zu nivellieren. Das ist wohl ein unrealistischer Wunsch vom Schreibtisch.

Flassbeck hat indes sicher Recht mit seiner Behauptung, dass die von Deutschland diktierte rigide Sparpolitik Südeuropa in die Rezession gedrückt hat. Denn dort, wo der Staat einen derart grossen Anteil am BIP hat, wirken sich rasche Staatsausgabensenkungen klar rezessiv aus. Erstaunlicherweise gibt es aber für Flassbeck hinsichtlich Staatsverschuldung praktisch keine Grenzen.

Der teutonische Ultramonetarismus des Thilo Sarrazin

Das andere Extrem in der Debatte vertritt der Deutsche Thilo Sarrazin, früherer Finanzsenator in Berlin und Mitglied im Aufsichtsrat der Bundesbank. Mit schier unerträglichem Dogmatismus verteidigt er die monetaristische Glaubensdoktrin deutscher Prägung. Mit «teutonischer Rigidität», wie dies die Engländer nannten, verteidigt er die harte Währung, die Nullinflation, den schlanken Staat und geisselt auf mehreren Hundert Seiten die «Sünden» der Europäischen Zentralbank EZB, die Verletzung des No-Bail-out-Prinzips (Verbot der Quersubvention zwischen den Euro-Staaten) und der Maastricht-Kriterien. Jetzt sollen die Länder sparen, sparen, sparen – koste es, was es wolle.

«Die Europäische Währungsunion erfordert, wenn sie funktionieren soll, dass sich die Volkswirtschaften und Gesellschaften aller teilnehmenden Staaten mehr oder weniger so verhalten, wie es deutschen Standards entspricht», fordert der deutschtümelnde Ex-Bundesbank-Aufsichtsrat. Deutschland, Deutschland und nochmals Deutschland und seine Interessen, sie werden laut Sarrazin von der heutigen politischen Elite der Bundesrepublik zu wenig verteidigt. Nach meiner Einschätzung vertritt er lauthals wohl das, was im Mainstream der konservativen deutschen Ökonomenzunft geglaubt wird.

Zu Bedenken gibt Sarrazin, ob es politisch richtig sei, die europäische Einigung mit der Währungsunion unter Einbezug der Mittelmeer-Länder so weit voranzutreiben, dass sie letztlich nicht mehr einigt, sondern die Länder spaltet und verfeindet. Die Beziehung zwischen Griechen und Deutschen ist dafür ein anschauliches Beispiel.

Der neokeynesianische Mittelweg des Paul Krugman

Der amerikanische Wirtschaftswissenschafter Paul Krugman, Princeton-Professor und Nobelpreisträger, schlägt in seinem neuen Buch einen Mittelweg zwischen den Extremen ein, allerdings einen aus US-amerikanischer Optik. Wer Krugmans Gedankengängen und Analysen folgen kann, hat die moderne Makroökonomie verstanden.

Krugman analysiert die wachsende Kluft innerhalb der Euro-Zone. Er erklärt, weshalb Industrieländer mit eigener Währung tiefe Zinsen geniessen, selbst dann, wenn sie hoch verschuldet sind und gigantische Staatsdefizite kennen wie die USA, Japan, England: Sie können eben jederzeit ihre Währung abwerten und sich damit real entschulden und gleichzeitig ihre Exporte verbilligen. Offensichtlich akzeptieren die Finanzmärkte diese Politik. Demgegenüber sind Länder, die sich in fremder Währung (in Euro) verschulden müssen und bei Ertragsbilanzdefiziten ihre Währung nicht abwerten können, hohen Zinsen unterworfen. Griechenland, Spanien, Portugal, Italien sind derzeit Kandidaten dieser starren Währungsschraube. Sie zahlen dies mit höheren Schuldzinsen.

Krugman plädiert nicht etwa für die Zerschlagung der Euro-Zone, allenfalls ist er für den geordneten Austritt Griechenlands, damit es seine eigene Währung abwerten kann. Er plädiert für die Überwindung der Krise durch Deficit Spending und expansive Notenbankpolitik. Als Neo-Keynesianer zeigt er, dass neben der Stabilisierung der Finanzsysteme auch aktive Konjunkturprogramme nötig sind, wenn die Wirtschaft in der Liquiditätsfalle (Liquidity Trap) stecken bleibt, wenn also trotz tiefster Zinsen nicht investiert wird: «In einer Zeit, in der Schuldner versuchen, mehr zu sparen und ihre Schulden zu bezahlen, muss irgendjemand das Gegenteil tun, also Geld aufnehmen und ausgeben, und dieser Jemand ist der Staat.» Wer die Liquiditätsfalle ignoriert, versteht die heutige Situation nicht. Er versteht nicht, weshalb trotz tiefster Zinsen die Wirtschaft nicht anspringt, obschon sie sich nach Lehrbuch selber erholen sollte.

«Wohlstand ist zwar ohne ein stabiles Finanzsystem undenkbar, doch die Stabilisierung des Finanzsystems bringt noch lange keinen Wohlstand», sagt

Krugman. Was das Land wirklich benötige, sei ein Rettungsschirm für die Nachfrage in der Realwirtschaft, für Produktion und Beschäftigung.

Krugman ist unter den meinungsführenden Ökonomen einer der wenigen Autoren, die den Schaden und die Tragik der Arbeitslosigkeit, vor allem auch der Jugendarbeitslosigkeit, beschreiben und zum Thema machen. Für Geldmechaniker wie Sarrazin und die meisten Banker ist dies ein Nullthema. Krugman ärgert sich über den Dogmatismus der neokonservativen und neoliberalen Hardliner, die gegen jede kurzfristig expansive Konjunkturpolitik antreten. «Wer (nur) die langfristige Perspektive einnimmt, ignoriert das gewaltige Leid, das die gegenwärtige Krise verursacht, und die vielen Leben, die sie ruiniert», hält Krugman seinen Kollegen vor. Trotz dieser Schelte (oder gerade deshalb) ist er heute der wohl einflussreichste und meistgelesene Makroökonom.

Die nötige Korrektur der Myret Zaki

Die Rundsicht auf die Ökonomendebatte wäre unvollständig, wenn man nicht auch eine kritische Sichtweise auf die Destabilisierung der Finanzmärkte und die Zerrüttung im Dollarraum anfügen würde. Als repräsentative (aber keineswegs einzige) Analyse aus dollarkritischer Optik ist das Buch der stellvertretenden «Bilan»-Chefredaktorin Myret Zaki auch auf deutsch zu lesen.

Derzeit blicken alle wie gebannt auf die Krise des Euro. Doch die externe Verschuldung der USA – des amerikanischen Staates, der Haushalte, der ganzen US-Volkwirtschaft – ist derart gewaltig und die destruktiven Kräfte der Finanzmärkte sind derart dominant, dass in Zukunft die Virulenz vom Dollar ausgehen wird wie schon 2008. Diese Situation wird uns in den nächsten Jahren möglicherweise viel schmerzhafter abstrafen als der Kollaps Griechenlands.

Die Autorin Zaki zeigt, wie die amerikanischen Ratingagenturen schon immer Euro-feindlich operiert haben, wie sie gezielt den Euro und die europäischen Banken als globale Konkurrenz gegenüber der Wallstreet betrachten. Ihre Demontage gegenüber europäischen Schuldnern wird orchestriert. Zaki: «Der Euro ist seit seiner Einführung am 1. Januar 1999 der Feind Nummer eins für die amerikanische Hegemonie.» Der Rating-Angriff auf den Euro ist auch eine Überlebensstrategie für die Wallstreet.

Fazit aus der aktuellen Debatte

Der Schlüssel zum Verständnis der aktuellen Weltwirtschaftssituation liegt in der Wechselwirkung zwischen Finanzwirtschaft und Realwirtschaft. Die Banker und Finanzer sehen die Welt nur mit ihrem Röhrenblick der Finanzmarktoptik. Krugman bringt von allen die umfassendste makroökonomische Analyse. Nur eine umfassende Kreislaufbetrachtung – eben eine makroökonomische Optik sowohl auf die Geld- und Währungspolitik als auch auf die Realwirtschaft und die Nachfrage – bringt analytisches Verständnis und Erfolg in der Wirtschaftspolitik.

Die volkwirtschaftliche Nachfrage ist entscheidend. Die Welt ist eben nicht monetär oder monetaristisch, sondern keynesianisch. Die Unternehmen investieren dann und nur dann, wenn die Nachfrage steigt. Die Zinsen sind wichtig, aber zweitrangig. Die keynesianische Sicht der Wirtschaft erlebt weltweit eine Wiederbelebung. Weil die Hayek- und Friedman-Nachfolger die Welt nicht erklären können und sich ihre Rezepte totlaufen. Ihre Austeritätspolitik hat eine Spur der Verwüstung durch Europa gezogen.

Allerdings muss eine moderne keynesianische Makroökonomie die globale Wirtschaftswirklichkeit einbauen. Meine Sicht: Sie muss modernisiert und mit vier Aspekten ergänzt werden:

Erstens haben wir es heute mit offenen Volkswirtschaften zu tun. Man kann nicht Lohnpolitik in *einem* Lande betreiben (wie dies Flassbeck fordert), ohne den internationalen Wettbewerbsdruck auf die europäischen Länder, zum Beispiel die Konkurrenz aus China, einzubeziehen.

Zweitens gibt es keine statische Wirtschaft mehr. Wir haben einen ständigen Strukturwandel (eine Schumpeter'sche Ökonomie), der ständig Unternehmen und ganze Wirtschaftszweige mit ausgereiften Technologien verschwinden lässt und neue Technologien an deren Stelle hervorbringt. Da hilft keine Nachfragesteuerung allein, weil sie alte Strukturen zementiert; da hilft nur Hilfe zum technologischen Wandel mit Innovation, Umschulung, Weiterbildung, Höherqualifizierung.

Drittens ist das Humankapital in Zukunft noch viel entscheidender für die Produktivität und die Angebotsseite. Konkret geht es um die Ausbildung und Befähigung zu Innovationen und zum technologischen Umbau. Hochpreis- und Hochlohnländer wie Deutschland, Holland, Österreich und die Schweiz haben dank ihren dualen Berufsbildungssystemen die Befähigung zu teurer Präzisionsarbeit und Arbeitsqualität. Alt-Keynesianer und Neoklassiker vernachlässigen diesen Aspekt gleichermassen.

Viertens erfordert die Erfahrung mit antizyklischer Politik, also die Konjunktursteuerung mit Staatsausgaben, eine eingebaute Pflicht, im Aufschwung die

Staatsschulden zu tilgen statt durch Steuersenkungen fortzuschleppen. Die antizyklische Politik, wie Keynes sie postuliert hatte, ist kaputt gemacht worden, weil die Liberalen beim Aufschwung jeweils die Steuern senkten, anstatt die Schulden aus der letzten Rezession zu tilgen.

Wer diese vier Aspekte ignoriert, betreibt Vulgär-Keynesianismus. Der alte Lehrbuchautor Paul Samuelson mahnte im hohen Alter die Ökonomenzunft: «Der liebe Gott hat den Ökonomen zwei Augen gegeben: eins für das Angebot und eins für die Nachfrage.» Die heutige Welt ist keynesianisch – aber sie ist nicht vulgärkeynesianisch!

Hier besprochene Literatur:

- *Flassbeck, Heiner (2012): Zehn Mythen der Krise, Berlin: Suhrkamp, 59 S.*
- *Sarrazin, Thilo (2012): Europa braucht den Euro nicht. Wie uns politisches Wunschdenken in die Krise geführt hat, München: DVA, 462 S.*
- *Krugman, Paul (2012): Vergesst die Krise! Warum wir jetzt Geld ausgeben müssen, Frankfurt/M: Campus, 270 S.*
- *Zaki, Myret (2012): Dollar-Dämmerung. Von der Leitwährung zur grössten Spekulationsblase der Geschichte, Zürich: Orell Füssli, 239 S.*

(UnternehmerZeitung Juli/Aug 2012)

Was verändert die globalen Werte?

Die Rolle der Zivilgesellschaft bei der Durchsetzung wirtschaftsethischer Positionen

Für die Einladung Ihrer Fakultät möchte ich mich ganz herzlich bedanken. Auch Ihrer initiativen Dekanin möchte ich meinen Dank aussprechen; sie hat keinen Aufwand gescheut.

Als die Voranzeige dieser Einladung und Ehrung der Theologischen Fakultät an mich gelangte, war meine erste spontane Reaktion: Wollen Sie damit die Ökonomen in der Wirtschafts- und Sozialwissenschaftlichen Fakultät provozieren? Ich habe zwar meine Alma Mater Bern immer sehr geschätzt, und ich verdanke ihr viel in meinem Leben. Doch fast zeitlebens habe ich auch gehadert mit der Ökonomie und den Ökonomen an dieser Universität. Ich werde Ihnen später erklären warum.

I. Reminiszenz

Es ist nicht bloss Zufall, dass ich jetzt vor der Theologischen Fakultät stehe. Denn meine «Karriere» in der wirtschaftspolitischen Auseinandersetzung hat eigentlich auch in Ihrer Fakultät ihren Anfang genommen.

Ich war damals ein 26-jähriger Ökonomiestudent im dritten Semester – und zwar auf dem zweiten Bildungsweg: Ich hatte zuvor schon eine Laborantenlehre, einen Chemieingenieur-Abschluss und fünf Jahre Industrietätigkeit hinter mir. Als Studentenvertreter war ich 1969 vom Synodalrat in das Bernische Komitee «Brot für Brüder» delegiert worden. (Heute ist dies «Brot für alle» – «Schwestern» gab es in der Kirche damals noch nicht). Die Fachgruppe der Theologieassistenten unter dem Namen «Focus» lud mich dann am 9. September 1969 ins Theologische Seminar an die Sidlerstrasse 4 (in eine alte Villa gleich hinter der Uni) zu einem Vortrag über Entwicklungsökonomie ein. (Die Theologengruppe, in der u.a. Hans Kaspar Schmocker, Martin Stähli und Rudolf Dellsperger mitwirkten, gab sich ihren Namen in Anlehnung an die lateinamerikanische Focus-Theorie von Che Guevara, Leonardo Boff und andern Befreiungstheologen.) An diesem September-Abend referierte ich vor den Mitgliedern Ihrer Fakultät mithilfe von grossen, ausgerollten, beschrifteten Packpapierbögen, auf denen ich mit Filzschreibern Grafiken über Armut und Verschuldung der Dritten Welt, über die Verschlechterung der Terms of Trade und über die Folgen des westlichen Wirtschaftssystems visualisiert hatte.

Es gab damals bereits einen Dritte-Welt-bezogenen Aufbruch in den Kirchen mit dem «Appell an die Kirchen der Welt» der Konferenz für Kirche und Gesellschaft 1966 in Genf und danach den Bericht der Vollversammlung des Ökumenischen Rats der Kirchen 1968 in Uppsala. Es gab aber auch die Enzyklika «Pacem in Terris» (1963) des Reformpapstes Johannes XXIII. Deswegen war das Zusammengehen mit den Katholiken in der Entwicklungsländerfrage eine Selbstverständlichkeit.

Aus diesem Referat vor dem Mittelbau Ihrer Fakultät – mit Packpapierbögen und Grafiken – ist dann nach der Interkonfessionellen Konferenz Schweiz-Dritte Welt 1970 mein erstes Buch «Industrieländer-Entwicklungsländer» (1972) entstanden, übrigens im katholischen Laetare/Imba-Verlag der Freiburger Kanisius-Schwestern ediert. Dann später der Bestseller «Überentwicklung-Unterentwicklung» im Laetare-Verlag (1975) und noch später der Titel «Warum sie so arm sind» im deutschen Peter Hammer-Verlag (1985). Diese Bücher sind in neun Sprachen übersetzt worden, mit einigen hunderttausend Auflagen. Erst vor ein paar Wochen habe ich von der mexikanischen Übersetzerin, Professorin Ursula Oswald Spring (UNAM), erfahren, dass die Übersetzung «Por esto somos tan pobres» in Lateinamerika 1,5 Millionen Mal verkauft worden ist.

Ich will jetzt nicht weiter über meine Biografie sprechen. Aber dieser Auftritt bei den Berner Theologen vor 42 Jahren an Ihrer Fakultät hat meine erkenntnisleitenden Interessen doch in ganz bestimmte Bahnen gelenkt. Selbstredend auch meine damalige Mitarbeit bei «Brot für Brüder» und die Zusammenarbeit mit den Theologen Barth'scher Prägung, die in den 1960er Jahren in den Schweizer Kirchen erstmals den Ausbruch aus der geistigen Enge des Zweiten Weltkriegs versuchten.

Ich erwähne diese Begebenheit deshalb, weil sie auch symptomatisch war – und heute noch symptomatisch ist: Wer in Sachen Ökonomie aus dem engen Korsett der Mainstream-Doktrinen ausbricht (das hatte ich damals versucht), wird eher von ausserhalb der Ökonomie, von den Theologen, Ethikern, Gesellschaftswissenschaftlern zur Kenntnis genommen, als von der eigenen Zunft. Das ist auch heute noch so.

II. Hader mit der Mainstream-Ökonomie

Mein Erkenntnisweg war geprägt von meiner Auseinandersetzung mit der liberalen Ökonomie. Für mich war es quasi ein geistiges «To be is to confront!» Ich habe zeitlebens gehadert mit der liberalen und später neoliberalen Berner Schule der Ökonomie.

Erstens hat sie meine entwicklungspolitischen Anliegen und Interessen und später auch meine diesbezüglichen Publikationen beharrlich ignoriert. Der Ökonomieprofessor Paul Stocker (gestorben 1973) hat mich zwar ironisch als «Waffenchef der Entwicklungsstudenten» karikiert und mir dann doch einen Preis verliehen. Aber die Ökonomie war damals in ihrem Selbstverständnis eben eine NATIONALökonomie, also eine NATIONALE Ökonomie, in der die übrige Welt, die Dritte-Welt-Ökonomie etwa, schlicht keinen Platz hatte. Und über Jean Zieglers Lehrtätigkeit als externer, nebenamtlicher Dozent für Entwicklungssoziologie hat man sich an der gleichen Fakultät eher geschämt als gefreut.

Zweitens hat sich die Wirtschaftswissenschaft zunehmend zu einer scheinexakten, mathematisch-mechanistischen Physik entwickelt, mit immer weniger gesellschaftspolitischem Bezug und schon gar keinem ethischen Fundus mehr. Doch im Grunde ist und bleibt die Nationalökonomie bis heute eine normative Wissenschaft, welcher weltanschauliche Wertungen und anthropologische Verhaltenshypothesen zugrunde liegen, auch wenn sie dann mit scheinexakten, ökonometrischen Modellen daherkommt und heute einen Absolutheitsanspruch an alle andern Sozialwissenschaften stellt.

John Maynard Keynes, der grösste Ökonom des letzten Jahrhunderts, nannte die Ökonomie noch «a moral science», also eine normative, weltanschauliche Wissenschaft. Und der greise St. Galler Ökonom Hans-Christoph Binswanger spricht von der «Glaubensgemeinschaft der Ökonomen» (Buchtitel) und vom «faustischen Prinzip in der Ökonomie», was allerdings vom Mainstream unserer Zunft als altersbedingtes Abdriften in die religiöse Spätphase betrachtet wird.

Drittens ist den allermeisten heutigen Ökonomen nicht einmal mehr bewusst, dass sie implizit von normativen Setzungen ausgehen. Früher kannten sie wenigstens noch den Werturteilsstreit zwischen Max Weber und dem Verein für Socialpolitik und den spätern Positivismusstreit über die Objektivität in den Sozialwissenschaften zwischen Hans Albert und Jürgen Habermas. Eine solche aufgeklärte Selbstüberprüfung fehlt heute.

In der Lehrbuchökonomie gibt es eine Reihe von Doktrinen, die schlicht weltanschaulich besetzt sind und dennoch unausrottbar dominieren. Zur Veranschaulichung ihres normativen Charakters nenne ich einige Beispiele:

a) Das Menschenbild des *Homo Oeconomicus*, des rein zweckrationalen, nutzenorientierten Handlungsmenschen, liegt als Verhaltenshypothese den ökonometrischen Modellen zugrunde. Dieses anthropologische Konzept des Homo Oeconomicus ist eine normative Konstruktion. Es gibt ihn nämlich gar nicht oder nur ganz eingeschränkt. Irrationales Verhalten an den Märkten, etwa Panik, Herdeneffekte, Gier, wie wir sie an den Finanzmärkten erfahren, werden nur in Aussenseiterdisziplinen ernst genommen und dort werden sie als blosse Störung der Märkte abgehandelt. Vielleicht finden jetzt solche von der Psychologie ausgehenden Denkkategorien mit der neueren «Behaviour Economics» eine hoffähigere Stellung.
b) Das sogenannte «eherne Gesetz von Angebot und Nachfrage», das sich in jedem Lehrbuch wiederfindet und jetzt sogar als Pflichtstoff für die Unterstufe im Lehrplan 21 Eingang finden soll, ist eine eng begrenzte, fast funda-

mentalistische Doktrin. Diese sog. «Gesetzmässigkeit» gilt nämlich nur bei völliger Markttransparenz mit völlig homogenen Gütern wie Rohstoffen oder Devisen. Aber sie ist in der Wirtschaftswirklichkeit die grosse Ausnahme und nicht die Regel – das weiss der frühere Preisüberwacher!

c) In der Volkswirtschaftlichen Gesamtrechung VGR der Ökonomen wird definitionsgemäss als Arbeit nur die bezahlte Arbeit gemessen und in Franken bewertet. Unbezahltes Arbeiten, Hausarbeit, Betreuungsarbeit von Kindern, freiwillige Arbeit gehört zum «informellen Sektor» und wird im BIP nicht als Wertschöpfungsbeitrag gezählt. Obschon gerade diese menschlichen Tätigkeiten einen unverzichtbaren Beitrag zur Lebensqualität leisten.
d) Die Frage etwa nach der «gerechten Verteilung» des Einkommens oder Vermögens, «Gerechtigkeit», ist im ökonomischen Mainstream schlicht ein Unwort. Wer das braucht, ist schon fast aus der Wissenschaftszunft exkommuniziert.
e) In der auf die Märkte fixierten Mainstream-Ökonomie ist die Tätigkeit des Staates fast per definitionem eine Störung. Die Staatstätigkeit stört bloss den Markt! Der Anti-Etatismus gehört quasi zur impliziten Grundanschauung der Mainstream-Wirtschaftswissenschaft.
f) Ich habe bei den klassischen Ökonomen auch nie ein Interesse oder einen Widerhall gefunden zu jenem Thema, für das ich mich seit Jahren intensiv einsetze und publiziere, nämlich die Berufsbildung als Antwort auf die Jugendarbeitslosigkeit. Ich halte dieses Problem von derzeit 20,5 % Jugendarbeitslosenquote in Europa für das grössere Drama als die täglich schlagzeilenträchtige Verschuldung der Staaten. Denn es gibt keine grössere Demütigung für einen jungen Menschen als das Gefühl, nicht gebraucht zu werden.

Aus dieser Veranschaulichung des normativen, politischen Charakters der Wirtschaftswissenschaften ist zu folgern: Es bräuchte in der akademischen Ökonomie an jeder wirtschaftswissenschaftlichen Fakultät einen Pluralismus von Methoden und Sichtweisen. Den vermisse ich bei der Auswahl von Dozenten.

Seit über einem Jahrzehnt beteilige ich mich an den KOPTA-Kursen Ihrer Fakultät zur Vorbereitung Ihrer Theologiestudierenden auf das Wirtschaftspraktikum. Und dabei versuche ich den vor dem Industriepraktikum immer etwas verängstigten Studis auch bewusst zu machen, dass die Ökonomie im Grunde eine normative Wissenschaft bleibt – trotz ihrem Dominanzanspruch dank der ökonomisierten Gesellschaft – und dass ihre Grundprinzipien und ihr Menschenbild auch von Theologen ethisch hinterfragt werden dürfen und sollen. Es braucht etwas mehr Selbstvertrauen der Nichtökonomen in einer Debatte über die Fachbereichs- und Fakultätsgrenzen hinweg – auch von Ihnen, liebe Dozentinnen und Dozenten. Denn die gefährlichsten Ideologen unter den Wissenschaftlern sind jene, die meinen, ideologiefrei zu sein. Und Ihre Kollegen unter den Wirtschaftswissenschaftlern sind dabei hochgradig gefährdet!

III. Veränderung von Weltbildern

Können die Ökonomen überhaupt von ihren Weltbildern abrücken? Kann die Wirtschaft überhaupt ihre Sachziele und Systemzwänge verändern? Oder ist sie ein selbstreferenzielles System, das sich selber kaum korrigieren kann? Oder eine noch weiter gefasste Fragestellung: Wer/was verändert eigentlich die Wirtschaft? Wer verändert die Weltwirtschaft? Wer verändert die Welt?

Ich habe damals meine Berufslaufbahn nach dem Studium nicht bei der Basler Chemieindustrie weitergeführt, wo man mir zuvor als Chemieingenieur empfohlen hatte, doch noch Betriebswirtschaft zu studieren und Offizier zu werden. Nach dem Studium ging ich zur UNCTAD, der Welthandelskonferenz der UNO, die sich damals stark mit der Armut in der Dritten Welt befasste. Danach wurde ich erster vollzeitlicher Sekretär der «Erklärung von Bern», einer aus den Kirchen herausgewachsenen Bewegung, die 1968 von Theologen (André Biéler, Max Geiger, Hans Ruh) gegründet worden war. Ich war später in weiteren zivilgesellschaftlichen Organisationen tätig. Und aus über vierzig Jahren wirtschaftspolitischer Erfahrung ziehe ich eine zentrale Erkenntnis, die ich Ihnen hier als *Hauptthese* formuliere:

> *Grundlegende Verschiebungen in der Weltwirtschaft kommen nicht zuerst von den etablierten Mächten. Es sind nicht die Regierungen, nicht die Amtskirchen und nicht die Universitäten, nicht einmal die politischen Parteien und Gewerkschaften, die in den letzten vier Jahrzehnten Veränderungen in der Welt angestossen haben. Es sind die Nichtregierungsorganisationen, die sogenannten NGOs (Non Governmental Organizations), welche die gesellschaftliche Entwicklung im Sinne von Humanität, Solidarität und Nachhaltigkeit voranbrachten. Es sind diese zivilgesellschaftlichen Bewegungen, welche neue ethische Werte in die globale Wirtschaftsgesellschaft einführen und diese durch themenbezogene Aktionen und Provokationen ins breite Bewusstsein bringen. Und letztlich sind es solche Lernprozesse, welche die neuen Grundwerte und globalen Normen einbringen und das Verhalten der Regierungen beeinflussen – dies oft erst mit grosser Verspätung.*

Diese Nichtregierungsorganisationen NGOs sind die wichtigen Träger der Zivilgesellschaft. NGOs verhinderten die Versenkung von ausgedienten Ölplattformen im Meer – und heute ist diese Art von Entsorgung generell verboten. Andere NGOs dokumentierten die grassierende Abholzung von tropischem Regenwald und vergeben heute das Nachhaltigkeitslabel für Holz oder Palmöl. Wiederum andere kontrollieren die Einhaltung von internationalen Artenschutzabkommen bei Meerschildkröten in Polynesien, von Zugvögeln in Zypern, von Walen und Delfinen im Atlantik und Pazifik. Und zwingen die Regierungen, gegen das Artensterben aktiv zu werden. Andere beobachten die konkrete Einhaltung von Menschenrechten.

Der grosse deutsche Soziologe und Europapolitiker, Ralf Dahrendorf, hat als einer der Ersten die NGOs als neue Wirkungsmotoren in der Zivilgesellschaft analysiert und in der Soziologie hoffähig gemacht. Die Zivilgesellschaft wächst auf dem Boden der Demokratie und der pluralistischen Gesellschaft; aber sie beeinflusst umgekehrt auch die Spielregeln in der Demokratie. Nichts hat die westliche Gesellschaft und die Transparenz in der Weltgesellschaft der Völker in den letzten vier Jahrzehnten so stark geprägt wie die Zivilgesellschaft. Es sind die Sozialbewegungen, Entwicklungsorganisationen, Umweltverbände, Menschenrechtsorganisationen. Weltweit gehen sie zahlenmässig in die Tausenden.

Sie heissen Amnesty International, Erklärung von Bern, Oxfam, Helvetas, Caritas, HEKS, Greenpeace, WWF, Transparency International oder Human Rights Watch. Sie geben jährlich im Weltsozialforum (WSF) von Porto Alegre, Mumbai, Belem oder Dakar eine Heerschau ihrer Truppen – eine Art Gegenveranstaltung zum jeweils gleichzeitig stattfindenden Weltwirtschaftsforum in Davos. (Ich war schon in beiden Veranstaltungen zugegen, wohl als einer der wenigen, die die Welt von «Davos» und von «Porto Alegre» gleichzeitig kennen.)

Viele dieser NGOs haben heute ein hohes Prestige und eine nicht zu unterschätzende Wirkung bis in die Regierungskreise. Ein Bericht von Amnesty International oder von Human Rights Watch gilt als glaubwürdiger als eine Analyse des befangenen UNO-Menschenrechtsrats. Eine Untersuchung der Erklärung von Bern über falsche Exportpraktiken wird in der schweizerischen Wirtschaftspresse wiedergegeben und als Frühwarnsignal über zukünftige Marktentwicklungen ernst genommen. Oder ein Rating von Transparency International über den Korruptionsstatus von Ländern gilt selbst in der Kapitalanlegerszene als ernstzunehmender vorlaufender Indikator für die Bonität eines

Finanzplatzes. Banken und Exportfirmen, die ihn missachten, könnten dafür teuer bezahlen.

In der Dritten Welt ist die Zivilgesellschaft meist schwächer entwickelt und ausgebaut. Allerdings haben uns die zivilgesellschaftlichen Bewegungen im Maghreb und in Ägypten deutlich die normative Kraft vor Augen geführt. Wer hätte vor einem Jahr damit gerechnet?

IV. Ethik in der Konsumentenmacht (Fallstudie I)

Als Allererste begannen Anfang der 1970er Jahre kritische kirchliche Frauen mit der Infragestellung der tiefen Bananenpreise. Wie kommt es, dass ein Kilo Bananen nach der langen Überseereise bei uns weniger kostet als ein Kilo einheimisches Obst? Das fragten sich einige ethisch motivierte Frauen rund um die Pfarrfrau Ursula Brunner in Frauenfeld. Inspiriert durch die Frage nach dem «gerechten Lohn» und informiert durch den Film «Bananera Libertad» des Schweizer Filmers Peter von Gunten entstand eine demonstrative Verkaufsaktion von Bananen mit einem «gerechten» Aufpreis, mit entsprechend grossem Medienecho.

In der Erklärung von Bern wurden ab 1974 die «Kaffeeaktionen Ujamaa» gestartet. Zuvor hatten wir als spontane studentische Arbeitsgruppe Dritte Welt in Bern zehntausend selbst abgefüllte Gläser mit löslichem Pulverkaffee aus Tansania verkauft. Die ersten 10 000 Kaffeegläser füllten wir an einem Wochenende löffelweise von Hand ab. Und dabei konnten wir die Räumlichkeiten des Theologischen Seminars der Universität Bern, damals schon an der Erlachstrasse, nutzen ... (Ich weiss nicht, ob heute Ihre Studierenden die Seminarräume noch zu so etwas brauchen.)

Die Aktion Ujamaa sollte als Verkaufsaktion von löslichem Kaffeepulver aus Tansania symbolisch die Botschaft vermitteln, dass die Entwicklungsländer nicht nur Kolonialrohstoffe, sondern wertschöpfungsintensiv verarbeitete Fertigprodukte und Fabrikate verschiffen wollten. (Dabei wurde nur ganz kleinlaut vermerkt, dass die tansanische Kaffeepulverfabrik in Bukoba am Viktoriasee damals noch von Nestlé gemanagt wurde.)

Dutzende von Aktionskomitees und kirchlichen Solidaritätsgruppen verkauften danach den Ujamaa-Solidaritätskaffee an Ständen auf offener Strasse, später in Kirchgemeindezentren und in eigens eröffneten Dritte-Welt-Läden. (Diese und die nachfolgend erwähnten Konsumenten-Solidaritätsaktionen sind beschrieben worden im historischen Band: Anne-Marie Holenstein, Regula

Renschler, Rudolf Strahm: Entwicklung heisst Befreiung. Erinnerungen an die Pionierzeit der Erklärung von Bern, Chronos Verlag Zürich 2008.)

Eine weitere Konsumentenaktion, ebenfalls initiiert von der Erklärung von Bern und finanziell mitgetragen durch weitere kirchliche und studentische Aktionsgruppen, konzentrierte sich ab 1975 auf den Import von handgenähten Jutetaschen aus ländlichen Frauenkooperativen in Bangladesh. Mit der Aktion «Jute statt Plastic» sollten ab 1975 zwei Themen vereint werden: einerseits die Arbeitsbeschaffung für arme Frauen in Bangladesh durch die Verarbeitung des lokal vorhandenen Rohstoffs Jute, und anderseits eine Warnung vor giftigem, umweltbelastendem Kunststoff, der damals häufig auf PVC-Basis hergestellt war und beim Verbrennen Salzsäure (HCl) abgab. Zunächst 40 000, darauf weitere 80 000 Jutetaschen aus bengalischen Frauenkooperativen wurden von der Erklärung von Bern in kurzer Zeit vertrieben. Beide Aktionen, «Kaffee Ujamaa» und «Jute statt Plastic», wurden bald in Holland, in der Bundesrepublik Deutschland, ja sogar in Skandinavien und andern Ländern Westeuropas übernommen und grossskalig betrieben.

Im Verlauf der Zeit entstanden aus spontanen Standaktionen permanente Dritte-Welt-Läden, darauf eine genossenschaftliche Importstelle «OS3» (Organisation Suisse-Tiers Monde), die zur heutigen professionell geführten «Claro» führte und die «Claro-Läden» mit Fair-Trade-Produkten beliefert. In Deutschland und Holland sind ebenso Tausende «Dritte-Welt-Läden», «Welt-Läden» oder «Solidaritäts-Shops» entstanden.

Aus den holländischen Konsumentenaktionen wurde in den achtziger Jahren das Fair-Trade-Label «Max Havelaar» verbreitet. Es fand nicht nur in Alternativ- und Parallelshops, sondern europaweit auch bei Grossverteilern (in der Schweiz bei Migros und Coop) Eingang. Die Produktionsbedingungen im Herkunftsland der Produkte werden heute kontrolliert und eine bestimmte Marge aus dem Produkteverkauf wird für Projekte und Investitionen in den betreffenden Ländern eingesetzt.

Mit dem Fair-Trade-Label wurde später für Waren aus Entwicklungs- und Schwellenländern ein professionelles Rückverfolgungs- und Qualitätsprüf-System entwickelt. Minimalbedingungen für einen «Existenzlohn» im Produktionsland wurden definiert und durch reisende Inspektoren bei den Produzenten in China, Thailand, den Philippinen und anderswo kontrolliert. «Fair Trade» ist heute eine Art State of the Art oder «Standard» im Hochpreis-Konsumsegment.

Im Hochpreissegment haben in der Zwischenzeit europäische Modehäuser das Fair-Trade-Label übernommen. So warb Coop im Modeherbst 2010 für «Fashion und Fairness» zur Positionierung ihrer hochpreisigen Modekollektion unter dem Signet «Naturaline-BioCotton». Werbespruch: «Ein Kleidungsstück von Naturaline ist mehr als nur ein Kleidungsstück. Das Label vereint Mensch, Umwelt und Mode...» – Ethische Werte der frühen Dritte-Welt-Bewegung sind also zu Vehikeln der kommerziellen Qualitätswerbung bei kaufkräftigen Mittelschichten geworden. Und die ehemalige Miss Schweiz Melanie Winiger amtet als Model und Botschafterin für Fair-Trade-Mode. Konsumentenmacht wird über den Markt auch zur ethischen Macht.

Allerdings gab es im Verlauf der Jahrzehnte auch Verirrungen und Verrenkungen der NGO-Bewegungen. Eine militante Gruppe von Verkäufern in Dritte-Welt-Läden wollte in den achtziger Jahren aktiv verhindern, dass auch die Migros und andere kommerzielle Läden die Jutetaschen zwecks Imagepflege vertreiben. Sie wollten mit Jute eine Nische schaffen, diese Nische bewirtschaften und möglichst in der alternativen Nische verharren. Andere Alternativbewegungen im Umweltschutzbereich führten mit dem Waldsterbeargument einen verbissenen Kampf gegen die Autofahrer oder einen Kampf gegen Fussballstadien und brachten sich so ins Abseits. Jede Alternativbewegung ist auf einem meist schmalen Grat zwischen attraktiver Aktion mit pädagogischer Ausstrahlung und sektiererischer Radikalisierung in Selbstisolation.

V. Dynamik themenzentrierter Aktionen

NGOs beginnen ihr Wirken meist mit einer klar themenbezogenen Aktion. Die Bewegten drängen auf Korrekturen und Veränderung dort, «wo der Schuh drückt». Ethisch geprägter Alltagsverstand sucht die Aktionsthemen aus, nicht wissenschaftliches Forschungsinteresse. Die Bewusstseinsbildung und Politisierung erfolgt nach dem Muster: Aktion – Reflexion – Aktion.

Am Anfang steht meist ein praktisches Engagement für EIN Thema, gegen EINEN Missstand, für EIN schützenswertes Objekt. NGOs haben nicht ellenlange Themenlisten wie politische Parteien, sondern (mindestens zu ihrem Beginn) EIN verhaltensleitendes Aktionsthema. Sie beginnen nicht mit Forschung oder wissenschaftlichen Diskussionen, sondern mit der Aktion, die dann weitere Recherchen und wissenschaftliche Legitimation erfordert.

Wir sind alle in die geistige Enge der Kultur des Zweiten Weltkriegs hineingeboren worden. Der Ausbruch aus dieser Enge war nicht gradlinig und nicht konfliktfrei, und auch nicht einfach intellektuell, sondern es war immer eine Dynamik von Aktion und Reflexion mit einem Thema und erst später mit einer Generalisierung aufs ganze Weltbild.

VI. Bewegungen in Brasilien (Fallstudie II)

In Brasilien und anderen Ländern Lateinamerikas begann es mit den *Comunidades ecclesiales de base*, den Basisgemeinschaften, die in den 60er und 70er Jahren unter dem Schirm der katholischen Kirche in Elendsvierteln und Landsprengeln entstanden. Es war die Epoche des Kalten Krieges, der unerbittlichen amerikanischen Durchsetzung der Monroe-Doktrin (die USA betrachteten Lateinamerika seit 1823 als hegemonial beherrschtes Hinterland). Es war die Zeit der Militärdiktaturen, der CIA, der alltäglichen Folterpraxis, der Dominanz eines sozial ignoranten Bürgertums.

Die christlichen *Comunidades de base* waren zunächst lokale kirchliche Basisgruppen mit dem dreifachen Anspruch «Kirche leben», «Kirche sein» und «als Kirche handeln». Inspiriert waren die katholischen Priester und Kirchenverantwortlichen durch die Anfänge der Theologie der Befreiung, aber sie wurden ebenso gestützt durch die theologischen Nachwirkungen des Reformpapstes Johannes XXIII. (1958–1963 im Amt) und durch den offenen, sozial orientierten Reformprozess, der vom Zweiten Vatikanischen Konzil (1962–1965) ausging. In Medellín und Puebla fanden lateinamerikanische Bischofskonferenzen statt, die die Befreiungstheologie zwar nicht verordneten, aber doch tolerierten und in Lateinamerika hoffähig machten. Zudem wurden die antikolonialistischen und antiimperialistischen Doktrinen (Raúl Prebischs «Desarollismo», die Dependencia-Theorien u. a.) intensiv studiert und auch breit aufgenommen.

Nicht die Kirchen-Hierarchie von oben, sondern kirchliches und gemeinschaftliches Leben von unten prägte die christlichen Basisgemeinden in Brasilien. Die *Comunidades de base* verstanden sich als eigentliche «Basis» der Kirche – ähnlich, wie sich die Zivilgesellschaft in den Industrieländern als demokratische Basis in der Gesellschaft versteht. Für diese Basisgemeinden Lateinamerikas fand Glaube stets mit Gott *und* mit den Menschen statt. Sie hatten und haben einen theologischen *und* einen politischen Anspruch.

Während der Militärdiktatur in Brasilien erfuhren die Basisgemeinden und linken Priester zumindest eine gewisse Protektion durch den mittleren Klerus. Ein Exponent dieser starken Bischofsgruppe war Dóm Helder Câmara aus Recife, der durch seine Auftritte in Europa eine prophetische und politische

Anerkennung der Theologie der Befreiung bewirkte und die aufkommenden europäischen Solidaritätsgruppen innerkirchlich stärkte. (Ich durfte ihm vor seinen Europareisen anfangs der 1970er Jahre über seine Zürcher Verleger jeweils Facts und Figures zu Weltwirtschaftsfragen, Kapitalflucht und Waffengeschäften für seine Europa-Reden zutragen.)

Eine besondere Inspiration für die pädagogische Wirkung der brasilianischen *Comunidades de base* brachten zweifellos die Lehr- und Lernmethoden von Paulo Freire mit seinem Weltbestseller «Pädagogik der Unterdrückten». Seine Analyse von «struktureller Gewalt» führte zur Folgerung, der Kampf gegen Unterdrückung, Gewalt und Ungerechtigkeit müsse von den Unterdrückten selber ausgehen. Die Pädagogik sei vor allem eine *conscientisaçao*, eine Bewusstseinbildung über die Unterdrückungsstrukturen.

Nicht nur Nächstenliebe, sondern «Liebe durch die Strukturen» müsse wirksam werden – dies war die Hauptbotschaft der Theologie und Pädagogik der Befreiung. Dazu gehörte der Kampf gegen ungerechte Handelsbeziehungen, gegen die Verschlechterung der Terms of Trade (d. h. der realen Austauschverhältnisse; das Konzept wurde von Raúl Prebisch über die Welthandels- und Entwicklungskonferenz Unctad auch weltweit hoffähig gemacht), aber auch der Kampf gegen Grossgrundbesitz und Landenteignung durch die Oligarchie. Zentrales Instrument dieser Strategie war auch das Ringen für Menschenrechte durch Gefängnisbesuche, Prozessführungen und das Schaffen von Transparenz über Entführungen und Landenteignungen durch Grossgrundbesitzer.

Aus den Basisgemeinden Brasiliens entstanden nach der Militärdiktatur breitere politisch-emanzipatorische Bewegungen: Bewegungen der Landlosen, Bewegungen für den Schutz natürlicher Ressourcen, gegen die Zerstörung des tropischen Amazonaswaldes, gegen die Verelendung der Favelas. Ganz besonders wurden die wieder erstarkten Gewerkschaften und linken Parteien von früheren Aktivisten der christlichen Basisgemeinden genährt und personell aufgerüstet. Ohne diese frühen Keimzellen der Basisgemeinden wäre eine Generation später keine mehrheitsfähige Linksbewegung entstanden.

Die Gründung des Weltsozialforums als Gegenbewegung zum Weltwirtschaftsforum (WEF) von Davos ermöglichte Tausenden von Basisbewegungen Lateinamerikas einen gemeinsamen Diskurs und allmählich einen Zusammenhalt, eine politische Legitimation und eine stärkere Kooperation mit zahlungskräftigen NGOs in Nordamerika und Europa. Sie sind heute weltweit mit Internet vernetzt und koordinieren ihre Tätigkeit.

Die Regierung des erfolgreichen linken Pragmatikers und Gewerkschafters Luiz Inácio Lula da Silva (2002–2010) wäre nie zustande gekommen ohne die Vorreiterrolle der Basisbewegungen Brasiliens und die Vorreiteraktionen der aufkeimenden Zivilgesellschaft. Die Landlosenbewegung Brasiliens (MST) und unzählige urbane Gruppierungen waren 2002 die starke Wählerbasis für den Gewerkschafter Lula und zugunsten der Arbeiterpartei PT. Allerdings brauchte es – und dies zeigt auch die Stärke und Schwäche der zersplitterten Zivilgesellschaft – die starke, charismatische und einigende Figur des Lula da Silva, welche die disparate Wählerschaft einigte und eine gemeinsame Vision von Staatsreform und Wirtschaftspolitik personell verkörperte.

Im Rückblick auf seine acht Amtsjahre wurde Lula da Silva sowohl vom linken «Monde diplomatique» als auch von der rechtsbürgerlichen «Neuen Zürcher Zeitung» als erfolgreichster Präsident bezeichnet, den Brasilien je gekannt hat. Seine historische Bedeutung in Sachen Wirtschaftspolitik, Verteilung, Armutsbekämpfung und Schuldenabbau ist gewaltig. Aus dem Schuldnerland Brasilien, das stets als Bittgänger die Krücken und Konditionen des Internationalen Währungsfonds (IWF) in Anspruch nehmen musste, ist eine selbstbewusste Gläubigernation im Kreis der Gruppe der zwanzig wichtigsten Industrie- und Schwellenländer G-20 geworden. Das hatte zuvor kein bürgerlich-kapitalistischer Politiker Lateinamerikas zustande gebracht.

Die Reformen und die Machtergreifung der Linksparteien Brasiliens verliefen eindeutig über die Entwicklung der Bewegungen und der Zivilgesellschaft. Allerdings haben sich auch dort einige linke Gruppierungen, nachdem sie an der Macht beteiligt waren, in sektiererische Elemente aufgesplittert. Am Weltsozialforum 2009 in Belém sind die linken Staatspräsidenten von Bolivien, Venezuela, Ecuador und Paraguay als «Freunde der Bewegung» eingeladen worden, der erfolgreiche Lula da Silva hingegen wurde als angeblicher «Verräter» an den sozialen Bewegungen ausgeladen. Solche Vorfälle sind die äusseren Symptome sektiererischer Tendenzen auch in den sozialen Bewegungen.

VII. Vorreiter von Entwicklung

Was ist das Fazit aus diesen Fallstudien? – Ohne die Konsumentenaktionen der 1970er und 1980er Jahre gäbe es heute keine Fair-Trade-Mode bei uns. Ohne die Basisorganisationen in Brasilien und in ganz Lateinamerika gäbe es dort keine sozialen, demokratischen Regierungen. Soziale Umbrüche laufen über die Zivilgesellschaft!

Aus dem Berner Nestlé-Prozess 1974–76 (ich gehörte zu den Hauptangeklagten) ist später mithilfe amerikanischer NGOs, mit denen wir zusammenarbeiteten, und mithilfe des Senators Edward Kennedy der WHO-Code of Conduct Baby Food entstanden. Dieser multilaterale Verhaltenskodex der WHO für multinationale Konzerne beschränkt global die Babynahrungswerbung. Dieser Verhaltenskodex hat kürzlich das 30-Jahr-Jubiläum feiern können.

Ohne die professionellen Interventionen von Caritas International, Oxfam, Erklärung von Bern und anderen gäbe es keine in der Welthandelsorganisation WTO erzwungene Ausnahme vom teuren Patentschutz der Pharmakonzerne bei Aids-, Malaria- und Tuberkulose-Medikamenten für arme afrikanische Länder.

Ohne die aufsässige Kritik von Bauernorganisationen in Asien, ohne die José-Bové-Bewegung in Frankreich und ohne die «Multifunktionalisten» in den Industrieländern gäbe es in der Welthandelsorganisation (WTO) kein soziales Gewissen hinsichtlich der Kleinbauern und der lokalen Nahrungsmittelproduktion.

Ohne die französische Attac-Bewegung und die Tax-Justice-Bewegung wäre die Frage einer Kapitaltransaktionssteuer (Tobin-Tax) nie hoffähig geworden. Sie will die spekulativen grenzüberschreitenden Devisenbewegungen eindämmen. In diesem Herbst (2011) stand die Tobin-Tax auf der Traktandenliste des EU-Rats und der G-20. Allerdings wird diese Finanztransaktionssteuer von der Wallstreet und seitens der amerikanischen und britischen Regierungen und der Schweiz vehement abgelehnt. Aber sie bleibt auf der politischen Agenda, Attac wird wohl dafür sorgen.

Auch die Problematik der internationalen Steuerflucht und des Bankgeheimnisses wurde lange vor dem Finanzcrash von 2008 von den Sozialbewegungen aufs Tapet gebracht. Und jetzt holt sie die Schweiz wieder ein, und zwar unter dem Druck einflussreicher Regierungen in Europa. (Erste Ideen für Massnahmen gegen die Kapitalflucht entstanden 1970 in der Interkonfessionellen Konferenz Schweiz und Dritte Welt und dann konkreter 1975 in der Erklärung von Bern. Der Schreibende wurde später nach dem Chiasso-Skandal 1977 für die Lancierung der Banken-Initiative gegen die Steuerflucht in die SP Schweiz geholt. Diese Initiative ist allerdings 1984 in der Volksabstimmung kläglich gescheitert. Und jetzt hat uns diese globale Thematik wieder eingeholt.)

Die Wirtschaftsgeschichte über die Vorreiter liesse sich beliebig verlängern. Nicht die etablierten Institutionen, nicht die Parteien, Regierungen, Kirchen oder Universitäten sind die Vorreiter für neue soziale und ökologische Werte, sondern die viel ungebundeneren NGOs der Zivilgesellschaft.

Diese Vorreiterrolle der Zivilgesellschaft wird sogar von Machtträgern ernst genommen. Heute entsenden multinationale Konzerne ihre stillen Beobachter inkognito ans Weltsozialforum und zu anderen NGO-Meetings, um zu berichten, was in dieser Szene abläuft. Denn häufig kommen dann die Forderungen der Zivilgesellschaft über Regierungserlasse wieder zu den Konzernen zurück. Der Nestlé-Konzern hat nicht davor zurückgeschreckt, westschweizerische NGOs mit studentischen Spitzeln zu infiltrieren, um sich Informationen zu beschaffen. Mithilfe der Sicherheitsfirma «Securitas» schleuste Nestlé, wie gerichtlich nachgewiesen wurde, eine junge Frau in die globalisierungskritische Attac-Sektion in der Waadt ein, was zu einem gerichtlichen Verfahren führte und die Wirtschaftspresse beschäftigte.

VIII. Ausblick

Die zukünftige Strategie der international vernetzten NGOs läuft mehr und mehr darauf hinaus, nicht nur Druck auf Regierungen, sondern auf grosse multinationale Gesellschaften auszuüben, auf den Nahrungsmittelmulti Nestlé etwa, auf den Rohstoffgiganten Glencore wegen der Rohstoffabbaubedingungen in Afrika, oder auf Microsoft und Apple wegen der Fertigungsbedingungen für Arbeiter in China und Taiwan.

Meine Vision ist, dass sich universell gültige internationale Standards für multinationale Gesellschaften durchsetzen: Menschenrechtsstandards, Ökostandards, Sozialstandards. Ich liege unserer Justizministerin in den Ohren, dass auch bei uns das Konzernrecht so ausgestaltet wird, dass die Konzernmutter für die ethischen, sozialen und ökologischen Standards ihrer Töchter irgendwo auf der Welt geradestehen muss. Denn in der Schweiz gibt es eine Häufung von Konzernsitzen wie nirgends sonst.

Die Debatte und Auseinandersetzung um die Globalisierung und ihre neuen Spielregeln kennt heute – grob typologisiert – drei Lager: Erstens die «Liberalisierer», die auf einen Abbau aller Handelsschranken drängen und die Interessen der Konzerne, Banken und Globalisierungsgewinner vertreten.

Zweitens die «Isolationisten», die zurückwollen zum Nationalstaat, zur Lokalökonomie, zu Lokalmärkten und kleinen Netzen, die (zum Beispiel in Frankreich) McDonald's-Läden abfackeln und nach einer Wiedereinführung von Schutzzöllen rufen.

Die dritte Gruppierung sind die «Altermondialistes». Sie denken global, handeln global, aber sie streben nach anderen sozialen und ökologischen Spielregeln auf übernationaler Ebene. Hinter ihnen stehen die grossen, global operierenden Entwicklungs-, Umwelt- und Menschenrechtsorganisationen, die Erklärung von Bern, die Caritas International, der internationale WWF, Greenpeace, Transparency International. Sie tauchen regelmässig an internationalen Kongressen auf. Sie fordern ökologische und soziale Standards im Rahmen der WTO-Handelsregeln, andere Konditionen des IWF, eine andere internationale Finanzarchitektur, Verhaltenskodizes für multinationale Konzerne.

Auf diesen drittgenannten Bewegungen ruht die Hoffnung, weil sie prospektiv und global arbeiten. Diese zivilgesellschaftlichen Bewegungen fordern heute soziale, ökologische und ethische Spielregeln auf übernationaler Ebene ein. Im Laufe von Jahrzehnten ist in den zivilisierten westlichen Industriestaaten, namentlich in Westeuropa, der freie Kapitalismus schrittchenweise gebändigt und eine soziale, ökologische Marktwirtschaft errichtet worden. Das war ein jahrzehntelanges historisches Ringen um soziale und ökologische Leitplanken in *einem* Lande. Es wird auch auf *internationaler* Ebene Jahrzehnte dauern, bis sich neue *nationenübergreifende* Spielregeln in der *globalen* Wirtschaft durchsetzen.

Wir in der Schweiz sind gefangen in einem Mythos der idealen nationalen Souveränität. Diesen Glauben repetieren wir Tag für Tag. Der Prozess der Globalisierung wird die Lernfähigkeit unserer Gesellschaft noch enorm herausfordern. Wir müssen zur Einsicht gelangen, dass die Globalisierung auch globale Spielregeln erfordert. Dieses Ringen um universale ethische Werte im Zeichen der Globalisierung erfordert darum drei Dinge: *Hoffnung* auf Neues, *Inspiration* in der Aktion und vor allem einen *langen, langen Atem.*

(Gastvorlesung von Rudolf H. Strahm vor der Theologischen Fakultät der Universität Bern am Dies Academicus vom 2.12.2011 nach der Verleihung des Ehrendoktorats)

Rudolf H. Strahm – glaubwürdiger Kritiker in turbulenter Zeit

Nachwort von Peter Hablützel

Rudolf H. Strahm ist ein begnadeter Kommunikator. Seine Texte sprechen für sich. Die Analysen und Kolumnen zur Schweizer Wirtschaft sind auch für ökonomische Laien gut verständlich. Da braucht es keine Lesehilfen. Was dieses Buch über die einzelnen Texte hinaus dem Leser und der Leserin bieten kann, ist die Chance einer Zusammenschau dank repräsentativer Auswahl aus Strahms publizistischem Werk. Indem wir die vielen von ihm behandelten Probleme in eine gewisse Systematik bringen und die ganze Breite der angesprochenen Policies aufzeigen, stellen wir die Frage in den Raum, wie denn all die Kolumnen und Analysen zusammenhängen, ob die Teile sich zu einem kohärenten Ganzen fügen.

Das Wesentliche gleich vorweg: Es gibt kein «System Strahm»; er hat keine geschlossene, in sich konsistente Lehre entwickelt. So was für sich zu reklamieren, wäre der Autor wohl viel zu bescheiden, und es entspräche auch kaum seinem Verständnis von wissenschaftlich geläuterter Beobachtung und praxisorientierter Erkundung dieser Welt. Denn elaborierte Systeme können uns dazu verleiten, nur nach Bestätigung für die eigenen Behauptungen zu suchen und zu vernachlässigen, was schlecht in dieses Schema passt. Aber auch ohne systematische Lehre gibt es immer einen harten Kern von wichtigen Motiven, Fragen und Erkenntnissen, welche den Prozess der Recherche, der Aufarbeitung von Material und der Publikation von Texten steuern. Dieses Set von Überzeugungen und (Vor-)Urteilen, von Werten und Absichten wird oft kaum explizit gemacht; es wirkt gleichsam auf der «Metaebene», im Bewusstsein oder im Unterbewussten des Autors.

Dem Kern der Strahm'schen Sicht auf die Welt von Wirtschaft und Politik in der Schweiz wende ich mich mit der These zu, dass hier nicht nur der innere Antrieb für ein äusserst arbeitsreiches Leben, sondern auch eine Erklärung für den wachsenden Erfolg des Autors zu finden ist. Strahms Schriften und seine öffentlichen Auftritte stossen mehr und mehr auf Zustimmung, seine Glaubwürdigkeit in breiten Kreisen festigt sich und sein Einfluss nimmt zu. Was sind die Gründe für diesen Erfolg?

Zunächst fragen wir, warum diese Texte so viele Menschen ansprechen (1). Dann wagen wir eine Annäherung in fünf Schritten an die Persönlichkeit des Autors (2). Biografische Prägung, analytische Fähigkeiten und das didaktische Geschick machen ihn – so meine These – zum erfolgreichen Interpreten unserer spezifischen historischen Situation: Seit den 1990er Jahren hat eine forcierte, vom Finanzmarkt getriebene Globalisierung die Schweiz in ihren traditionellen Grundfesten erschüttert und eine tiefe Krise der nationalen Identität ausgelöst (3). Strahm bietet in diesen Turbulenzen glaubhafte Orientierung an, die wir auf ihre Handlungsperspektiven befragen. Es braucht vor allem auch eine Stärkung der Zivilgesellschaft, um auf die Systeme Politik und Wirtschaft mehr Einfluss zu nehmen (4).

1. Warum sprechen uns Strahms Texte so unmittelbar an?

Ich habe fast alle hier versammelten Texte schon früher einmal gelesen; zum Teil konnte ich sogar ihre Entstehung mitverfolgen. Rudolf Strahm trägt seine Themen lange mit sich herum, spricht und debattiert darüber, bis er sie dann, oft aufgrund eines Auslösers in der Tagespolitik, zu Papier bringt und intensiv an den Texten feilt. Für die Auswahl und das Lektorat zum vorliegenden Buch habe ich alle Texte noch mindestens zweimal gelesen, und ich bin immer noch fasziniert davon. Worin gründet diese Faszination? Was spricht uns an? Warum fühlen wir uns von den Analysen und Kolumnen angezogen und in unserer Situation verstanden, unterstützt? Ich bin nach vielen Gesprächen mit Leserinnen und Lesern zu folgenden Erklärungen gelangt:

a) Die Texte lösen Betroffenheit aus. Man spürt sofort: Sie gehen mich persönlich etwas an. Sie zeigen mir, wie Entscheidungen im politischen und wirtschaftlichen System auch meine kleine Lebenswelt formen, meine Handlungsmöglichkeiten einschränken oder erweitern. Solche Texte lassen kaum jemanden kalt. Die damit ausgelösten Emotionen animieren uns, zu den aufgeworfenen Fragen auch selber Stellung zu beziehen.
b) Die Texte sind leicht verständlich. Ich muss mich nicht erst in ein theoretisches Modell mit spezieller Terminologie einarbeiten, wie es sonst bei Wissenschaftlern und namentlich bei linken Autoren nötig ist. Die Kolumnen sind kleine didaktische Meisterwerke. Sie bauen keine theoretischen Konstrukte auf, sondern führen mich in wenigen Minuten über die konkrete

Anschauung zu zentralen praktischen Einsichten. Diese kann ich nun selbst mithilfe der im Text mitgelieferten Theorie rationalisieren und verfestigen. Also zuerst (praktische) Erfahrung, dann (theoretische) Erkenntnis! Die Strahm'sche Didaktik macht sich die eingespielten Lernprozesse unseres Gehirns zu Nutze.

c) Komplexe Erkenntnisse transportiert man am besten, indem man sie in einfache Geschichten verpackt. Solche Geschichten werden in den Strahm'schen Texten zwar locker erzählt, enthalten aber meist schweres Geschütz. Sie behandeln kontroverse Fragen und beziehen dazu deutlich Stellung. Da kommt natürlich viel Spannung auf. Missstände, Ungerechtigkeiten und ideologische Vertuschungen werden mit heiligem Ernst kritisiert. Der Autor greift unerschrocken an, sagt ehrlich, was er denkt. Auch gegenüber Mächtigen nimmt er kein Blatt vors Maul. Professoren, Wirtschaftsführer, Staatssekretäre, ja, selbst höchste Magistraten kriegen ihr Fett ab. Aber so scharf die Kritik auch immer sein mag, sie baut stets auf Argumenten auf und wirkt konstruktiv, weil sie praktische Vorschläge unterbreitet, wie man es besser machen könnte.

d) Indem sich der Autor streitend exponiert, bekennt er sich zu seiner Überzeugung. Er legt seine Werte offen. Natürlich schlägt sein Herz links. Es geht ihm sozial um Gerechtigkeit und ökologisch um Nachhaltigkeit. Aber er hat keine Berührungsängste zu Markt und Wettbewerb; Weltoffenheit weiss er mit einem kritischen Patriotismus zu verbinden. Er ist Pragmatiker, kein sturer Parteisoldat. Auch Genossen werden attackiert, wenn Ideologie ihr Denken prägt und sie am richtigen Handeln hindert. Damit erscheint der Autor breiteren Kreisen glaubwürdig. Seine reiche praktische Erfahrung und sein grosses Wissen über Wirtschaft und Politik, über deren enges, nicht selten problematisches Zusammenwirken in unserem Land fliessen in die Texte ein und machen deren Lektüre zum Aha-Erlebnis.

e) Die Strahm'sche Ökonomie ist in einem gewissen Sinne subversiv: Sie kommt unideologisch, ja, fast etwas bieder daher, aber sie bietet didaktisch hervorragend aufbereitetes Herrschaftswissen, und zwar so, dass es den Betroffenen die Augen öffnet, ihnen ihre Situation erklärt. Der Autor benutzt die Mainstream-Ökonomie als pragmatisches Instrument, um die Wirklichkeit zu beschreiben, führt sie aber dort, wos nötig ist, quasi immanent ad absurdum. Er braucht dieses Herrschaftswissen, um Interessenlagen zu analysieren, Machtverhältnisse aufzudecken und Ideologien zu entlarven. Sein Vorgehen ist einfach: Er konfrontiert die propagierte Ideologie mit der produzierten Wirklichkeit und demontiert so die vorherrschende neoliberale Ökonomie als die Ökonomie der Herrschenden. Das ist echte Volksaufklärung.

Dass Strahm kein geschlossenes politökonomisches System vorzuweisen hat, kann in einer Situation des Umbruchs wie heute vielleicht sogar von Vorteil sein: Der Autor zeigt den Leuten, wie man Ideologien erkennen und kritisieren kann, ohne sich gleich einer neuen Ideologie verschreiben zu müssen. Und er schärft unseren Blick dafür, dass die Ökonomie wohl ein notwendiges Werkzeug ist, um die moderne Welt zu verstehen, dass ihre Abstraktionen und Theoriebildungen aber immer wieder kritisch auf ihre politische Funktion zu hinterfragen sind.

2. Wer steht als Autor hinter diesen Analysen und Kolumnen?

Aus den hier publizierten Texten sprechen die gesammelten Erfahrungen eines sehr erfolgreichen Zeitgenossen, der sich im Herrschaftsbereich der Gesellschaft, in den ausdifferenzierten Systemen Ökonomie und Politik, routiniert bewegt, ohne den engen Kontakt zur traditionellen Lebenswelt, zur emotional gesteuerten und kulturell vermittelten sozialen Dimension des Zusammenlebens je zu verlieren. Diese starke Ambivalenz im Leben meines Freundes Ruedi Strahm zwischen Systemen und Bewegung, letztlich zwischen Zweck-Rationalität und der Suche nach emotionaler Geborgenheit, ist mir immer wieder aufgefallen und ich denke, dass er gerade aus diesem kreativ gelebten Widerspruch seine grosse, kaum je versiegende Energie zu schöpfen versteht. Ich verknüpfe diese Hypothese mit dem, was ich aus dem Leben des Autors weiss, zum Versuch einer Annäherung in fünf Schritten:

a) Der säkularisierte Christ

Wer Rudolf H. Strahm als Referenten und an Podiumsgesprächen erlebt, spürt sein inneres Feuer und sieht gleichzeitig, wie unaufgeregt und «cool» er seine Botschaften ins Publikum trägt. Seine Rede überzeugt auch ohne intellektuelles Feuerwerk; sie hat nichts Elitär-Hochtrabendes, ist anschaulich, geerdet, schnörkellos. Sicher, hinter solchen Auftritten steckt viel Routine; Strahm hat in verschiedenen Funktionen wohl Hunderte, wenn nicht Tausende von Referaten gehalten. Aber man spürt sofort: Der Mann ist trotz seiner radikalen Kritik bodenständig; er ist der Scholle verhaftet und den Menschen nah. Wie stark sind seine linken Positionen in traditionellen Werten verankert?

Geboren wurde Rudolf H. Strahm 1943, mitten im Krieg, als ältestes von fünf Kindern. Der Vater, Lehrer in Mungnau (Gemeinde Lauperswil), später in Burgdorf, war Chorleiter bei den Alttäufern. Er stammte aus bescheidenen Verhältnissen im tiefsten Emmental, konnte aber auf dem zweiten Bildungsweg das Evangelische Seminar Muristalden besuchen, eine private Institution der Konservativen, die 1854 als Alternative zum liberalen, «gottlosen» Lehrerseminar Hofwil gegründet worden war. Die Mutter, von kleinbäuerlicher Herkunft, war Mitglied von evangelikalen Gruppen innerhalb der Landeskirche, die Familie also stark vom konservativen christlichen Glauben geprägt, aber nicht stur und weltfremd, sondern von einer gewissen Offenheit, jedenfalls den Kindern gegenüber, die alle eine gute Ausbildung geniessen durften. Ehrfurcht vor der Schöpfung und Arbeitsfleiss wurden den Kindern vorgelebt, nicht aber Demut vor der Obrigkeit; am Familientisch standen die gnädigen Herren aus der Stadt genauso in der Kritik wie seinerzeit bei Gotthelf.

Rudolf Strahm behält sein Leben lang ein enges Verhältnis zur Familie und zum Emmental. Er emanzipiert sich weltanschaulich und sucht politisch seinen eigenen Weg, aber ohne die Nabelschnur je ganz zu verlieren oder zu verleugnen. Seine gelebte Ethik verrät die ländlich-christliche Herkunft. Religiös Geprägte sind keine lauen Menschen, auch wenn sie vom traditionellen Glauben abkommen. Sie bekennen sich zu ihren Überzeugungen und streiten – manchmal fast etwas stur – für ihre Gesinnung, für ihre Sicht der Welt. Das säkularisierte Christentum zeigt sich vor allem in der Selbstverständlichkeit des Engagements. Sie wollen Verantwortung übernehmen für sich und die Mitmenschen, für die Gemeinschaft und die Welt. Man ist Teil der Schöpfung und sieht sich und die andern in einem ganzheitlichen, fast könnte man sagen: in einem systemischen Zusammenhang, der letztlich vom Prinzip Hoffnung getragen ist, dass alles in eine gute Ordnung gebracht werden kann. Eine Trennung der wirtschaftlichen Prozesse von ihrem gesellschaftlichen und politischen Umfeld, wie sie die Ökonomie vielfach unterstellt, käme deshalb als Konstruktion von Wirklichkeit kaum infrage. Wohlstand ohne Gemeinwohl widerspricht der Wohlfahrt des Volkes, und Wohlfahrt, nicht Reichtum ist das Ziel der Ökonomie.

Säkularisierte Christen gewinnen wichtige Ressourcen aus einer Mischung von Pflichtgefühl und Zuversicht. Auch harte Kritik an widrigen Umständen führt sie nicht in die Resignation. Das barocke «Dennoch» praktizierender Christen wird übertragen in eine Art «Trotzdem» (Camus) des modernen Existentialismus: Wir sind in die Welt geworfen und müssen aus dieser misslichen

Lage – in ständiger Revolte gegen das Absurde – das Beste machen, wozu wir fähig sind.

Das Christliche, Ländliche und Kleinbürgerliche ist in der Schweiz eine Wurzel linker Kritik. Die sozialistische, urbane Arbeiterbewegung als Massenphänomen hatte hierzulande kaum eine echte Chance, denn die Industrialisierung vollzog sich bei uns nicht im Kohlenpott, sondern eher als ein ländliches Phänomen entlang von Bächen und Flüssen. Im Kleinräumigen stieg die Bedeutung der individuellen Überzeugung. Für die politische Linke spielte der religiöse Sozialismus eines Leonhard Ragaz oder eines Karl Barth eine bedeutende Rolle, auch in säkularisierten Formen, welche die christliche Ethik übernahmen. Man vergisst oft, dass vor der 68er Revolte mit ihren importierten, aufgepfropften marxistischen Parolen die linke Kritik an der bürgerlichen Enge in diesem Land, am Militarismus und Kolonialismus des Kalten Krieges zur Hauptsache von bewegten und bekennenden Christen getragen wurde.

b) Der intellektuelle Handwerker

Als Ruedi Strahm mir vor zwei, drei Jahren das neue Buch «Handwerk» (Berlin 2008) des amerikanischen Soziologen Richard Sennett dringend zur Lektüre empfahl, habe ich plötzlich wahrgenommenen, wie stark er selber dem dort gezeichneten Bild des Handwerkers entspricht. Nicht nur wegen seiner Berufslehre als Chemielaborant bei Geigy in Schweizerhalle bei Basel (1959–62), die ihn sehr geprägt und – weg von der Familie – auch mit der Einsamkeit konfrontiert hat. Selbst nach einer akademischen Ausbildung entwickelt er nie den typisch intellektuellen Habitus; Theoretiker bleibt für ihn eher ein Schimpfwort. Er pflegt den nüchternen Approach des Praktikers, der sich ein Bild macht, um zu wissen, wo es anzupacken gilt. Die Arbeit muss im Schweisse des Angesichts geleistet und sauber zu Ende geführt werden.

1962 bis 66 studiert er in Burgdorf Chemie und arbeitet danach als Diplomierter Chemiker HTL wieder bei Geigy in Basel. Dort wird er gefördert von Personalchef Paul Wyss (später freisinniger Nationalrat), der ihm rät, Offizier zu werden und an der Universität Wirtschaft zu studieren. Strahm schnuppert als Auskultant an der Uni Basel, wo ihn vor allem Edgar Salin, der historisch interessierte Nationalökonom und Doktorvater von Gräfin Dönhoff, Otto Stich und Lilian Uchtenhagen, begeistert. Nach der Offiziersschule wagt er den Schritt in die akademische Welt und studiert ab 1968 Volks- und Betriebswirtschaft an der Uni Bern mit erfolgreichem Abschluss 1973 als lic.rer.pol. Obwohl politisch sehr aktiv, ist Strahm ein fleissiger Student, der gelernt hat, seine Zeit zu nutzen. Paul Stocker, Professor für Wirtschaftspolitik, spottet zwar, Strahm sei der «Waffenchef der Entwicklungsstudenten», zeichnet aber seine Arbeit über Zollschutz und Entwicklungsländer aus und verhilft ihm zur ersten Publikation in einer wissenschaftlichen Zeitschrift. Zu einer akademischen Karriere ist es aber nie gekommen, weil Strahm andere berufliche Interessen verfolgt und nach dem frühen Unfalltod seines charismatischen Lehrers Stocker an eine Dissertation ohnehin nicht mehr gedacht hat. Vermutlich wäre er an der Uni auch nicht glücklich geworden.

Zwar betreibt Rudolf H. Strahm Ökonomie mit Ehrgeiz und Leidenschaft. Er ist breit belesen, sein Wissen sehr detailliert. Er liebt die Ökonomie wie ein Handwerker sein Werkzeug. Aber die Wissenschaft ist für ihn ein Instrument, nicht das Ziel der Erkenntnis. Die Ästhetik von Modellen und Formeln in Ehren; ob Theorien wirklich etwas taugen, zeigt sich erst, wenn man sie im praktischen Einsatz testet. Da sollte man das Objekt im Detail kennen, muss fast wie ein Chemiker wissen, was die Welt im Innersten zusammenhält. Der Praktiker ist auf handfeste Konstruktionspläne angewiesen, er darf nicht auf Luftschlösser und Visionen bauen, die der Wirklichkeit nicht standhalten. Dieser hohe Anspruch an den Realitätsbezug von Wissenschaft verrät den Quereinsteiger aus der Praxis, auch den sozialen Aufsteiger, Idealisten und Chrampfer, der nicht akzeptiert, dass gerade im akademischen Milieu Schulen und Seilschaften oft einflussreicher sind als Neugier und intellektuelle Leistung. So bleiben gegenüber der etablierten Ökonomie des neoklassischen Mainstream ein Leben lang Vorbehalte bestehen, weil sie abweichende Meinungen missachtet, die Probleme der Praxis kaum ernst nimmt und eigene Interessenbindungen gegenüber Politik und Wirtschaft nicht kritisch genug reflektiert. Dieser tiefe Hader mit der Welt der Wissenschaft ist auch durch die späte Genugtuung nicht vollständig ausgeräumt worden, dass die Uni Bern Strahm 2011 die Würde eines Ehrendoktors verlieh.

c) Kritiker, Bildungsaktivist und linker Patriot

Der erste Tag an der Uni Bern – im Mai 1968 – war ein Streiktag. Strahm geriet als politisch eher unbeschriebenes Blatt mitten in die studentische Revolte. Die damals herrschende Aufbruchsstimmung kann man sich heute fast nicht mehr vorstellen: eine Vielzahl von Arbeitsgruppen, Teach-ins, Sit-ins, Institutsbesetzungen und Demos überzog die altehrwürdigen Tempel der Wissenschaft mit einem kreativen Chaos, das im Kern nicht eigentlich destruktiv war. Natürlich stand der Aufruhr in einem internationalen Zusammenhang, entzündete sich am Vietnamkrieg, an Biafra und andern Krisenherden, bediente sich eines politisch linken, teilweise marxistischen Gedankenguts und Vokabulars, um dem Protest Ausdruck zu geben. Aber im Grunde ging es eher um eine kulturelle Rebellion; man protestierte gegen die geistige Enge der bürgerlichen Welt zur Zeit des Kalten Krieges, die gerade in der Schweiz noch stark vom Erlebnis des Zweiten Weltkrieges geprägt war und den Antikommunismus als politisches Integrationsmittel missbrauchte.

Bei Strahms Politisierung in dieser turbulenten Zeit der späten 60er und frühen 70er Jahre fallen uns drei Dinge auf: (1) Sie vollzog sich in Diskussionszirkeln und Arbeitsgruppen christlichen Ursprungs. Theologie und Kirche waren in Bern viel stärker von Karl Barth geprägt als etwa in Zürich; manche Christen, vor allem auch junge Menschen, sahen sich herausgefordert, zu sozialen und politischen Problemen aktiv Stellung zu beziehen und sich als Salz der Erde in der Welt zu engagieren. Wie bei vielen andern trat dann das Religiöse auch bei Strahm in den Hintergrund, wurde vom Politischen verdrängt; der christliche Ursprung des Engagements blieb aber deutlich erkennbar. (2) Die Politisierung entzündete sich an Themen der Dritten Welt. Im Vordergrund stand indes nicht das Karitative, sondern der Zusammenhang von Unterentwicklung im Süden mit Kapitalismus und Militarismus im Norden. Im Sinne der damals leidenschaftlich diskutierten Dependenztheorie wurde Entwicklung als Befreiung aus diesen imperialistischen Zwängen verstanden. Der Kampf gegen die rücksichtslosen Multis und vor allem gegen das Waffengeschäft musste auch bei uns in der Schweiz geführt werden. (3) Diese Auseinandersetzung wurde als ein Kampf um politisches Bewusstsein geführt. Die grosse Stärke der Bewegung lag im an sich naiven Glauben junger Idealisten, man könne mit tätiger Aufklärung demokratische Mehrheiten für ethische Ziele gewinnen. Es entfaltete sich ein Bildungsaktivismus, der mit neuen Lernformen experimentierte: Theoriearbeit und Agitation wurden oft in Teams und Gruppen geleistet, die neben intellektuellen Anstössen auch emotionale Geborgenheit bieten konnten; die Lernschritte vollzogen sich im Kollektiv, meist über medial attraktive Aktionen und selbstkritische Reflexion, und zur Aufklärung begnügte man sich nicht mit der Vermittlung theoretischer Erkenntnisse, sondern benützte wenn möglich Visualisierungen und die konkrete Anschauung als wichtigen Zugang. Die ersten Bücher von Rudolf Strahm sind bereits auf dieser didaktischen Schiene, die sich als äusserst erfolgreich erweist («Industrieländer Entwicklungsländer» 1972 und «Überentwicklung – Unterentwicklung» 1975; später «Warum sie so arm sind» 1985 mit hohen Auflagen und Übersetzungen in diverse Sprachen!). Mit seinen Erfahrungen einer Berufslehre und als Absolvent des zweiten Bildungswegs hat er sich immer darum bemüht, die Leute persönlich bei ihrer Praxiserfahrung und mit ihren eigenen Lernmotiven abzuholen.

Nach Studienabschluss arbeitet Strahm in Entwicklungsprojekten in Afrika und auf Vermittlung des Handelsdiplomaten Christoph Eckenstein als Konsulent bei der Welthandelskonferenz Unctad in Genf und gewinnt so persönliche Drittwelterfahrung.

Mit der Arbeitsgruppe Dritte Welt Bern gerät er im Prozess um «Nestlé tötet Babies» (1974–76) in die Mühlen der Justiz, verteidigt durch den Anwalt Moritz Leuenberger. 1974 wird Strahm zum ersten vollamtlichen Sekretär der Erklärung von Bern gewählt, einer Entwicklungsorganisation christlichen Ursprungs, die mit Aktionen wie «Jute statt Plastic» viel öffentliche Aufmerksamkeit erregt und von ihren Mitgliedern ein klares Bekenntnis zur tätigen Mithilfe einfordert. 1977 erhält er einen Lehrauftrag für Entwicklungsökonomie an der Uni Zürich.

Bereits 1972 war die Waffenausfuhrverbots-Initiative vors Volk gekommen, die mit 49,7% Ja-Stimmen einen Achtungserfolg einfuhr. Im Abstimmungskampf hatte sich Strahm stark engagiert, was der Armeeführung negativ aufgefallen war. Dass es auch linke Kritiker geben könnte, die sich ihrem Land zutiefst verpflichtet fühlen, überstieg offenbar den geistigen Horizont der Militärs. Strahm hat die Aufgaben als Soldat und Offizier der Schweizer Armee immer sehr ernst genommen. Aufgrund seiner Leistungen und seiner natürlichen Autorität hat man ihm die Verantwortung aufgebürdet, als Oberleutnant eine Batterie zu kommandieren. Umso verständlicher war dann nach mehr als 800 Diensttagen die Entrüstung, als der Fichenskandal die Ungeheuerlichkeit zu Tage förderte, dass Rudolf Strahm während zwanzig Jahren beschattet worden war und auf der berüchtigten Liste jener Offiziere figurierte, die im Ernstfall aus politischem Grund von der Truppe entfernt und interniert worden wären.

Diese unglaubliche Geschichte soll uns daran erinnern, dass man die Sorge um die Heimat nicht den Bürgerlichen oder gar den «unheimlichen Patrioten» zur Rechten überlassen darf. Ein linker Patriotismus, wie ihn Rudolf H. Strahm vertritt, zeigt seine tiefe Verpflichtung gegenüber der Schweiz gerade auch in der

Kritik an Denkweisen und Institutionen, die die Zukunftsfähigkeit unseres Landes gefährden könnten. Um dies zu unterstreichen, haben wir für die vorliegende Textsammlung den Titel «Kritik aus Liebe zur Schweiz» gewählt.

d) Zwischen Bewegungen und Systemen

Zum Kampf gegen todbringende Bührle-Kanonen in Biafra und gegen die aggressive Nestlé-Werbung für Babynahrung in der Dritten Welt gesellte sich bald eine weitere Konfrontation mit dem Komplex wirtschaftlich-politischer Macht in der Schweiz. Der Finanzplatz, mit seinem rigorosen Bankgeheimnis beliebter Hort für Fluchtgelder und Schwarzgeld, profitierte mit zweistelligen Wachstumsraten von der Krise des Bretton Woods'schen Währungssystems, was bei flexiblen Wechselkursen den Werkplatz Schweiz zu gefährden drohte. Damit ergab sich die Chance einer Kooperation der Arbeiterbewegung mit neuen Bewegungen der entwicklungspolitischen Linken. Nach dem Chiasso-Skandal der Schweizerischen Kreditanstalt von 1977, der das Ausmass der Hehlerdienste und die Probleme einer ungebremsten Expansion der Schweizer Banken erkennen liess, holte SPS-Präsident Helmut Hubacher Rudolf H. Strahm ins Zentralsekretariat der Sozialdemokraten, um eine Initiative gegen die Bankenmacht zu lancieren. Ich kann mich gut erinnern, wie der neue Sekretär für Wirtschaftspolitik und parteiinterne Bildung uns Parteiaktivisten mit seinem Initiativ-Projekt elektrisierte. Es gelang ihm rasch, breite Kreise für eine Aktion zu begeistern, die sowohl innen- wie aussenpolitisch Interessierte ansprach, materialistische und idealistische Motive gleichermassen bediente und harte Kritik an Missständen mit einer konkreten Utopie verband.

Geschickt nutzt Strahm seine neue Position nach innen und nach aussen; er bewegt sich im politischen System der Schweiz bald wie ein Fisch im Wasser. Seine Stärke liegt vor allem in der intelligenten und sozialkompetenten Art, wie er Elemente der Bewegung in träge Grossorganisationen einpflanzt und damit selbstreferenzielle Systeme in Konfrontation mit den sich ändernden Strukturen geschickt zu neuem Handeln verleitet. Die intendierten Lernprozesse gehen weit über die Bankenfrage hinaus. Als Bildungssekretär reist Strahm in der ganzen Schweiz herum, stellt sich öffentlichen Debatten, hält Vorträge und betreut die Basis mit unglaublich grossem persönlichem Einsatz. Während seiner sieben Jahre als Zentralsekretär (1978–85) hat er wohl mehr als die Hälfte aller Abende und Wochenenden für die Parteiarbeit in Gruppen, Projekten und Sektionen eingesetzt. Es entsteht neues Schulungsmaterial, neben dem «Bildungsdossier

Banken» (1978) etwa «Chemie im Kochtopf» (1982) und «Umwelt-, Energie- und Verkehrspolitik» (1985), um die Aktivisten in den Gemeinden bei den neuen Themen Umwelt, Konsum und Landwirtschaft zu unterstützen. Hier kommen Strahm auch die beruflichen Kenntnisse des Chemikers zustatten.

Er hat das Ohr am Puls der Organisation und spürt die Graswurzeln spriessen, versucht aber auch den Spagat zu den Marxisten und zu älteren Arbeiterschichten, die noch in der traditionellen Kultur verwurzelt sind. Im Anliegen, die Parteiflügel zu einen, ohne sie zu schwächen, wird er von der Parteileitung unterstützt; Offenheit und Integrationsfähigkeit sind Hubachers Stärke. Aber geliebt wird Strahm mehr von der Basis, kaum von der Führung; er ist zu aktiv, zu selbständig, vielleicht auch zu erfolgreich und könnte in den Machtspielen gefährlich werden. 1984 ist dann der Wendepunkt: Nicht nur dass die Bankeninitiative, von der Parteileitung kaum mehr priorisiert, in der Volksabstimmung kläglich scheitert; Strahm hat – als intimer Kenner seiner Partei und aus organisationspolitischen Gründen – in der emotional geführten Debatte um die Regierungsbeteiligung eine andere Meinung vertreten, was ihm die Führung übel nimmt. Obwohl es Strahm gelingt, die Themenführerschaft der SPS in umweltnahen Fragen zu etablieren, die Regierungsparteiengespräche zu reaktivieren und die Konkordanz in neuen Themen zu stärken, ist das Klima frostig geworden. Strahm sucht sich ein neues Feld; sein parteipolitisches Vermächtnis ist 1986 unter dem Titel «Das Wechseln der Räder am fahrenden Zug» erschienen.

1985 wird Strahm Geschäftsführer der Naturfreunde Schweiz. Wieder ist er in einer Bewegung tätig, diesmal in einer sehr traditionellen, die nur schwer auf neue Themen umzupolen ist. An der selbstgesetzten Aufgabe, aus Freizeitwanderern engagierte umweltpolitische Aktivisten zu machen, beisst er sich fast die Zähne aus. Immerhin gelingt es, die schweizerischen Umweltorganisationen 1992 in der KSU (Koordinationsstelle Umwelt) zu verbinden; Strahm übernimmt die Geschäftsführung.

1997 gründet er dann die Firma Strahm Beratungen GmbH zusammen mit Ruth Straubhaar, seiner langjährigen Assistentin, die ihn schon in der SPS und bei den Naturfreunden kompetent unterstützt hat. Dieses Büro betreut Abstimmungskämpfe, verfasst Gutachten z. B. für die Gewerkschaft SMUV; hier entstehen Publikationen, wird die parlamentarische Arbeit vorbereitet.

e) Macht, Worte und Taten

1986 ist Rudolf Strahm in den Berner Grossrat gewählt worden. Er beschäftigt sich vor allem mit grünen Themen, aber seine Begeisterung für dieses Gremium hält sich in Grenzen. Auch die Publikationen (z. B. «Wirtschaftsbuch Schweiz» 1987) lassen vermuten, dass er eher die nationale Ebene im Auge hat. Im gleichen Anruf, mit dem ihm 1991 der Staatsschreiber die Wahl in den Nationalrat mitteilt, kündigt er seinen Rücktritt aus der bernischen Legislative an.

Dem Nationalrat gehört Rudolf H. Strahm mehr als 12 Jahre an. Er profiliert sich als Wirtschaftspolitiker, ist Mitglied der mächtigen WAK, der Kommission für Wirtschaft und Abgaben, die er 2000 bis 2002 präsidiert. Unter anderem kämpft er erfolgreich dafür, dass die Nationalbank bei ihrem Auftrag, die Preisstabilität zu wahren, auch die Konjunktur berücksichtigen muss, eine Voraussetzung für die Massnahmen gegen den Kursauftrieb des Frankens, die für die Exportwirtschaft überlebensnotwendig geworden sind. Auch die Too-big-to fail-Problematik unserer Grossbanken sieht er lange voraus; eine entsprechende Motion wird vom Nationalrat 1998 als Postulat überwiesen, vom Bundesrat aber nicht befolgt. Als Stellvertreter, später Mitglied der Kommission Wissenschaft, Bildung und Kultur (WBK) gelingt es ihm gegen Widerstand, parteiübergreifende Unterstützung für das duale System der Berufsbildung zu mobilisieren.

Den überdurchschnittlichen Erfolg als Parlamentarier verdankt Strahm nicht nur seiner Erfahrung und einer eisernen Arbeitsdisziplin, mit der er sich auf jede Sitzung und jedes Statement seriös vorbereitet. Es ist auch das Gespür für die Strukturen und die Prozesse des Systems, in denen Macht aufgebaut, mit Macht gespielt und schliesslich Macht in Mehrheitsentscheide umgesetzt werden kann. Strahm schimpft zwar oft über «Bundesbern» und die «Berner Mechanik», aber es gibt kaum jemanden, der sich – als Linker – in diesem System virtuoser und erfolgreicher zu bewegen versteht als Strahm. Der Grund dafür liegt neben dem dichten Netzwerk bis in die Verwaltung hinein vor allem in seinem Umgang mit den Medien. Er opfert Stunden, um den Journalisten wichtige Details didaktisch eingängig zu erklären; aus jedem Gespräch mit ihm können die Medienleute reiche Erkenntnis ziehen und sie erhalten erst noch knackige Quotes für ihre Artikel.

Weniger erfolgreich war Strahm allerdings bei den Machtspielen innerhalb der eigenen Fraktion. Als Aussenstehender kann man sich kaum vorstellen, was da alles an Machtgerangel und Positionskämpfen abläuft. Wer in derselben

Partei nicht in der gleichen Seilschaft kämpft, sich selber ein differenziertes Urteil bildet, das nicht ganz auf der Linie liegt, wird oft brutaler bekämpft als Gegner aus anderen Parteien. Ein guter Zugang zu den Medien und jeder gelungene Fernsehauftritt ist von Eifersucht begleitet, denn viele Meinungsführer in den Fraktionen gleichen Primadonnen, die sich am liebsten selber singen hören. Seit den kritischen 90er Jahren haben sich die Flügelkämpfe in der SPS eher verstärkt. Strahm hat vergeblich versucht, zwischen den Flügeln zu vermitteln. Seine differenzierte Haltung zum EWR-Beitritt («Europa-Entscheid» 1992) wurde von der Parteileitung mit dem Urteil abgestempelt, Strahm sei ein Europa-Gegner; seine Überlegungen zu Markt und Wettbewerb (z. B. 2002 im «Strommarkt-Entscheid») diffamierten welsche Hardliner als verräterische Irrlehre eines Blairisten. Mit solchen Angriffen, die Strahm bitter kränkten, wurden seine Ambitionen auf das Fraktionspräsidium untergraben. Ausserhalb von Fraktion und Parteispitze hat man von diesem wüsten Gerangel indes wenig gespürt. Mit seinen Publikationen («Arbeit und Sozialstaat» 1997 und «Für eine moderne Schweiz» 2005 zusammen mit Simonetta Sommaruga) war Strahm erfolgreich; als Kopräsident der wirtschafts- und finanzpolitischen Kommission der SPS oder als Präsident des Mieterverbands Deutschschweiz (1991–2004) blieb er unbestritten.

Die Dynamik der Flügelkämpfe in der SPS mag mit eine Rolle gespielt haben, dass sich Rudolf H. Strahm 2004 einer neuen Herausforderung stellte. Auf Vorschlag von Volkswirtschaftsminister Deiss wählte ihn der Bundesrat zum Eidgenössischen Preisüberwacher. Unter seinen Vorgängern, darunter Deiss persönlich, die das Amt teilzeitlich versahen, war der Eindruck entstanden, dass es die Preisüberwachung im Zeitalter des Wettbewerbs eigentlich kaum mehr brauche. Strahm hat in den vier Jahren seines Wirkens die Öffentlichkeit vom puren Gegenteil überzeugt. Er trat als Parlamentarier zurück und führte die Preisregulationsbehörde, ein Team von rund 20 Ökonomen und Juristen, mit vollem Einsatz. Er intensivierte die Kontakte zur WEKO, der Wettbewerbskommission, in der er von Amtes wegen Einsitz nahm, und konnte recht unbequem werden, wenn er den Eindruck hatte, die Kontrollbehörden nähmen ihre Aufgabe zu wenig aktiv und zu grosszügig wahr. Er lernte aber auch, dass die staatliche Aufsicht nur dann Erfolg haben kann, wenn sie sich auf klare gesetzliche Grundlagen und relativ einfache (Mess-)Methoden abstützen kann, denn staatliche Entscheide müssen justiziabel sein. Wieder legte er grossen Wert auf den Kontakt zu den Medien, nahm Information als Chefsache wahr und konnte so der Öffentlichkeit deutlich machen, dass der Wettbewerb bei uns in vielen Bereichen nicht funktioniert, zum Teil – etwa bei natürlichen Monopolen – nicht funktionieren kann und deshalb durch eine aktive Preisüberwachung ergänzt werden muss. Viele behandelte Fälle wurden so zu einem wirtschaftspolitischen Lehrstück und gewähren Einblick in eine Wirtschaftswirklichkeit unseres Landes, die sonst gerne verschwiegen wird.

Die Leitung der Preisregulierung ist wohl ein Höhepunkt in der politischen und beruflichen Entwicklung Strahms. Hier konnte er seine Erfahrung und sein grosses Potenzial voll zum Einsatz bringen. Seine immense Arbeitskraft und der Ehrgeiz, Wichtiges bis ins Detail zu verstehen, haben ihm sehr geholfen. Vor allem gelang es ihm in dieser heiklen Position, die Macht des Wortes und die Macht der Entscheidung in eine produktive Verbindung zu bringen, ohne ethische Grundsätze zu verletzen. Mit seinem Mut, selbst Mächtigen gegenüber unbequem zu sein, hat er ein hohes Ansehen erworben, das ihm heute nach seinem Rücktritt erlaubt, vieles zu bewegen, obwohl er nur noch über die Macht des Wortes verfügt. Aber diese nützt er intensiv, sei es als Kolumnist, Hochschul-Lehrer oder Autor («Warum wir so reich sind» 2008 und 2010). Ein besonderes Augenmerk gilt dabei der Berufsbildung, und 2008 hat er das Präsidium des Schweizerischen Verbandes für Weiterbildung übernommen.

Auffallend für diesen erfolgreichen Politiker ist, dass er sich von der Macht nie hat verleiten lassen, die eigene Rolle oder gar den Einfluss der eigenen Person zu überschätzen. Trotz 35 Jahren in den Zirkeln der Macht ist er bescheiden geblieben und immer noch der Überzeugung, dass die Menschheit den sozialen Bewegungen eigentlich mehr zu verdanken hat als den Organisationen des politischen Systems.

Diese Annäherung an den Autor unserer Textsammlung wäre einseitig, wenn wir – über die Bemerkungen zur Herkunft hinaus – nichts von der privaten Welt des Rudolf H. Strahm verraten würden, gehört er doch zu einer Generation, die einst auch das Private als etwas Politisches zu begreifen suchte. Strahm war lange Mitglied einer grossen Wohngemeinschaft (Halenbrücke), wo etwa 30 politisch gleichgesinnte junge Menschen hausten. Hier war auch das Hauptquartier der Nestlé-Streiter. 1981 zog Strahm mit Anne-Rose Barth und dem gemeinsamen Sohn Marc Barth in ein Reiheneinfamilienhaus in Herrenschwanden, wo er nun seit gut 30 Jahren wohnt. Eigentlich ist er ein Familienmensch: Er hat viel Zeit mit seinem Sohn verbracht und freut sich heute auf den

Wochentag, an dem er die kleine Enkelin hüten darf. Doch auf den ersten Blick scheint er mit der Arbeit verheiratet zu sein. Ist das Ursache oder Folge davon, dass seine Liebesbeziehungen und Partnerschaften nicht immer glücklich verliefen?

Strahm scheint dauernd auf Achse. Arbeit und Privatleben gehen fast nahtlos ineinander über. Doch Freundschaften pflegt er intensiv und treu. Seit Jahrzehnten trifft er sich wöchentlich im «Zyschtigsclub» zum Abendbrot mit alten KameradInnen aus jungen Jahren. Mit der Nachbarschaft und weiteren Freundeskreisen steht er in intensivem Austausch, fährt mit ihnen auf Wüstentreks und in die Ferien. Er ist ein geselliger Mensch, der sich emotional engagiert, sich notfalls aber klar abgrenzen kann und seine Eigenständigkeit wahrt. Ausgleich zur Arbeit findet er bei Musik und vor allem beim Sport: Mit Joggen (täglich!), Schwimmen, Bergwandern, Skifahren und Langlauf, Eislauf und Tanz hält er sich fit; Ferien (u. a. zum Sporttauchen mit Sohn Marc und immer wieder einsam auf einer griechischen Insel) werden jährlich fest eingeplant. Das sind alles wichtige Voraussetzungen für die bewundernswerte Arbeitsdisziplin, mit der Rudolf H. Strahm sein immenses Pensum bewältigt.

3. Auf welche Erfahrungen suchen diese Texte eine Antwort?

Dass die Texte von Rudolf H. Strahm so gut ankommen, hat nicht nur mit dem Autor, seinen Erfahrungen und Fähigkeiten, sondern vor allem auch mit uns Leserinnen und Lesern zu tun. Die Analysen und Kolumnen holen uns in einer heiklen Befindlichkeit ab. Sie geben Antworten auf kollektive Erfahrungen, auf existenzielle Fragen, die uns intellektuell und emotional beschäftigen. Um welche Erfahrungen geht es?

Im Zentrum stehen sicher die Globalisierung und ihre schwierigen Fragen. Die Schweiz ist eines der meistglobalisierten Länder der Welt. Ihre Wirtschaft weist einen extrem hohen Import- und Exportanteil auf und beeindruckt – pro Kopf der Bevölkerung gerechnet – mit den höchsten Direktinvestitionen im Ausland. Die Finanzindustrie, der neue Leitsektor, ist im Vergleich mit anderen Volkswirtschaften überdimensioniert, hochkonzentriert und weltweit eng verflochten. Wir haben die wirtschaftliche und finanzielle Globalisierung nach Kräften gefördert und lange nicht erkannt, dass sie auch mit hohen Kosten verbunden ist.

Wenn sich die Älteren unter uns zurückbesinnen, werden sie bestätigen, dass die Schweiz in den letzten zwanzig Jahren einen rascheren und radikaleren

Wandel erlebt hat als zuvor. Doch wirklich aufgefallen ist dieser Umbruch den meisten erst mit der Finanzkrise, die uns aufgerüttelt und verunsichert hat. Dass nach vier Jahren die Probleme noch lange nicht gelöst sind, macht Angst. Die Schweiz ist kein Hort der Sicherheit mehr. Die Globalisierung hat uns in eine Welt voller Schwierigkeiten eingebunden. Wir spüren, dass die Bankenkrise Teil einer tieferen System- und Kulturkrise ist, die sich mit dem historischen Wandel verschärft hat. Wir haben die Entwicklung zum Finanzmarktkapitalismus aktiv vorangetrieben, ihre Folgen aber lange nur selektiv wahrgenommen. Für die lateralen Schäden und die negativen Rückwirkungen dieser Dynamik auf unser eigenes Land sind wir schlecht gerüstet. Der Schweiz kommt zusehends die nationale Identität abhanden. Sie muss mental erst noch verkraften und politisch verarbeiten, was sie mit der finanzmarktgetriebenen Globalisierung nicht zuletzt sich selber zugemutet hat.

Diesen durch die Globalisierung ausgelösten Transformationsprozess versuche ich im Folgenden – thesenartig zugespitzt – zu skizzieren. Bedeutsam scheint mir, dass die radikalen Veränderungen in Wirtschaft, Gesellschaft und Politik ineinandergreifen, sich gegenseitig verstärken und so unser Selbstverständnis, die nationale Identität erschüttern.

a) Globalisierung der Wirtschaft

Die wirtschaftliche Entwicklung der Schweiz ist seit den 90er Jahren im Gegensatz zur vorangehenden Wachstumsphase geprägt von teils hartnäckigen, teils heftigen Rezessionen. Als Folge davon steigt die Arbeitslosigkeit auf vorher undenkbare Höhen. Diese kann trotz angebotsorientierter Wachstums- und Steuerpolitik auch bei neu einsetzendem Konjunkturaufschwung nie wieder ganz abgebaut werden. Auf den internationalen Märkten wird der Wettbewerb härter; das provoziert aktivere und aggressivere Unternehmensstrategien. Es wird stärker in Rationalisierungen oder – bei hohem Frankenkurs – in Betriebsstätten im Ausland investiert; immer mehr Geld fliesst in den Finanzsektor.

Der sprichwörtliche Arbeitsfriede wird von den Neoliberalen aufgekündigt, weil er die Globalisierung behindert (Weissbücher 1991 und 1995, Liberalisierung des Arbeitsmarktes, Lohn- und Steuerpolitik, Gewinnsteigerung mittels Entlassungen). Die Kapitaleinkommen wachsen rascher als die Arbeitseinkommen. Das Angebot an Arbeitskräften kann nicht mehr über eine Ausgleichsmasse billiger ausländischer «Fremdarbeiter» gesteuert werden. Die Gewerkschaften geraten in eine Krise und müssen sich neu organisieren: Mit Aktionen,

Streiks und Nutzung der Volksrechte (EU-Abkommen, Personenfreizügigkeit und Sozialpolitik) erwirken sie eine breitere Politisierung.

Auch der traditionelle Kompromiss zwischen Export- und Binnenwirtschaft zerbricht an den marktradikalen Forderungen der Neoliberalen, die über den Finanz- und den Pharmasektor bis in die Politik starke Unterstützung finden. Das Gewerbe verliert teilweise den Kartellschutz, und die Landwirtschaft muss statt Zollschutz mit Direktzahlungen vorliebnehmen. Trotz dieser Liberalisierung bleibt die Schweiz eine Hochpreisinsel mit teuren Lebensmitteln und erklecklichen Gewinnmöglichkeiten vor allem auch für Importeure.

Die Finanzierung der Wirtschaft (bisher viel Familienbesitz und kommerzielle Bankkredite) läuft stärker über Börsen und Fonds, was institutionellen Anlegern (z. B. Pensionskassen), aber auch Raidern (von Rey, Tettamanti und Ebner bis Vekselberg) mehr Möglichkeiten bietet und die Multinationalisierung von Unternehmen, teilweise gar die Deindustrialisierung des Hochlohnlandes Schweiz vorantreibt. Orientierung sucht das Kapital am kurzfristigen Shareholder Value mit entsprechenden Anreizen für Manager.

Nach einer Immobilienkrise schreitet der Konzentrations- und Fusionsprozess auf dem Finanzplatz voran, wo schliesslich nur noch zwei Grossbanken das Sagen haben. Von den Behörden werden sie äusserst wohlwollend kontrolliert (capture, zu tiefe Eigenmittel) und von der Politik gehätschelt (keine MWSt, keine Besteuerung der Kapital- und Devisengewinne; Stempelsteuer wird abgebaut). Die Finanzindustrie dominiert als wichtigste Geld- und vermeintliche Wertschöpferin immer stärker die Realwirtschaft, die Politik und viele Lebensbereiche. Der kurzfristige Profit wird wichtiger als nachhaltiges Wachstum; Anlagen suchen hohe Renditen, obwohl diese mit hohen Risiken verbunden sind. Nach neoliberaler Lehre sollte die Nationalbank allein die Kaufkraft des Frankens erhalten; sie muss aber immer öfter auch dann intervenieren, wenn die Attraktivität des Finanzplatzes den Werkplatz Schweiz zu ruinieren droht (Frankenaufwertung).

Trotz offensichtlicher Mängel dominiert auch in der Ökonomie als Wissenschaft ein quantitativer Ansatz, welcher Geld zum alleinigen Wertmassstab hochstilisiert und der historischen, institutionellen und psychologischen Einbettung der Wirtschaft in Politik und Gesellschaft kaum Rechnung trägt. Dafür wird die «Selbststeuerung der Märkte» propagiert, namentlich der Finanzmärkte, denen man sich trotz Volatilität und offensichtlichem Herdentrieb kritiklos unterwirft. Diese Art Voodoo-Ökonomie, die als neoliberales Herrschaftswissen dient, glaubt auch nach der Finanzmarktkrise noch immer an das Gleichgewichtsziel aller Marktprozesse und versucht so, die kulturelle Hegemonie weiterhin zu wahren.

Obwohl der Staat auf seine Sicherheitsfunktionen zurückgestutzt werden soll, bleibt der öffentliche Bereich wirtschaftlich wichtig, weil der Ausbau der Infrastrukturen für die Angebotsökonomie zentral und für Investoren interessant ist. Wo Privatisierung nicht möglich scheint, wird rigoroses Sparen verordnet (Schuldenbremse); allfällige Überschüsse dienen dazu, die Steuern für Reiche und Firmen tief zu halten. Darunter leiden auch nachhaltige Investitionen in die Umwelt- und Care-Ökonomie sowie in Forschung und Bildung. Arbeit und ihre Reproduktion sind zwar immer mehr auf modernes Wissen angewiesen (z. B. Medizin), doch das holt man lieber im Ausland, wo es viel billiger beschafft werden kann.

Viele Probleme der 1990er Jahre sind Folgeprobleme des (früheren) Wachstums, zu denen sich typische Stagnationsprobleme gesellen, wie sie reifere Volkswirtschaften generieren. Die neoliberalen Versuche, rasch wieder zu höheren Wachstumsraten zurückzufinden, treiben die «Landnahme» durch den (Finanzmarkt-)Kapitalismus voran: Zersiedelung der Landschaft, Umweltprobleme, Zuwanderung, Arbeitsstress und Monetarisierung aller Lebensbereiche sind die problematischen Folgen, denen man wiederum mit mehr Wachstum zu begegnen versucht; ein Teufelskreis!

b) Entsolidarisierung der Gesellschaft

Das ansteigende Konfliktniveau in der Wirtschaft prägt auch die gesellschaftliche Entwicklung und verändert das Gesicht der Schweiz: Im Gegensatz zur Sozialen Marktwirtschaft (oder zum kooperativen Kapitalismus) bis in die 1970er und 80er Jahre öffnet sich seit den 1990er Jahren die Lohnschere. Mit Ausnahme von Spitzenverdienern, die sich zum Teil exzessive Boni und goldene Fallschirme zu sichern verstehen, gehen die realen und die verfügbaren Löhne (nach Abzug von Steuern und Krankenkassenprämien etc.) zurück. Es bildet sich ein neues Prekariat von Alleinerziehenden, wenig Qualifizierten und schlecht Integrierten, die mindestens zeitweise auf öffentliche Unterstützung angewiesen sind. Aber auch der Mittelstand ist von steigenden (Wohn-)Kosten, von Reallohnabbau und wachsender Unsicherheit betroffen. Gleichzeitig schreitet die Vermögenskonzentration voran; man könnte fast von einer «Re-Feudalisierung» der Schweiz sprechen (einzig in Singapur und Namibia ist die Verteilung der Vermögen noch steiler als bei uns). Zudem wird der Reichtum steuerlich bestens abgesichert (Abschaffung der Erbschaftssteuern, Abflachung der Steuertarife für Einkommen und Vermögen) und viel offener zur Schau gestellt als früher (Protzvillen am Zürich-, Zuger- und Genfersee); dieser offene Klassenkampf von oben macht die («gefühlte», relative) Armut noch stärker zum Problem.

Unter dem Eindruck wachsender individueller Risiken hat die Schweiz seit den 90er Jahren ihren Sozialstaat stärker ausgebaut und leistungsmässig europäischen Standards angenähert. Dabei ist es allerdings bisher nicht gelungen, die Kopfprämie bei der Krankenversicherung durch eine sozialere Finanzierung zu ersetzen und die Lasten der Kinderbetreuung angemessen abzugelten; die Mutterschaftsversicherung ist allerdings im vierten Anlauf endlich verwirklicht worden. Um das Kostenwachstum im Sozialsektor einzudämmen, hat man bei Arbeitslosen, Invaliden und Empfängern von Sozialhilfe stärker auf eine Wiedereingliederung in den Arbeitsprozess geachtet. Grosszügige soziale Ausbauvorhaben hatten in den Referendumsabstimmungen bis jetzt ebenso wenig eine Chance wie allzu restriktive Sparprogramme.

Unsere Altersvorsorge galt mit dem Drei-Säulen-Prinzip lange als besonders robust; seit der Finanzkrise kann man da nicht mehr so sicher sein. Die Entwicklung des Altersquotienten wird die Kosten des Gesundheitssystems erhöhen und die Sozialversicherungen in rote Zahlen treiben; wir bleiben ein Einwanderungsland, aber das Wachstum infolge hoher Zuwanderung schiebt den Entscheid, ob wir die Leistungen abbauen oder zusätzlich finanzieren wollen, nur um wenige Jahre hinaus.

Die staatlichen Sicherungssysteme zeigen Unzulänglichkeiten in einer Zeit, in der auch die von Familie, Dorf, Religion und Beruf geprägten traditionellen Milieus ihre tragende Funktion verloren haben. Individualisierung und Mobilität sind seit 1945 rasch vorangeschritten und haben den Wandel beschleunigt, der die Tradition als Orientierung entwertet. Es mangelt an sozialem Kitt, es fehlt ein kulturell vermittelter innerer Kompass. Dem Einzelnen werden in der Multioptionsgesellschaft laufend wichtige Entscheidungen abverlangt, die sich früher nicht stellten und deren Folgen kaum absehbar sind. Wenn die Arbeitswelt höchste Flexibilität verlangt und keine Sicherheit mehr bietet, wie das seit den 1990er Jahren zunehmend der Fall ist, dann findet die Gemütlichkeit in der Konsumgesellschaft rasch ein Ende. Verunsicherung wird zum Identitätsproblem; die Definition des Selbst im Schnittpunkt zugemuteter Rollen, das Handeln in komplexen, nicht mehr überschaubaren Situationen, der Umgang mit Eigenem und Fremdem, mit widersprüchlichen Wertesystemen, mit Vergangenheit und Zukunft, mit Demografie und Immigration: vieles wird zu einer Herausforderung, die Ängste schürt und ideologischen Antworten Vorschub leistet.

c) Polarisierung der Politik

Im politischen System schlagen sich diese Ängste besonders deutlich nieder: Die Verschiebung in der Parteienlandschaft hat viel mit ideologischer Vereinfachung zu tun und bewirkt eine markante und folgenreiche Veränderung der Schweiz seit den 1990er Jahren. Am Verhältnis der Schweiz zur Europäischen Union und zu andern Gebilden supra- und internationaler Politik bildet sich – quer zum alten Links-Rechts-Konflikt – eine neue Konfliktlinie, die Stadt/Land, Jung/Alt und Welsch/Deutsch an der Frage «offene oder eingebunkerte Schweiz?» gefährlich spaltet. Die Beschwörung der Neutralität und der nationalen Unabhängigkeit hat der SVP viel Zulauf verschafft; sie kann ihren Wähleranteil bei den Nationalratswahlen von 11,9 % im Jahre 1991 auf 28,9 % im Jahre 2007 steigern, ein für die Schweiz erstaunliches Phänomen. Der Aufstieg der SVP geht auf Kosten der rechten Splitterparteien, vor allem aber der Mitteparteien CVP und FDP, während auf der Linken die SP durch die Erfolge der Grünen bedrängt wird. Erst die Wahlen von 2011 zeigen, dass die SVP ihren Zenit überschritten hat; in der Mitte des politischen Spektrums können sich neue Parteien etablieren. Das seit vierzig Jahren recht stabile Machtgefüge der Nachkriegszeit ist damit endgültig Geschichte.

Der Umbruch in der Parteienlandschaft wird begleitet durch eine radikale Veränderung der politischen Kultur. Die Polarisierung, von den Medien aufgegriffen und möglichst personalisiert, schürt in manchen Sachfragen Konflikte, die offen als Machtkämpfe ausgetragen werden und der Konkordanz als Prinzip der friedlichen Problemlösung schaden. Das zeigt sich nicht nur im rüden Umgangston und bei der Kampf- und Abwahl von Exekutivpolitikern; grossen Schaden nimmt auch die direkte Demokratie, die für konstruktive Problemlösungen auf breite Mehrheiten im Kader des politischen Systems angewiesen wäre. Je weniger parteiübergreifende Einigkeit herrscht, desto mehr muss das Volk entscheiden: Während von 1945 bis 1989 auf Bundesebene nur fünf Abstimmungen pro Jahr stattfanden, sind es seit 1990 im Durchschnitt fast zehn Urnengänge jährlich. Die Abstimmungskämpfe werden gehässiger; man könnte fast glauben, es gehe vor allem um die Erzeugung von Aufmerksamkeit. Geld spielt dabei eine grosse Rolle, aber die Parteien- und Abstimmungsfinanzierung ist ein Tabu. In der Post-Demokratie hält man sich zwar formell an die Regeln, aber Widersprüche (etwa zwischen Rechtsstaat und Volkswille, zwischen Landesrecht und Völkerrecht) treten deutlicher zu Tage und vieles wird verunglimpft. Das stellt die Legitimation unserer Institutionen ebenso infrage wie komplizierte Verfahren (etwa bei der Abzockerinitiative) oder die sinkende Stimmbeteiligung.

Der Verlust an Legitimation, Effizienz und Ansehen unserer politischen Institutionen ist durch die sanften Staatsreformen seit den 1990er Jahren nicht geheilt worden. Die neue Bundesverfassung hat als vorwiegend kosmetische Reform die Hürde der Volksabstimmung beinahe nicht geschafft. Ansätze zu einer Reform der Regierung bleiben auf dem Level von Verwaltungsreformen stehen, und die Föderalismusreform NFA hat die starke Stellung der Kantone eher zementiert. Damit können weder der Zentralstaat noch seine Regierung so gestärkt werden, wie es in turbulenten Zeiten auf internationalem Parkett wohl nötig wäre. Aber die Schwäche der Institutionen und die Unfähigkeit zur Reform gründen in einer viel tieferen Krise: Sie sind Ausdruck davon, dass uns die politische Identität abhanden zu kommen droht.

d) Finanzkrise und nationale Identität

Früher bezweifelte kaum jemand, dass unsere Wirtschaft einen hohen Wohlstand produziert, der mithilfe des Sozialstaats einigermassen gerecht verteilt wird, und dass unser politisches System die grösstmögliche Partizipation an allen wichtigen Entscheidungen sicherstellt. Die markanten Veränderungen der Schweiz seit den 1990er Jahren lassen uns jedoch an vielem zweifeln, was früher selbstverständlich war. Aber die Globalisierung der Wirtschaft, die Entsolidarisierung der Gesellschaft und die Polarisierung der Politik sind uns erst eigentlich zum Problem geworden, seit die Finanzkrise und ihre Folgen uns die Augen öffnen.

Wir müssen heute zur Kenntnis nehmen, wie stark unser Land in die globale Krise involviert und von ihr betroffen ist. Unsere Banken hangen überall mit drin und mit den Grossbanken potenziell auch die Steuerzahler. Die Aufwertung des Frankens lässt uns bitter spüren, wie abhängig unser Land vom (spekulativen) Geschehen auf den Finanzmärkten ist – gerade wegen der eigenen nationalen Währung, die uns doch als Symbol unserer Unabhängigkeit erschien. Und die nationalen Spezialitäten Steuerwettbewerb und Bankgeheimnis verschärfen die ohnehin schon ungemütliche Lage. Im harten Standortwettbewerb ist es eng geworden für Nischenstrategien, und zur Durchsetzung nationaler Interessen auf internationalem Parkett fehlen uns Macht und politischer Einfluss.

Immerhin: Bisher ist die Schweiz eines der reichsten Länder geblieben. Unsere Wirtschaft hat sich in den letzten Jahren erstaunlich rasch und erfolgreich angepasst. Ihre spezialisierten und hochwertigen Produkte konnten im Weltmarkt bestehen. Das Bruttoinlandprodukt steigt und steigt. Allerdings steigt mit dem Wirtschaftsboom auch die Zuwanderung. Und wenn wir die Verteilung der Einkommen betrachten, so haben weit mehr als die Hälfte aller Einwohner der Schweiz trotz Boom reale Einbussen erlitten. Profitieren konnten Unternehmen, hohe Einkommen und Hausbesitzer. Die Hypothekarzinsen haben sich in den letzten zehn Jahren halbiert, die Mieten sind jedoch massiv angestiegen, in den Ballungszentren um 50 bis 100 Prozent. Diese Entwicklung bedrängt vor allem den Mittelstand, dessen Arbeitsplätze im globalen Wettbewerb auch nicht gerade sicherer geworden sind. Die Vorteile des starken Frankens verschwinden in den Taschen der Importeure. Und die Abzocker hat man bisher kaum stoppen können. Obwohl der «gemessene» Wohlstand im Durchschnitt immer noch sehr hoch ist, hat der «gefühlte» und individuell erlebte Wohlstand für viele merklich abgenommen.

Man könnte auch von einem spürbaren Auseinanderklaffen von Wohlstand und Wohlfahrt sprechen. Der auf Wachstum fixierten Wohlstandsökonomie ist es nicht gelungen, die Wohlfahrt des Volkes zu mehren. Wohlfahrt setzt ein Mindestmass an Sicherheit und Gerechtigkeit voraus. Wenn prekäre Arbeitsverhältnisse, Unbehagen und Ängste vor der Zukunft ein gewisses Mass überschreiten, kippt die Toleranz, und Ungleichheit wird vermehrt als Ungerechtigkeit empfunden. Dann steigen Zweifel auf an der bisher gehegten Überzeugung, dass eine pflegliche Behandlung des Kapitals Arbeitsplätze generiere und dass es letztlich auch den Armen und einem breiteren Mittelstand zugutekomme, wenn Reiche immer reicher werden. Die milliardenhohen Steuergeschenke für Millionäre, Subventionen in Form einer Staatsgarantie für die Grossbanken, eine unternehmerfreundliche Arbeitsmarkt- und Immigrationspolitik – wenn gleichzeitig die Arbeitsplatzsicherheit schwindet und die Reallöhne sinken, Mieten und Krankenversicherung aber stets teurer werden, dann ist für die Politik ein gefährlicher Punkt erreicht.

Plötzlich stellen sich bange Fragen auch für jene, die bislang eine Öffnung der Schweiz für vernünftig und nötig hielten: Welche Interessen sind hier am Werk? Wer will uns weismachen, im globalen Standortwettbewerb könne unser Land nur auf Kosten von Gleichheit und Gerechtigkeit überleben? Dient die Globalisierung der Legitimation einer ökonomischen Kampfstrategie von oben? Bricht diese Strategie den politischen Grundkonsens auf und nimmt eine gesellschaftliche Spaltung in Kauf, die in manchem an die Klassengesellschaft oder gar den Feudalismus erinnert? Was leisten denn eigentlich die Politik und das politische System für die Gestaltung der gesellschaftlichen Wirklichkeit?

Die Schweiz ist eine politische Nation. Was uns vom Bodensee bis Genf und von Basel bis Chiasso verbindet, ist weder eine gemeinsame Sprache noch sind es ethnische Herkunft oder dynastische Tradition. Es ist die Politik, die dieses Land zusammenhält. Seit der Gründung des modernen Bundesstaats 1848 hat sich die Schweiz immer als politische Willensnation begriffen. Wir leben in unterschiedlichen Kulturen und haben nur eine kurze gemeinsame Geschichte. Bevor die Franzosen uns 1798 gewaltsam einten, waren wir ein schwieriger Haufen von Eigenbrötlern.

Die Schweiz als Nation ist ein Projekt der Moderne. Ein erfolgreiches, aber ein unvollendetes politisches Projekt. Deshalb bedeutet eine ernsthafte Krise der Politik für die Schweiz auch eine Krise ihrer nationalen Identität. Sie ritzt gleichsam unser helvetisches Urvertrauen. Wenn wir uns in existenziellen Fragen politisch nicht mehr zusammenraufen können, zerblättert unsere kollektive Sinngebung. In solch eine tiefe Krise der nationalen Identität hat uns die forcierte, finanzmarktgetriebene Globalisierung mit ihrer neoliberalen Ideologie geführt. Sie ist eine Falle für die Schweiz, aus der es kein nostalgisches Zurück mehr gibt. Den wirtschaftlichen und gesellschaftlichen Umbruch der letzten gut zwanzig Jahre können wir politisch nicht einfach rückgängig machen. Die Schweiz ist nicht mehr das Land, für das wir sie lange gehalten haben. Wir müssen versuchen, sie neu zu erfinden.

4. Welche Folgerungen sollten wir aus den Texten ziehen?

Vor dem Hintergrund dieses in der gebotenen Kürze vielleicht etwas überzeichneten gesellschaftlichen Transformationsprozesses wird verständlich, weshalb die Texte von Rudolf H. Strahm bei besorgten Leserinnen und Lesern gut ankommen. Strahm ist zwar auch der Meinung, dass die Globalisierung eine unumkehrbare Entwicklung darstellt, die unser Land gewaltig herausfordert. Aber im Gegensatz zu neoliberalen Apologeten propagiert er nicht eine möglichst stromlinienförmige Anpassung an die globalen Trends, sondern versucht vielmehr, diesen Prozess politisch so zu steuern, dass er gesellschafts- und kulturverträglich ablaufen kann. Es braucht dazu genaue Kenntnisse der internationalen Trends, aber auch eine intime, gelebte Erfahrung mit den Besonderheiten unseres Landes. Die politische Identität der Schweiz baut auf den traditionellen Werten der Gerechtigkeit, der Solidarität und der Demokratie auf. Je grösser die Verunsicherung im gesellschaftlichen Umbruch, desto stärker will man auch in ökonomischen Analysen das Engagement für diese Werte spüren.

Welche Orientierung vermittelt uns Rudolf H. Strahm? Was empfiehlt er der Schweiz und ihrer Wirtschaftspolitik in dieser schwierigen Umbruchphase? Welche Probleme und Herausforderungen sind für ihn zentral? Für welche Entscheide steht er ein? Es kann im Folgenden nicht um Vollständigkeit gehen; dazu sei auf die Texte verwiesen. Ich versuche, das Wichtigste in fünf Thesen so zusammenzufassen, dass die hinter all diesen Texten stehende Philosophie deutlicher erkennbar wird.

a) Es braucht nüchternen Pragmatismus, nicht Ideologie

Die neoliberale Revolution zeitigt verheerende Wirkungen. Sowohl weltweit wie innerhalb von Ländern nehmen die sozialen Ungleichheiten und die politischen Spannungen zu; mit der Natur wird Raubbau betrieben. Der Markt fördert zwar die Effizienz, aber er ist weder sozial gerecht noch ökologisch nachhaltig. Neoliberaler Marktfundamentalismus, der bedingungslose Glaube an die stets positive Wirkung von Märkten, entlarvt sich als Ideologie im Interesse der Herrschenden. Märkte ohne echten Wettbewerb und ohne entsprechende Regeln und Aufsicht begünstigen die Grossen, die Reichen und die Skrupellosen. Wirtschaftliches Handeln sollte nicht aufgrund von Absichten und Versprechungen, sondern aufgrund seiner Wirkungen beurteilt werden.

Monetarismus und Neoliberalismus versagen als Rezepte in der Krise, weshalb der Keynesianismus weltweit eine Wiederbelebung erfährt. Billiges Geld allein reicht nicht, um die Wirtschaft in Gang zu bringen. Unternehmen investieren nur, wenn die Nachfrage steigt, allenfalls mithilfe staatlicher Programme. Nachfragesteuerung darf aber nicht Strukturen zementieren, denn offene

Volkswirtschaften müssen mit dem dauernden Strukturwandel leben können; mithilfe zur Selbsthilfe, Ausbildung und Innovation werden sie für den Wettbewerb fit gemacht. Humanfaktoren müssen in Zukunft für die Produktivitätsentwicklung noch bedeutsamer werden. Antizyklische Politik soll zudem beim Aufstieg die Schulden wirklich tilgen und darf sie nicht zugunsten von Steuersenkungen in die nächste Krise mitschleppen. Es geht Strahm also nicht um den Rückfall in einen primitiven Vulgär-Keynesianismus; wesentliche Elemente der Angebotsökonomie nimmt er auf und integriert sie.

b) Globalisierung ist die grösste Herausforderung

Die Schweiz muss die Globalisierung ernst nehmen. Wir haben die wirtschaftliche und finanzielle Globalisierung selber vorangetrieben; jetzt sollten wir auch die politische Globalisierung mittragen und international vereinbarte Standards wenn möglich übernehmen. Wir leben nicht mehr im Kalten Krieg, wo man sich politisch abschotten, wirtschaftlich aber von Nischenstrategien profitieren konnte.

In der Schweiz zeigt sich die Globalisierung vor allem in der Form einer Europäisierung. Die Schweiz liegt mitten in Europa; trotz Bemühungen um eine Diversifizierung ihrer Exporte wird sie wohl immer auf den europäischen Markt angewiesen bleiben. Der Weg des Bilateralismus scheint mehr und mehr in eine Sackgasse zu führen; man müsste deshalb versuchen, den Europäischen Wirtschaftsraum EWR zu reaktivieren, den die Schweiz vor 20 Jahren knapp abgelehnt hat.

Vor allem in der Finanzmarktpolitik sind wir auf internationale Zusammenarbeit angewiesen. Wir können nicht für ein Bankgeheimnis und eine Steuerpolitik kämpfen, die die internationale Gemeinschaft nicht mehr akzeptiert. Die Politik darf sich durch die Finanzoligarchie nicht ins Bockshorn jagen lassen. Die Grossbanken sind immer noch «too big to fail», also mehr Achillesferse als Rückgrat unserer Wirtschaft. Ein zu attraktiver Bankplatz drückt den Franken in die Höhe, was dem Werkplatz schadet. Wir sollten die industrielle Substanz der Schweiz auch für die Zukunft erhalten und unterstützen deshalb eine aktive Währungspolitik der Nationalbank.

c) Wirtschaftsentwicklung benötigt Staatsfunktion

Den Wohlstand verdanken wir nur zum kleinen Teil den grossen Firmen. Die KMU, die kleinen und mittleren Unternehmen, bilden die Grundstruktur, mit der die Wirtschaft rasch und innovativ auf die weltweiten Entwicklungen reagiert. Die Schweiz ist seit jeher geprägt durch eine duale Struktur ihrer Wirtschaft: Im Gegensatz zu den sehr kompetitiven Exportfirmen stand die weniger produktive Binnenwirtschaft lange Zeit unter Zoll- oder Kartellschutz und belastet noch heute Produktion und Konsum mit hohen Preisen. Nötig ist mehr Wettbewerb, aber oft verhindern einflussreiche Kreise der Wirtschaft eine aktivere Wettbewerbspolitik. Sie sind gegen den Staat, auch wenn er der Wirtschaft einen vernünftigen Rahmen bieten könnte. Strahm zeigt kritisch auf, wie hierzulande die Interessenpolitik immer wieder die Ordnungspolitik dominiert.

Strahm ist kein grundsätzlicher Wachstumsskeptiker. Er betont sogar, dass gewisse Reformen etwa im Sozialbereich oder Innovationen der Infrastruktur mit Wachstum besser zu bewältigen sind als ohne. Aber er warnt vor rein quantitativen Betrachtungsweisen. Man muss Wege suchen, um neue Arbeitsplätze zu generieren, die umweltfreundlich sind. So bietet etwa der Infrastrukturbereich Chancen für ein innovatives Zusammenwirken von Staat und Privatwirtschaft. Der Umstieg aus der letztlich teuren Atomenergie auf die Erneuerbaren und mehr Energieeffizienz böte dem Gewerbe interessante Arbeit und könnte Wachstum generieren, das nicht auf Kosten der Umwelt geht. Der Markt allein wird solch einen Strategiewechsel nicht rechtzeitig bewirken, da er langfristig mögliche Entwicklungen der Energiepreise zu wenig antizipiert.

d) Mensch und Arbeit stehen im Zentrum

Künftig wird das Humankapital noch mehr ins Zentrum der Aufmerksamkeit rücken, und das ist gut so. Ohne hochmotivierte, gut ausgebildete und auch gut bezahlte Arbeitskräfte kann sich eine kleine, offene Volkswirtschaft im härteren Wettbewerb, der Innovation und Beweglichkeit erfordert, kaum behaupten. Mit Mindestlöhnen sollte man die Unternehmen von einer kurzsichtigen Politik der billigen Arbeitskräfte abhalten.

Wir sind ein Einwanderungsland, und angesichts der demografischen Entwicklung werden wir es auch bleiben. Die nötige Integration muss bei uns über die Arbeit erfolgen, das ist die effizienteste Armutsprävention. Das A und O des Wohlstands sind Aus- und Weiterbildung, und zwar nicht nur im akademischen Bereich, sondern gerade auch in der Berufsbildung, die breiter und besser auf die Realität der Arbeitswelt vorbereitet.

Ausgebaute Sozialsysteme sind zwar wichtiger Bestandteil einer modernen Gesellschaft, aber sie dürfen die Menschen nicht davon abhalten, für ihre eigene

Entwicklung Verantwortung zu übernehmen. Wenn wie bei der Zweiten Säule das Sparen gesetzlich vorgeschrieben ist und ein Fünftel der Erträge für Verwaltung und Anlageberatung verloren geht, ist das ein Skandal!

e) Wirtschaftsinteressen dürfen die Politik nicht unterwandern

Unser politisches System mit ausgebautem Föderalismus und direkter Demokratie garantiert ein hohes Mass an Partizipation, aber nicht immer an Gerechtigkeit. Der Steuerföderalismus treibt ungesunde Blüten, und oft wird der Staat benutzt, um gewisse Gruppeninteressen privilegiert zu bedienen. Im Milizsystem besteht die Gefahr der Befangenheit von Aufsichtsorganen (Capture) mit dem problematischen Ergebnis, dass die Kontrollierten ihre Kontrolleure kontrollieren. In Auswahlverfahren scheint manchmal die Parteifarbe wichtiger als Kompetenz. Und unsere Verfahren machen es nicht einfach, erkannte Schwächen der Politik rasch zu beseitigen.

Dennoch sollten wir versuchen, das Konkordanzsystem zu erhalten und die Polarisierung abzubauen. Direkte Demokratie braucht breite Allianzen. Dazu muss auch die Politik- und Parteienfinanzierung transparent gemacht werden, sonst droht uns eine formale «Post-Demokratie», die ihre Substanz verliert: die Souveränität der Bürgerinnen und Bürger.

Wenn die Politik ihre Gestaltungskraft behalten soll und den Primat über die Wirtschaft zurückgewinnen will, bedarf es namentlich einer aktiven, gut vernetzten und kompetenten Zivilgesellschaft. Denn ohne den permanenten Druck von aktiven Bürgerinnen und Bürgern werden sich weder politisches System noch Wirtschaft zum Besseren bewegen. Diesen Druck braucht es insbesondere im Globalisierungsprozess.

Wer Rudolf H. Strahm liest, fühlt sich an Saskia Sassen erinnert, die uns auf das «Paradox des Nationalen (...) im globalen Zeitalter» (2008) aufmerksam macht: Um Transformationsprozesse zu begreifen, dürfe man nicht auf das Neue starren; der Wandel des Hergebrachten, des Traditionellen, des Nationalen sei der Schlüssel zum adäquaten Verständnis der Globalisierung. Im Gegensatz zur neoklassischen Ökonomie, deren blinder Fleck die Geschichte ist, zeigt uns Strahm in seinen Texten, wie tief alles Neue mit der Vergangenheit verzahnt ist, denn er weiss aus Erfahrung: Herkunft ist der halbe Weg in die Zukunft.

Wichtige Daten im Leben von Rudolf H. Strahm

1943	Geboren im Emmental. Schulen in Mungnau und Burgdorf
1959	Berufslehre als Chemielaborant bei Geigy in Schweizerhalle
1962	Studium am Technikum Burgdorf; Rekruten- und Unteroffiziersschule
1966	Abschluss als Dipl. Chemiker HTL
1966	Chemiker bei Geigy in Basel, Auskultant an der Uni, Offiziersschule
1968	Studium der Volks- und Betriebswirtschaft an der Uni Bern
1973	Abschluss als lic. rer. pol.
1973	Konsulent bei der Welthandelskonferenz UNCTAD in Genf
1974	Sekretär der Erklärung von Bern (bis 1978); Prozess «Nestlé tötet Babies»
1978	Zentralsekretär der Sozialdemokratischen Partei der Schweiz (bis 1985). Schwerpunkte: Banken-Initiative, Wirtschaftspolitik und parteiinterne Bildung
1980	Geburt des Sohnes Marc Barth
1981	Bezug eines Reihenhauses in Herrenschwanden zusammen mit Anne-Rose Barth und dem gemeinsamen Sohn Marc
1985	Geschäftsführer der Naturfreunde Schweiz (bis 1992)
1986	Bernischer Grossrat (bis 1991)
1991	Nationalrat (bis 2004)
1991	Präsident des Deutschschweizer Mieterverbandes (bis 2004)
1992	Gründer und Geschäftsführer der Koordinationsstelle Umwelt KSU
1997	Gründung der Firma Strahm Beratungen GmbH
2004	Eidgenössischer Preisüberwacher
2008	Pensionierung als Preisüberwacher; Dozent und Kolumnist
2008	Präsident des Schweiz. Verbands für Weiterbildung (SVEB)
2011	Dr. h. c. der Uni Bern
2012	Geburt der Enkelin Sophie Luise Barth

Wichtigste Publikationen von Rudolf H. Strahm
(nur Bücher und grössere Aufsätze, ohne Kolumnen)

Effektiver Zollschutz der Schweiz und die Entwicklungsländer. Untersuchungen über den effektiven Zollschutz der Schweiz auf Produkten der Entwicklungsländer und über die Auswirkungen des schweizerischen Gewichtszollsystems, in: Aussenwirtschaft. Zeitschrift für internationale Wirtschaftsbeziehungen 26/1971, Zürich / St. Gallen, 436–450

Industrieländer Entwicklungsländer. Ein Werkbuch, Freiburg i. Ue. (Imba) 1972

Stossrichtung einer entwicklungspolitischen Verfassungsinitiative. Überlegungen zum Problem, wie sich das neue entwicklungspolitische Verständnis in eine politische Strategie umsetzen lässt, in: Reformatio 24/1975, 40–53

Überentwicklung – Unterentwicklung. Ein Werkbuch mit Schaubildern und Kommentaren über die wirtschaftlichen Mechanismen der Armut, Stein bei Nürnberg (Laetare) 1975, 3 1977 (div. Übersetzungen)

Bankgeheimnis – Freipass für die Prellung des Staates, in: Reformatio 27/1978, 166–173

Bildungsdossier Banken. Materialien zum Finanzplatz Schweiz und zur Banken-Initiative der SPS, Bern (SPS) 1978

(Redaktion:) *Chemie im Kochtopf.* Dokumentation über Gifte im täglichen Leben, Ernährungsgewohnheiten und Landwirtschaftspolitik in der Schweiz, Bern (SPS) 1982

(Redaktion:) *Weniger Staat oder Wohlfahrtsstaat?* Ein Faktenordner zur Weniger-Staat-Ideologie, Bern (SPS) 1983

(Redaktion:) *Umwelt-, Energie- und Verkehrspolitik in der Gemeinde.* Ein Handbuch für Kommunalpolitiker, Bern (SPS) 1985

Warum sie so arm sind. Arbeitsbuch zur Entwicklung der Unterentwicklung in der Dritten Welt mit Schaubildern und Kommentaren, Wuppertal (Hammer) 1985 (9 1995) (div. Übersetzungen)

Vom Wechseln der Räder am fahrenden Zug. Über die Zukunfts-Chancen einer regierungsfähigen Linken in der Schweiz – Sozialdemokratische Entwürfe für eine Schweiz von morgen, mit einem Nachwort von Peter Hablützel, Zürich (Limmat) 1986, 2 1986

Wirtschaftsbuch Schweiz. Das moderne Grundwissen über Ökonomie und Ökologie in der Schweiz, Aarau (Sauerländer) 1987, 2 1992 (zusammen mit Ursula Oswald Spring:) *Por esto somos tan pobres,* Cuernavaca / Morelos (UNAM) 1990

Europa-Entscheid. Grundwissen für Bürgerinnen und Bürger mit vielen Schaubildern, Zürich (Werd) 1992, 5 1992

Arbeit und Sozialstaat sind zu retten. Analysen und Grafiken zur schweizerischen Wirtschaft im Zeichen der Globalisierung, Zürich (Werd) 1997

Strommarkt-Entscheid. Das neue Elektrizitätsmarktgesetz EMG. Fakten gegen Vorurteile, Zürich (Werd) 2002

Die sieben Realitäten des Kapitals, in: Tettamanti, Tito (Hg.): Kapitalismus: Fluch oder Segen? Eine Debatte, Zürich (Bilanz) 2004, 141–192

(zusammen mit Simonetta Sommaruga:) *Für eine moderne Schweiz.* Ein praktischer Reformplan, Wien (Nagel & Kimche) 2005

Nachwort, in: Mugglin, Markus: *Gegendarstellung.* Wer die Schweizer Wirtschaft bremst, Zürich (Xanthippe) 2005, 195–207

Der aktionserprobte Achtundsechziger im Team der EvB 1974-1978, in: Holenstein, Anne-Marie, Regula Renschler und Rudolf Strahm: Entwicklung heisst Befreiung. Erinnerungen an die Pionierzeit der Erklärung von Bern, Zürich (Chronos) 2008, 113–166

Die entscheidenden Neunzigerjahre. Das Ringen um Reform und Aufwertung der Berufsbildung 1995 bis 2005, in: Bauder, Tibor und Osterwalder, Fritz (Hg.): 75 Jahre eidgenössisches Berufsbildungsgesetz. Politische, pädagogische, ökonomische Perspektiven, Bern (hep) 2008, 311–350

Warum wir so reich sind. Wirtschaftsbuch Schweiz, Bern (hep) 2008, 2., erweiterte und aktualisierte Aufl. 2010

Swiss Vocational Education and Training. Switzerland's Source of Richness, Hyderabad / Zurich (worlddidac) 2010

Bedeutungsverlust der Schweiz und wirtschaftspolitische Schlüsse, in: Flückiger, Stefan und Schwab, Martina: Globalisierung. Die zweite Welle. Was die Schweiz erwartet, Zürich (NZZ) 2010, 139–157

Die ungeliebten Menschenrechte, in: Loeb, François (Hg.): Parlamentsgeschichten, Bern (Stämpfli) 2011, 190–198

Berufsbildung – der Schlüssel zum Wohlstand und zur Verhinderung der Armut, in: Stiftung Zukunftsrat (Hg.): Haushalten & Wirtschaften. Bausteine für eine zukunftsfähige Wirtschafts- und Geldordnung, Zürich/Chur (Rüegger) 2012, 88–92

Tatort Bundeshaus

(1994)

Offen und ungeschminkt gewährt uns Hubacher Einblick in die Mechanismen von Bern. Kritisch würdigt er die wirtschaftlichen und gesellschaftlichen Zusammenhänge und zeigt, wie zurückliegende Ereignisse nachhaltig ins aktuelle Tagesgeschehen einfliessen. Ob er die Geschichte der Waffenbeschaffungen oder den Kampf für soziale Gerechtigkeit kommentiert, immer sind seine Aussagen mit präzisen Fakten belegt.

Wohlfahrt oder Talfahrt

Eine verunsicherte Schweiz (1997)

«‹Politiker sind fast durchwegs eitle Menschen.› Das sagen nicht wir; so urteilt der Grand Old Man der Schweizer Politik über jene Gilde, der er über fünfzig Jahre angehört hat. Einer wie er – ein bald prägnanter, bald populistischer Formulierer – könnte darum leicht der Versuchung erliegen, einfache Rezepte anzubieten. Er tut es nicht. Er blickt zurück, analysiert, kritisiert.
(‹Weltwoche›)

Aktenzeichen CH

Micheline, Moritz, Merz + Co. (2004)

Helmut Hubacher zieht Fazit, was per Saldo die damalige Grosswetterlage in Bundes-Bern für uns AHV-, IV- und anderweitig Abhängige hervorbrachte. Was den Autor auszeichnet, sind seine pragmatische Beobachtungsgabe und seine Fähigkeit, eine passende Anekdote oder Aussage abzurufen, die jede angetippte Problematik erhellt.

Schaubühne Bern

Bundesräte und andere Solisten (2007)

«Hubacher zeichnet meist keine abgerundeten Porträts. Er wirft einerseits Schlaglichter, erzählt Erlebtes und Gehörtes, anderseits immer wieder kleine politische Exkurse oder Abschweifungen – immer noch ist der Beobachter selber ein wenig Akteur.» (C.W., ‹NZZ›)

Geschichten à la carte

Kolumnen und Anekdoten (2010)

«Hier schaut einer in den Spiegel und spricht mit sich selbst über seine Zeit, über ein Leben, das er liebt und das vordergründig aus nichts anderem besteht als aus Politik … und entdeckt einen, der leidenschaftlich gern lebt.»

Aus dem Vorwort von Peter Bichsel

August R. Lindt

Die Schweiz das Stachelschwein

(1992)

«Lindt war ein aktiver Gegner Hitler-Deutschlands. Er erzählt in seinen Erinnerungen seine persönliche Geschichte des Zweiten Weltkriegs, seine Aktivitäten im Rahmen der Widerstandsorganisationen, die Angst und Unsicherheit der Bevölkerung und die weitverbreiteten Zweifel am Bundesrat. Ein lebendiges, spannendes Stück jüngster Schweizer Geschichte.» (Peter Moser)

José Ribeaud

Es war einmal die Schweiz...

Ein Plädoyer (1998)

Vorwort von Erich Gysling

Ribeaud behandelt die Themen des modernen Staats: die Blockierung des Systems, die Widersprüche im demokratischen Entscheidungsprozess, die parteipolitischen Grabenkämpfe, das zum Alibi erstarrte Leitbild vom eidgenössischen Sonderfall, Wirtschaftskrise und Globalisierung, soziale Sicherheit und Polarisierung von Arm und Reich.

Jakob Kellenberger

Diplomat und IKRK-Präsident im Gespräch mit Hansjörg Erny (2006)

Jakob Kellenberger hat mitgewirkt, die Schweiz bilateral in Europa einzubinden. Dann war er verantwortlich für 12 000 MitarbeiterInnen, die sich in 80 Ländern um Kriegs- und Katastrophenopfer kümmern. Im Gespräch mit Hansjörg Erny erläutert er – zurückhaltend und als Präsident des IKRK der Sorgfalt verpflichtet – die Arbeit, die im Geiste Henri Dunants in Genf und weltweit geleistet wird.

Kurt Siegenthaler

Tanz um die Konkordanz

Rauchzeichen aus dem Bundeshaus (2007)

Seine Meinung hat Siegenthaler nicht geändert. Blocher war nie «wählbar» für ihn. Und weiterhin beobachtet er die Vorgänge in Regierung, Parlament und Parteien. Er zieht kritische Bilanz der letzten Jahre, spekuliert, wagt erneut Prognosen und kann sich eine mögliche, verjüngte Regierung mit drei, vier Frauen vorstellen.

Peter Hablützel

Die Schweiz in der Globalisierungsfalle

Transformation von Wirtschaft, Gesellschaft und Politik (2013)

Peter Hablützel schildert in seiner zeithistorischen Analyse die Zusammenhänge zwischen der globalen Dynamik und dem Umbruch auf nationalem Parkett.